U0558713

本书为浙江省新型重点专业智库杭州国际城市学研究中心
浙江省城市治理研究中心成果

BLUE BOOK OF SHAOXING HIGH-QUALITY DEVELOPMENT

绍兴高质量发展蓝皮书 2023

王国平　总主编

杭州国际城市学研究中心
浙江省城市治理研究中心　编
绍兴市社会科学界联合会

ZHEJIANG UNIVERSITY PRESS
浙江大学出版社
·杭州·

图书在版编目（CIP）数据

绍兴高质量发展蓝皮书．2023 / 王国平主编．
杭州 ：浙江大学出版社，2024．7．-- ISBN 978-7-308-25554-7

Ⅰ．F127．553

中国国家版本馆 CIP 数据核字第 2024B8B762 号

绍兴高质量发展蓝皮书 2023

王国平　主编

策划编辑　吴伟伟
责任编辑　丁沛岚
责任校对　陈　翩
封面设计　周　灵　姜晓航
出版发行　浙江大学出版社
（杭州市天目山路 148 号　邮政编码 310007）
（网址：http://www.zjupress.com）
排　　版　浙江大千时代文化传媒有限公司
印　　刷　杭州高腾印务有限公司
开　　本　710mm×1000mm　1/16
印　　张　24.25
字　　数　457 千
版 印 次　2024 年 7 月第 1 版　2024 年 7 月第 1 次印刷
书　　号　ISBN 978-7-308-25554-7
定　　价　88.00 元

浙江大学出版社市场运营中心联系方式：(0571)88925591；http://zjdxcbs.tmall.com

《绍兴高质量发展蓝皮书 2023》
编辑委员会

序

城市是人类文明的摇篮、文化进步的载体、经济增长的发动机、新农村建设的引领者，也是人类追求美好生活的阶梯。城市化是中国经济社会发展的核心动力和扩大内需的最大潜力，也是人类进步和全球经济增长的强大引擎。

21 世纪是城市的世纪，21 世纪的竞争是城市的竞争。当前，中国城市化进程已进入高速发展期。过去 40 年，中国经历了世界上规模最大、背景最复杂、受益人口最多的城市化进程。2011 年是中国城市化进程中具有标志性的一年，全国城市化率首次突破 50％。据中国科学院 2011 年的预计，未来 30 年，中国城市化率将以每年 1 个百分点的速度增长，2030 年将达到 70％，中国将用 50 年的时间，走完西方发达国家需要 100 年才能走完的路。城市化的加速推进，既带来了千载难逢的发展机遇，也引发了人口膨胀、环境污染、交通拥堵、千城一面、住房难、上学难、就医难、征地拆迁难等一系列“城市病”。

中国城市化进程中出现的种种“城市病”，大多是城市的“综合征”“并发症”甚至是“疑难杂症”，依靠现有的城市规划学、城市社会学、城市经济学、城市管理学、城市人口学、城市生态学等十几个独立城市学科，采用“头痛医头、脚痛医脚”的办法，进行专项研究治理，其结果往往是顾此失彼、得不偿失。为此，当代杰出的科学家钱学森先生早在 20 世纪 80 年代就提出要把城市作为一个复杂的巨系统，必须用系统科学方法进行研究，要建立一门应用性、综合性的城市学学科，开展城市学研究。我们认为，对于城市这一复杂巨系统所产生的种种“城市病”，只能采用钱学森倡导的综合集成法，也就是城市学的方法。但时至今日，城市学在中国还没有成为一门“显学”，高速的城市化，正在呼唤应用性、综合性城市学的诞生。

为了适应中国城市化的发展要求，探索破解“城市病”的治理路径，寻求中国城市的科学发展模式，实现“城市，让生活更美好”的城市居民愿景，2010 年杭州市委、市政府专门成立了全国第一家城市学研究机构——杭州国际城市学研究中心。为了推进应用性、综合性城市学研究工作，我们专门搭建了“城市学文库”这一研究平台。“城市学文库”既是城市学研究的主要载体，也是汇聚城市学专家智慧的重要平台。“城市学文库”由“城市学论丛”“城市学译丛”“城市学教科书”和“城市学蓝皮书”组成。其中“城市学论丛”是城市学研究成果的展示平台，包括城市学重大课题研究论丛、城市学专项课题研究论丛、城市学研究征集评选活动专题论丛、城市化论丛、城市学研究个人论丛等；“城市学译丛”是国际城市学研究交流的重要载体，包括城市学译著、城市学译文集等；“城市学教科书”是城市学学科建设的重要教材，包括城市学学科教材、城市学经典案例汇编、城市学专业资料选编、城市学讲义等；“城市学蓝皮书”是城市学研究的年度研究报告，包括综合性蓝皮书、专题性蓝皮书、年度性蓝皮书等。

2023 年是绍兴发展史上具有里程碑意义的一年。习近平总书记深入浙江期间亲临绍兴考察，赋予绍兴“谱写新时代胆剑篇”重大使命，彰显了人民领袖对绍兴人民的关怀厚爱、对绍兴发展的殷切期望，为绍兴奋进新征程、建功新时代指明了前进方向、提供了根本遵循。站上新征程的新起点，绍兴正以“五创图强、四进争先”为重要抓手，深入实施“八八战略”，勇闯中国式现代化市域实践新路子。杭州国际城市学研究中心是从事城市学研究的专门机构，我们希望通过编纂出版《绍兴高质量发展蓝皮书 2023》，紧扣“高质量发展”，全方位、多角度地积极探索中国式现代化在绍兴市域层面的发展规律和实现路径，为绍兴谱写新时代胆剑篇、勇闯现代化新路子建言献策，贡献城市学智库力量。

是为序。

2024 年 3 月

目　　录

区域融合篇

城市建设篇

数字经济篇

产业创新篇

城市治理篇

城市文化篇

图更强、争一流、敢首创，绍兴勇闯中国式现代化市域实践新路子

习近平同志对绍兴发展高度重视，先后29次到绍兴考察调研，作出一系列重要指示、批示，强调“绍兴要放在‘长三角’的范围内来审视你们的发展地位，调整发展战略”①，鼓励绍兴“跳出绍兴发展绍兴”“把目标定位定得更宏伟一点”“站得更高一些，看得更远一些，思路更清一些，不断开拓，大踏步前进，争取为全国、全省的发展作出更加突出的贡献”②。

20年来，绍兴时刻牢记习近平同志的殷殷嘱托，始终坚持以“八八战略”为总纲领，一张蓝图绘到底、一任接着一任干，推动经济社会发生了全方位、深层次、系统性的精彩蝶变，高质量发展之路越走越宽。

经济发展与日俱新，综合实力大提升。20年来，绍兴地区生产总值连续跨越7个千亿级台阶，从886亿元增加到7791亿元；一般公共预算收入从40亿元增加到578亿元；城乡居民人均可支配收入分别从1.2万元和0.6万元，增加到8.0万元和4.9万元，实现了从资源小市向经济大市、总体小康向高水平全面小康的历史性飞跃。

产业结构破旧立新，质量效益大提升。酒缸、酱缸、染缸等传统产业转型升级，芯片、药片、刀片、电池等新兴产业异军突起，战略性新兴产业占比提高到39.3%，绍兴连续10年获省“腾笼换鸟”考核先进市，连续两年获工业稳增长和

---

① 习近平：《干在实处 走在前列——推进浙江新发展的思考与实践》，中共中央党校出版社2006年版，第504页。

② 《习近平总书记先后28次到绍兴考察调研，提出了什么样的要求？》，《绍兴组工》2019年10月10日。

转型升级国务院督查激励。成功入选国家创新型城市，人才吸引力跃居全国第23位。

城乡建设有机更新，品质形象大提升。“融杭联甬接沪”持续深化，市区面积从337平方公里扩展到2942平方公里，城镇化率从50%提高到73%。镜湖新区、滨海新区、迪荡新城拔地而起，市区通地铁、县县有高铁、镇镇连高速的路网格局基本形成。大力推进城乡融合，全面消除年经营性收入50万元以下的行政村。

社会事业灿然一新，民生福祉大提升。始终坚持以人民为中心，新增财力三分之二以上用于民生，家庭年可支配收入达20万—60万元群体占比居全省第三，全体居民人均可支配收入居全国第11位，全国义务教育基本均衡县实现全覆盖，成功创建全国健康城市建设样板市，基本公共服务均等化水平居全省前列。

人文生态焕彩出新，底蕴底色大提升。充分发挥“人文+生态”核心优势，高标准建设文创大走廊和浙东唐诗之路、浙东运河、古越文明三大文化带，被评为“东亚文化之都”，全国文明城市创建取得“三连冠”，成为杭州亚运会协办赛事最多的城市，成功创建国家森林城市、国家生态文明建设示范区。

“枫桥经验”传承创新，治理水平大提升。全面深化基层社会治理，高水平推进平安绍兴、法治绍兴建设，成功创建全国市域社会治理现代化首批试点城市，获评平安中国建设示范市，荣获“一星平安金鼎”，实现“平安金鼎”县域满堂红。

20年精彩蝶变，绍兴从市域层面充分证明，“八八战略”是引领高质量发展的“金钥匙”，是推进中国式现代化建设的“总纲领”，是习近平同志留给浙江取之不尽、用之不竭的宝贵财富和智慧源泉。

党的二十大报告强调，中国式现代化的本质要求是实现高质量发展，发展全过程人民民主，丰富人民精神世界，实现全体人民共同富裕，促进人与自然和谐共生，推动构建人类命运共同体，创造人类文明新形态，赋予了高质量发展更多内涵。今年是中华人民共和国成立75周年，是实施“十四五”规划的重要一年，也是绍兴深入学习贯彻习近平总书记重要讲话和重要指示精神、谱写新时代胆剑篇的关键一年。为进一步发挥社科界和城市学智库在助力绍兴城市高质量发展中的力量，剖析绍兴城市治理问题、挖掘优秀经验，现将出版《绍兴高质量发展蓝皮书2023》。本书以习近平新时代中国特色社会主义思想为指导，全面落实党的二十大精神，以创新、协调、绿色、开放、共享的新发展理念为引领，坚持高质量发展是新时代的硬道理，忠实践行“八八战略”，聚焦绍兴高质量发展，从区域融合、城市建设、数字经济、产业创新、城市治理、城市文化等方面，着重探讨新时代绍兴城市高质量发展的方式与路径，为绍兴建设“五创图强”新载体，实现“四进争先”新目标，谱写“新时代胆剑篇”提供思考与借鉴。

浙江省城市治理研究中心绍兴分中心

2024 年 3 月

区域融合篇

长三角一体化背景下绍兴融杭联甬接沪策略路径研究——基于规划建设绍兴西站的分析

商文芳　江山舞　蔡峻*

一、前　言

（一）长三角一体化

2018 年 11 月，国家主席习近平在首届中国国际进口博览会上宣布，支持长江三角洲区域一体化发展并上升为国家战略。① 2019 年 12 月，中共中央国务院正式印发《长江三角洲区域一体化发展规划纲要》，标志着长三角一体化发展战略进入全面实施新阶段。2020 年，习近平总书记在扎实推进长三角一体化发展座谈会上强调，要紧扣一体化和高质量两个关键词抓好重点工作，推动长三角一体化发展不断取得成效。② 长三角地区共涵盖“一市三省”41 座城市，地域面积 35.8 万平方公里，2022 年末常住人口达 2.37 亿，占全国人口总数的 16.78%；经济总量达 29 万亿元，占全国经济总量的 24.07%；人均 GDP 为 12.25 万元，

---

* 作者商文芳、江山舞、蔡峻系杭州国际城市学研究中心浙江省城市治理研究中心助理研究员、执行主任、处长。本报告系浙江省城市治理研究中心绍兴分中心“绍兴城市高质量发展重大研究项目”成果。

① 《习近平出席首届中国国际进口博览会开幕式并发表主旨演讲》，《人民日报》2018 年 11 月 6 日。

② 习近平：《习近平谈治国理政》第四卷，外文出版社 2022 年版，第 186 页。

比全国人均 GDP 高 43.61%。作为我国经济发展最活跃、开放程度最高、创新能力最强的区域之一，长三角在国家现代化建设大局和全方位开放格局中具有举足轻重的战略地位。

绍兴是长三角地区的重要城市，处于杭州湾“金南翼”、杭甬两地“金扁担”的核心位置，拥有“左右逢源”的区位优势。早在 2002 年 10 月，时任浙江省委书记习近平在绍兴考察时就指出，“绍兴要放在‘长三角’的范围内来审视你们的发展地位，调整发展战略”①。20 多年来，绍兴抢抓长三角区域一体化发展国家战略、浙江省大湾区大花园大通道大都市区建设和杭绍甬一体化发展示范区等重大机遇，落实浙江省全省域全方位融入长三角一体化的战略部署，坚持把“融入长三角、接轨大上海、拥抱大湾区、发展大绍兴”作为提升城市开放水平、增强城市综合竞争力的重要抓手，聚焦现代产业体系、现代城市体系、城市文化体系、自然生态体系四个体系建设战略重点，全力打好以“两业经”“双城计”“活力城”为重点的高质量发展组合拳，强化区域战略协同、产业协作、开放互联、服务共享，做深做实长三角一体化、杭绍甬一体化。②

长三角一体化发展上升为国家战略后，绍兴提出“融杭联甬接沪”城市发展战略，先后出台了《绍兴深度接轨上海行动计划》《杭绍甬一体化发展绍兴行动计划》等规划和配套政策，规划建设杭绍临空经济一体化发展示范区绍兴片区、杭绍一体化萧诸绿色发展先导区、钱塘新区—滨海新区—前湾新区产业协作联动区、甬绍四明山生态文旅休闲体验区、义甬舟开放大通道甬绍合作先行区等合作平台，深度谋划区域一体化发展。以交通先行共同构筑互联互通网络，绍兴地铁 1 号线主线与杭州无缝衔接，杭绍台高速、杭台高铁全线贯通，杭州—绍兴—宁波城际列车开通，杭绍甬全域一体的交通网络实现跨越式升级。以产业协作共同构建协同创新体系，推进“研发总部在沪杭，二级研发和制造基地在绍兴”模式，开设上海引才联络站并开行引才专列，有效承接沪杭甬高端产业和技术人才溢出。以服务共享共同提升居民幸福生活水平，实施杭绍甬优质教育资源同推共享计划，落户建设浙江工业大学之江学院等四所沪杭甬高校，引进建设上海虹桥国际学校等一批基础教育学校。

2022 年 6 月，浙江省第十五次党代会指出，要支持绍兴融杭联甬打造网络大城市。7 月底，《中共绍兴市委关于加快建设高水平网络大城市的实施意见》

---

① 习近平：《干在实处 走在前列——推进浙江新发展的思考与实践》，中共中央党校出版社 2006 年版，第 504 页。

② 《绍兴：融杭联甬接沪，更高水平打造长三角高质量发展的重要增长极》，《浙江日报》2019 年 6 月 21 日。

审议通过。网络大城市是以互联互通、共享共治为理念，以数字化改革为牵引，以高质量发展、共同富裕为目标，以区域一体化、城乡一体化为基础，以交通、信息和市政公共设施等有形网络和产业、治理等无形网络为支撑，以要素功能各具特色、有机联系、优势互补为动力，多主体互动、多层次和谐、多特色互补、多空间拓展的内聚外联网状结构形态城市。

（二）交通强国建设

交通是经济发展的先行官，也是中国式现代化的开路先锋。党的二十大报告提出，加快建设交通强国。2022 年 12 月，习近平总书记在中央经济工作会议上强调：加强区域间基础设施建设联通。要支持城市群和都市圈建设现代化基础设施体系。《“十四五”全国城市基础设施建设规划》指出，支持超大、特大城市为中心的重点都市圈织密以城市轨道交通和市域（郊）铁路为骨干的轨道交通网络，促进中心城市与周边城市（镇）一体化发展。

经过近 20 年的持续建设，中国高速铁路网基本形成了以“八纵八横”为主干、以区域性连接线为衔接、以城际铁路为补充的网络格局。铁路尤其是高速铁路已经成为城市群、都市圈交通联系的主要基础设施。“十四五”时期是中国新发展阶段的关键期，铁路规划建设必须贯彻落实创新、协调、绿色、开放、共享的新发展理念，全面迈入以结构转型、提质增效为主要特征的高质量发展阶段。铁路建设的发展矛盾由不平衡不充分向基本均衡转变，发展需求由通达通畅向满意便捷转变，发展方式由相对粗放向集成提效转变，发展形态由相对独立向一体融合转变，发展动力由传统运输功能向经济社会化综合服务功能转变。

浙江作为中国特色社会主义共同富裕先行区和省域现代化建设先行区以及“绿水青山就是金山银山”理念萌发地，历来将铁路作为浙江综合交通运输体系高质量发展的重要驱动力。近年来，浙江省主动适应经济新常态，铁路建设日新月异，成效显著。截至 2022 年底，浙江省铁路运营里程达到 3712 公里，其中设计时速 200 公里以上的高速铁路运营里程有 1901 公里。虽然浙江省铁路建设取得了长足的发展，但是从全国范围来看，铁路布局仍存在着不平衡不充分以及区域供给不足等结构性突出矛盾。浙江省铁路运营里程和高速铁路运营里程分别位列全国 31 个省（区、市）中的第 23 位、第 10 位。广东、安徽、山东、湖南、江苏、辽宁、江西、河南、湖北的铁路运营里程和高速铁路运营里程均排在浙江之前，相较于遥遥领先的经济发展总量，浙江省在铁路建设方面仍处于相对滞后的态势。

对一座城市而言，铁路规划建设绝不是交通主管部门一项具体的工作，而是具有划时代意义的标志性工程，是影响城市长远发展的关键因素。绍兴作为长三角核心区域杭州湾地区的中心城市之一，更应充分发挥高铁先导性、战略性、服务性作用，通过全面融杭、多式联甬、枢纽接沪的区域融合交通规划，真正构建起杭甬 30 分钟、上海 60 分钟交通圈，进一步提升绍兴在杭绍甬一体化发展中的枢纽节点地位，形成同城化、一体化发展新格局。当前绍兴高铁布局所存在的供给不足和区域发展不平衡不充分等矛盾，是阻碍绍兴“融杭联甬接沪”战略实施的重要因素，同时也是破题的重点、难点和关键点。

本报告围绕如何推动绍兴区域融合铁路网高质量发展、如何以交通为先导推动绍兴融杭联甬接沪协同发展等问题展开研究，通过系统剖析浙江省三大城市群、四大都市圈的城市发展格局以及高速铁路网布局，提出规划建设绍兴高铁西站的重要意义。该项目坚持高铁进城理念，在柯桥中心城区选址建站，通过杭州萧山机场连接线接轨并入国家高铁网，为规划建设萧山机场至诸暨（义乌）城际铁路提供线路保障，进而为杭丽高铁经绍兴接入上海创造条件，从而推动柯桥成为杭绍同城发展的先行区和桥头堡，使绍兴成为融杭接沪枢纽城市。

二、理论研究

（一）交通影响城市发展的相关理论

1. 经济增长极理论

经济增长极理论最早由法国经济学家弗朗索瓦·佩鲁（Francois Perroux）在 1955 年提出。经济增长往往发生在一个或几个点，即“增长极”，具有增长效应的企业或者产业，可以吸引区域内各种经济要素相互集聚形成增长极，再由增长极扩散到区域内其他企业或产业，最终对总体经济运行产生影响。① 他认为一个区域要实现经济增长，需要有意识地培育一个增长极，增长极并非一定是最大的企业，而是具有某种推动扩散能力的经济要素，如交通设施的改善就是一个促进经济增长的显著要素。当然，增长极并不是凭空产生的，需要具备一定的条件：一是区域内需要产生规模经济效应，而集聚可带来规模经济，只有产生规模经济效应才能够实现区域内一定水平的发展，才能够带动周边区域的增长；二是增长极的形成需要一定的外部环境，这种外部环境可能是主观塑造的，也可能是

---

① Perroux F, “Note sur la Notion de Pole de Croissance”, *Economie Appliqée*, 1955, vol. 5.

自然形成的。① 高速铁路开通后，区域内的客流、商流、物流、资金流、信息流等经济要素通过高铁线路发生集聚和扩散，在高铁沿线城市实现资源的优化配置，部分高铁站点及沿线城市发展为增长极，同时又以增长极为中心沿着高铁线路辐射到周边地区，进而带动周边地区的经济发展。

2.“点—轴”系统理论

我国著名经济地理学家陆大道先生在融合西方生长轴理论与增长极理论后，提出了“点—轴”系统理论模型。该理论认为，在国家和区域发展过程中，大部分社会经济要素在“点”上集聚，并由线状基础设施联系在一起从而形成“轴”。轴线上集中的社会经济设施对附近区域有扩散作用，扩散的物质要素和非物质要素作用于附近区域，与区域生产力要素相结合，形成新的生产力，推动社会经济的发展。② 可见，推动经济社会发展不是通过独立的“点”发挥作用，而是通过轴线将独立的“点”串联成一个整体来带动整个区域的发展。“点—轴”系统理论实际上是增长极理论的一种扩展。通过区域经济的发展规律可以发现，区域的经济中心总是集中在少数区位上，并呈点状分布，这些经济中心就是区域经济增长极，也即“点—轴”系统理论中的点。

“点—轴”系统理论同样可用于分析站点区域空间发展结构，交通站点作为点状要素，吸引城市空间中的各种资源源源不断向节点集聚，并与当地的自然和社会要素进行融合，形成高度复合化的集聚点，然后通过轨道交通将沿线的其他“点”与交通站点串联起来，形成“点—轴”空间发展结构。随着越来越多的“点”的加入，轴线将不断延伸形成发展轴，进而对周边地区起到辐射带动作用。③ 概括来说，“点—轴”系统理论模型的原理就是先通过集聚资源发展核心节点（站点），再通过轴线促进资源流动扩散，最终实现区域的共同发展。

3.产业集群理论

1920年，西方经济学派针对产业集群现象提出了产业集群理论。所谓产业集群，是指在某一特定区域内，某一主导产业集聚着大批相互协作的关联企业及相关研发、服务、法律、政务等管理组织，这些企业或组织形成一条完整的产业链并保持强劲增长势头和持续竞争优势，成为该区域核心产业的现象。产业集群有利于产生外部经济效应和规模效应，能整合区域内各种优势资源，借助政策引

---

① 张馨月：《高速铁路对中国区域经济空间格局的影响研究》，吉林大学博士学位论文，2021年。

② 陆大道：《关于“点—轴”空间结构系统的形成机理分析》，《地理科学》，2002年第1期。

③ 贾铠针：《高速铁路综合交通枢纽地区规划建设研究》，天津大学硕士学位论文，2009年。

导或市场行为“自下而上”地构建产业链体系，优化产业结构，细化区域专业化分工，通过企业间的竞争与合作产生良性互动，生产运营成本得到降低并形成一种良性循环，从而进一步扩大产业集聚规模，提升区域竞争力，最终带动整个区域经济的发展。产业集群的主要特征有三：一是地理位置相对集中，某一产业的上下游及配套企业在地理位置上聚集，通过相互合作，形成规模效应；二是分工专业化，产业集群内的企业按照市场需求进行分工协作，相互支撑；三是资源与信息共享，产业集群内的企业具有良好的互通网络，频繁地进行着商品、服务、信息、劳动力等贸易性或非贸易性的交易、交流和互动。产业集群理论是对区域发展理论的优化和提升，更符合当前的宏观政策形势和经济发展动向。①

4. TOD 理论

TOD(Transit-Oriented Development)理论，即以公共交通为导向的发展模式，TOD 理论的产生主要是缘于彼得・卡尔索普(Peter Calthorpe)对于美国城市发展问题的总结与反思。第二次世界大战后，美国的工业化进程加快，以汽车为导向的城市发展模式引发能源消耗剧增、环境污染严重等各类城市危机，美国城市规划师和建筑师们开始寻找可持续与宜居的城市发展模式。1993 年，彼得・卡尔索普首先提出 TOD 理论。TOD 是一种土地混合使用的社区，社区边界距离中心的公交站点和商业设施大约 400 米，适合步行，社区的设计、布局强调创造良好的步行环境，同时客观上起到鼓励市民选择公共交通工具出行的作用。他希望通过提倡公共交通来引导新的土地利用和城市发展模式，回归传统的、紧凑的、以自行车和步行为主导的城市发展模式，以达到控制城市蔓延、限制小汽车使用以及创造高品质生活环境的目的。② 他根据步行尺度重新定义了空间，并将城市用地类型分为城市级 TOD、邻里级 TOD 和次级区域，这些用地类型不同于一般功能区，而是强调商业用地、居住用地和公共用地之间的混合。③高铁 TOD 开发模式是一种涉及城市规划、土地开发、运营管理的轨道交通导向型的土地综合开发模式，通过对高铁站点周边的土地进行合理的开发，提高土地利用效率，带动城市社会经济发展。

---

① 汪靖宜：《基于产业集群理论的株洲通用航空产业发展战略研究》，湖南工业大学硕士学位论文，2016 年。

② Calthorpe P, *The Next American Metropolis: Ecology, Community and the American Dream*, New York: Princeton Architectural Press, 1993。

③ 田文豪：《TOD 模式下轨道交通站点地区土地利用评价研究——以广州主城区为例》，华南理工大学硕士学位论文，2019 年。

（二）高铁站点对城市发展的作用机理

1. 高铁站点对周边地区土地利用的影响

通常认为，高铁站点与周边地区是一种相互促进、相互协同的关系，但站点的影响也有一定的作用范围，随着距离的增加，影响逐渐减弱，比较典型的研究是圈层结构模型。1925 年，社会学教授伯吉斯（Burgess）以芝加哥为蓝本，对城市用地功能布局进行研究时发现，区域经济的发展是围绕城市呈同心圆状逐渐由内向外展开的，其对区域经济的辐射能力与空间距离成反比，基于此，他提出了圈层结构模型。舒尔茨（Schutz）等人通过大量实践案例研究提出，高铁站周边地区空间发展同样呈现明显的圈层结构特点，即以车站为中心，依次可划分为三个圈层。分圈层对土地开发强度、用地分类配置、产业类型选择等进行控制，可以实现高铁周边区域的合理开发和有效利用。

圈层结构模型的范围是以空间距离来划分的。第一圈层为核心区：距离高铁站 500—800 米，该圈层与高铁枢纽的关联最紧密，在空间和功能布局上需统筹兼顾交通设施、商业配套、商务办公等多种功能用地，建筑密度和建筑高度都非常高。第二圈层为发展区：距离高铁站 800—1500 米，是对第一圈层的补充和相关功能的拓展，各类功能用地与高铁枢纽的关联降低，主要包括商务办公、居住、文化、教育等功能用地。第三圈层为影响区：距离高铁站 1500 米以上，该圈层与高铁枢纽的关联较弱，属于常态化的城市功能区。

2. 高铁站点对城市内部空间格局的影响

1964 年，弗雷（Foley）和韦伯（Webber）发现城市内部生产要素的流动使物质要素在城市内部呈现不同的分布形态，使得城市内部分化成了不同的空间格局形态。1971 年，波纳（Bourne）认为城市的空间格局是按照一定的规则，将城市自身形态和各生产要素连接起来的相互作用力。美国经济学家胡佛（Hoover）曾经提出，交通运输设施的改变会影响经济活动的区位功能。高铁的开通会在城市内部形成新的区位，衍生出不同的城市功能，这种区位优势的变化将会吸引更多资本、技术、劳动力及信息等生产要素的集聚，从而促进城市发展和空间扩展。

高铁站点在城市中的区位选择对高铁站点自身及高铁站周边区域的发展有着极其重要的影响，也会对高铁站所处的城市内部空间格局、经济社会发展产生深远的影响。根据圈层结构模型，高铁站点对周边地区的影响范围存在显著差异，一般呈现三种类型：一是高铁站位于城市中心地区，将强化现有城市中心。一方面，把高铁站引入中心城区可以将高铁站周边地区整体进行再开发，实现城市更新、城市环境改善和居住宜居度提升。另一方面，城市中心的交通可达性较好，能扩大高铁通达范围、吸引更多旅客、方便换乘等。二是高铁站位于城市中心区边缘，将形成城市副中心。高铁站处于中心城区的空间辐射范围，可以借助中心城区成熟的基础设施配套，交通相对便捷、通达性较高。同时，由于中心城区边缘的空间资源相对丰富，用地成本相对较小，土地开发利用潜力较大，具有较为可观的投资回报收益率，往往能发展成为城市的新中心。三是高铁站位于远离城市建成区的外围地区，发展潜力较有限。这种情况下高铁站点周边地区发展完全依托高铁站点本身的集聚效应，未来发展潜力较不确定。

3. 高铁站点对城市公共服务配套的影响

发挥高铁站点对城市交通、产业、经济的带动作用，关键在于高铁站点与城市中心的距离以及高铁站点与城市内部交通的便捷程度。一方面，高铁作为一种重要的交通运输工具，站点不论是位于城市中心地区，还是中心城区边缘或是城市建成区的外围地区，都能一定程度地为城市居民的出行提供便利，其速度快、运能大、安全、舒适等显著特点能更好地满足人们的出行需求。另一方面，高铁站点的开通，可以带动市内道路、城市轨道交通、机场、水运等其他交通基础设施的发展，城市综合可达性不断提高，旅客到达高铁站及其他城市的时间成本和经济成本不断降低，在提高公共服务质量的同时，能帮助城市更大范围地开展经济社会活动，更有可能加快城市的发展。

高铁开通可以提高城市的区域可达性，促进生产要素的集聚和扩散，提高城市竞争力，同时城市的发展又会反哺高铁站。因此，高铁站与城市之间通过相互作用、相互促进的协调耦合，最终形成一种动态的、良性的协调关系。

三、绍兴西站的规划论证

（一）必要性

绍兴西站的建设实施，对推进区域协调发展和新型城镇化进而带动就业、拓展消费、促进经济良性循环、推动发展方式绿色转型等具有重大的战略意义，对落实国家交通强国、长三角一体化发展战略，深入实施“八八战略”，提升对外开放能级，构筑沪昆通道南翼新通道，强化绍兴、义乌、丽水与杭州、上海以及整个长三角的联系，助力“绍兴融杭联甬接沪”打造网络大城市，构筑创新之城、开放之城、生活之城、品质之城、善治之城这“五个之城”，实现综合实力争先进位、发展格局争当节点、共同富裕争树标杆、人文生态争做样板、发展环境争创一流这

“五争目标”等具有重要的现实意义。

1.绍兴西站是落实国家交通强国、长三角一体化发展战略的需要

党的二十大报告提出，要加快建设交通强国。建设交通强国是以习近平同志为核心的党中央立足国情、着眼全局、面向未来作出的重大战略决策，是建设现代化经济体系的先行领域，是全面建成社会主义现代化强国的重要支撑，是新时代做好交通工作的总抓手。2019 年 9 月，中共中央、国务院发布《交通强国建设纲要》，提出到 2035 年基本建成交通强国，到 2050 年全面建成人民满意、保障有力、世界前列的交通强国。

2020 年 4 月，国家发展和改革委员会、交通运输部印发《长江三角洲地区交通运输更高质量一体化发展规划》，提出要打造多向立体、内联外通的大能力快速运输通道，构建快捷高效的城际交通网，建设一体衔接的都市圈通勤交通网。2021 年 6 月，国家发展和改革委员会印发《长江三角洲地区多层次轨道交通规划》，提出要建成轨道上的长三角，形成干线铁路、城际铁路、市域（郊）铁路、城市轨道交通多层次、优衔接、高品质的轨道交通系统，长三角地区成为多层次轨道交通深度融合发展示范引领区，有效支撑基础设施互联互通和区域一体化发展。

2022 年 12 月，习近平总书记在中央经济工作会议上强调：加强区域间基础设施建设联通。要支持城市群和都市圈建设现代化基础设施体系。《“十四五”全国城市基础设施建设规划》指出，支持超大、特大城市为中心的重点都市圈织密以城市轨道交通和市域（郊）铁路为骨干的轨道交通网络，促进中心城市与周边城市（镇）一体化发展。

绍兴西站项目衔接沪乍杭铁路、沪杭城际、沪昆高铁、金义三四线等线路，可极大程度地提高沿线地区铁路网覆盖率，区域协调发展将达到全新高度，是落实《交通强国建设纲要》中提出建设“发达的快速网、完善的干线网、广泛的基础网”的重要举措，是对《新时代交通强国铁路先行规划纲要》提出构建“全国 123 出行交通圈”目标的有力践行，对落实国家交通强国、长三角一体化发展战略，推动长三角核心城市互联互通具有重要意义。

2.绍兴西站是深入实施“八八战略”、提升对外开放能级的需要

“八八战略”是全面系统开放的理论体系，涵盖了习近平同志在浙江工作时作出的一系列重大决策部署，与时俱进地融汇集合了党的十八大以来习近平总书记重要指示、党中央重大部署在浙江贯彻落实的战略要求，是习近平新时代中国特色社会主义思想在浙江萌发与实践的集中体现，是浙江全面推进习近平新时代中国特色社会主义思想省域生动实践的总抓手，是引领浙江奋力推进共同富裕和现代化的总纲领，体现了“五位一体”总体布局、“四个全面”战略布局要求

和新发展理念的精神。浙江省委书记易炼红在“八八战略”实施 20 周年新闻发布会上指出，要积极推进习近平新时代中国特色社会主义思想的实践探索，持续推动“八八战略”走深走实，强力推进创新深化改革攻坚开放提升，在推进共同富裕和中国式现代化建设中发挥示范引领作用。

铁路作为重要的国民经济基础设施，是国民经济的大动脉和发展的基础，在综合运输体系中起骨干作用。一直以来，铁路都是浙江高质量发展的重要驱动力之一。2023 年 2 月，省长王浩在调研杭衢铁路衢州西站及综合交通枢纽项目时强调，要以战略眼光加快省域高铁“1 小时交通圈”建设，提高县市铁路通达率，更好发挥交通在“两个先行”中的开路先锋作用。绍兴西站项目及萧山机场至诸暨(义乌)城际铁路旨在解决当前浙西地区路网布局同区域发展战略不相协调的问题，着眼重大民生基础设施建设，在推动区域铁路网高质量发展的同时，也有利于打造“杭州—绍兴”联合枢纽格局，形成联通上海大都市圈、杭州都市圈、金义都市区的便捷通道，是深入实施“八八战略”、提升对外开放能级的现实举措。

3. 绍兴西站是绍兴融杭联甬接沪打造网络大城市的需要

2020 年 4 月 10 日，习近平总书记在中央财经委员会第七次会议上指出：“产业和人口向优势区域集中是客观经济规律，但城市单体规模不能无限扩张”“要推动城市组团式发展，形成多中心、多层级、多节点的网络型城市群结构”。① 网络大城市是以互联互通、共治共享为理念，以数字化改革为牵引，以高质量发展、共同富裕为目标，以区域一体化、城乡一体化为基础，以交通、信息和市政公共设施等有形网络和产业、治理等无形网络为支撑，以要素功能各具特色、有机联系、优势互补为动力，多主体互动、多层次和谐、多特色互补、多空间拓展的内聚外联网状结构形态城市。

绍兴建设网络大城市具有较好的基础和条件。2002 年 10 月，《绍兴大城市发展战略纲要》提出绍兴要围绕越城、柯桥、袍江三大组团，沿着中心城市发展路径，加快建设成为杭甬间崛起的大城市，绍兴城市发展由之前的“山会时代”进入“鉴湖时代”。2013 年，国务院批复绍兴市行政区划调整，绍兴市从“一区五县(市)”调整为“三区三县(市)”，绍兴市开启“三区融合”、发展中心城市的历程，资源发展进入“杭州湾时代”。2022 年 3 月，绍兴市第九次党代会提出“建设高水平网络大城市”战略决策，意味着绍兴的发展将从传统的中心地体系转向多中心、多层级、多节点的网络型城市群体系。2022 年 6 月，浙江省第十五次党代会

---

① 习近平：《国家中长期经济社会发展战略若干重大问题》，《求是》2020 年第 21 期。

指出，要支持绍兴融杭联甬打造网络大城市。7 月底，《中共绍兴市委关于加快建设高水平网络大城市的实施意见》审议通过。

绍兴紧邻杭州、宁波，在享受外溢效应的同时，也面临虹吸效应，绍兴只有加快从全市域、大湾区乃至长三角更大空间集聚、优化配置资源，才能培育自身独特的竞争优势。绍兴西站项目及萧山机场至诸暨（义乌）城际铁路能进一步强化绍兴与沪杭甬的联系，一方面通过杭州机场高铁能快速直达长三角重要机场，预计 10 分钟到萧山机场、45 分钟到虹桥机场、55 分钟到浦东机场；另一方面，通过杭州机场高铁能连通杭州城站，并进一步通过沪杭城际连通上海南站，也就是说绍兴西站作为城际站可直接连接沪杭市中心。根据规划，未来绍兴将有四条地铁与杭州对接，但鉴于地铁运行速度和效率还不能满足跨城市长距离通勤需求，“勤而不通”“通而不勤”现象突出。绍兴西站将填补柯桥区未通高铁的空白，使柯桥真正成为“长三角区域性综合交通枢纽城市的门户节点”和“融杭接沪”的立体交通先行区。同时，受制于沪昆高铁运力紧张原因，诸暨站（地处诸暨城西）客运能力提升已十分困难，绍兴西站南延建设诸暨东站，对诸暨进一步融入绍兴主城区以及融杭联甬接沪通机场具有重要战略意义。

4. 绍兴西站是构筑沪昆通道南翼新通道的需要

在《浙江省铁路网规划（2019—2035 年）及项目建设时序》中，规划构建了浙江省“五纵五横”客运网络，加快与国家“八纵八横”高铁网的衔接。其中“五纵”客运通道分别为沿海通道、沿海二通道、宁杭温通道、杭金温通道以及沪杭衢通道。“五横”客运通道分别为合湖沪通道、（舟）杭武通道、台金衢通道、温丽衢武通道、温武吉通道。从规划来看，绍兴基本实现了与上海的多径路、高标准直通，与杭州、宁波的多径路、广覆盖衔接，但是绍兴至金华方向，需要在杭州南站折返，西出通道“通而不畅”。

从当前铁路路网建设情况来看，沪浙区域铁路路网规模仍需扩大。截至 2021 年底，区域铁路营业里程 3836 公里，高铁里程 1706 公里，路网密度为 343 公里每万平方公里，人均营业里程 0.43 公里，仅为全国的 40%。区域路网较为密集，主要干线承担运量较大，沪杭金通道各线能力紧张。截至 2022 年，沪杭高铁图定客车 169 对，能力饱和。该通道是长三角地区经济发达、人口密集、城镇化水平较高的区域，出行需求差异化明显，但通道内仅分布着干线铁路，各城镇节点与中心城市的联系仍然存在缺失，多层次轨道交通走廊还未形成。绍兴西站项目及萧山机场至诸暨（义乌）城际铁路直接串联杭州、绍兴和金华，向北可直达上海各片区，形成沪昆通道的辅助通道，承担金华至绍兴、上海地区的城际客流，可一定程度上缓解沪昆铁路及杭长高铁运力紧张的状况，为萧山机场连接线集疏客流，也为绍兴进一步融入长三角高铁网创造契机。

（二）选址论证

结合区域路网现状和规划布局，本报告提出规划建设杭绍金城际铁路，新建段由萧山机场连接线区间段引出，经绍兴柯桥至诸暨，并进一步向南延伸接入金华枢纽义乌站，衔接金义三四线，直接串联杭州、绍兴和金华，多点直达上海浦东、浦西，形成沪昆通道的辅助通道。针对绍兴西站选址，共形成四个比选方案。

1. 方案一：在地铁 1 号线中国轻纺城站附近设绍兴西站

线路自接轨点引出，沿着萧山机场连接线前行约 4.5 公里后开始入地，依次下穿安华路、东小江、于越快速路后折向南沿笛扬路前行，于地铁 1 号线中国轻纺城站附近设绍兴西站，出站后继续沿笛扬路、香林大道前行，于丰富村附近折向东南，上跨杭金衢高速柯桥联络线后至方案比较终点，比较范围内新建线路全长约 22.5 公里，其中桥长 8.1 公里，隧道长 12.7 公里。

2. 方案二：在坂湖公园附近设绍兴西站

线路自拟建萧山机场连接线引出后沿机场连接线前行约 4.5 公里后折向南，穿东小江、于越快速路后一路沿坂湖及沿线水系前行，于群贤路南侧坂湖公园旁设绍兴西站，出站后继续沿沿线水系前行，于柯南大道附近折向东南，上跨杭金衢高速柯桥联络线后至方案比较终点，比较范围内新建线路全长约 20.9 公里，其中桥长 7.4 公里，隧道长 12.1 公里。

3. 方案三：沿鉴水路东方乐园设绍兴西站

线路自拟接轨点引出后沿机场连接线前行约 2.5 公里后折向南，依次上跨东小江、于越快速路后一路沿鉴水路前行，于东方乐园旁设绍兴西站，出站后折向东南，上跨杭金衢高速柯桥联络线后至方案比较终点，比较范围内新建线路全长约 19.5 公里，其中桥长 10.0 公里，隧道长 8.1 公里。

4. 方案四：在地铁 1 号线临杭大道站附近设绍兴西站

线路自拟建萧山机场连接线引出后折向南，一路沿临杭大道前行，于地铁 1 号线临杭大道站附近设绍兴西站，出站后继续沿临杭大道前行，上跨 G104 后折向东南，上跨杭金衢高速柯桥联络线后至方案比较终点，比较范围内新建线路全长约 20.1 公里，其中桥长 16.3 公里，隧道长 2.5 公里。

从战略地位、资源环境承载能力、投资概算、经济效应、社会效应等方面进行综合比较分析，方案一地下线最长，新建线路长，在四个方案中工程投资最大，但线路途经柯桥城区核心区，经济辐射强，吸引客流能力强，对沿线地块影响小，工程实施难度尚可，本报告推荐方案一，即在地铁 1 号线中国轻纺城站附近设绍兴西站方案，战略意义和综合价值较大，鉴于高铁站选址位于中国轻纺城，因此建议高铁站名暂定为绍兴西站(轻纺城站)。

(三)可行性

1.政策窗口效应明显

(1)交通强国及交通强省政策方面

近年来,国家在综合交通和铁路规划发展方面出台了一系列指导政策,也相继印发了多个发展规划纲要文件。2019 年 9 月,中共中央、国务院印发《交通强国建设纲要》提出,构建便捷顺畅的城市(群)交通网,建设城市群一体化交通网,推进干线铁路、城际铁路、市域(郊)铁路、城市轨道交通融合发展,加速东部地区优化升级,形成区域交通协调发展新格局。2020 年 8 月,中国国家铁路集团有限公司出台《新时代交通强国铁路先行规划纲要》,提出要发展快捷融合的城际和市域铁路网,在经济发达、人口稠密的城镇化地区构建多层次、大容量、一体化的快捷轨道网。2021 年 2 月,中共中央、国务院印发《国家综合立体交通网规划纲要》,提出要建设"轨道上的长三角",打造交通高质量发展先行区,加速东部地区优化升级,提高人口、经济密集地区交通承载力,构建便捷高效的城际交通网,加快城市群轨道交通网络化,基本实现城市群内部 2 小时交通圈。2021 年 6 月,国家发展和改革委员会印发《长江三角洲地区多层次轨道交通规划》,提出要形成干线铁路、城际铁路、市域(郊)铁路、城市轨道交通多层次、优衔接、高品质的轨道交通系统,长三角地区成为多层次轨道交通深度融合发展示范引领区,有效支撑基础设施互联互通和区域一体化发展。2022 年 7 月,住建部、国家发展和改革委员会印发《"十四五"全国城市基础设施建设规划》,支持超大、特大城市为中心的重点都市圈织密以城市轨道交通和市域(郊)铁路为骨干的轨道交通网络,促进中心城市与周边城市(镇)一体化发展。《浙江省铁路网规划(2019—2035 年)及项目建设时序》提出,要构建浙江省"五纵五横"客运网络,加快与国家"八纵八横"高铁网衔接。2021 年 6 月,《浙江省综合交通运输发展"十四五"规划》提出客运铁路要重点构建"五纵五横"主骨架,强化与国家高铁网、长三角轨道交通网衔接,优化沿海、沪昆等通道能力,提升与周边中心城市通达能力,完善省内主干通道。2022 年 12 月,中共中央、国务院印发《扩大内需战略规划纲要(2022—2035 年)》,提出要加快国家铁路网建设,贯通"八纵八横"高速铁路主通道,有序推进区域连接线建设,加快普速铁路建设和既有铁路改造升级。支持重点城市群率先建成城际铁路网,推进重点都市圈市域(郊)铁路和城市轨道交通发展,并与干线铁路融合发展。

上述规划和纲要文件从国家综合交通体系、综合交通通道布局、铁路客货运通道规划、区域铁路网规划布局等方面对我国交通发展提出了高质量发展的新要求,也对区域综合交通发展和布局做了统筹谋划和科学布局。在新时代铁路高质量发展要求下,新建绍兴西站是对国家发展战略和行业规划的积极响应,也是顺应铁路发展趋势、紧抓新时代铁路发展契机、促进铁路高质量发展的有效举措。

(2)区域经济协调发展方面

党的二十大报告指出,要构建优势互补、高质量发展的区域经济布局和国土空间体系。早在 2013 年 12 月,习近平总书记在中央城镇化工作会议上指出:城市群是人口大国城镇化的主要空间载体,像我们这样人多地少的国家,更要坚定不移,以城市群为主体形态推进城市化。……要优化布局,根据资源环境承载能力构建科学合理的城镇化宏观布局,把城市群作为主体形态,促进大中小城市和小城镇合理分工、功能互补、协同发展。2015 年 12 月,习近平总书记在中央城市工作会议上强调:统筹空间、规模、产业三大结构,提高城市工作全局性,要以城市群为主体形态,科学规划城市空间布局,实现紧凑集约、高效绿色发展。这是以习近平同志为核心的党中央对新发展阶段区域协同和空间治理作出的重大部署,为今后一个时期推动区域协调发展、完善空间治理指明了前进方向、提供了根本遵循。

实践证明,科学有效地推进系统性的高铁布局,对区域经济的拉动效应极其显著。通过高铁路网的有效连接,充分利用城市间的结构性差异和比较优势,促进城市群或都市圈内资源整合、优化资源配置和经济社会结构,利用产业集聚战略和城乡统筹战略加快城市之间的协作,可实现高铁建设在更大范围内的牵引与推动作用。这种连接是融合经济手段、市场手段与基础设施的综合性连接,而不是简单地通过行政命令连接,这种大区域之间的经济合作与拉动非常有助于欠发达地区发展,有助于区域之间协同均衡发展。

2.技术创新可借鉴

受制于建设成本、建设空间、环境因素以及土地开发等方面原因,我国大多数高铁站都位于城市中心之外,与中心城区交通接驳不顺畅,影响居民出行。与地上火车站相比,地下火车站主要具有以下优点:一是地下火车站的主体结构埋设在地面以下,地面上只留下占地较少的出入口或者其他附属结构,为城市腾出了宝贵的发展空间,从而可以增加商业和绿化面积,为城市提供较完整的商业空间和美丽的景观环境。二是地下火车站的轨道及引线埋设在地面以下,避免了对地面交通线路的分割,减少了对地面交通的影响,提高了车站周边的交通效率。三是地下火车站的主体结构埋设在封闭的地下空间中,便于保温隔热,可充分利用地下恒温的特点,节省能源。四是地下火车站的轨道及引线埋设地下,可以降低列车运行噪声和振动的干扰，为周边提供舒适的商业或居住环境。①

当前，我国地下高铁站数量不断增加，有以广深港高速铁路福田站为代表的城市中心区地下高铁站，有以保护历史遗迹、体现安全人文、环保耐久为代表的京张高速铁路八达岭长城站，有以空铁联运为代表的京雄城际铁路大兴机场站等，技术成熟可靠。如八达岭长城站，是我国第一座暗挖高铁车站，具有洞室多、跨度大、埋深大、周边环境复杂等特点，是世界上建设规模最大、埋深最大、车站两端渡线段开挖跨度和断面面积最大、洞室结构最复杂的地下暗挖高铁车站工程。2016 年 3 月开工建设，2019 年 12 月 30 日，随着京张高速铁路建成通车，该站投入运营。八达岭长城站总建筑面积 49500 平方米，其中地面站房 9000 平方米，地下站房 40500 平方米，站场规模为两台四线，设计承载量为最多可容纳 1500 名旅客。整个车站是三层结构，进出站形式和机场航站楼类似，下层是进站通道，上层是出站通道，这是高铁地下车站首次采用叠层进出站通道形式，进出站旅客互不干扰，客流可以均匀分布。

绍兴西站所在的柯桥区是浙江经济强区，是绍兴大城市的经济和商贸中心，高铁站选址周边是城市核心区，经济发达、人口密集。高铁站拟建于地下，对沿线建筑影响小，但能真正实现高铁进城，极大地提升市民出行便捷度。

3. 经济评价总体可行

(1)投资估算方面

根据全线控制工程及重点工程分布和铁路工程施工组织设计规范，参考类似工程建设情况，绍兴西站及萧山机场至诸暨(义乌)城际铁路全线线路拟推荐四年工期方案。新建线路长度 103.554 正线公里，预算总额为 249.57 亿元，技术经济指标为 2.41 亿元/正线公里，其中：静态投资 236.10 亿元，技术经济指标为 2.28 亿元/正线公里，建设期贷款利息 10.10 亿元，机车车辆购置费 3.20 亿元，铺底流动资金 0.17 亿元。

(2)经济评价方面

运价率：根据原中国铁路总公司计统部 2014 年 7 月发布的《关于深化铁路建设项目经济评价工作的通知》以及最新发布的财务测算数据中关于财务评价运价水平的说明，并参考相邻同技术标准线路收费标准，本次评价采用的客运运价率按每人每公里 0.37 元计算。

财务评价：税前全部投资内部收益率为－4.05％，小于铁路行业新建线路基

---

① 刘建友、吕刚、岳岭等：《京张高铁八达岭长城站设计思路及创新支撑》，《铁道标准设计》2021 年第 10 期。

准收益率(3%),税前全部投资财务净现值为－1823399万元,小于零;项目税后资本金内部收益率小于－13%,贷款偿还期大于30年;项目总投资收益率为－2.33%,项目资本金净利润率为－10.05%。可见,本项目财务效益欠佳,需要通过其他方式进一步补贴。

国民经济评价:根据经济费用效益分析结果,本项目全部投资经济内部收益率为8.30%,高于基准收益率,经济净现值为83285万元,大于零,因此从国民经济角度分析,本项目具有国民经济可行性。

4.社会力量参与支持

党的十八大以来,国家连续出台鼓励社会资本参与铁路投资建设的政策。2013年8月9日和2014年11月16日,国务院先后出台了《关于改革铁路投融资体制加快推进铁路建设的意见》《关于创新重点领域投融资机制鼓励社会投资的指导意见》,均提出要向地方政府和社会资本放开城际铁路、市域(郊)铁路、资源开发性铁路和支线铁路的所有权、经营权,鼓励社会资本投资建设铁路。2015年7月10日,国家发展和改革委员会发布《关于进一步鼓励和扩大社会资本投资建设铁路的实施意见》,提出要推广政府和社会资本合作(PPP)模式,运用特许经营、股权合作等方式,通过运输收益、相关开发收益等方式获取合理收益;支持铁路总公司以股权转让、股权置换、资产并购、重组改制等资本运作方式盘活铁路资产,广泛吸引社会资本参与,扩大铁路建设资金筹集渠道,优化存量资产结构等。

浙江省的社会资本积极参与基础设施建设,有着较为成熟的经验。如新中国成立以来第一条民营资本参与建设的铁路——衢常铁路就有浙江社会资本的参与。全长42公里的衢常铁路于2005年11月30日开工建设,是新中国大陆首条民资参股干线铁路,概算总投资6.751亿元,其中上海铁路局持股42.56%,浙江衢州市常山县国有资产经营管理有限公司持股31.00%,民营企业浙江常山水泥有限公司持股18.88%,浙江省铁路投资集团有限公司持股7.56%。

杭绍台铁路是国家发展和改革委员会2015年确定的首批八个社会资本投资铁路示范项目之一,是全国首条采用PPP模式投资、EPC工程总承包模式建设的高铁,也是全国首条民营资本控股的高铁。杭绍台公司是杭绍台高铁的运营主体,由以复星集团为首的8家民营企业与国铁集团、浙江省人民政府、绍兴市、台州市人民政府等联合出资组建。其中民营资本占股51%、国铁集团占股15%、浙江省政府、绍兴及台州市政府共同占股34%。杭绍台高铁主要采用了投资者直接安排的融资结构和投资者通过项目公司安排的融资结构两种结构。项目资本金占总投资的30%,通过投资者直接安排的融资结构投入。通过这种融资结构，杭绍台铁路项目建设期内省市政府方出资合计 42 亿元，仅为传统铁路建设模式下政府出资的五分之一，大大减轻了政府在建设期的财政压力。杭绍台铁路项目的成功也表明浙江社会资本进入交通基础设施规划建设已经有了较为成熟的模式，这对绍兴西站及萧山机场至诸暨（义乌）城际铁路引入社会资本参与建设极具参考价值。

5. 产业合作基础扎实

《长江三角洲区域一体化发展规划纲要》指出，长三角要加强协同创新产业体系建设，走“科技＋产业”道路，促进创新链与产业链深度融合，以科创中心建设为引领，打造产业升级版和实体经济发展高地。2020 年工业和信息化部印发《长三角制造业协同发展规划》后，其协同发展效果更加显著，成为引领长三角一体化的“强引擎”，彰显出高效运转和韧性十足的优势。产业协同是长三角一体化的核心，产业协同能促进长三角区域内产业梯度布局、协同发展、合作共赢，使区域内的各个地区都享受到一体化带来的发展成果。绍兴西站及萧山机场至诸暨（义乌）城际铁路串联起杭州钱塘区，绍兴柯桥区、诸暨市，金华义乌市四地，产业基础雄厚，科技资源丰富，开放优势突出，营商环境良好。

（1）钱塘区

2022 年，杭州钱塘区规模以上工业总产值首次突破 3500 亿元，达到 3502.38 亿元，总量规模继续位居杭州市第一，规上工业增加值 722.94 亿元，同比下降 1.9%。全区年产值 10 亿元以上工业企业共 79 家，其中年产值 100 亿元以上企业 5 家，分别比上年增加 5 家和 1 家。生物医药、半导体、智能汽车与智能装备、新材料、航空航天这五大主导产业已初具规模，产业集群飞速壮大，已形成 1 个千亿级和 3 个五百亿级产业集群。

（2）柯桥区

2022 年，绍兴柯桥区规模以上工业增加值 497.00 亿元，同比增长 10.2%。从产业结构上看，新兴产业发展态势良好，高新技术产业增加值 246.52 亿元，同比增长 16.1%；战略性新兴产业增加值 167.50 亿元，同比增长 5.1%；装备制造业增加值 58.88 亿元，同比增长 21.6%。工业经济稳进提质。纺织印染产业改造提升，通过优势印染企业兼并整合低效企业，柯桥区已成为全国最大印染产业基地。全年规上工业亩均税收 19.53 万元/亩，同比增长 16.1%，规上工业亩均增加值 160.83 万元/亩，同比增长 34.1%。

（3）诸暨市

2022 年，绍兴诸暨市工业增加值同比增长 5.6%。其中规上工业增加值 359.32 亿元，同比增长 10.1%。全市规上工业装备制造、高新技术、战略性新兴产业和数字经济增加值同比分别增长 11.2%、7.9%、10.7%和 3.9%，占规上工业增加值的比重分别为 48.2%、48.0%、33.0%和 9.5%。规上工业实现利税 83.55 亿元。规上工业企业新产品产值 805.78 亿元,同比增长 16.9%。从工业主导行业看,全市环保新能源、智能装备制造、铜加工及新型材料、纺织服装、袜业和珍珠业等主导行业企业 978 家,合计产值同比增长 9.5%,占全市规上工业企业总产值的 74.1%;六大主导行业合计利润 31.3 亿元。

(4)义乌市

2022 年,金华义乌市实现工业增加值 561.2 亿元,同比增长 8.7%,其中规模以上工业增加值 247.3 亿元,同比增长 20.7%。规模以上工业总产值 1639.3 亿元,同比增长 36.5%。规模以上电气机械和器材制造业、工业纺织服装服饰业、电力热力生产和供应业、汽车制造业、文教工美体育和娱乐用品制造业、纺织业、造纸和纸制品业、金属制品业等八大主导行业实现产值 1378.0 亿元,占规上工业总产值的 84.1%,同比增长 46.2%;规模以上数字经济核心产业制造业、高新技术产业、装备制造业、战略性新兴产业增加值同比分别增长 52.7%、30.2%、52.5%和 45.6%,产业结构持续优化,产业层次不断升级,新兴产业增长强劲。

从制造业规模地位、产业结构、创新能力、企业实力、融合发展、对外开放等方面来看,杭州、绍兴、金华三地产业结构、要素禀赋和优势产业发展差异为杭绍金产业梯度布局、互补性发展奠定了基础。随着杭绍一体化、杭州都市圈、金义都市区等发展战略的深入实施,杭州、绍兴、金华三地之间的产业协作将更为紧密。萧东—柯西板块同属萧绍平原,萧南—诸北板块同处浦阳江流域,地域相连、水系相同,具备产业一体化发展的良好基础。杭绍临空经济一体化发展示范区绍兴片区启动建设,临空产业将发展壮大。中国(诸暨)国际数字易货贸易园区南接义乌国际小商品城,东连柯桥中国轻纺城,北靠杭州四季青等成熟大市场,推动产业集聚发展。杭绍金交通共融、人才共享、产业共兴、携手共进的一体化发展格局将为绍兴西站及萧山机场至诸暨(义乌)城际铁路的规划建设提供现实支撑。

(四)功能定位

绍兴西站及萧山机场至诸暨(义乌)城际铁路北端衔接萧山机场连接线,南端衔接金义三四线,以上线路均为高速铁路,因此本项目按新建高铁模式考虑。全线建成后连接杭州、绍兴及金华,近期最大区段双向客流密度为每年 1950 万人次,大于每年 1500 万人次的基本要求,符合《关于进一步做好铁路规划建设工作的意见》(国办函〔2021〕27 号)对时速 250 公里高铁建设标准的要求。因此推荐本线设计速度采用 250 公里每小时。

1.本项目是沪昆通道的进一步补强，构筑沪昆通道的辅助通道

根据《浙江省铁路网规划(2019—2035 年)及项目建设时序》，浙江省将着重构建“五纵五横”的客运网络，规划至 2035 年基本形成布局合理、覆盖广泛、高效便捷、安全经济的现代铁路网络，加快与国家“八纵八横”高铁网衔接。本项目基本沿着沪昆通道走行，通过衔接萧山机场连接线、金义三四线等，构成沪昆通道南翼的新通道，可承担金华—绍兴—上海的城际客流，有效服务于金义都市区与杭州、上海都市圈间的快速交流，同时承担部分沪杭西向中长途客流，一定程度上缓解沪昆铁路及沪昆高铁运力紧张的状况，同时提升萧山机场连接线和金义三四线的客运水平。因此，本线是沪杭金通道的进一步补强，构筑沪昆通道的辅助通道。

2.本项目是串联上海大都市圈、杭州都市圈、金义都市区的便捷通道

国家发展和改革委员会和交通运输部共同印发的《长江三角洲地区交通运输更高质量一体化发展规划》提出，要构建快捷高效的城际交通网，依托快速运输通道，以城际铁路、高速公路、普通国省道等为重点，实现区域内部城际快速直连，统筹研究都市圈范围内城际铁路建设，规划建设多条城际铁路，构建长三角地区以轨道交通为骨干的城际交通网。本项目北段衔接萧山机场连接线进而衔接沪乍杭高铁、沪杭城际，途经绍兴，止于金华，形成串联上海大都市圈、杭州都市圈、金义都市区的又一重要线路，是沪昆通道上海至金华段多层次通道的重要组成部分，加强了沿线内部交流及其与上海的快速联系，形成省际互联、省内互通的城市群空间格局，共同推进长三角一体化发展。因此，本项目是加快构建长三角城市群南翼沪杭金发展带，促进金义都市区和杭州、上海都市圈融合发展的重要交通基础设施。

3.本项目是支撑浙江省城乡融合发展带，服务长三角区域一体化发展的重要基础设施

“大湾区大花园大通道大都市区建设”是浙江省“富民强省十大行动计划”之一，也是推动高质量发展的主战场。这四大建设，是浙江优化发展、未来发展的重大战略，是着眼于高质量、现代化和提升国际竞争力的重大举措。本项目与沪乍杭高铁、萧山机场连接线、金义三四线等区域性铁路共同构建沪杭金新通道，快速连接上海与浙江省“大花园”核心区域衢州市、丽水市，加强了上海、杭州对金衢丽地区的辐射带动作用，是助力浙江省大湾区、大花园、大通道、大都市区建设的重要抓手。

4.本项目是以承担沿线城际客流为主，兼顾部分路网客流的高速铁路

据测算，近远期杭绍金城际沿线客流中，内部城际客流占比分别为 70.0%、

66.3％，通过运量占比分别为26.2％、29.3％，沿线对外客流占比分别为3.8％、4.4％。可见本项目是以沿线城际客流为主，兼顾部分路网客流。

四、绍兴西站规划建设的理念创新

（一）坚持新发展理念

2015年10月，在党的十八届五中全会上，习近平总书记提出创新、协调、绿色、开放、共享的新发展理念，为中国发展提供了基本遵循。① 新发展理念符合我国国情，顺应时代要求，对破解发展难题、增强发展动力、厚植发展优势具有重大指导意义。立足新发展阶段，应切实贯彻新发展理念破解自身发展难题，以绍兴西站及萧山机场至诸暨（义乌）城际铁路的建设，探索中国式现代化浙江铁路发展新格局。

1. 高铁发展贯彻创新理念

增强创新驱动发展新动力，要加快构建层次多样、功能匹配、体系完善的现代铁路网络，合理引导社会预期，提出坚持以客流需求为基础，统筹考虑沿线经济及人口情况、线路规划功能、主要串联城市类型等因素。新发展阶段绍兴西站及萧山机场至诸暨（义乌）城际铁路规划的创新，要打破当前铁路规划中存在的单一功能思维壁垒，把传统铁路的单一客货运功能，转变为以路网功能集聚生态与旅游资源叠加、带动产业做优做强做大的综合铁路经济社会化服务功能。高铁的正外部性告诉我们，高速铁路只有实现其直接经济效益与社会经济效益的平衡才能实现长久的经济可持续发展。一方面，高铁的线路规划要充分考虑串联人口集聚区、重点旅游景区以及重要的经济据点，运用收益最大化管理模式，提高供给服务效能；另一方面，要在铁路布局规划中，创新性地把传统铁路的单一客货运功能，转化赋能为经济社会化综合服务功能，对应来开展相应的线路对比优化。

2. 高铁发展贯彻协调理念

综合考虑经济效益、社会效益和生态效益的动态平衡和效益最大化，建立跨区域的高铁网络，积极融入区域经济合作，实现与沿线城市的优势互补、联动

① 习近平：《论把握新发展阶段、贯彻新发展理念、构建新发展格局》，中央文献出版社2021年版，第39页。

发展、信息共通、资源共享，促进区域的均衡发展。高铁过境使沿线的区县市更紧密地融入都市圈之中，可以推动县域现代农业、生态工业以及文化旅游、住宿餐饮、休闲娱乐、商贸物流等服务业的快速发展。铁路建设尤其是高铁建设，在浙江省推动大都市区协同发展，深入对接长三角一体化，推动山海协作、区域合作以及乡村振兴、共同富裕示范区建设等过程中，具有巨大的加速作用。绍兴西站及萧山机场至诸暨（义乌）城际铁路布局规划应充分考虑沿线城市的区位优势、人口基数、本线跨线客流量、接轨条件及路网融合功能、特色产业、资源禀赋、经济状况等，统筹区域经济协调发展，促进乡村振兴与共同富裕。

3. 高铁发展贯彻绿色理念

在发展中平衡好经济发展和环境发展的关系，遵循自然规律，实现经济和自然环境的可持续发展，实现人与自然和谐共生。新时代铁路规划要充分发挥铁路行业和路网发达的优势，坚持铁路建设与生态环境保护融合共存，积极打造青山常在、绿水长流、路景融合、一站一景的美丽铁路。扎实推进铁路绿化工作，不断巩固扩大铁路造林绿化成果，提升铁路绿色通道品质，为保障铁路行车安全、美化沿线环境、建设美丽中国作出积极贡献。绍兴西站及萧山机场至诸暨（义乌）城际铁路规划，要适当考虑将沿线现有零散分布的旅游景点进行串联，从而唤醒沿途沉睡的旅游资源，探索将绿水青山转化为金山银山的产业模式和价值转化路径。

4. 高铁发展贯彻开放理念

铁路建设领域的内外开放主要涉及组团型枢纽布局及建设运营领域投融资机制创新。国家大力推动铁路投融资体制改革和对内对外开放，进一步开放铁路建设运营市场，充分调动各方积极性，促进行业持续健康发展，目标是加快形成平等准入、形式多样的投融资新格局。绍兴西站及萧山机场至诸暨（义乌）城际铁路规划，应站在上海大都市圈、杭州都市圈、金义都市区的高度，从多方面进一步强化组团型枢纽站场的综合实力。

5. 高铁发展贯彻共享理念

共享是引领高铁建设的发展目标，解决的是“发展为谁”的问题。在共享发展中，最重要的问题是关注人民的幸福感、获得感，并通过有效的机制设计，提高人民的幸福感和获得感，促进整个社会的和谐发展。同时还要求城市之间摒弃传统的“零和博弈”思维，转变为合作共赢，共享发展机遇，深化务实合作。提高项目经济性，突出可持续发展，坚持经济效益与社会效益相统一，统筹把握民生需求与技术可行性，做深做细前期工作，强化技术经济比选，合理确定建设标准，突出高铁线路选线、枢纽站场布局中的运输服务功能。

（二）坚持“多网融合”理念

随着区域一体化的快速推进，社会经济联系更紧密，通勤圈迅速拓展，城市功能不断外溢，多模式轨道交通规划、融资、建设和运营“一张网”是充分发挥轨道交通经济效益和社会效益的基础。2019 年 2 月，国家发展和改革委员会印发《关于培育发展现代化都市圈的指导意见》，明确提出要统筹考虑都市圈轨道交通网络布局，在有条件的地区，推动干线铁路、城际铁路、市域（郊）铁路、城市轨道交通“四网融合”，探索都市圈轨道交通运营管理“一张网”，推动中心城市、周边城市（镇）、新城新区等轨道交通有效衔接。2019 年 9 月《交通强国建设纲要》明确提出，要构建便捷顺畅的城市群一体化交通网，推进干线铁路、城际铁路、市域（郊）铁路、城市轨道交通融合发展。2019 年 12 月《长江三角洲区域一体化发展规划纲要》提出要构建互联互通、分工合作、管理协同的基础设施体系，加快建设集高速铁路、普速铁路、城际铁路、市域（郊）铁路、城市轨道交通于一体的现代轨道交通运输体系，构建高品质快速轨道交通网，共建轨道上的长三角。其中，高速铁路、普速铁路、城际铁路以及市域（郊）铁路中的 S 线改 M 线这半张网，共三张半网隶属于国铁系统，城市轨道交通及市域（郊）铁路的另外半张网，共一张半网隶属于住建系统。“五张网”各自承担不同的分工职能，共同支撑和促进区域协同发展。

（三）坚持“六位一体”理念

以高铁为特色打造综合交通枢纽，就是要一揽子统筹谋划高铁线、高铁站、高铁综合交通枢纽、高铁城市组团（高铁新城）、高铁经济、高铁时代等六个方面的问题，抓住高铁发展的战略机遇，为城市高质量发展打下坚实基础。

高铁线是指设计开行时速 250 公里以上的客运列车专线铁路（客运专线）（2014 年 1 月 1 日起实施的《铁路安全管理条例》规定，1985 年联合国欧洲经济委员会定义的新建客运列车专用型高速铁路时速为 350 公里以上）。高铁站既是大容量城市运输网络中的一个节点，又是城市空间内的一个地方，承担着双重任务。高铁综合交通枢纽是以高铁站为核心，集成公路客运站、公交枢纽、城市轨道交通线，具备良好的集疏运体系，并借助枢纽的集聚效应，积极发展现代服务业，促成枢纽地区的繁荣，成为城市新区发展的重要增长点和城市拓展的支点。高铁城市组团（高铁新城）是以现代化综合交通枢纽中心为依托，以高密度混合开发为特色，以高端商务办公、商业休闲、旅游服务、居住生活功能为主体，体现高品质、国际化、城际化、通勤化并融合多彩生活内容的经济“新蓝海”与城市“新门户”。高铁经济是发挥高铁的综合优势，推动资本、技术、人力等生产要素及消费群体、消费资料等消费要素在高铁沿线实现优化配置和集聚发展的一种新型经济形态。高铁时代是指以高速铁路网为依托,改变传统交通格局和传统经济版图,以及城市之间要素配置效率和作用方式,从而带动城市发展方式和经济发展方式转变的时代。

(四)坚持"大 TOD"理念

所谓 TOD 模式,是指以传统公共交通,如公交汽(电)车站、地铁站、轻轨站等为导向的城市空间开发模式。诸如香港九龙地铁站、日本涩谷地铁站等,就是传统 TOD 模式应用的典型案例。TOD 模式以公共交通(地铁、轻轨等轨道交通及巴士干线)为导向,以公交站点为中心、以 400—800 米(5—10 分钟步行路程)为半径,建立集工作、商业、文化、教育、居住等于一体的城区,保持交通顺畅,解决交通拥挤、环境污染严重、通勤成本高、土地资源紧缺等难题,从而实现城市组团紧凑型开发。围绕站点做高密度的功能混合以及对应配套规划,使轨道和周边地区形成良性互动、增值效应,即轨道交通给站点周边带来巨大客流,这些客流带动站点周边房地产和物业的增值;反之,站点周边得到开发,会有更多的人搭乘轨道交通,提高其运营收入。TOD 理念的本质,就是以使城市土地和交通设施得到充分利用为目的的一种城市规划方法。

所谓大 TOD 模式,指以机场、港口、高速公路节点、高铁站等高速交通为导向的城市(群)空间开发模式,诸如杭州东站、上海虹桥站等就是大 TOD 模式应用的典型案例。坚持以高铁站为导向的新型 TOD 模式(大 TOD 模式),可推动交通基础设施和用地的一体化发展,有效促进组团格局转变,提高整体效率,不仅有利于解决城市交通问题,通过"人跟线走"的引导,还有利于以此为基础形成紧凑型网络化城市空间形态,避免城市"摊大饼"式地蔓延。

(五)坚持站城产融合理念

《关于推进高铁站周边区域合理开发建设的指导意见》(发改基础〔2018〕514 号)指出,高铁车站周边开发建设要突出产城融合、站城一体,与城市建成区合理分工,在城市功能布局、综合交通运输体系建设、基础设施共建共享等方面同步规划、协调推进。有关城市要结合自身资源禀赋、优势特色、发展定位等,甄选出发展基础条件优越、城市特色鲜明和发展潜力较大的产业,构建枢纽偏好型产业体系,避免沿线临近站点形成无序竞争、相互制约的局面。大城市高铁车站周边可研究有序发展高端服务业、商贸物流、商务会展等产业功能,中、小城市高铁车站应合理布局周边产业,稳妥发展商业零售、酒店、餐饮等产业功能。

站城产融合发展是指在高铁新城区域内充分调动交通、产业和空间资源要素，对枢纽站、高铁新城和新城产业规划建设进行统筹考虑、综合开发，提高高铁新城地区土地开发利用强度，使得高铁枢纽站交通节点价值、高铁产业效益价值和城市功能价值发挥到最高水平，最终实现各方共赢、运行均衡、效益最优的发展格局。枢纽站发展是站城产融合发展的基本条件，为高铁产业和高铁新城的发展注入持续发展的动力。高铁新城功能完善是站城产融合发展的重要依托，高铁新城的城市化水平及其功能完善程度推动着高铁地区站城产进一步地融合发展。高铁产业集聚是站城产融合发展的持续推动力，产业的发展同时会为高铁新城提供客货资源等，从而带动枢纽站的发展。

规划建设枢纽站、高铁新城和新城产业时要进行统筹考虑、综合开发，提高高铁新城地区土地开发利用强度，使得高铁枢纽站交通节点价值、高铁产业效益价值和城市功能价值发挥到最高水平，最终实现各方共赢、运行均衡、效益最优的发展格局。通过站城产融合，实现城市功能的混合化、城市交通的立体化、土地利用的一体化、资金投资的高效化、城市空间的融合化，最终使站城产三者之间形成良性循环：站与城之间，“城以站兴，站为城用”；站与产之间，“站好产优，站产互动”；产与城之间——“以产兴城，产城融合”。

五、绍兴西站规划建设的保障措施

（一）成立工作专班，推动项目纳规并启动可行性研究

一是建议组建绍兴西站及萧山机场至诸暨（义乌）城际铁路项目工作专班，联合省发展和改革委员会，积极与国家发展和改革委员会、国铁集团、国家铁路局等部门沟通联系，协调省内各部门，凝聚共识，统一部署，加快推进项目前期工作；引导沿线地方政府参与配合，协调解决铁路申报纳入规划及建设审批过程中的重大问题，形成上下联动、分级负责的协调机制，为铁路项目的顺利推进提供可靠的体制机制保障。

二是尽快启动绍兴西站及萧山机场至诸暨（义乌）城际铁路项目工程可行性研究，为项目尽早实施提供保障。根据省长王浩关于铁路重大项目“能早则早、能快则快、能多则多”的要求，积极争取将绍兴西站（轻纺城站）项目及萧山机场至诸暨（义乌）城际铁路项目纳入长三角多层次轨道交通线网规划修编和浙江省中长期铁路网规划中，并作为近期可实施类建设项目进行安排。只有通过调整项目实施类别并纳入近期可实施的相关规划，才能确保项目更好地服务于浙江高铁路网布局优化提升。

三是建议尽快与杭州机场高铁公司对接，争取提前为绍兴西站（轻纺城站）预留接轨条件。绍兴西站（轻纺城站）项目拟通过杭州萧山机场连接线接轨并入国家高铁网，因此绍兴西站（轻纺城站）项目与铁路杭州萧山机场站枢纽及接线工程实施进度密切相关。据悉该项目已完成正线站前工程施工监理招标，正处在施工图设计阶段，预计 2026 年全部建成通车。建议绍兴方面尽快与杭州机场高铁公司对接，尽量争取杭州机场高铁线为绍兴西站（轻纺城站）预留接轨条件，这将为规划建设萧山机场至诸暨（义乌）城际铁路提供线路保障，进而为杭丽高铁经绍兴接入上海创造条件，从而推动绍兴成为融杭接沪枢纽城市。

（二）借鉴铁路项目资金自筹经验，探索铁路建设投融资体制多元化改革新路径

一是建议由浙江省交投集团作为实施主体，联合沿线各县市政府，基于“高铁组团（高铁新城）”的 TOD 综合开发理念，共同破解“钱从哪里来”的难题。鉴于铁路等重大基础设施投资规模较大，为避免给政府增加财政压力和公共债务，充分借鉴杭绍台铁路项目资金自筹经验，本项目建议由浙江省交投集团作为实施主体，沿线各县市根据途经线路里程承担相应的投融资责任，实现资源整合、利益共享、风险共担，调动各方积极性，推动大目标、大规划、大投入、大产出。沿线站点要坚持“高铁组团（高铁新城）”的发展理念，以高铁站点枢纽为中心，以高密度混合开发为特色，通过大疏大密的组团空间组织，做到优地优用，高效利用土地资源，以高端商务办公、商业休闲、旅游服务、居住生活功能为主体，打造城市“新门户”，同时，从土地出让金中拿出部分对铁路建设及运营亏损进行相应补偿。

二是建议强化交通强省基金对铁路建设的平台支撑，发挥政府政策导向的四两拨千斤的作用。建议省财政加大对绍兴西站及萧山机场至诸暨（义乌）城际铁路项目的财政倾斜力度，对标重大基础设施建设平台给予相应资本金和流动性支持，保障绍兴西站及萧山机场至诸暨（义乌）城际铁路省本级资本金出资要求。完善行之有效的投融资体制和运营体制，在风险可控的前提下，用好专项债券政策支持，缓解出资压力，简化项目审批流程，优化财务评价服务。采用母子基金架构，设立交通强省发展基金，通过让渡收益等方式吸引保险资金及其他社会资本参与，降低综合使用成本。发挥基金对铁路发展的支撑作用，特别是充分发挥省交投的省级投融资平台作用，实现多元化筹资。科学合理布局高铁站场，推动投资、建设、运营主体适当分离。

三是建议探索 BOT、F＋EPC、ABO 等市场化投融资模式，打造政府与社会资本双赢的高铁项目新样本。充分利用浙江省民营经济发达的优势，积极吸引

社会资本广泛参与；主动探索高铁建设 BOT、ABO、F＋EPC 等市场化体制，创新铁路融资模式，开展基础设施领域不动产投资信托基金（REITs）试点，打造全过程咨询＋代建等高铁建设新样本。市场化投融资模式主要的优势就是通过吸纳社会资本参与基建，减轻政府的财政依赖和压力，有利于优化企业经营机制。可利用铁路的运输优势和特点，向周边产业拓展，延伸业务范围和对象，尽量争取央企、省属国企及民企等企业参与投资，从而扩大社会融资对象范围，激活各类市场主体。

（三）按照精品站房标准，规划建设绍兴西站高铁站房

当前，高铁站作为城市内外交通联系和转换的中枢，车站定位已由过去的功能单一、布局孤立的城市对外门户与桥梁，转变为以车站为中心，无缝衔接多种内外交通方式，交叉融合多种城市功能空间的交通枢纽型综合体，是作为家（第一停滞空间）和办公室（第二停滞空间）之外的乘客停留、休闲的第三停滞空间，既是交通网络节点，又是城市公共空间，还是地域文化的展示窗口，其公共空间具有城市性、开放性、综合性、共享性、系统性和媒介性，发挥着铁路站房作为城市地标性建筑在城市经济社会发展中的重要作用。

绍兴西站（轻纺城站）位于柯桥中心城区，是一座全地下高铁车站，因此建议坚持不拼规模拼品质的发展导向，按照精品车站的标准做好高铁站的规划建设，综合城市交通、地域风貌、人文精神等多种元素，充分体现绍兴“卧薪尝胆、奋发图强、敢作敢为、创新创业”的“胆剑精神”及特有的城市气质，通过精心设计、精心组织、精细管理、精致施工，真正把绍兴西站（轻纺城站）建设成为国内一流、世界领先的精品车站，使其成为引领城市未来发展的引擎。

一是坚持“文化引领”。站房设计应从所在地域的历史文脉中，采集地缘文化信息，提取重要文化符号，通过分析旅客流线和驻足点，通过优化车站内外装修方案设计，表达传递文化特色元素，充分体现地域文化，彰显人文气息，力争使站房成为经济发展的助推器、互联互通的合作平台。

二是坚持“以人为本”。以高铁站房为中心，统筹城市快慢交通、机动车与非机动车、停车场、步行系统的转换与衔接，规划建设城市综合性交通枢纽，有效实现“零换乘”“无缝衔接”。在站房内设计人性化的空间节点，采用下沉式广场、中庭共享空间、庭院及通道等结构打造合理的休憩空间。

三是坚持“绿色环保”，突破传统建设模式，在太阳能利用、雨污水回收利用、设施设备自检预警等方面加大研发创新力度，推广绿色设计、绿色建造、绿色运维，积极采用减振降噪、光伏发电、新型节能环保光源等新技术及新能源，力争节能降耗。

四是坚持“精益建造”，坚持质量、安全、工期、投资、环保五位一体，加强工程质量安全管理和施工关键技术攻关，强化建筑流程管理和工艺优化，确保施工安全稳定与工程质量优良，实现建筑效益的最大化，打造经得起历史和运营检验的优质工程。

五是坚持“服务至上”，在车站服务功能设计、服务设施完善上进一步开拓创新，大力推广信息化、智能化在铁路客站的应用，推动互联网、物联网、大数据、人工智能与铁路客站的建设、运营、维护全过程的深度融合，让旅客进出更加顺畅，让信息共享更加普及，使“安全、便捷、温馨”出行成为一种新常态。

（四）发挥 XOD 引领作用，做好高铁沿线及站点的土地成片开发

一是建议探索建立 XOD 导向的省市铁路土地综合开发协同机制。依据国土空间规划，以生产生活类的 TOD 土地开发模式（公共交通导向）和生态宜居宜游类的 EOD 土地开发模式（生态文明导向）为重点，确定沿线站点周边开发用地，实施有关规划控制。TOD 模式的综合开发区域原则上控制在站场周边 1000 米范围内（或靠近城市一侧具备开发条件的相应面积），应预留远期发展空间。

二是建议对铁路沿线新建站场综合开发用地实行总量控制。扣除站场用地后，同一铁路建设项目的综合开发用地的规模和范围，按照国土空间规划合理确定，原则上总量按单个站场平均规模不超过 50 公顷，少数站场综合开发用地规模不超过 100 公顷控制。加强新建铁路沿线及站点的土地综合开发，落实铁路投融资体制和经营管理改革，对优化线路的筹融资方案及促进线路建成后的运营效益有重要作用。

三是建议在保障项目建设用地的基础上推进各方合作。对铁路沿线、主要场站及毗邻地区，基于 TOD 和 EOD 的城市发展理念做好沿线村庄及景点的规划建设，并做好各个站点的高铁新城的综合开发建设工作。在用地规模、政策和规划等方面给予大力支持，以土地为杠杆，吸引国有资本、社会资本进入铁路建设。

“融杭联甬接沪”背景下绍兴城市国际化的思路与对策

接栋正*

绍兴市地处长三角金南翼，是连接杭州和宁波两大都市区的战略枢纽，也是长三角一体化发展的重要节点。近年来，绍兴市深入贯彻习近平同志在浙江工作期间提出的“绍兴要放在‘长三角’的范围内来审视你们的发展地位”①这一重要指示精神，把握杭绍甬一体化、义甬舟开放大通道等战略机遇，加快构建“全市域网络型大城市”，全方位融入长三角高质量一体化发展，奋力创建高质量发展建设共同富裕示范区市域范例。

随着经济全球化进程的加快和我国对外开放向纵深发展，实施城市国际化战略、提高城市国际化水平，逐步成为国内众多城市参与国际竞争的战略选择。在置身长三角一体化、迈入杭州湾时代、拥抱全球化的新阶段，以杭绍同城、甬绍联动、接轨上海为重点，深入实施“融杭联甬接沪”城市发展战略，是绍兴提升城市国际化水平的战略之举、关键一招。

本报告在总结绍兴城市化发展的阶段特征和推进城市国际化的现实条件的基础上，对《绍兴市加快推进城市国际化行动方案（2020—2022 年）》提出的国际化六大路径的推进情况进行了评估，探讨“融杭联甬接沪”对绍兴城市国际化的综合效应，进而提出绍兴提升城市国际化水平的思路与对策。

---

* 作者接栋正系杭州国际城市学研究中心浙江省城市治理研究中心副研究员。本报告系浙江省城市治理研究中心绍兴分中心“绍兴城市高质量发展重大研究项目”成果。

① 习近平：《干在实处 走在前列——推进浙江新发展的思考与实践》，中共中央党校出版社 2016 年版，第 504 页。

一、城市国际化的内涵及趋势

随着经济全球化和国际产业分工的不断深入，企业之间、产业之间、区域之间、国家之间的交流和联系日趋紧密。自20世纪六七十年代以来，全球化发展趋势不断加速，越来越多的城市主动或被动地与国际接轨，不断增强参与国际产业分工的能力，不断扩大国际交流合作的领域，城市的影响力逐渐超越地区范围和国家边界，开启了城市国际化的浪潮。

（一）城市国际化的内涵特征

关于城市国际化的内涵，目前尚没有权威界定。学术界普遍认为，城市国际化是与经济全球化相伴随的城市发展趋势和现象，是城市不断加深与世界的联系，融入全球网络，城市的全球资源配置功能和国际知名度日益提高的过程。在新时代，城市国际化也是城市高质量发展的必然要求。

从内涵特征上看，城市国际化可以有两种理解：一种是以"国际化城市"为目标导向，另一种是以"城市化＋国际化"为目标导向。目前，往往将城市国际化的目标视同城市的国际化，将城市国际化这一过程的最终目标指向成为一座国际化城市。国际化城市的标志是具有突出的全球资源配置功能，根据能级影响的大小通常可以划分为世界级城市或全球城市、跨国性国际城市、国家中心城市三个层级。按照这一逻辑，国际化城市的理念标准，对于在全球资源配置上"偏科"的大城市或者功能较弱的中小城市，缺乏实际意义，无法体现城市的个性、特色和品质，也无法用以指导城市的普遍的国际化建设。

事实上，城市国际化是一个动态的过程，国际化城市是这一过程的目标和结果，两者是不同的概念。城市国际化，本质上应该是城市化与国际化的叠加融合，即"城市化＋国际化"，城市化是现代化的基础支撑和必由之路，国际化则是城市化发展到高级阶段的产物，是经济全球化的结果。2035年前，城市化仍然是绍兴发展的总牵引，绍兴实施城市国际化，要坚持以城市化牵引带动工业化、信息化、市场化、国际化，并把国际化摆在更加突出的位置，注重以国际化提升城市化、工业化、信息化、市场化。

随着新兴经济体的崛起，越来越多的城市将纳入全球城市网络，除长三角、粤港澳、京津冀等核心城市群逐步向全球城市体系"顶端"移动外，中国在文化、科技、创新服务、新消费等国际性职能方面必将崛起更多的全球节点城市，涌现出一批专业化的国际新门户。这就要求绍兴树立新的"世界观"，从全球网络城市的视野，找准比较优势，谋求在城市高质量发展中实现城市国际化的新突破。

（二）城市国际化的评价标准

目前的城市国际化标准，大多是为世界大都市“量身定制”的，侧重于跨国公司、国际组织等数量指标和跨国航线、人员交流等频次指标，突出一座城市的综合经济实力。

就定量指标来看，权威的综合性国际城市排行榜单主要有全球城市实力指数（GPCI）、全球城市指数（GCI）、世界城市名册（GaWC）三大榜单（见表 1）。其中，全球城市实力指数、全球城市指数着眼于城市实力、影响力和竞争力的发展全局，世界城市名册则强调城市的全球网络连通性。

表 1　权威国际城市排行榜单比较

排行榜单	评价机构	评价视角	评价指标
全球城市实力指数（GPCI）	森纪念财团（日本）	城市吸引世界各地的人才、资本和企业的综合能力	经济、研发、文化交流、居住、环境、交通可达性等 6 个维度 70 项指标
全球城市指数（GCI）	科尔尼咨询公司（美国）	城市吸引、留住、促进全球资本、人才和创意流动的能力	商业活动、人力资本、信息交流、文化体验、政治事务等 5 个维度 29 项指标
世界城市名册（GaWC）	全球化与世界城市研究网络（英国）	城市在世界城市网络中的节点地位和融合程度	金融、会计、广告、法律、管理咨询等 5 个行业 175 家世界领先高端生产性服务业公司在城市中的分布

例如，世界城市名册以 175 家世界领先的高端生产性服务业（advanced producer services，APS）公司在全球各大城市的总部、分支机构的服务网络为基础，通过对比城市之间的金融、法律、广告等创新流情况，确定一座城市在世界城市网络中的位置。世界城市名册的评价视角和逻辑更契合未来全球城市竞争主要聚焦于全球资源配置功能、价值链组织功能和经济全球化枢纽功能的趋势，且数据采集、评价标准、测算方法具有相对稳定的一致性和延续性，评价结果有利于开展动态跟踪，受到我国各大城市政府部门的高度重视，逐渐成为各城市寻找国内外对标城市进而明确自身发展定位的重要依据。

世界城市名册自 2000 年发布以来，每两年或四年更新一次。2000 年列入名册的中国城市仅 6 个，至 2022 年已有 41 个城市入榜，其中境内城市 37 个、港澳台地区城市 4 个。上榜城市的位次呈现出明显的梯度特征（见表 2），香港、台北和境内一线城市北上广深进入 Alpha 级(世界一线)行列,东中部经济强省的省会城市和区域经济中心城市大多进入 Beta 级(世界二线)行列,而中西部主要城市集中在 Gamma 级和 Sufficiency 级,基本符合国内东中西部城市发展的空间梯度及其在国际城市竞争中的方位。这也表明,越来越多的中国新兴城市融入了全球服务产业价值链。

表 2　2022 年中国城市在《世界城市名册》中的排名概况

分级	城市数量	中国城市及数量	内涵特征
Alpha ++	2	无	高度融入全球经济
Alpha +	7	香港、北京、上海(3)	弥补特定的服务业缺口,拥有重要的全球经济地位
Alpha	15	无	重要的区域桥梁,有效将所在区域和全球经济联系起来
Alpha −	26	台北、广州、深圳(3)	
Beta +	23	成都、杭州、天津(3)	在连接区域与全球经济方面表现良好
Beta	24	南京、济南、重庆(3)	
Beta −	44	厦门、武汉、长沙、沈阳、大连(5)	
Gamma+	30	郑州、昆明、苏州、青岛(4)	连接区域和全球经济的能力稍弱
Gamma	24	合肥、西安(2)	
Gamma−	29	福州、海口、太原(3)	
High Sufficiency	27	南昌、宁波、哈尔滨、长春、乌鲁木齐(5)	拥有先进服务业,但对全球经济依赖度较低
Sufficiency	143	贵阳、南宁、珠海、石家庄、兰州、佛山、无锡、台中、高雄、呼和浩特(10)	先进服务业发展一般,对全球经济依赖度很低

(三)国内外推进城市国际化的特点趋势

1. 注重主导产业的培育和集群

国内外城市在推进城市国际化的过程中都十分注重发挥自身比较优势,引导培育和大力发展主导产业,通过做大做强主导产业来提升城市的国际化功能。远如纽约,通过大力发展高科技产业和金融业等高端生产性服务业,奠定了世界经济中心的地位;近如上海,聚焦发力国际经济、金融、贸易、航运和科技创新"五个中心"建设,在世界城市名册中稳居世界一线行列。

2.注重创新驱动和高端资源导入

国际化城市都注重创新能力建设和创新驱动发展。伦敦、东京等许多国际化城市,就因为拥有强大的教育科技背景,具备发达的高等教育机构,拥有众多的世界一流大学,才有持续的高端资源整合能力和创新驱动力,成为可以配置全球资源的国际化大都会。

3.注重区域一体化融合发展

当今世界经济有两大潮流:一是经济全球化,二是区域一体化。城市发展的基本作用是对各种资源的集聚和扩散。如今,世界城市发展已迈入城市群、都市圈时代,城市群也是我国新型城镇化的主体形态。在推进城市国际化过程中,每座城市都必须在城市群、都市圈、市域网络化城市的融合发展中拓展自身的腹地,提升城市的辐射能力和服务功能,在区域一体化发展中谋求城市国际化的动能。

综上,城市的全球资源配置功能是在城市国际化过程中与时俱进、不断累积的。绍兴应该持续构筑市域网络化大都市,主动融入城市群、都市圈,坚持城市化与国际化并重,立足城市独特优势,扬长补短,提升全球影响力,开辟具有绍兴特点的城市国际化路径。

二、绍兴推进城市国际化的历史方位

如今,绍兴站上了新的发展起点,开启了加快城市国际化的新征程。若想把准绍兴推进城市国际化的历史方位,既要总结梳理绍兴城市化发展的阶段性特征,也要分析评估绍兴推进城市国际化的现状评估。

(一)绍兴城市化发展的阶段性特征

1.从空间格局看,绍兴正从“镜湖时代”迈向“杭州湾时代”

2002 年,绍兴行政区划做出调整,市区面积增加到 344 平方公里,城市发展进入了“镜湖时代”。2013 年以来,绍兴加快推进越城区、柯桥区、上虞区深度融合,市区面积达到 2900 平方公里。近年来,绍兴强化全市“一盘棋”意识,加快市域空间布局优化、基础设施联通、产业统筹布局、公共设施共建共享,围绕“融杭联甬接沪”战略,一体化推进全市域协同发展,逐渐形成了“一个核心、两大组群、六条轴线"①的城市发展格局,将市域8275平方公里范围作为一个整体进行全域生产力布局,城市发展加快迈入"杭州湾时代"。

2.从发展路径看,由县域经济向城市经济、都市区经济转型

绍兴是以传统制造业为主体的工业大市,其中纺织、化工、金属加工三大传统产业产值比重超过60%,从产城融合逻辑上看,呈现出典型的县域经济模式。近年来,绍兴市通过网络型大城市建设,突破"县域经济"旧格局,强化市域中心统筹和要素高效率网络化配置,从市域乃至长三角城市群的更大空间集聚优化资源配置,增强城市综合竞争力,逐步实现了县域经济向都市区经济转型,推进就业结构、人口结构不断优化,加快推动城市发展方式的转变。

3.从发展取向看,由规模扩张为主向品质提升为主转型

近年来,绍兴着力破解快速城镇化带来的"城市病",加快补齐以交通为重点的基础设施和公共服务等短板,推动城市发展模式加快向以品质提升和结构优化为主转变,全市域网络型大城市的发展实践已经开启并取得了初步成效。特别是围绕城市功能的提升和人居环境的优化,从保护"点"(文物保护单位)、"线"(内河水系)、"面"(历史街区)着手,以全面恢复古城格局和风貌的方式推进保护,创造了闻名全国的"绍兴模式"。

(二)绍兴推进城市国际化的现状评估

2020年5月,绍兴市政府办公室发布《绍兴市加快推进城市国际化行动方案(2020—2022年)》,提出要从产业国际化、市场国际化、平台国际化、功能国际化、人文国际化、营商环境国际化等六个方面推进落实国际化行动,不仅侧重经济指标和经济要素,也彰显了城市特色和个性。

1.产业国际化取得新突破

绍兴制造业具有传统优势,在城市国际化进程中,绍兴充分发挥传统优势,加快数字经济与产业集群深度融合,积极打造世界级先进制造业集群。大力培育电子信息、现代医药、新材料、高端装备等新兴产业集群,引进国际先进技术、研发总部,加快推进集成电路、高端生物医药"万亩千亿"新产业平台建设,建设国家集成电路、现代医药创新中心,产业国际化取得新突破。

针对黄酒、珍珠等历史经典产业,绍兴积极推进黄酒新技术迭代,开发新型

---

① "一个核心"指包含越城区、柯桥区、上虞区的绍兴中心城区;"两大组群"指诸暨城镇组群、嵊新城镇组群;"六条轴线"指杭绍甬一体化发展轴、杭绍金发展轴、杭绍台发展轴、绍嘉沪发展轴、义甬舟发展轴、诸暨融杭发展轴。

黄酒，强化黄酒的绍兴地理标志宣传，进一步拓展国际市场，推进黄酒小镇、黄酒产业园建设，办好绍兴黄酒节，全力打造世界黄酒之都。但无论是产业集群竞争力提升，还是历史经典产业国际化，绍兴都亟待培育一批具有较强国际竞争力和全球资源配置能力的"专精特新"企业，鼓励企业通过并购国际品牌、技术、市场网络渠道等方式向全球产业链、创新链上游迈进。

2. 市场国际化迈出新步伐

近年来，绍兴积极探索建设跨境电商综合试验区和绍兴数字服务贸易发展创新基金，加强跨境电商、跨境支付、物流仓储、贸易监管、消费者服务等数字贸易领域全产业链的配套和服务，实现生产销售、线上线下、内贸外贸一体发展。2019 年 12 月，绍兴获批成为国家级跨境电商综合试验区，越城集成电路、上虞伞业、嵊州领带、诸暨珍珠、绍兴柯桥纺织等陆续被评为浙江省省级产业集群跨境电商试点。依托跨境电商试点，绍兴市鼓励企业实施全球化战略，通过并购国际品牌、技术、市场网络渠道等方式，向全球产业链、创新链的上游进军，推动产品、设备、技术、标准和服务一体化"走出去"，培育企业的国际竞争力和全球资源配置能力。例如，绍兴鼓励各类跨境电商企业建设更多更高水平的海外仓，当前绍兴市数十家集成电路电商企业共有 48 个海外仓，建筑面积达到了 20 多万平方米，这些集成电路跨境电商企业可以发挥跨境电商综试区与绍兴综保区的优势，减少物流成本，增强海外配送活动的时效性，建设效率更高、效益更好的跨境物流机制。①

3. 平台国际化取得新进展

近年来，绍兴将滨海新区作为产业国际化战略主平台，联动柯桥经济技术开发区、杭州湾上虞经济技术开发区，打造融杭联甬接沪的杭州湾南岸开放廊道。强化"两廊"（绍兴科创大走廊、绍兴文创大走廊）建设，高标准创建绍兴综合保税区，致力于通过打造国际化平台，拓展国际开放合作空间。在杭绍甬三市共同努力下，分别签署了《杭绍一体化合作先行区建设方案》《甬绍一体化合作先行区建设方案》。为推动杭绍一体化合作先行区建设，浙江省政府批复设立杭绍临空经济一体化发展示范区绍兴片区。义甬舟嵊新临港经济区从无到有，成功入选浙江省首批义甬舟开放大通道战略平台（仅 2 个），着力打造联甬的先行区和桥头堡。

绍兴诸多平台建设取得新进展。例如，2022 年 10 月，经省政府批复同意，

---

① 黄娟：《基于生态系统理论的广东省跨境电商发展评价研究》，华南理工大学硕士学位论文，2019 年。

绍兴科创走廊发展规划实施建设，核心区面积 338 平方公里。绍兴科创走廊建成后主要发挥三个功能：一是提能，即发挥科创走廊龙头牵引作用，破解创新平台层次较低、规模较小、布局分散的短板，推进高能级创新平台建设；二是内聚，即通过科创走廊建设重塑绍兴创新空间，强化不同节点不同城市之间的连接，充分发挥“1＋1＞2”的作用；三是外联，即以科创走廊为纽带和载体，对接 G60 科创走廊，有效形成环杭州湾的创新闭环。通过一系列平台建设，有效推动产业创新先行、重大科技成果转化。另外，绍兴虽然拥有 4 个国家级开发区、9 个省级开发区和众多传统工业园区，但园区平台的能级普遍不高、综合承载力不强，平台集聚度偏弱，创新支撑力仍较薄弱，在区域发展布局和国际产业格局中的竞争力还有待提升。

4. 功能国际化迈上新台阶

近年来，绍兴先后出台了《绍兴市推进长三角区域一体化发展行动计划》《杭绍甬一体化发展绍兴行动计划（2018—2020）》《绍兴深度接轨上海行动计划（2019—2022）》《绍兴市融杭发展规划》等一体化政策，进行区域谋篇布局。持续深化“融杭联甬接沪”战略，外拓通道布局，内构全域网络，建设绍兴轨道交通 1 号线、风情旅游新干线串起杭甬，以适度超前的交通建设，引导产业布局，统筹区域发展，杭绍甬成为全国首个轨道交通一体化城市群。举办长三角一体化·绍兴（上海）合作推介会和“上海·绍兴周”“杭州·绍兴周”“宁波·绍兴周”等活动，全方位推动“融杭联甬接沪”进程，不断在高质量一体化进程中展现绍兴作为。

5. 人文国际化展现新气象

积极讲好“一带一路”绍兴文化故事，人文国际化的品牌效应初步显现。加快大禹文化、阳明文化、鲁迅文化、书法文化、戏曲文化、黄酒文化、唐诗文化、运河文化“走出去”步伐，推动“大师对话”活动提档升级，开展世界十大文豪故乡对话等活动，持续擦亮绍兴与世界对话的文化金名片，2021 年，绍兴荣获东亚文化之都称号。但相比北京、西安等城市，绍兴缺乏能彰显中华文明影响力、凝聚力、感召力的高辨识度文化标识，缺乏能代表城市国际形象的标志性文化名片，具有国内国际影响力的大型文化项目、活动及标志性公共文化设施还不足。例如，黄酒文化在世界文明史上具有唯一性、独特性，但全球范围对黄酒文化的价值认识、文化认知有限，影响力与文化价值尚不匹配。

积极推动文旅核心 IP 研发、国际化传播，推进“千年古城”复兴，文旅国际化建设取得新进展。积极开展海外文旅推介，着力吸引国际游客资源，自 2016 年以来，来绍入境旅游人数一直呈上升趋势。以世界遗产标准保护利用古城，实施

《绍兴古城保护利用条例》，推进"千年古城"复兴，在保护、发展间综合考量，实现在发展中保护，在保护中发展，寻求更多的城市空间打造文旅商业态。目前，绍兴的文商旅融合品牌缺乏整体打造，IP 虽多，但多是分开推广，针对性也不强，与商业融合的深度不够，运营理念相对保守，文商旅主业态目前仍以静态景点博物馆展示为主，处于静态观光式的 1.0 版和业态注入式的 2.0 版，满足吃住行的浅层开发比较多，文商旅融合深度开发比较少，与场景体验式 3.0 版还有差距。

6. 营商环境国际化实现新提升

绍兴积极对标世界银行标准，主动学习借鉴上海、苏州等市的营商环境建设经验，把"营商环境"作为改革创新的突破口，把"增值服务"作为优化提升营商环境的重要抓手，积极打造绍兴营商服务品牌，提升专业化国际服务能力。例如，新昌县拥有涉外企业近百家，为服务好外籍高层次人才，新昌县公安局出入境管理大队建立涉外企业服务直通车和外籍人才服务警官制，为涉外企业和外籍人员提供个性化定制服务，营造了良好的涉外营商环境。

作为制造强市的绍兴，推动数实融合、制造业服务化是提升产业国际化水平的重要路径。但人力资源、法律、会计、审计等专业服务业领域，对市场环境和营商环境的要求很高，发展相对滞后，致使创业企业获取服务成本较高。绍兴民营经济发达，市场主体众多，外向型经济特色明显，在传统制造业以及集成电路等新经济领域具有较强优势，涉外法律业务的潜在市场很大，但涉外法律服务能力与绍兴外向型经济需要还不匹配，特别是高端前沿领域法律服务和 IPO 项目法律服务有待提升，营商环境的国际化任重道远。

三、"融杭联甬接沪"对绍兴城市国际化的综合效应

"融杭联甬接沪"给绍兴带来的影响是全方位的，从基础设施、产业结构、社会治理到品牌塑造、文化传播、国际影响力，都将迎来升级与革新。"融杭联甬接沪"，重在办好绍兴的事，特别是要发挥好绍兴的特色和优势，在差异化发展、错位化发展中获得成长空间，将发展机遇、比较优势转化为发展成果、竞争优势。

（一）"融杭联甬接沪"对绍兴城市国际化的机遇

对绍兴而言，"融杭联甬接沪"就等于抓住了我国构建国内国际双循环相互促进新发展格局的机遇，有机会嵌入国际产业链分工体系，充分利用沪杭甬汇集的大量国际化信息、资本、人才、市场、品牌等优势参与国际市场竞争；"融杭联甬接沪"就等于融入了全球要素配置体系，有利于绍兴借力加强与外部要素和市场

的联系，提升对国际产业资本、创新资源的集聚和配置功能；"融杭联甬接沪"就等于进入了国内改革开放的最前沿阵地，沪杭甬的各种改革创新成果和开放经验都可以率先在绍兴复制、开花结果。

1. 长三角高质量一体化发展的新效应

长三角志在打造具有全球影响力的世界级城市群、以上海为核心的全球城市区域，区域发展的网络化效应、同城化效应和一体化效应将持续深化。绍兴的枢纽功能将进一步得到强化，与长三角地区其他城市的关联度将进一步提升，城市的辐射力也将进一步拓展。

2. 上海全球城市建设的新机遇

《上海市城市总体规划(2016—2040)》(又称上海 2040 规划)提出"卓越的全球城市"的新定位。上海建设卓越的全球城市，全球资源配置、国际门户、科技创新等功能和辐射效应将进一步增强与释放。同时，上海全球城市建设离不开腹地支撑，需要发挥长三角区域的市场、产业、设施等组合效应，形成共赢发展的路径模式，这为绍兴融入"大上海"带来了潜在的机遇。

3. 打造双城关系升级版

未来五年，绍兴与上海、杭州、宁波的关系，不仅仅是城市群二级城市与核心城市、二级中心城市之间的辐射与带动关系，也可在产业、创新、金融、文化、治理等更多领域进行双向交流、协作、互动。绍兴应积极打造与上海、杭州、宁波的双城关系升级版，形成长三角世界级城市群的新型双城关系，共同打造具有世界竞争力和影响力的全球城市区域。

(二)"融杭联甬接沪"对绍兴城市国际化的挑战

1. 区域空间格局的变化

在长三角城市群传统"之"字形的空间格局上，绍兴是上海、杭州与宁波、舟山相互联系的重要节点。从区位上看，绍兴具有"融杭联甬接沪"枢纽地位和杭绍甬一体化的"金扁担"支点作用，绍兴通过建设一体化先行区等途径积极寻求与周边地区的协同发展，取得了一定成效。但在长三角未来空间格局中，由于沪甬跨海铁路新通道的规划建设，绍兴的区域节点地位可能进一步下降，交通区位优势面临被稀释的挑战。

2. 上海"五大新城"建设的虹吸效应

《长江三角洲区域一体化发展规划纲要》提出："推动中心城市非核心功能向周边城市(镇)疏解，在有条件的地方打造功能疏解承载地……打造上海配套功能拓展区和非核心功能疏解承载地。"但是在实践中，2022 年初，上海开启大规模开发建设"五大新城"，发布了《关于推动向新城导入功能的实施方案》，"五大新城"更多地承接了上海中心城区疏散的资源、功能，一定程度上稀释了周边城市在新一轮一体化中的发展红利。

3. 跨区域共建的创新机制缺乏

当前杭州、宁波等中心城市仍处于城市国际化的加速期和"强核"建设的极化阶段，在当前的发展阶段看，无论是杭州还是宁波尚未强大到外溢带动绍兴发展的程度，"各自为战"仍然多于"联合作战"，跨区域共建的创新机制尚未建立。2024 年 4 月，浙江省委常委会会议分别专题研究了杭州工作、宁波工作，推动唱好杭甬"双城记"，虽然绍兴发展被纳入杭甬"双城记"的工作视野内，但仍然面临被边缘化的新态势。

（三）"融杭联甬接沪"下绍兴城市国际化的定位

城市定位是引领城市发展的核心，决定着一座城市的发展取向和发展模式。根据《长江三角洲地区区域规划》(2010 年)，上海的定位是"提升上海核心地位。进一步强化上海国际大都市的综合服务功能，充分发挥服务全国、联系亚太、面向世界的作用，进一步增强高端服务功能，建成具有国际影响力和竞争力的大都市"。杭州的定位是"充分发挥科技优势和历史文化、山水旅游资源，建设高技术产业基地和国际重要的旅游休闲中心、全国文化创意中心、电子商务中心、区域性金融服务中心，建设杭州都市圈"。宁波的定位是"发挥产业和沿海港口资源优势，推动宁波—舟山港一体化发展，建设先进制造业基地、现代物流基地和国际港口城市"。绍兴的定位是"发挥传统文化和产业优势，建设以新型纺织、生物医药为主的先进制造业基地和国际文化旅游城市"。

沪杭甬绍四座城市的定位中，涉及世界级的定位，上海是国际经济、金融、贸易、航运和科技创新"五个中心"，杭州是"国际重要的旅游休闲中心"，宁波是"国际港口城市"，绍兴是"国际文化旅游城市"。"国际文化旅游城市"既是绍兴城市定位中唯一的世界级定位，也是沪杭甬绍四座城市的世界级定位中唯一涉及"文化"的，具有唯一性和针对性。作为国家历史文化名城、东亚文化之都，文化是绍兴这座城市的比较优势、竞争优势和产业优势之所在，也是核心竞争力、国际竞争力之所在。

总体上，绍兴在推进城市国际化进程中，应该以打造"国际文化旅游城市"为重点，走特色化、差异化的城市国际化道路，发挥优势、明确特色，定位于成为一个在若干领域具有世界影响力的特色化国际城市，可以首先在文化领域实现突破，再逐渐延伸到其他领域的国际化。

四、“融杭联甬接沪”下绍兴提升城市国际化的思路与对策

从构建“市域网络型大城市”到“融杭联甬接沪”，均是着力于从空间结构来解决绍兴在长三角的发展问题。前者着力于“全市域”，立足于“自转”；后者着眼于“全方位”，立足于“公转”。绍兴在“融杭联甬接沪”过程中，要树立新的“世界观”“国际观”，坚守城市自身性质和本底特色，扬长避短，以互补性优势修正和再造与沪杭甬的分工和竞争关系，在专业性、精尖性、个性化等层面彰显独特的城市功能内涵和魅力特质。

（一）以人文国际化引领国际化的视野

文化是绍兴城市国际化的“支点”，要将人文的国际化作为提升绍兴城市国际化水平的主抓手。人文国际化包含两个层面：一是突出“文化经济”维度，以文旅国际化等为抓手推动文化资源、文化消费的国际化；二是突出“文化价值”维度，以对遗址、古城等的保护为抓手，在全球文化格局中更好呈现本土文化的特色。

第一，高质量打造具有绍兴特色的文商旅产品 IP 集群，引领发展绍兴文化经济。对绍兴而言，除了针对古城这样的区块性、结构性文化资源实施“保护性建设”，更重要的是利用传统文化要素、名人文化、非遗资源等实施特色文化创新性建设。绍兴提出打造新时代“名士之乡”，促进历史名人文化价值的创造性转化、创新性发展，最重要的是厘清历史名人文化的内涵和价值，创新探索名人文化 IP 转化的实现策略。

以陆游故里 IP 打造为例，绍兴要将绍兴陆游文化放到中华文明发展的历史长河中、物质文明与精神文明的交相辉映中、文化传承保护的客观规律中、经济社会高质量发展的新阶段中进行挖掘和场景式呈现，将陆游故里 IP 打造成浙江省宋韵文化的节点性标识。一是历史再现：从“宋代的陆游”到“陆游的宋代生活”。从时间维度上，将陆游文化放到中华文明发展的历史长河中，置于两宋时期的城乡发展、经济生活、文学艺术、工艺技术、建筑风貌、礼仪风俗中去认识和挖掘，不仅展现“宋代的陆游”，展现一个活色生香的文化主体，更展现陆游的“朋友们”以及“陆游的宋代生活”，立体展现南宋的社会形态和生活景象。二是价值引领：从陆游的爱国情怀到新时代的胆剑精神、爱国精神。从价值维度上，在物质文明与精神文明的交相辉映中彰显宋韵文化，在彰显陆游基于华夏认同的民族精神、家国情怀的爱国精神的基础上，将陆游文化价值置于新时代的胆剑精

神、爱国精神、民族精神、人文精神中进行展现和升华，进一步擦亮这一文化 IP 的时代价值。三是特色塑造：从传统化、文人化的陆游到数字化、生活化的陆游。从特色维度上，将陆游文化放到文化传承保护的客观规律中进行展现，既展现传统化、文人化的陆游，又以信息化、数字化、网络化、智能化的现代技术重新定义陆游文化，寻找各种生活场景“入口”，推动陆游文化的生活化和数字化。四是区域联动：从绍兴的陆游到杭绍甬一体化视野下的陆游。从地域维度上，陆游足迹遍布浙江多地，在杭州、宁波、绍兴均留有不少诗词。要突破时空局限，将陆游文化放到杭绍甬一体化发展的视野中予以呈现，以水路、陆路、山路等自然形态，茶路、丝路、瓷路等物质形态，诗路、画路、戏路、学路等文化形态，串珠成线，形成专题性的文旅线路，在区域文旅一体化发展中提升陆游故里的影响力和知名度。

第二，以新媒体为平台构建国际化传播表达体系，提升绍兴文化的国际辨识度。大力开展国际宣传推广活动，运用多种新媒体手段，用国际化的语言讲好“绍兴故事”。利用世界旅游联盟平台落户杭州的“近邻”资源优势，对接国际主流媒体，在 Facebook、Instagram、YouTube 等新媒体平台上策划推出“老外带你游绍兴”“诗里绍兴”等系列视频和“你好，宋潮”等主题栏目，全面提升绍兴旅游在海外社交平台上的传播效能。

第三，提升国际友城合作，推进中外文化交流互鉴。绍兴文化底蕴深厚，文化 IP 众多。绍兴积极探索中国式现代化在市域层面的发展规律和实现路径，文化传承发展是重要的载体和突破口。2023 年 6 月 2 日，习近平总书记在文化传承发展座谈会上，以连续性、创新性、统一性、包容性、和平性五个突出特性，科学概括了中华文明的独特性。① 绍兴文化发展要充分彰显五个突出特性，在改革创新中传承发展中华文明的人文内核，进一步挖掘中华优秀传统文化的价值内涵，进一步彰显绍兴文化在全省乃至全国文化版图中的地位，推动千古文韵和现代经济融合共生，不断释放高质量发展的动能和张力。

绍兴要用好国际友城的交流机制，通过创造性转化、创新性发展，加快实施文化“走出去”战略。绍兴市自 1983 年与日本的南砺市（福光町）结为友好城市以来，已与 27 个国家的 54 个城市结为友好城市，与 34 个国外城市签订了发展友好交流关系备忘录，形成了覆盖全球的国际友城交流网络。对此，绍兴要盘活用好现有国际友城资源，建立双边、多边合作机制，积极开展深度合作，充分挖掘国际友城合作新领域，形成新型合作关系。进一步优化友城布局，积极发展在科创、金融、会展和文化艺术等领域具有特色优势的国际新友城，为实现区域更高水平开放、更高质量发展贡献绍兴外事力量。

---

① 习近平：《在文化传承发展座谈会上的讲话》，《求是》2023 年第 17 期。

（二）以产业国际化夯实国际化的根基

绍兴与上海、杭州、宁波之间的产业关联十分紧密。同时，由于经济发展阶段有所不同，区位条件、资源禀赋各异，使得产业发展导向上存在较大的差异性；由于地缘、业缘上的接近性，一定程度上又使得产业发展存在一定的同构性、同质化。因此，产业合作是绍兴“融杭联甬接沪”的重要突破口之一。

第一，突出重点细分领域，力争在国际产业分工合作体系中实现新突破。要立足绍兴的资源禀赋、产业基础，实施差异化竞争，努力实现优势产业和重点企业的价值链向更深、更广的领域延伸，增强绍兴与世界的联系，形成产业国际化新的引擎力量。例如，在集成电路产业的国际化上，绍兴要突出产业链“制造端”重点，形成绍兴集成电路产业在制造端上的特色优势，通过多年的持续努力，在集成电路产业链的“制造＋封测”这一细分领域做专做精、做优做强，从而在浙江省内错位形成绍兴（芯片制造＋测封）、杭州（芯片设计）、宁波（芯片材料）的集成电路产业空间布局，着力打造浙江省杭州湾金南翼、杭绍甬一体化的集成电路全产业链条，高质量构筑长三角集成电路现代产业体系、创新创业生态。①

第二，加强与周边城市合作对接，共享资源与交通优势。以浙江省大湾区建设为契机，加强与宁波、舟山等地的合作与对接，培育打造“杭绍甬舟”开放大通道，并将其作为大湾区建设的重要内容，使杭州、绍兴能够更好地共享宁波、舟山的海港资源和中欧班列等交通优势，积极参与“一带一路”国际产能合作经济走廊建设，将产业合作与营商环境一体化和科创一体化紧密结合起来，将大湾区打造成产业国际化发展的桥头堡。

（三）以市场国际化赢得国际化的主动

第一，以新兴业态为引擎，创新发展新模式，壮大以跨境电商、市场采购、外贸综合服务企业等为代表的外贸新业态，打造以跨境电商、市场采购、自由贸易为核心的高能级新型贸易示范区。

第二，积极探索形成政府与企业同向施力的政策和市场平台，打造绍兴企业杭绍同城、甬绍联动、接轨上海的创新平台。在一体化区域政策支撑下，以打造创新空间平台为抓手，系统整合与发挥创新平台在创新、商务、研发等方面的优势，叠加空间接近的有利因素，实现资源共享和利益共享。以营商环境、公共服务、企业资源、数据信息、生产技术和人才等的共享为驱动，实践全新合作模式，以市场为主要手段进行资源配置与利益分配，降低合作成本，推动互利共赢。

---

① 吕燎宇：《加快绍兴集成电路产业高质量发展的若干思考》，《浙江经济》2023 年第 8 期。

（四）以平台国际化奠定国际化的格局

积极对接国家战略，深化体制机制创新，提升开放能级，加快国家综合保税区、中国（绍兴）跨境电子商务综合试验区等建设，加快推进绍兴科创大走廊、临空经济示范区等多元化国际开放平台体系建设，推动开发区优化整合提升，积极融入"双循环"新发展格局，不断提升开放平台的能级，使之成为带动对外开放格局、实现有效"外循环"的关键支撑。

2021 年 6 月，浙江自贸试验区绍兴联动创新区正式获批，实施范围近 120 平方公里，涵盖环杭州湾、诸暨、嵊新三个片区。对此，一要充分利用好上海这一重大国际性平台。上海自贸区作为全国改革开放的"排头兵"，已经形成了与国际通行做法相一致的管理理念和基本制度框架，比如，与国际通行规则一致的市场准入方式，符合国际高标准贸易便利化规则的贸易监管制度等。对绍兴来说，现阶段最重要的是做好与上海自贸区的接轨，不仅要充分利用自贸区平台，更要复制学习上海自贸区的经验，在制度、机制、规范、政策等软件上对接上海。绍兴要充分利用上海已成规模并发挥效应的平台，不搞大而全的重复建设，把有限的资源（包括政策资源）投在与上海这些优势平台的共建共享上，为绍兴发展所用。二要积极争取将浙江自贸区试点的会计师事务所"证照分离"改革从舟山片区拓展到绍兴片区，补齐绍兴在法律、会计等高端生产性服务业的发展短板。近年来，会计师事务所的财务审计基础业务普遍萎缩，而咨询业务则逐年增长，加之开展财务审计业务需由省财政厅审批许可，手续较烦琐，许多国际会计师事务所主动规避法定审批手续，以咨询机构的名义在国内开展业务。2019 年 12 月起，省财政厅在浙江自贸区舟山片区试点实施会计师事务所分支机构设立审批事项"证照分离"改革，委托舟山市财政局负责区内审批。建议绍兴市财政部门积极争取，将试点改革拓展到绍兴片区，进一步放宽市场准入，推动国际会计师事务所在绍兴设立分支机构。

（五）以功能国际化增强国际化的磁性

统筹推动与沪杭甬的交通通道建设，构建绍兴全面"融杭联甬接沪"的空间廊道和通路，解决一体化对接的空间问题，是绍兴推动国际化的重要现实路径。

第一，优化 TOD 理念，融入城市群发展。要深化高铁时代背景下绍兴与长三角城市群、杭州都市圈城市群的关系，构建有利于绍兴接受城市群辐射带动的新局面。要以轨道 TOD 为引领，以高铁枢纽及相关的城市轨道交通枢纽带动土地开发利用，加大城市之间、县域城乡之间产业规划、城镇建设、基础设施和公共服务的协调、统筹力度，推动绍兴在高铁引领下的集聚发展，融入长三角城市群，加快打造新增长极，不断提高首位度，走出新常态下绍兴经济社会发展新路子。

第二，统筹谋划铁路过江通道。浙江省委、省政府在“十四五”规划中提出，今后一个时期要把大力发展湾区经济作为推动区域协调发展的重大战略，推进杭州湾等重点湾区保护和开发。上海是长三角城市群的龙头，也是杭州湾大湾区发展需要积极对接和紧密依靠的关键力量，科学规划建设跨杭州湾直通长三角城市群重要城市的铁路通道不可或缺、迫在眉睫、势在必行，这也是支撑杭州湾大湾区建设的最根本、最迫切的需求。

从调研情况来看，跨杭州湾的交通基础设施系统谋划不足，已经成为制约杭州湾大湾区高水平建设、高质量发展的突出短板。现有舟山通道、金山通道、嘉甬通道、嘉绍通道、钱江通道等五大通道规划建设缺乏统筹协调。建议跨杭州湾规划设计五大铁路通道，即舟山通道、金山通道、嘉甬通道、嘉绍通道、钱江通道，五大通道“统一规划，一次成型、分步实施”，先明确通道问题，后考虑线位问题。其中，涉及绍兴的是嘉绍通道，嘉绍通道起于嘉兴，利用嘉绍大桥预留的铁路通道跨越杭州湾，接入绍兴，全长约 95 公里，总投资约 260 亿元。

第三，规划建设通苏嘉绍高铁。在规划沪甬高铁的基础上，应统筹考虑杭州湾跨海通道的科学合理布局，从浙江省、长三角乃至更大区域范围的高铁规划进行谋划，通过嘉绍大桥预留的铁路桥通道，规划建设通苏嘉绍高铁，并规划建设绍丽（绍兴—丽水）高铁，真正形成一条贯穿浙江省中部并直接连通长三角城市群的高铁通道。

规划建设通苏嘉绍高铁，这一通道拓展延伸的潜力巨大。向北，可以通过嘉绍大桥预留的铁路桥通道接入嘉兴，进而连接通苏嘉高铁（南通—苏州—嘉兴），通过南通接入沿海高铁，连通青岛、烟台，过渤海湾连通大连、哈尔滨，构建起直通长三角核心城市圈，连通山东半岛、辽中南的大通道。向南，可以延伸至丽水、南平，形成丽水—南平并延伸至广州的新通道，或通过南平连接京福高铁，实现丽水与闽中、海西、粤东北等地区间的快速联系。

通苏嘉绍高铁有利于推动浙江省大湾区大花园大通道大都市区建设计划。规划通苏嘉绍高铁，可以使绍兴、丽水直通长三角核心城市圈，实现杭州湾大湾区南北联动发展，将浙江省大花园核心区带入长三角城市群核心区，同时对杭州都市区、宁波都市区、金义都市区的建设，对杭嘉沪创新大通道、义甬舟开放大通道、浙东南海洋经济大通道、浙西南生态旅游大通道的衔接联动具有重要意义。有利于带动浙江省山海协作、区域协调发展。浙江省一直缺少一条贯穿中部地区的高铁线，规划通苏嘉绍高铁可在浙东甬台温、浙西杭金衢之间构建起连接嘉兴、绍兴、丽水的浙中南北高铁大通道，符合浙江省“八八战略”、区域协调发展的指导思想，具有突出的现实意义。

从合理性来看，立足浙江省大湾区大花园大通道大都市区建设，通苏嘉高铁在绍兴接轨方案的线位合理性更佳，嘉兴南站至杭甬高铁线上的绍兴接轨站约70公里，比接入宁波接轨站短50公里。从可行性来看，建设嘉绍大桥时已在大桥两边预留了铁路桥通道，规划建设通苏嘉绍高铁可用嘉绍大桥通道，具有较强的可行性。

（六）以营商环境国际化提升国际化的水平

以数字化改革为牵引，按照“整体智治”理念，把营商“最优市”塑得更优。

第一，对标北京、上海、重庆、杭州、广州、深圳6个国家营商环境创新试点城市的营商环境改革实践和经验，为电子信息、高端装备、生物医药、新材料等四大新兴产业的“引育”打造国内最优、国际一流的营商环境。着重探索建立与国际规则接轨的高层次人才招聘、薪酬、考核、科研管理、社会保障等制度，加快完善“全生命周期”人才创业创新服务体系，营造一流的人才发展环境，让越来越多的人向往绍兴、来到绍兴、留在绍兴。

第二，聚焦加强“三支队伍”建设要求，牢固树立“大人才观”，将法律、金融、会计、审计等各类专业化服务业人才纳入绍兴现有的人才政策体系框架，修订完善专项人才引进与保障政策，对符合条件的法律、金融、会计、审计等方面人才，在人才安居补贴、创新创业扶持、子女入学、医疗保障等方面给予支持，以吸引更多的国内外专业化服务业人才来绍兴从业、创业。

第三，谋划筹建中国（绍兴）丝路工匠学院。依托“一带一路”产教协同联盟等行业组织，争取省政府支持，谋划筹建中国（绍兴）丝路工匠学院，联合研究制订《丝路工匠学院共建方案及推进计划》，明确丝路工匠学院的战略定位与战略部署，推动教育服务“一带一路”建设。以产教结合、校企合作为抓手，探索职业教育“走出去”的绍兴方案，明确政府投入的范围、边界及形式，制定分类管理标准。借鉴天津“鲁班工坊”建设经验，在纺织服装等领域深化丝路工匠培养与合作，更好地服务绍兴企业“走出去”，破解“一带一路”共建国家人文沟通和人力资源瓶颈，有效提升共建国家与中国产能的对接能力。

2023 绍兴高质量发展蓝皮书

城市建设篇

城市基础设施社区化与城市高质量发展

王国平*

2020年3月31日，习近平总书记在杭州考察时指出，要"统筹好生产、生活、生态三大空间布局，在建设人与自然和谐相处、共生共荣的宜居城市方面创造更多经验"①。党的二十大再次强调高质量发展是全面建设社会主义现代化国家的首要任务，要坚持人民城市人民建、人民城市为人民，提高城市规划、建设、治理水平，加快转变超大特大城市发展方式，实施城市更新行动，加强城市基础设施建设，打造宜居、韧性、智慧城市。实践证明，城市基础设施是城市立足的基础，是城市经济社会运转的骨架，是城市居民获得安全美好生活的前提，在全面推动城市高质量发展、全面实现共同富裕、全面推进中国式现代化中发挥重要而独特的作用。

一、经济类+社会类+生态类"三位一体"的城市基础设施建设新体系

广义的城市基础设施由三部分构成：一是城市经济类基础设施。我国一般

---

* 作者王国平系原中共浙江省委常委、杭州市委书记，全国影响力建设智库浙江省城市治理研究中心主任、首席专家，浙江省大运河文化保护传承利用暨国家文化公园建设工作专家咨询委员会主任。

① 《统筹推进疫情防控和经济社会发展工作 奋力实现今年经济社会发展目标任务》，《人民日报》2020年4月2日。

所谓的城市基础设施多指经济类(或称工程性)基础设施,主要包括能源系统、给排水系统、交通系统、通信系统、环境系统、防灾系统等。二是城市社会类基础设施,主要包括教育系统、医疗系统、文化系统、体育系统、广电系统、互联网系统、科研系统等。三是城市生态类基础设施,主要包括水环境保护系统、大气环境保护系统、固体废弃物(含生活垃圾)处理系统、噪声污染防治系统、绿化系统等。围绕“人民城市”理念,构建经济类+社会类+生态类“三位一体”的城市基础设施新体系,具有重要的理论意义与实践价值。

(一)城市基础设施的基本特征

城市基础设施作为城市赖以生存、发展的基础条件与系统工程,一般具有六大特征:一是公益性。基础设施建设的目的是提供公共服务,具有显著的公益性特征。二是生产性。它的建设过程是一个投入产出的过程,它的建设和运营需要实现资金的良性循环。三是垄断性。由于基础设施具有公益性和规模经济效益,在基础设施的每个领域,城市政府只允许少数几家企业进入,开展必要的竞争。四是系统性。城市基础设施是一个有机的综合系统,也是城市大系统中的一个子系统。五是超前性。时间上的超前和空间上的超前,以适应今后产业规模和人口规模的发展。六是长期性。它往往需要较长时间和巨额投资,新建项目、扩建项目,特别是重大基础设施项目需要提前布局、先行建设,以便项目建成后尽快发挥效益。

(二)城市基础设施的理论创新

传统理论认为,政府应在城市基础设施的建设和运营中无条件地发挥主导作用。在这种理念的影响下,政府对基础设施建设营运亲力亲为、大包大揽,结果在实践中无一例外地都遇到或正在面临资金缺口大、财政负担重、运行效率低、市场竞争差等问题。因此,世界各国都在以不同方式持续地进行城市基础设施投资运营体制改革。这种改革的推进速度与预期绩效在很大程度上取决于城市基础设施的理论创新,如公共产品理论、平衡增长理论、项目区分理论、可销售性区分理论、可持续发展理论。

二、XOD+PPP+EPC“三位一体”的城市基础设施建设新模式

创新城市基础设施建设模式,重点要体现新发展理念的要求,即创新发展、协调发展、绿色发展、开放发展、共享发展。

(一)"XOD+PPP+EPC"的建设新模式

打造新型城镇化2.0,要坚持从TOD模式拓展到XOD模式,发掘一批能够发挥标杆导向作用的城市基础设施重大工程,是提升城市基础设施体系整体质量的关键。要以城市基础设施大系统的优化完善为基础,统筹考虑综合性城市基础设施发展趋势,坚持"XOD+PPP+EPC"发展模式,推动城市基础设施建设,破解城市发展中面临的钱、地、人"从哪里来""到哪里去""手续怎么办"等问题,统筹规划布局,建设体现高质量发展要求的城市基础设施重点工程,以重大工程项目带动整个城市基础设施体系的高质量发展。

XOD模式作为城市规划建设的方式,可以合理布局城市基础设施辐射区域的土地利用性质和开发强度;"PPP+EPC"模式吸引社会资本参与城市基础设施建设,从而在相应的以XOD模式规划的土地上进行综合开发。简言之,XOD模式是以城市基础设施建设为导向的城市规划、开发、建设"PPP+EPC"模式的载体,"PPP+EPC"模式是XOD模式以城市基础设施建设为导向的城市规划、开发、建设的实现方式。因此,城市基础设施建设,要努力实现"XOD+PPP+EPC"三位一体新模式。探索应用"XOD+PPP+EPC"复合型新模式,就是以城市基础设施和城市土地一体化开发利用为理念,提高城市土地资产的附加值和出让效益,创新融资方式,拓宽融资渠道,鼓励社会资本特别是民间资本积极进入城市基础设施建设领域,是对创新、协调、绿色、开放、共享新发展理念的贯彻落实,不仅有利于形成多元化、可持续的资金投入机制,激发市场主体活力和发展潜力,整合社会资源,盘活存量、用好增量,调结构、补短板,提升经济增长动力,而且有利于加快转变政府职能,实现政企分开、政事分开,充分发挥市场机制作用,提升公共服务的供给质量和效率,实现公共利益最大化。

(二)推进"XOD+PPP+EPC"三位一体的建设新模式

"XOD+PPP+EPC"模式的理论基础是"地租理论",特别是"级差地租理论"。在当今中国,千万不能将土地问题污名化,更不能将"地租理论"污名化。马克思在《资本论》中全面论述了"地租理论",特别是"级差地租理论"。"地租理论"特别是"级差地租理论"是马克思政治经济学的重要组成部分,要实现城市土地"地租"和"级差地租"价值最大化,关键是用足用好有关不计费容积率、集中供绿、混合用地出让、行政划拨土地综合利用等创新型政策,做到重大项目投入产出比、性价比、费效比的最大化与最优化,实现基础设施建设经济效益、社会效益、生态效益的叠加与统一。同时,城市基础设施建设运营必须注重优地优用、土地集约、资源节约和环境保护,逐步减少不可再生资源的消耗和对生态环境的破坏，增加知识、技术、信息、数据、人力资本等可再生要素的利用，实现新型城市基础设施绿色发展；城市基础设施发展规划的制定既要考虑代内公平，也要考虑代际公平，体现城市基础设施建设适度超前的思想，用发展的眼光开展规划和建设；考虑创新、协调、绿色、开放、共享的新发展理念如何在基础设施建设环节予以落实。

推进“XOD＋PPP＋EPC”三位一体的建设新模式，需要对不同领域、地域的城市基础设施分类施策和系统规划，使城市基础设施作为整体最大限度地呈现其社会、经济、生态环境等综合效益。近几年，上海、浙江等地出台的有关支持“新基建”与城市建设相关政策的亮点，在于充分利用了城市三大类基础设施建设产生的土地溢出效应，即地租和级差地租。比如，2020 年 4 月发布的《上海市扩大有效投资稳定经济发展的若干政策措施》，其中有一批含金量极高的政策：“存量工业用地经批准提高容积率和增加地下空间的，不再增收土地价款。坚持公共交通导向发展模式和区域总量平衡，研究优化住宅和商办地块容积率，提升投资强度。支持利用划拨土地上的存量房产发展新业态、新模式，土地用途和权利人、权利类型在 5 年过渡期内可暂不变更。”“创新土地利用机制，按照不同区域、不同产业差异化需求，精准实施混合用地出让、容积率提升、标准厂房分割转让、绿化率区域统筹等政策，高效利用存量土地。”2019 年 11 月浙江发布的《关于高质量加快推进未来社区试点建设工作的意见》，则提出了集约高效利用空间的相关举措：“加大城市存量用地盘活利用力度，打破一刀切模式，科学合理确定地块容积率、建筑限高等规划技术指标。允许试点项目的公共立体绿化合理计入绿地率，鼓励和扶持建立社区农业等立体绿化综合利用机制，推行绿色建筑。支持试点项目合理确定防灾安全通道、架空空间和公共开敞空间不计费容积率。支持试点项目空中花园阳台的绿化部分不计入住宅建筑面积和容积率。对符合条件的土地高效复合利用试点项目，纳入存量盘活挂钩机制管理，按规定配比新增建设用地计划指标。允许依法采用邀请招标方式、评定分离办法选择设计、咨询单位。在建筑设计、建设运营方案确定后，可以‘带方案’进行土地公开出让。”

城市基础设施发展必须坚持围绕中心、服务大局、统筹兼顾，必须与经济发展的各项工作有机结合，必须以全局成效推动城市基础设施高质量发展，必须明确责任主体、规划实施、资金投入、科技支撑、智力支持、监督管理等方面的保障措施，做好相关政策的衔接配合，提升城市基础设施的综合保障能力，促进城乡协调可持续发展。上述这些规定理念正确、力度空前，是对新世纪以来杭州实施的“一调两宽两严”方法和政策的肯定。“一调”，就是调整优化规划；“两宽”，就是在不影响城市天际线和周边环境的前提下，放宽建筑容积率、放宽建筑高度；“两严”，就是严保绿化率、严控建筑密度。

三、“十圈十美”的城市基础设施社区化

社区是城市生态价值、美学价值、人文价值、经济价值、生活价值、社会价值等最直接的体现，其核心内容是“以人为本”综合服务功能的提升，强调生态环境、公共空间、居民家庭、城市建筑、历史文化、社会服务、经济发展等要素的有机融合。要从未来城市生产力空间布局、人口空间分布、生态要素空间分布、生产要素资源禀赋分布出发，系统性谋划建设具备复合型功能的新型社区，加快形成独特的片区功能，吸引先进要素资源，服务区域广阔市场，全力打造现代化进程的增长极和可持续发展的动力源。

所谓“城市基础设施社区化”，就是指在传统城市社区范畴的基础上增加“未来社区”“特色小镇”“产业园区”等新空间、新载体、新功能，引导“政府”“居民”“物业公司/运营公司”等多元社会主体参与基础设施规划、建设、实施、管理、经营、更新全过程，以全生命周期的资金平衡测算为评价指标，打造“15 分钟生活圈＋15 分钟通勤圈・就业圈・消费圈・社交圈・教育圈・医疗圈・运动圈・休闲圈・生态圈”的新型社区共同体。一方面，城市基础设施社区化不是城市社区基础设施的大拼盘，也不是基础设施集中建在某个特定社区，而是基于多规合一、产城融合、职住平衡、三生融合、线上线下相结合的理念，打造政府主导、市场调配、企业主体、商业化运作、规建管营一体化的城市基础设施建设新模式。另一方面，城市基础设施社区化通过“15 分钟生活圈＋15 分钟通勤圈・就业圈・消费圈・社交圈・教育圈・医疗圈・运动圈・休闲圈・生态圈”的功能组合和系统构建，建设有归属感、舒适感、未来感的未来社区、未来园区、未来街区、未来城区、未来城市，探索逐步实现高质量发展与共同富裕的系统解决方案。

早在 2001 年，杭州市委、市政府就提出了制度重于技术、环境重于政策、特色重于禀赋的发展理念，并始终把这一理念贯穿于城市基础设施建设的实践之中。为有效应对当前几乎所有中国城市都将面临的两大挑战，即发展后劲不足与政府负债过高，我们应坚持“两点论”和“重点论”相统一，看问题、办事情要全面，更要善于抓重点和主要矛盾。在决策时应严防城市规划建设中的“工作碎片化”“思路一般化”“发展同质化”的“旧三化”问题，更应坚持城市基础设施建设的“重点论”“特殊论”“特色论”，牢固树立“工作一体化”“思路差异化”“发展特色化”的“新三化”理念。

城市基础设施建设要树立“新三化”理念，适应城镇化高质量发展，实现新起点上新突破，关键要做到城市基础设施规划社区化、建设社区化、管理社区化、经

营社区化，以城市基础设施社区化带动破解“碎片化、一般化、同质化”。

（一）城市基础设施规划社区化

城市基础设施规划社区化，就是将城市基础设施规划的理念与范畴落到“社区”这一基本单元。即根据城市经济社会发展目标，结合本地区及社区的实际情况，以资金平衡测算为前提，合理确定规划期内各项工程系统的规模、容量与布局。

（二）城市基础设施建设社区化

城市基础设施建设社区化，就是采取政府主导、社会参与、辖区单位共驻共建的方式，切实改善社区基础设施条件。坚持基础设施建设与“双招双引”并举，实施重大项目带动战略，推进“XOD＋PPP＋EPC”模式，通过基础设施的投入改善企业的生产环境与居民的生活质量。

（三）城市基础设施管理社区化

城市基础设施管理社区化，就是探索在现有政治经济条件下，城市基础设施自身发展的客观规律，制定相关行业的发展方针、政策、规划、规章、强制性产品标准、服务标准、规范等，并监督其有效实施。

（四）城市基础设施经营社区化

城市基础设施经营社区化，就是坚持把土地、基础设施等有形资产作为经营社区的载体，把理念、规划、设计、环境、活动、品牌、形象等无形资产作为经营社区的根本，既注重经营有形资产，更注重经营无形资产，以经营无形资产带动经营有形资产，进而推动社区及整座城市的增值。

对绍兴而言，要统筹考虑轨道交通网络布局，推动多层次轨道交通“五网融合”，加快构建东接西连、南北贯通、接轨直联的铁路公路网络，无缝对接杭州、宁波、上海一小时都市圈。绍兴要继续坚持两轮驱动发展，就要立足自身资源禀赋、优势特色，主动融入新发展格局，不断推进制造强市，构建多元共兴的现代产业体系，加快建设融杭联甬接沪，打造成为畅通国内国际“双循环”的重要节点，率先走出争创社会主义现代化先行省市域发展之路。绍兴要加快数字产业化和产业数字化，夯实数字经济发展基础，带动新技术、新业态、新模式和新消费发展。

格局决定眼界，眼界决定理念，理念决定思路，思路决定出路。城市应让生活更加美好，城市基础设施应让发展更可持续。在以中国式现代化全面推进中华民族伟大复兴的历史进程中，绍兴要在不增加甚至降低城市基础设施建设负债和追求人民满意的高品质生活之间找到一个最佳平衡点和“最大公约数”，这是当前与今后绍兴城市高质量发展必须首先破解的难题。“城市基础设施社区化”就是破解这一难题的不二法门。

生态文明背景下降碳增汇规划路径

黄贤金*

本篇报告的主题是生态文明背景下降碳增汇规划路径研究，思考如何在国土空间规划过程中融入“双碳”目标，更好地实现降碳增汇目的。报告将分别从降碳增汇与国土空间的关系、“双碳”治理问题的现实意义、从碳双控到碳经济的规划实现机制、“双碳”治理的绍兴做法等四个方面展开分析。

一、降碳增汇与国土空间的关系

随着社会生产的发展，人类的农业活动、城市活动、工业活动都会产生大量碳排放，而生态空间主要通过自然生态系统的循环来吸收人类生产的碳排放。从这个角度来看，国土空间是人与自然和谐共生的一个支撑。

理解“双碳”治理问题，可以从时间维度展开气候变化与人类发展的关系探讨。在长达五千年的中国历史中，温度变化与中华文明发展有着密切关系。通过对这种关系的分析可以发现，在气候变暖的时期，往往伴随着产业兴旺、科技进步和文化繁荣，例如夏商、春秋战国、隋唐等时期就存在气候变暖现象。相反，在气候变冷时期，往往会出现北方民族对南方民族的入侵现象。这种情况在新

---

* 作者黄贤金系教育部“长江学者”特聘教授，中国土地学会副理事长，南京大学地理与海洋科学学院教授。本篇报告据作者在 2023 年 9 月 6 日“‘八八战略’引领绍兴城市高质量发展研讨会”上的发言整理而成。

石器早期、末期以及东汉、宋、辽、元、明、清等时期都有所体现。

笔者就宜兴地区的气候变暖对其空间利用和人口分布的影响进行了深入分析。在明清时期，桥梁在宜兴地区扮演着如今高铁的角色，起到连接交通和促进发展的作用，通过对桥梁分布的系统研究，探讨人口分布的规律性。总体来看，在明朝，宜兴的桥梁主要集中在城区以及西九、东九等相关区域，而到清朝时，桥梁的分布逐渐向滆湖、太湖等地扩展。这种变化是由与外界的沟通需求增加所引起的。通过人口密度分析可以发现，人口从明朝的 165223 人(1434 年)增加到清朝的 287912 人(1882 年)，增加了 74.3%；人口聚居区人口密度的最高值从 112 人每平方公里增加至 377 人每平方公里，是原来的 3.37 倍。出现这种变化原因之一是温度上升。自 19 世纪以来，宜兴地区的气温上升了约 1℃，导致人口增加，同时促进了商业的发展，交通运输的需求增加，需要修建更多的桥梁以便通行。温度上升也对农作物产量产生了积极影响。另外，海平面的下降也扩大了可利用的土地面积，使得原本难以开发的土地变得可以利用，这一系列因素共同促进了宜兴地区人口的增长，并满足了交通、教育等领域不断增长的需求。

二、“双碳”治理问题的现实意义：以上海五大新城建设的降碳增汇路径为例

气候变化也是当今人类面临的重大挑战，1850 年以来，人类社会飞速工业化、城市化，引起温室气体增加，已使得全球地表温度上升了 1～2℃。气候变化由此影响自然资源系统，对农业、能源、健康，乃至环境、经济、社会都带来了很大冲击，这就是城市为什么要关注全球气候变化的原因所在。城市规划专家要重新定位自己，在分析气候对城市的影响时，不能仅着眼于过去，还要关注未来。

针对上海五大新城建设规划的碳排放情况，结合上海五大新城规划方案，通过对碳汇能力、碳排放等相关情况的模拟分析，基于垂直性地球关键带维度，从产业、技术效率、能源结构、建筑设计多方面考虑，拟分析如何通过五大新城建设，更好地促进上海实现碳达峰目标，推进上海的“双碳”治理。

(一)“上海 2035”与五大新城发展

“十四五”时期，上海提出要加快构建“中心辐射、两翼齐飞、新城发力、南北转型”空间新格局，对此，应加快对《上海市城市总体规划(2017—2035 年)》(简称“上海 2035”总规)和各区规划的落实，提出“加快新城向独立的综合性节点城

市目标发力”。上海一次能源消费结构中，化石能源约占 82%，其中煤炭和石油共占 74%，高于世界平均水平 61%，与伦敦、旧金山、哥本哈根等城市相比差距更大。上海单位 GDP 能耗为 0.42 吨标煤/万元，是国际部分发达城市的两倍以上。对标日本东京，2020 年上海的单位 GDP 碳排放强度为 0.994 吨/万元，而东京的单位 GDP 碳排放强度仅为 0.665 吨/万元。

“上海 2035 总规”和全市“十四五”规划纲要都明确提出 2025 年上海将实现碳达峰。新城应当率先成为全市低碳韧性发展的示范区，构建绿色、韧性、低碳的空间新格局。从促进节能减排、增加碳汇能力两方面要求出发，新城区发展建设和老城区改造并重。加强组团嵌套、绿廊贯通，将自然引入新城，将新城融入自然。加强新城内部蓝绿骨干网络与周边山水、河湖、林地、耕地等自然资源融合渗透。

嘉定新城：功能定位是现代化生态园林城市，主导产业为汽车制造领跑、智能传导领航、精准医疗领先。

青浦新城：功能定位是生态型水乡都市和现代化湖滨城市，主导产业为生物医药产业、氢能产业、人工智能产业、电子信息产业。

松江新城：功能定位是休闲旅游度假胜地和区域高等教育基地，主导产业为高端制造业、现代服务业。

奉贤新城：功能定位是智慧、宜居、低碳、健康城市，主导产业为大健康农业、未来智能产业。

南汇新城：功能定位是滨江沿海开放城市，主导产业为先进制造、航运贸易、航洋产业。

（二）五大新城建设对上海市未来碳排放的影响

在上海市五大新城建设政策影响下，未来十年，五种发展路径中碳排放量均将持续增加。与基础情景相比(除化石能源为主的发展路径)，其碳排放总量更高，增长速率更高，碳达峰时间更晚。

经过分析，在三种新城建设人口集聚模式中，先迅速增加后稳步增长的聚集模式使上海市二氧化碳排放量提升幅度最大，短期快速人口集聚为碳减排带来一定挑战。而先平稳过渡后迅速增长的聚集模式引起的碳排放增加最少，未来新城基础设施完善、城市功能提升，将更好地缓解人口集聚带来的碳排放压力。

（三）基于规划的新城碳汇效应

计算情景实现时间所带来的累积碳汇变化，除土地利用变化按时间变化进行外，分别假设其他增汇措施主要在 2025 年前实施或主要在 2030—2035 年内实施。相较于推后完成增汇措施,提前进行增汇尽管在2035年预期碳汇能力相同,但在2020—2035年能够多累积吸收二氧化碳约19万吨,相当于五大新城两年半的碳汇总量。

(四)基于规划的五大新城碳排放特征

基于五大新城2020年现状土地利用空间特征及其碳汇能力分析,结合《上海市城市总体规划(2017—2035年)》对五大新城2035年用地功能分区的设计,预测未来五大新城土地利用格局,并基于土地利用碳储量计算五大新城土地利用变化导致的碳排放增加。除南汇新城外,五大新城土地利用变化均呈碳排放效应,五大新城2020—2035年因土地利用变化共导致二氧化碳排放24.18万吨,相当于五大新城每年碳汇总量的3.3倍。

综上所述,上海的五大新城旨在满足国际大都市的发展需求,然而激增的碳排放也与上海对国土资源部的承诺相背离。上海曾承诺在2020年实现人口封顶并控制人口密度,但现实情况并非如此。人口封顶目标不仅未能达成,即使到2030年也难以实现,这显然是上海发展规划战略整体调整的结果。就上海五大新城而言,包括嘉定、青浦、松江、奉贤和南汇等地,其定位存在一定问题。截至2019年,五大新城只实现了200万人口增长目标。若要实现500万人口增长目标,上海当前提出的2030年碳达峰目标将无法实现,可能需要将碳达峰目标推迟至2035年。

(五)推动上海"双碳"治理的实施对策

为使新城率先成为全市低碳韧性发展示范区,构建绿色、韧性、低碳的空间新格局,由此更好地推进上海实现碳达峰目标,推动上海的"双碳"治理进程,现提出如下建议。

1. 农业空间降碳增汇对策建议

建议强化农田水系的特色塑造,调整灌溉制度,旱管种植节水抗旱稻模式排放的甲烷比传统淹水稻田少90%以上;建议离田秸秆加工成有机肥或生物炭还田,不仅可减少稻田碳排放,还能提升土壤碳汇速度;建议冬季种植紫云英等绿肥植物,有利于土壤增碳提质;建议全面实施耕地规模经营、提质增效,预计每年耕地可减少碳排放50908.9—51955.9吨,占新城碳排放的1.49%—1.51%;其他用地占用耕地时,建议对耕作层土壤进行剥离再使用,预计2035年规划期内可减少碳排放306.42—309.04吨。

2. 城镇工业空间降碳增汇对策建议

重视工业能源结构优化调整,控制煤炭消费量下降10%以上,天然气消费量上升 5%以内，设定节能减排弹性目标为 2.72%—7.85%。建议以“碳氧化率下降 5%”为目标，实施工业节能补贴和奖励；发挥地质碳汇的作用，可与华能集团发展碳捕获与封存合作；建议加速推动天然气制氢替代煤炭，碳排放量可减少约 87 万吨，下降比例为 6.95%；建议将巴黎、东京和伦敦的单位建设用地排放标准纳入“亩产论英雄”标准体系，设定建设用地碳排放强度弹性标准为 0.21 万—0.53 万吨/平方公里，预计可减碳 603.16 万—998.21 万吨，下降比例为 48.0%—79.5%。

3. 城镇生活空间降碳增汇对策建议

构建综合交通规划体系实现节能减碳（五大新城的交通运输业碳排放量在各行业中位列第二）。建议参考伦敦低碳模式，施行协调型土地使用政策，优先向低碳类运输方式和基础设施拨付资金；建议参考哥本哈根低碳模式，构建一体化的城市公共交通系统，鼓励推行非机动化交通，完善步行道和自行车道，促进城市交通向非机动化交通转变，从“密集型”向灵活的“轻便型”转变；建议借鉴巴黎低碳社区经验，土地使用规划中采用多功能分区的城市形态，如遵循“就近原则”建设由低层住宅和多功能建筑组成的人口密集街区。

4. 生态空间降碳增汇对策建议

夯实生态屏障，凸显生态优势，构建完整的生态环境体系，打造科学合理的城市园林绿化空间，积极践行“公园城市”理念；提高屋顶绿化覆盖率，增强生态空间碳汇潜力，建议五大新城以“到 2035 年屋顶绿化覆盖率达到 15%”为目标；探索以“绿环”空间规划和低能耗区为特色的低碳发展路径，并加强碳汇监测技术，建设完备的城市园林绿地碳汇能力监测系统。

5. 五大新城降碳增汇的针对性对策建议

嘉定新城：植被碳汇高值区域集中分布于北部沿河林场区域和南部公园绿地群，建议规划在 2035 年前绿地面积达到 16 平方公里；侧重城市内部生态绿地廊道和公共空间的建设，以“绿地增汇”为出发点，依托密集水网体系，着力构筑“水、绿、文、产、城、景”融合一体的绿色生态示范工程；以世界级汽车产业中心核心承载区为依托，建设“汽车制造领跑＋智能传感领航＋精准医疗领先”的特色产业体系，打响“国际汽车智慧城”品牌。

青浦新城：植被碳汇能力整体较弱，且植被碳汇高值区域分布较为散碎，可以充分利用屋顶绿化空间，建议规划在 2035 年前绿地面积达到 10.3 平方公里；集中划分公园、绿化带，利用垂直绿化、绿色屋顶技术加强垂直绿化覆盖率；围绕“三增一减”的总体原则，重点增加城市绿地、社会服务设施以及交通与市政基础设施；同时减量现状低效工业用地，加快工业转型提质。

奉贤新城：植被碳汇高值区域集中于新城中部上海之鱼公园及其北部、西北部林场，建议规划在 2035 年前绿地率达到 19.87%；关注林场建设，建设以森林枢纽为主题，居住生活功能融合的综合发展片区，探索产业城区新模式，建设绿色产业示范区；聚焦生物医药研发、制造功能，江海经济园区加快低效产业用地转型升级，进一步向综合型城区功能转变。效仿东京模式，以项目治理为核心，发挥政府、企业、居民等主体在低碳城市建设中的作用。

南汇新城：植被碳汇高值区域集中位于东部河道和滴水湖周边的公园绿地区域，建议规划在 2035 年前绿地面积达到 3.9 平方公里；可以增加建设用地内部的绿地建设，使用屋顶绿化、垂直绿化技术，充分利用建设用地内部空间来增加绿化面积，以此增加碳汇能力；继续重点保护临港低碳建设，降低碳排放对海域的影响，关注产业、能源方面及废弃物排放。注重对清洁能源的开发和利用，加强低碳技术研发，注重废弃物排放的管理和控制。

松江新城：植被碳汇总量较高，植被碳汇高值区域集中分布于建成区的西北、东南、东北公园绿地区域，建议规划在 2035 年前绿地面积达到 15.4 平方公里；增加林草地数量，在植被碳汇较低的区域加强垂直绿化和屋顶绿化，利用信息技术平台打造数字低碳城市；加强绿色建筑建设，引导既有建筑通过节能改造提高能效水平和建筑性能，建设绿色建筑示范区；打造新一代信息技术、人工智能、生物医药、新能源、新材料、高端能源装备等特色产业体系，实现产业转型与减排降碳。

三、从碳双控到碳经济的规划实现机制

（一）探索降碳增汇的数字经济

2022 年 6 月 5 日，全国首个“农业碳汇交易平台创新数字人民币应用场景”在厦门农行落地，待售的莲花镇农业茶园碳汇总量为 34327 吨，厦门农行为每笔碳汇交易提供 20 元的补贴，活动参与者可运用农行掌银数字人民币钱包线上购买莲花镇的农业碳汇，通过数字人民币账户支付 1 元，可购得价值 21 元的 3 吨碳汇。截至 2022 年 6 月 5 日下午，共售出近 7000 份碳汇。2022 年 5 月，福建省厦门产权交易中心设立全国首个农业碳汇交易平台，提供农业碳汇开发、测算、交易、登记等一站式服务，促进农业生产转化为碳交易产品，开启全国范围内个人通过数字人民币参与农碳交易助力乡村振兴的新篇章。

（二）打造降碳增汇的碳信用体系

2011 年澳大利亚实施《碳信用（碳农业倡议）法案》；2015 年成立减排基金（Emissions Reduction Fund，ERF），并成立气候解决方案基金（Climate Solutions Fund，CSF）；市场主体可以通过项目运行获取碳信用额度，出售给政府、公司或其他私人买家，推动政府实现“到 2030 年排放量比 2005 年减少 26%—28%”的目标。

（三）挖掘农业生产降碳增汇价值

农作物的碳汇功能对气候变化起着重要的调节作用。2023 年 3 月全国两会期间，全国人大代表、河南科技学院教授茹振钢建议，把农作物生产纳入碳汇经济，进行生态补偿，有利于促进粮食生产核心区形成良性循环。单位面积农作物对二氧化碳的固定能力和净化空气的能力，远比森林的作用大。河南一年两熟区，每公顷小麦、玉米和水稻的净碳量分别为 2723.90 千克、1730.69 千克、491.37 千克，全年合计碳汇量达到了 4945.96 万吨。

农业土壤碳汇项目（含农田）一般要经历四个流程：一是项目规划，即项目申请者制订全新的土地管理计划，通过政府审查批准并获得利益相关者同意后，确定项目持续期，评估项目成本（包括运行、取样、报告、审计等的成本）与回报；二是项目注册，即向气候解决方案基金管理方提供土地管理策略说明、项目位置地图及预估减排量；三是项目执行，即在项目区域内圈定碳估算区域，通过随机取样测定土壤碳基线（基线取样），并开始运行土地管理策略；四是信用授予，即在若干年后抽样测量土壤碳，根据土壤碳净增量，向基金提交碳抵消报告并获取信用额。

四、“双碳”治理的绍兴做法

（一）推动全域“无废城市”

2022 年 10 月 10 日，绍兴市政府印发《绍兴市全域“无废城市”建设实施方案（2022—2025 年）》，多角度、全方位推动绍兴市全域“无废城市”建设。

一是强化源头减量，实现固体废物应减尽减。严格源头准入机制，深化传统产业转型升级，构建循环利用体系，抓好工业固体废物源头减量，推广绿色建筑和绿色建造方式，深化肥药减量行动，推进生活方式绿色低碳转型。

二是提升分类意识，实现固体废物应分尽分。全面实施生活垃圾强制分类，强化工业企业和医疗卫生机构源头分类管理。

三是规范收集体系，实现各类固体废物应收尽收。健全小微企业危险废物收运体系，完善医疗废物收运体系，完善生活垃圾收集体系，完善再生资源回收网络体系，完善农药废弃包装物和废旧农膜回收处置模式。

四是完善资源化利用体系，实现固体废物应用尽用。打造工业固体废物循环利用体系，全面提升危险废物资源化利用水平，推进建筑垃圾和生活垃圾资源化利用，提升农业固体废物资源化利用水平。

五是提升基础设施处置水平，实现各类设施应建必建。加快补齐处置能力缺口，推动危险废物利用处置设施提档升级，开展固体废物堆场治理。

六是推进数字监管，实现固体废物应纳尽纳，建设推广数字监管应用场景。

七是强化问题发现机制，实现固体废物应管严管。强化固体废物监管执法。

八是加大扶持力度，强化创业兴业要素保障。建立健全固体废物环境管理体系，建立健全固体废物环境管理技术体系，建立健全固体废物环境管理市场体系。

九是深化“无废”理念，建立长效常治工作格局。高标准打造“无废亚运”，加快开展“无废细胞”建设，积极营造全民参与氛围。

（二）废旧纺织品资源循环化利用，助力实现“双碳”目标

绍兴越城区借助全域“无废城市”建设的东风，全力支持企业通过自主研发，探索废旧纺织品资源化循环利用，最终成功利用化学法循环再生技术实现这一目标，同时填补了国内废弃纺织品循环再生领域的空白，创造了环境效益、经济效益与社会效益多方共赢的良好局面。

越城区大力倡导废旧纺织品资源化循环利用，通过政企联动，建立多渠道定向回收体系，与区内多家企事业单位、回收机构、公益组织合作回收“旧制服、旧校服、旧工作服”后通过化学法循环再生技术聚合纺丝成纤维，按每年回收 3.3 万吨废旧纺织品测算，可减少一般工业固体废物 3.3 万吨，节约石油近 40 万吨，减少碳排放约 7.2 万吨，节约标煤 4.4 万公斤，在减轻越城区工业固体废物处置压力的同时有效降低了碳排放，从社会效益、经济效益、环境效益全方位助力越城区全域“无废城市”建设和“双碳”目标的实现。

（三）省级低（零）碳村（社区）建设

省级低（零）碳村（社区）是在碳排放水平提升、碳汇能力建设、零碳技术等领域探索先进示范经验的试点村（社区）。自 2021 年以来，绍兴市已累计建设省级

低(零)碳村(社区)111个,形成了一批可复制可推广的低(零)碳发展经验和模式。

1.越城区西小路社区

一是绿色治水,构建西小河生态圈。利用河长通App对入河排水口开展地毯式排查,并设置规范标识牌,实施“身份证”管理。着力抓好“小微水体”的排查整治工作,积极推进社区“河长制”长效管理机制。与浙江大学合作,创新实施“纳米增氧－微生物修复－构建生态”治理模式。布植水生植物,与鱼类、底栖动物、微生物和河道等环境因素组成平衡的生态系统,持续恢复和增强西小河的生态自净功能。

二是低碳生活,携手共绘“无废社区”。聚焦西小路历史街区,率先调动“1＋3＋N”的红色党建网格智治力量,以社区“契约化”共建托举起垃圾分类定时定点流动小车收运“工程”。

三是清洁能源,助力社区低碳转型。加快实施清洁能源替代,着力构建清洁低碳、安全高效的社区能源系统。辖区内主干道路实现太阳能路灯全覆盖,住宅小区实现感应节能灯全覆盖。稳步推进天然气场站、管网等燃气基础设施建设,辖区内天然气覆盖率达到90%。

2.柯桥区大渡社区

一是数字赋能,构建生活垃圾全链条管理体系。大渡社区依托未来社区系统平台,创新实践智能垃圾分类回收与废旧物资循环利用,构建起“环保小屋—垃圾分类—资源回收—积分兑换—闭环管理”全链条管理体系,营造优美、绿色、低碳的社区生活环境。建立健全生活垃圾“三定四分”制度,开展垃圾分类专业化运营,实施垃圾分类与资源回收积分兑换制度。

二是低碳出行,全域建设绿色出行基础设施。依托未来社区,建设数字化、智能化低碳出行应用场景。大渡社区所有小区门口增设公共交通站点,目前已完成公共交通站点建设11处,实现小区公共交通站点全覆盖,是柯桥街道首个绿色出行基础设施全覆盖的社区。配套安装258个新能源汽车充电桩,深化推进绿色能源广泛应用,实现新能源汽车保有量达300辆,推动普及绿色低碳出行方式。

三是节能减排,助力能源低碳绿色转型。大渡社区大力推进清洁能源的开发与利用,助力能源消费结构向绿色低碳转型。对香水湾、香林花园、润泽大院外围与瓜渚湖东直江交接的河岸景观进行提升改造,建设太阳能路灯等绿色供电设施149个。辖内小区配置一体化智慧路灯及光伏座椅等节能型设施设备30个,可实现每年减少碳排放量85吨,有效优化用能结构及用能成本。

3. 诸暨市山下湖镇

2021年11月，诸暨市山下湖镇入选全省第一批低碳乡镇试点创建单位，成为绍兴市唯一入选乡镇。作为中国珍珠之乡、珍珠之都，山下湖镇“七山一水两分田”，有着丰厚的碳资源，其中林地总面积为10866亩(约724.4公顷)，总植被碳储量为24320.4吨，总土壤碳储量为920525.7吨。

山下湖镇高度重视落实国家碳达峰碳中和战略目标，成功创评美丽乡村公路示范乡镇、“四好农村路”示范乡镇、国家级卫生乡镇。率先实行农村生活污水治理全覆盖，推进污水零直排工作，完成16个生活小区、工业园区、集镇公共区域的雨污分流工程。引进新上珍珠复合材料生产线项目等，推进珍珠产业数字化发展。推进分布式光伏开发试点建设，加强光伏产业与珍珠产业的联系。

山下湖镇以国家“双碳”战略目标为指引，以“与杭同城”新机遇为契机，聚焦“珍珠产业降碳、森林生态固碳、居民生活低碳”三大领域，围绕工业、农业、人居、出行、旅游、碳汇六大内容，构建具有山下湖镇特色的低碳发展模式，率先建成绍兴市低碳乡镇，努力建设成为全国示范性低碳乡镇。

以“四化”融合促进绍兴交通接驳体系高质量发展

周德　李思媛　李欢　金凤芝　李普*

一、绪论

（一）研究背景

中共十九大报告首次引入了“高质量发展”的概念，这标志着中国经济已由高速增长转向高质量发展阶段。随后，中共十九届五中全会进一步明确了要转变发展方式的任务，强调必须推动质量、效率和动力的三重变革，以确保发展成果能够更广泛地惠及全体人民，并逐步满足人民日益增长的对美好生活的需要。高质量发展是以人民为核心的发展模式，其根本目的在于满足人民的需求。社会主义生产的根本目标是服务于人民，这种以人民需求为导向的发展理念，是推动高质量发展不可或缺的动力源泉。我国经济的新增长点、新动力蕴含在解决好人民群众普遍关系的突出问题中，产生于人力资本质量提高的过程中。

交通行业在国民经济中扮演着基础性、前瞻性、战略性角色，对推动现代化经济体系的高质量发展起着关键作用。城市交通运输业的高质量发展过程本质上就是不断满足居民日益多样的需求的过程，应遵循“以人为本”的原则（见图 1）。

---

* 作者周德系浙江工商大学公共管理学院学术副院长，李思媛、李欢、金凤芝、李普系浙江工商大学公共管理学院研究生。本报告系浙江省城市治理研究中心绍兴分中心“绍兴城市高质量发展重大研究项目”成果。

2021 年国务院发布《“十四五”现代综合交通运输体系发展规划》，提出我国目前综合交通网络布局不够均衡、结构不够合理、衔接不够顺畅，重点城市群、都市圈的城际和市域(郊)铁路存在较明显短板。随着城市化和机动化进程的加快，城市交通拥堵、环境污染、能源短缺等问题逐渐突出，对城市的可持续发展和居民生活质量的提升产生了严重的负面影响。

图 1　交通运输高质量发展关系

城市交通网络多元化的演变发展就是不断满足居民对交通网络需求的过程(见图 2)。我国城市交通运输逐渐向高质量多元方式发展，从单一交通模式向多元交通模式并行的方向发展：①单一交通网络模式：这是早期交通模式，居民对于出行的需求较为单一，多采取简单的自行车、公交车、汽车等方式。②多模式交通网络模式：由轨道交通、常规公交、共享交通、私人交通和慢行交通等组成多模式交通网络，交通网络较为复杂，但能较好地满足居民多元的出行需求。③TOD 模式：这种“以公共交通为导向”的发展模式，主要围绕大运量公交地铁站点，在站点辐射范围内进行业态混合、空间复合、人流聚集，出行方式以步行、自行车和公交车换乘为主，解决公交场站建设中存在的用地矛盾。④高速铁路与城市轨道交通互联互通模式：随着居民生活水平的不断提升，乘客在轨道交通提供的方便快捷的出行服务基础上，进一步提出了安全、舒适、绿色的要求，并且希望在不同形式的轨道交通的衔接上，能够得到更为人性化的服务，高速铁路与城市轨道交通互联互通模式能较好地满足居民的需求。⑤城轨多元融合模式：推进城市轨道交通与市郊铁路、城际铁路、干线铁路融合发展，逐步实现“一套体系、一网运管、一票通行、一站安检”的服务体系。⑥轨道交通物流运输模式：利用已有的轨道交通设施，提高货物运输效率，优化城市交通结构，促进城市内部交通设施的合理配置。

当前，中央与地方政府已开始加强轨道交通与其他交通方式的衔接工作，构建高质量综合交通体系、优化交通接驳体系。绍兴市作为浙江省第三个获批建设轨道交通的城市，目前已开通运营 3 条轨道交通线路，其中轨道交通 1 号线与杭州地铁 5 号线实现同台换乘，绍兴风情旅游新干线及 15 条地面公交实现与杭州、宁波互联互通。此外，《绍兴市国土空间总体规划(2021—2035 年)(草案)》中提到，要构建“立体、高效、绿色、智能”的现代综合交通体系，形成“杭州湾一小时、全市域半小时”高铁交通圈和“全市域一小时、大市区半小时”高速交通圈。建设绿色高效综合交通网络，在区域交通方面实施枢纽强市战略，实现融杭、联

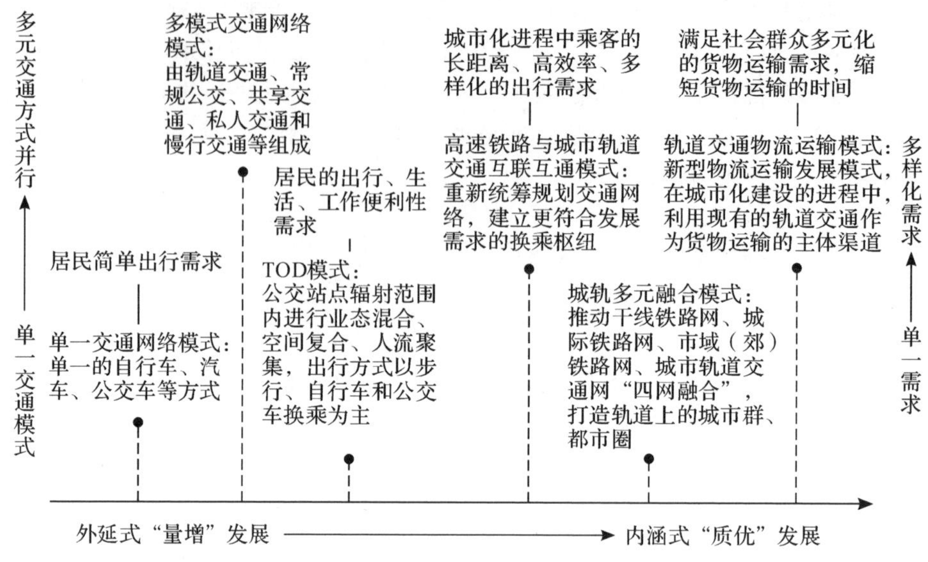

图 2　城市交通网络模式演化与居民需求匹配

甬、接沪；在市域交通方面增强绍兴市区的辐射带动作用；在城市交通方面提高交通的支撑、保障与服务能力。

因此，面对当前轨道交通运营规模快速增长的形势，探索如何加强轨道交通与其他交通方式的有效整合，确保交通接驳设施的顺畅运作，并提高轨道交通接驳服务与管理的质量是当前绍兴市亟须解决的问题。

（二）研究意义

“十四五”规划期间，我国综合交通运输体系发展所面临的挑战日益严峻，随着我国全面建成社会主义现代化国家步伐的加快，区域经济布局、国土开发与保护、人口结构、消费需求以及要素供给等发生了深刻变化，对综合交通运输体系的发展提出了新的要求，促使交通运输行业迈入了完善设施网络的关键时刻，同时也是服务质效提升、深化改革创新、发展方式转变的攻坚阶段。

绍兴作为杭州湾南翼的综合交通枢纽，坚持以综合交通为先导，全面对接国家和省市重大战略规划，加快建设高水平交通强市。绍兴市先后建成并投运杭绍台高铁、杭绍台高速、轨道交通 1 号线、2 号线一期等一大批交通基础设施，“市域 30 分钟”“杭甬 30 分钟”“上海 60 分钟”的“336”高品质交通圈逐渐形成。通过本项目优化方案的研究和逐步实施，绍兴市将逐步推出与轨道交通相匹配的接驳线路，通过“轨道＋公交”逐步实现区域融合与联动，扩大公共交通覆盖面，提高换乘便捷度。与轨道交通的换乘将提高轨道交通线网规模及服务水平，增强公共交通吸引力，提升公共交通客流及分担率，对缓解城市地面交通压力、大力优先发展公共交通、推进绍兴市绿色出行示范城市创建和经济社会发展具有重要意义。

下阶段，绍兴还将同步协调交通接驳体系规划与国土空间规划，联合有关部门单位建立交通接驳体系优化工作小组，进一步深入研究接驳需求与线路优化调整、接驳站点的合理设置等方面，打造高品质公共交通出行服务体系。

未来绍兴市将加快城市交通网络的畅通建设，助推社会经济的高质量发展；以大城市水准来改良接驳配套设施、服务水平以及公共交通运行效率，为其建立立体体系，协调发展交通方式，使得交通接驳体系衔接功能更加智能化、一体化，对推动绍兴市接驳体系高质量发展提供理论基础和实践意义。

（三）研究进展

轨道交通在国外发达国家发展较早，随着轨道交通大规模的应用和建设，基于轨道交通的接驳服务优化与评价等相关研究逐渐受到重视。早在1978年就有学者基于对运输设施运输能力的研究，对公共交通衔接枢纽的功能和作用进行了分析，通过实例估算了产生的作用和效益。

近些年我国轨道交通取得了长足的发展，针对不同出行方式的一体化研究也取得了一系列的成果。国内针对交通接驳体系的研究主要集中在三个方面：一是交通接驳的空间研究。在深入研究交通线网与土地利用类型的关联性时，学者们运用了多样化的算法模型，对交通与城市发展之间的相互作用进行了详尽的量化分析。吴剑提出要充分考虑土地利用与交通的交互关系，提出公交线路网络规划方法。[①] 褚冬竹等人将轨道交通与城市空间发展联系起来进行研究，认为综合接驳是城市空间与轨道交通站点的纽带，并对其接驳质量进行了评价。[②] 二是交通接驳的时间研究。接驳换乘时间是乘客最为关心的问题，乘客往往会根据换乘走行时间和等待时间的长短来选择最合适的交通方式，学者们对如何缩短换乘时间进行了多方面研究，其中包括乘客等待时间、车辆衔接时间等，并依此建立了接驳换乘评价体系。在接驳换乘的走行时间方面，杜鹏等通过抽样实验表明乘客走行时间服从正态分布，在一定范围内走行时间与通道长度

---

① 吴剑:《基于土地利用与交通关系分析的城市公交线网规划优化研究》，吉林大学硕士学位论文，2010年。

② 褚冬竹、何青铭、魏书祥:《城市轨道交通"综合接驳"概念的建立及其特性》，《新建筑》2015年第2期。

呈现二次相关。[①] 余晟构建了一个多目标优化模型，旨在最小化乘客的总换乘时间同时最大化换乘巴士的平均满载率。[②] 三是交通网络的优化研究。20 世纪末，学界众多学者开展了关于交通网络问题的研究。2000 年，高自友等出版了国内首部城市道路交通连续平衡网络设计方面的专著《城市交通连续平衡网络设计：理论与方法》。[③] 2018 年，王国宇等以城市轨道交通网络建设问题为研究对象，构建了城市轨道交通网络优化模型，模型以轨道交通线路合理性和可达性作为约束条件。[④] 同时，学者针对交通可达性展开了研究。2019 年，王亚飞等在基于地点的可达性评价模型中，分析了可达性在不确定出行时间下的概率，对网络的可到达地点进行了评估。[⑤] 2020 年，张强提出了一种新的轨道交通可达性计算方法，该方法在考量中加入了乘客接驳意愿的权重，为轨道交通客流量的提升提供助力。[⑥]

（四）研究内容

党的二十大报告指出，要坚持人民城市人民建、人民城市为人民，提高城市规划、建设、治理水平，加快转变超大特大城市发展方式，实施城市更新行动，加强城市基础设施建设，打造宜居、韧性、智慧城市。城市是中国经济社会发展的主要阵地，城市环境与人民幸福感息息相关。随着城市综合交通网络的不断发展，交通接驳体系综合网络亟须进行合理优化。本项目将沿着“现状分析与评价—影响因素—综合交通网络优化”的研究主线，基于对当前绍兴市交通网络现状分析与交通接驳体系的评价，通过问卷调查等方式，进行综合交通网络优化研究，以期实现城市交通网络畅通，推动城市高质量发展。具体研究内容包括以下四个方面。

---

① 杜鹏、刘超、刘智丽：《地铁通道换乘乘客走行时间规律研究》，《交通运输系统工程与信息》2009 年第 4 期。

② 余晟：《衔接铁路综合客运枢纽的常规公交发车间隔优化》，西南交通大学硕士学位论文，2020 年。

③ 高自友、宋一凡、四兵锋：《城市交通连续平衡网络设计：理论与方法》，中国铁道出版社 2000 年版。

④ 王国宇、张嘉琪、张永利等：《城市轨道交通网络的优化模型》，《科技资讯》2018 年第 8 期。

⑤ 王亚飞、袁辉、陈碧宇等：《行程时间不确定环境下地点可达性研究》，《武汉大学学报（信息科学版）》2019 年第 11 期。

⑥ 张强：《基于居民接驳意愿的轨道交通站点接驳可达性研究——以福州市轨道交通站点为例》，《福建建筑》2020 年第 12 期。

1.当前交通接驳体系现状及目标分析

(1)结构、功能现状分析

基于多源数据,本报告对绍兴市对内、对外交通接驳网络、接驳配套设施、接驳服务质量以及政府监管工作等方面进行分析。首先,探究城市与外部交通及内部交通接驳的现状。将绍兴置于杭绍甬城市带、环杭州湾大湾区、浙江省、华东地区大范围内,分析绍兴与周边城市的交通连接情况和交通接驳衔接程度及换乘便捷性等,同时综合分析绍兴内部整体的交通接驳体系状况,对城市现有的交通接驳体系的辐射范围、接驳时间、道路之间的连通性等方面进行综合评价。其次,对城市现有的接驳方式进行总结,对各种接驳方式的使用特征、交通设施需求等进行分析比较。最后,分析目前城市交通行业的管理能力以及政府交通监管工作现状。

(2)结构、功能目标分析

梳理绍兴市交通接驳体系相关政策文件,基于结构与功能两个层面,分析其在综合交通网络、接驳设施、接驳服务质量等方面的发展目标。

2.当前交通接驳体系存在的问题

从城市交通接驳网络布局、交通接驳设施衔接程度、村级物流接驳发展现状、接驳服务质量以及政府交通监管工作等方面对当前城市交通接驳体系存在的问题进行评价。城市交通接驳网络布局从市域层面与市内层面进行分析;接驳设施衔接程度主要从接驳设施配套程度以及覆盖度进行分析;村级物流接驳发展现状主要从物流接驳网络布局进行分析;接驳服务质量主要从接驳设施便民程度进行分析;政府交通监管工作主要从政府交通规划与交通安全执法情况等方面进行分析。

3.交通接驳体系 SWOT 分析

从优势、劣势、机会与挑战四个方面分析当前绍兴市交通接驳体系建设发展面临的机会与挑战。首先,优势方面分析绍兴地理区位以及接驳体系智慧化发展成效;其次,劣势与挑战方面分析绍兴市交通接驳体系建设过程中面临的问题,包括网络布局、硬件与软件设施等;最后,分析长三角一体化与杭绍甬一体化发展为绍兴发展交通接驳体系带来的机遇。

4.基于"四化"融合思维的交通接驳体系优化

(1)国内外典型案例与经验借鉴

分析国内外交通接驳典型案例,发掘具有借鉴意义的政策或措施,因地制宜形成优化绍兴市交通接驳体系的实施方案。

(2)提出优化综合交通网络的对策与建议

基于对绍兴交通接驳政策的梳理,评估乘客对交通接驳设施的满意度,具体分析接驳现状与问题,从系统化、整体化、协同化、数字化四个角度推动城市交通接驳体系高质量发展的对策建议,总结归纳绍兴经验,推广应用至全国。

二、绍兴市交通网络及接驳体系分析

(一)现状分析

中共中央、国务院发布的《交通强国建设纲要》指出,要加强城市交通拥堵综合治理,优先发展城市公共交通,鼓励引导绿色公交出行。绍兴作为浙江省第三个获批建设轨道交通的城市,坚持以综合交通为先导,着力发展便捷公交、特色公交等。为实现"加快建设高水平交通强市"的战略目标,绍兴正积极构建综合立体交通网,旨在通过交通领域的先行发展,为城市的高质量增长提供坚实支撑。

1. 交通接驳网络结构特征

(1)接驳体系"三网融合"发展,区域联系不断加强

在区域层面上,绍兴基本形成了"区际航空—城际铁路—城乡公路—水路航运—市内轨道"多层次多层级一体化的交通接驳网络体系。"十三五"期间,绍兴全面对接国家和省市重大战略规划,加快建设高水平交通强市。在铁路建设领域,总投资额达到了205亿元,其中金甬铁路绍兴段的征迁工作已基本完成,为项目的持续推进奠定了坚实基础。在轨道交通方面,已投入223亿元,并启动了多条轨道交通线路的建设工作。① 此外,杭诸市域铁路、绍兴至嵊州新昌市域铁路(S3线)以及杭州湾货运铁路,这三项重要交通项目已获得国家层面的战略规划认可,并被列为中远期重点实施项目。其中,杭诸市域铁路预计将与杭州地铁18号线实现高效对接,为区域交通一体化注入新的活力。在公路建设方面,致力于构建一个内部紧密联通、外部顺畅通达的公路网络体系。首要任务是扩容与疏堵,同时完善网络布局,以优化"五横五纵五联"的高速公路网结构。此外,通过完善"八横五纵两联"的国省道路网,实现路网间的有效融合,以满足日益增

① 《绍兴市人民政府关于印发绍兴市综合交通运输发展"十四五"规划的通知》,2021年9月2日,https://www.sx.gov.cn/art/2021/9/2/art_1229416191_3884803.html。

长的交通需求。

在市域层面，大力推进轨道网、公交网、慢行交通网"三网融合"，优化了多层次的交通接驳网络布局。绍兴市年末公路通车里程逐年上升，交通网络覆盖率不断提升。"十三五"期间，绍兴市公路通车总里程逐年稳步增长，路网密度不断增加。全市持续推进高速公路网建设，主攻普通国省道建设，全面提升农村公路技术服务水平。圆满完成杭金衢高速绍兴段的拓宽工程，成功推进杭州绕城高速公路西复线诸暨段的构建，并对104国道柯桥区段进行了全面改建。高速公路项目的不断推进，使绍兴市内各区域经济联系不断加强，形成了便捷通畅的交通网络。

(2)多样化接驳工具融合，多种接驳方式并行

实施"公交优先"发展战略，充分发挥公共交通在城市交通接驳网络中的支撑引领作用。目前，绍兴市实施了城市轨道交通1号线等项目，1号线主线与杭州无缝衔接。城际线的开通，使得绍兴加快迈进"地铁时代"，围绕城市轨道交通站点，构建了城市轨道交通与步行、自行车、公共汽(电)车等多种交通方式的有机衔接，加强了多样化接驳工具的融合与联通，综合交通接驳网络通达度上升，"市域30分钟、杭甬30分钟、上海60分钟"的"336"高品质交通圈正逐渐形成。

(3)城乡接驳网络一体化发展，"四好农村路"建设高质量推进

绍兴重点开展路网改造攻坚行动、等外公路提升行动等八大行动，全面建设"四好农村路"。更高水平推进"村村通公交"，实现全市域公交全覆盖，构建城乡均衡、便捷高效的公共交通体系，有效提升了民众出行体验。县乡公路安全隐患治理率和四、五类桥梁治理率基本达到100%，借助城乡面貌环境大整治、小城镇环境综合整治，高质量推进公路边"三化""三改一拆"等整治工作，切实洁化、绿化、美化公路路域环境。以信息化与行业管理的深度融合为引领，聚焦"最多跑一次"改革，坚持共建共享与统筹协调的原则，致力于构建绍兴市综合交通运行监测中心。通过深化行业的信息化应用，为公路行业的持续发展开辟了新的领域，为行业的创新与发展提供了强有力的支撑。

"十三五"期间，绍兴新改建农村公路2069公里。农村公路等级化率实现100%，路网等级水平得到有效提升；县乡公路安全隐患治理率和四、五类桥梁治理率基本达到100%，实施安防工程480.5公里，公路安全保障能力进一步提升；公路运营成绩屡创佳绩，连续多年保持城乡交通运输一体化发展5A级水平。全市累计创建1个"四好农村路"全国示范县(柯桥区)，3个省级示范县(上虞区、诸暨市、新昌县)；3个"万里美丽经济交通走廊"示范县(柯桥区、诸暨市、

上虞区），达标县全覆盖。[①]

（4）乡村物流接驳服务覆盖度上升，物流接驳智慧化不断发展

近年来，为解决群众便捷出行和邮政寄递“最后一公里”难题，绍兴持续推进“客货邮”融合发展，目前已形成“县—乡”两级乡村物流接驳体系，乡村邮政投递网点、投递路线有所增加。截至 2022 年底，绍兴市邮政行业拥有各类营业网点 1205 处，其中设在农村的有 269 处，农村投递路线长度（单程）23709 公里。同时，为全面落实高质量发展建设共同富裕示范区决策部署，加快构建内畅外联的公路交通基础设施体系，推进区域、城乡公路交通统筹发展，有力支撑共同富裕示范区建设，绍兴市不断推动交通运输服务行业智慧化，加强电商物流、冷链物流等物流信息的接入，大力推进“互联网＋”高效物流接驳，提升接驳体系智能化水平。

2. 交通接驳网络功能特征

（1）接驳配套设施逐步完备，交通便捷性持续优化

近年来绍兴市不断加快铁路及轨道交通建设，持续新建绍兴东站、新昌县城乡客运站等站场十余个。绍兴市在新增接驳专线的基础上，优化多条公交线路，同时轨道交通站点周边非机动车点位、公共自行车点位均已确定并投入使用。

（2）接驳体系智能化发展，服务质量不断提高

在优化公交线路的基础上，绍兴初步构建了“互联网＋”智慧接驳体系，提升了交通网络接驳智能化和服务水平。此外，为优化市民出行习惯，解决乘客出行“最后一公里”问题，绍兴通过升级综合客运服务、实施绿色接驳等重点支撑项目，提升了乘客服务体验感和幸福感。

（3）行业交通管理能力提升，政府交通监管工作有序推进

绍兴交通行业改革全面深化，交通运输企业的经营管理、科技创新及应用水平稳步提升。一方面，通过加强从业人员的职业素养和技能培训，规范了交通运输企业、从业人员、车辆和乘客的管理和服务，提高了交通运输服务的质量和水平，保障了公众出行的舒适和便利。另一方面，坚持“快速响应、问题导向、开门整治”工作方法，通过完善法规和政策，建立交通接驳体系优化长效机制，提升了工作质效；扎实推进交通规划与建设、交通接驳质量监管、交通安全执法监督等工作，交通法治建设得到全面深化，安全和应急保障能力同步增强，交通诚信监管体系逐步完善，维护了公共利益和社会秩序，保障了公众出行的秩序和安全。

---

① 《关于印发〈绍兴市公路发展“十四五”规划〉的通知》，绍兴市交通运输局，2022 年 10 月 7 日，https://jtj.sx.gov.cn/art/2022/10/7/art_1229559088_1874064.html。

（二）发展目标

1. 结构层面目标

（1）路网均衡畅达化

实现市区快速上高速及30分钟通勤，提高国道、省道二级以上公路比例，确保乡镇通三级及以上公路，自然村通硬化路，以及所有乡镇15分钟内上高速网或干线网。此外，推动“镇镇三级路、镇镇联高速”，形成“杭州—绍兴”联合枢纽，促进区域基础设施互联互通，支持“杭绍甬一体化”战略和城市融合发展。绍兴市还将推进立体交通建设，提升运行效率，包括多个交通干道的快速化改造项目，如解放大道、镜水路高架、上虞三环北线等，以及区块路网工程，满足新开发区域的交通需求，并加强城区重要节点如绍兴北站、上虞高铁东关站等周边道路建设。

（2）交通基础设施绿色化

为实现交通基础设施的绿色与高效运行，积极推进交通设施的环保转型，合理布局与优化城市路网，以提升道路网络的通达性。同时，为降低能源消耗和减少温室气体排放，绍兴大力推广新能源及清洁能源车辆的应用，并加快充电设施和加气站的建设进度。在提高交通服务品质方面，实施旅客联程联运策略，优化公交系统的供给和运营效率，并利用电子站牌、一卡通及移动支付等先进技术，为公众提供更加便捷、舒适的出行体验。此外，绍兴将加强对城市交通的管理与调控，通过优化信息引导和停车场管理，有效引导公众出行，鼓励减少私家车的使用，并规范新兴交通业态的发展。到2025年实现可持续、绿色的城市交通发展。

同时，加强轨道网、公交网和慢行交通网的融合，提高公共交通分担率，加快轨道交通建设，优化公交布局，推动城际和全域公交发展，实现公交与地铁的无缝接驳。此外，打造综合运输通道，构建以轨道交通为骨干的绿色出行体系，推动慢行系统和无障碍设施全覆盖，增加集装箱多式联运比重，建设绿色物流体系，鼓励创新配送模式，推广立体化和智能化停车设施，结合轨道交通建设P+R停车场，提倡公交出行以缓解城区交通拥堵。

2. 功能层面目标

（1）数字交通智慧化

到2025年，绍兴公路交通将建成“数字公路”四张网，实现“四网一体”协同运转，公路智慧化应用场景不断丰富，路网基础设施全要素全周期数字化全面推进。同时，依托绍兴市规划与地理信息“一张图”，通过大数据、遥感、GIS等技术，实现全市数字交通“一张图”，增强交通地理信息数据的管理与同步更新能力，推进地理信息共享服务，为交通应用提供数据支撑服务。建设全市交通数据仓,形成全市交通运输行业统一的数据资源目录,打造一体化交通大数据枢纽,成为全市综合交通资源的集散中心,为交通应用提供数据支撑服务。同时,加强省、市平台数据资源对接,推进市、县(市、区)两级平台数据互联互通、实时共享。

(2)管理服务高质化

形成完善的组织管理体系、法规制度体系、资金保障体系、标准规范体系,推进公路行业治理体系和治理能力现代化。到 2025 年,进一步形成公路行业"四好",使人民群众的出行更畅通、更安全、更和谐、更高效,实现"畅通、安全、舒适、优美"的路域环境目标。信息化建设凸显出重要作用,促进管理机制更加科学,行业法规更完善,全面实现施工审批、公路行政许可"最多跑一次"或者零次。高速公路超限率下降至 0.2%以下,普通公路超限率下降至 2%以下。农村公路三级路长制落实率 100%。在现有制度更加成熟定型的基础上,基于先进的科技创新构建形成数字驱动型科学养护管理体系。优化决策分析模型,搭建全资产管理的可视化可模拟养护大数据科学决策平台,实现养护工程项目科学储备和动态管理。提升交通基础设施安全水平,临水临崖、普通国省道 2.5 米以上和农村公路 4 米以上落差路段安保设施全覆盖。基本建成便捷舒适、高效集约、开放互联、绿色智慧、安全可靠的公路服务体系,服务区布局更加合理,路网通畅水平和运行速度有效提升,出行信息的多元化、公众化和及时化程度明显提高。

三、绍兴交通接驳体系存在的问题

(一)交通接驳网络布局亟需完善,支路网建设较为滞后

首先,当前绍兴市道路多以平面道路为主,除少数智慧快速路外,总体来看综合立体交通网建设水平较低、规划建设缺乏统筹发展,难以满足市民出行的需求。其次,城市道路网级配有待优化。早在 2016 年 2 月,中共中央、国务院就发布了《关于进一步加强城市规划建设管理工作的若干意见》,提出要树立"窄马路、密路网"的城市道路布局理念,建设快速路、主次干路和支路匹配合理的道路网系统。然而,当前绍兴市道路网络结构级配不合理,主次干道、支路级配比例与国家标准相比仍然存在不足。"十三五"规划中尚有 15 个支路建设项目未完成。最后,绍兴市各区域间道路衔接还需加强。自从大绍兴建设以来,越城区与柯桥区已连片发展成为大绍兴的主城区,但两区之间的道路基本以主干路为主,次级通道建设还需加强。

（二）接驳配套设施覆盖度不足，衔接性有待提高

在以轨道交通为骨干，公交、出租车等接驳工具为主体的公共交通体系中，如何协调两者关系，处理两者之间存在的问题，是解决城市“出行难”问题的关键。绍兴市较多地区的交通线路仍不能满足乘客的出行需求，地铁线路覆盖率不高。一是交通接驳站点设置不合理，部分轨道站点出入口与接驳公交直线距离较近，但受周边道路硬隔离设施等影响，换乘需绕行立体过街设施（如天桥、地道）、物理隔离设施（如绿化带等）等增加步行距离，导致乘客花费大量时间换乘，出行效率及便利程度大大降低。二是道路交通的换乘设施仍存在不足，轨道交通与公交、公交与高铁站、高铁站与轨道交通等交通接驳方式的换乘设施设置还不够合理，各种交通方式之间的发车班次及到站时间还不明确，换乘引导信息不够清晰，无法保障公共交通间换乘的连续性、紧凑性及完整性，因而不能有效地缓解绍兴的道路交通压力。

（三）物流末端网点建设不到位，网点服务效率低

近年来，绍兴持续推进“客货邮”融合发展，但由于农村地区人口不集中，而且农村居民的消费习惯导致农村物流个体大、货物重，需花费大量人力物力配送，目前接驳体系建设仅停留在县、乡两级层面，大多数村级物流末端网点建设仍达不到规范标准，运营管理模式较落后，整体物流网点服务效率低。而且，由于村级快递量相对偏少，配送距离较远，业务量远不够支撑网点的生存和发展，实现快递进村全覆盖有难度，因此物流接驳“最后一公里”问题难以解决。

（四）交通接驳设施供求不平衡，接驳服务质量仍需改善

合理、便捷的接驳设施可以充分适应出行者的选择需求。一方面，当前绍兴市公交服务存在不足之处，例如公交路线规划不够合理、换乘不方便，公交线路密度较小、站点设置不合理，尚未实现全面覆盖，居民出行效率较低，有些地方的公共交通不能完全满足市民的出行需求。且公交车辆调配不足、行车难的问题日益突出，特别是大巴列车化、中小巴频繁靠停，影响主要道路的交通秩序，导致高峰期间车辆拥堵、人员拥挤，影响出行舒适度。另一方面，公共停车设施供给与需求不匹配。随着机动车数量的不断增加，绍兴市目前的道路交通基础设施供给无法满足人民的实际需求，缺乏统一规划。全市实际机动车保有量与已有的停车场数量和之间的差距较大，公共停车设施供给仍存在较大缺口，使主干道的拥堵问题更加严峻。此外，与小汽车相比，公共交通的准时性难以保证，出行效率相对较低，且灵活性和机动性都弱于小汽车，居民在出行时更愿意选择私人

交通工具。

（五）交通接驳智能化发展滞后，智慧化水平仍待提升

绍兴市交通基础设施智慧化进程发展较慢，城乡交通基础设施数字化、智慧化水平仍待提升，难以满足高效精细治理和智能科学决策的需求。目前，绍兴市智能交通系统发展较慢，智能交通系统涉及众多参与主体，包括政府、交通运营者、交通管理者、交通使用者等，当前众多主体间的协同合作与信息共享机制还未建立，信息交换通道尚未打通，各种出行方式之间的协调与整合能力较弱，给交通营运、管理和居民出行带来不便。

四、绍兴市交通接驳体系 SWOT 分析

（一）优势

1. 数字化交通改革整体推进

数字化是现代化建设的关键变量和基础设施，是推动高质量发展的新引擎、创造高品质生活的新图景、实现高效能治理的新范式。绍兴市走在交通数字化改革的前列，提出构建数字交通一张图，推动“五路同管共治”。2021 年 6 月，绍兴市交通运输局发布了《绍兴市交通数字化改革行动方案》，明确到 2025 年，交通整体智治体系全面形成，基本建成“整体智治、唯实惟先”的现代政府部门，交通数字化改革制度规范体系成熟定型。重点围绕构建数字交通一张图，打造一体化交通数据枢纽，加强基础设施智慧养护综合应用，深化综合交通数字执法应用，发展数字化现代物流系统，推进数字交通融合发展，完善出行服务设施，推进出行服务数字化实践八大任务展开，有力提升绍兴市公共交通数字化治理水平。

2. 公共交通引领城市发展

满足公众多元化的出行需求，是推进城市可持续发展和实现交通运输高质量发展的一个关键着力点。绍兴市在过去十余年里一直将公交优先发展列为市政府年度工作的重中之重，并把公共交通视为综合交通建设的核心组成部分，以此推动城市的交通发展。2018 年，绍兴市完成市区公交一体化改革，组建了新的市公交集团，有力整合和优化了城乡公共交通资源。2022 年，绍兴市出台《绍兴市综合立体交通网规划》，明确了“以公共交通引导城市发展”的目标。

3. 交通基础设施智慧化建设

《绍兴市国民经济和社会发展第十四个五年规划和二〇三五年远景目标纲要》指出，绍兴市要全面实施交通强市“15 大百亿工程”，加快建设杭绍台高铁二期、杭绍甬智慧高速、柯诸高速、杭诸城际交通、市域铁路、城市轨道交通等重大项目，推动市区智慧快速路向城际范围延伸，建成智慧高速网，建立一体化智能交通管理体系，构建“市域 30 分钟、杭甬 30 分钟、上海 60 分钟”交通圈，实现“县县通高铁、三区智慧路、镇镇联高速”。同时，《绍兴市综合立体交通网规划》指出，要加速先进信息技术与交通运输深度融合与发展，推动规划、设计、建造、维护以及运营管理等交通运输的全要素和全周期实现数字化，以促进交通行业的科技创新和智能化升级；全面推进全市智慧交通工程，推进以杭绍甬智感高速为引领的智慧公路、港口、航道等基础设施建设。把握现代信息技术发展趋势，适应智能交通发展需求，做好智慧交通技术推广和产业化应用，全方位推进智慧交通技术应用及发展。智慧化交通基础设施体系的建设，通过运用现代信息技术和智能化手段，可以有效改善交通流动性、提高交通安全性、优化道路资源利用，从而提升绍兴市交通运行效率。

（二）劣势

1. 交通线网分布格局不合理

首先，公共交通的公交线路覆盖范围未能深入偏远地区，部分地区仍不能完全满足市民的出行需求。其次，公交车辆与公共停车场地的供给与需求不匹配，影响了主要道路的交通秩序，导致严重的拥堵问题，影响接驳效率。再次，地铁 1 号线及 2 号线一期工程辐射范围较小，政府需加快建设已规划的其他地铁线路，包括 1 号线支线、2 号线二期、3 号线、4 号线、5 号线等，延伸连接绍兴市区各大区块，尤其是围绕镜湖和老城区实现“由线到网”的质变，更要实现越城、柯桥、上虞“三区融合”。最后，绍兴市城市道路密度存在明显短板，路网级配不合理，对次干道、支路、快速路交通通道建设投入不足，且道路路幅过窄，行人与非机动车之间干扰严重。

2. 交通接驳方式不协调

绍兴市地铁周边配套设施不完善，地铁站站内配套商业不足，各个交通站点之间的接驳点设置不合理，从而导致进出站时间长等一系列问题，例如 1 号线未开通与商业综合体的无缝对接出入口，尤其是鲁迅故里站与金帝银泰城没有地下通道，露天步行需 10 余分钟方能到达商场，需进一步完善地铁 1 号线站点周边公交线路，进一步配套公共自行车、停车场，方便市民无缝换乘，打通地铁出行

“最后一公里”；随着人民生活水平的提升，绍兴市汽车保有量远超过公共停车场车位数量，公共停车设施供给缺口严重，轻纺城大道、中兴大道、解放大道以及一些医院、商场等公共场所均存在停车位不足，造成不同程度的拥堵现象。

3. 票价运营存在短板

根据目前收集到的调查问卷显示，被调查的乘客中分布最多的职业为在校学生，总体来说对上班族的吸引力较弱，公共交通吸引力不强。可能是因为公共交通出行花费时间更长，且存在不准时、接驳不方便等问题，给乘客带来较高的时间成本。另外，部分乘客反映轨道交通“票制单一、优惠幅度不大”，反映“与公交换乘没有优惠”，希望定价方面能更为合理，如通过办理月卡、季卡等方式，加大对上班族优惠幅度，进一步鼓励市民多乘地铁。同时，其服务品质有待进一步提升，存在问题如乘坐舒适度欠佳、换乘不够便捷，以及由于线路规划不当而增加的出行成本。更需注意的是，某些区域仍存在着公交服务无法覆盖的盲区。

（三）机遇

1. 长三角一体化发展推动

绍兴位于长三角一体化发展中心区，推进长三角区域一体化发展是绍兴的重大历史机遇。绍兴市始终围绕“接轨大上海、融入长三角、拥抱大湾区、发展大绍兴”战略部署开展城市建设，助推未来发展。一方面，绍兴逐步打造轨道上的长三角交通枢纽，对接长三角多层次轨道交通规划，谋划实施杭州湾南岸沿湾轨道交通工程，开展市区至诸暨、市区至嵊新两条市域铁路前期。另一方面，共建一体化水陆交通物流网络。在公路与铁路建设方面，推动建成杭绍台高速、杭金衢高速至杭绍台高速联络线、杭绍甬智慧高速及连接线、柯诸高速等项目。在水运方面，提升浦阳江航道等级，新建诸暨店口港，逐渐加强了绍兴港与上海洋山港、宁波—舟山港接轨。

2. 杭绍甬一体化发展影响

省第十五次党代会提出要“支持绍兴融杭联甬打造网络大城市”，明确了绍兴未来的发展机遇，清晰了绍兴市作为杭甬“金扁担”的作用，为绍兴市高质量推动城市发展提供了重要支撑和行动指引。近年来，绍兴市积极发挥纽带作用，推动了总投资额超过 1300 亿元的“迎亚运、建窗口”综合交通“三年大会战”计划。在此过程中，绍兴地铁 1 号线主线已实现与杭州地铁的无缝对接，同时，杭绍台高速和杭台高铁也全线贯通，标志着杭绍甬地区的交通网络已实现了显著的优化升级。目前，杭绍甬智慧高速和杭台高铁二期项目的建设正在有条不紊地进行中。此外，绍兴市还在整体规划和推进杭绍甬快速路网，同时规划了甬金衢上高速联络线和 329 国道北移等关键项目，以解决交通瓶颈问题。与此同时，环杭州湾南岸铁路通道和沪嘉绍金城际铁路等跨区域重大项目的研究与推进工作也正在紧锣密鼓地进行中。

3. 亚运赛事强力推动

2023 年亚运会的协办给绍兴市带来巨大压力的同时也给城市建设、交通发展带来难得的机遇，以此为契机，大量资金的注入推动了绍兴市交通网络的完善。2023 年 8 月，交通运输部、绍兴市人民政府、浙江省交通运输厅等部门联合举办"我的公交我的城"重大主题宣传活动。为更好地提供亚运会举办期间的接驳服务，绍兴市开通浙江首条自动驾驶公交线路，居民只需在手机上预约即可免费乘坐。

（四）挑战

1. 城市能级不足

杭绍甬一体化发展为绍兴的未来发展带来了巨大的机遇。近年来，杭州和宁波这两大省内经济中心迅速崛起，杭绍甬经济走廊已然成为浙江经济发展的核心驱动力。然而，相较于杭州、宁波等经济实力雄厚的城市，绍兴市内的越城、柯桥、上虞三区在集聚和辐射其他县（区、市）方面的作用显得相对有限。这种局面使得绍兴市在经济发展中不得不面对来自杭州和宁波的竞争和资源虹吸的严峻挑战。

2. 交通衔接工作复杂

绍兴市多种交通方式的换乘衔接面临着挑战。首先，不同交通方式的运行时间和路线信息有待整合和匹配，要结合各交通方式的运行特点合理安排不同交通方式间的发车班次及到站时间，从而实现不同交通方式间的延伸和衔接。其次，换乘站点位置的选择、布局和设计需统筹考虑不同交通工具的接驳需求，且要确保接驳引导信息清晰、明确，接驳通道畅通、便捷，以便节省出行人的时间，有效提升出行效率。最后，多种复合交通方式的换乘衔接还需考虑不同交通工具的运行特点、乘客的出行偏好、不同乘客群体的特点，以提供更加个性化的出行方案，如接驳站点的设置应考虑残疾人的出行需求，合理设置无障碍设施，从而提升公共交通接驳体系服务质量。

五、绍兴市交通接驳设施满意程度评估

本报告采用问卷调查法评估乘客对绍兴市交通接驳设施的满意度，并于

2023 年 8 月分别在绍兴北站、绍兴站、客运中心、八佰伴购物中心、银泰等大型商场、地铁 1 号线各站点开展了正式调研，收集乘客的出行信息、接驳信息以及意愿感受等数据。本次调研共收集有效问卷为 258 份，下面分别对个人基本信息、出行信息、接驳信息以及乘客意愿感受四个方面展开分析。

（一）个人基本信息分析

由图 3 可知，在被调查的乘客中，男性的比例为 46.90%，女性为 53.10%，符合轨道交通使用者的正常性别比例。由图 4 可知，乘客年龄在 18—30 岁的比例最大，为 56.59%，表明这一年龄段为轨道交通的主要使用者。

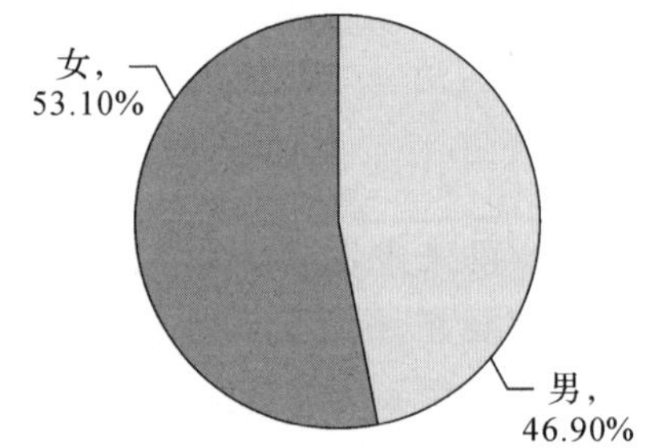

图 3　受访者性别

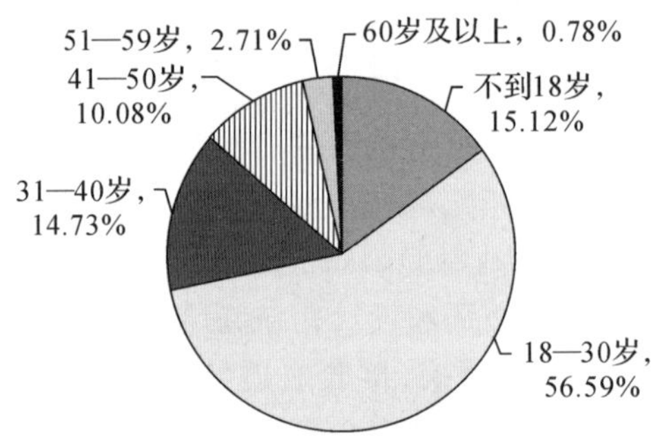

图 4　受访者年龄

由图 5 可知，在被调查的乘客中，具有本科或大专学历的乘客占据了较大比例，约为 62.41%；具有高中或中专学历的乘客占 22.48%；其他学历的乘客占比均低于 10%。轨道交通的使用者普遍具有一定的教育背景。

由图 6 可知，在被调查的乘客中，分布最多的职业为在校学生及企业工作人员，分别为 44.96%、22.48%，由于通勤需求的频繁性和规律性，使得两类群体多以轨道交通为主要出行工具。

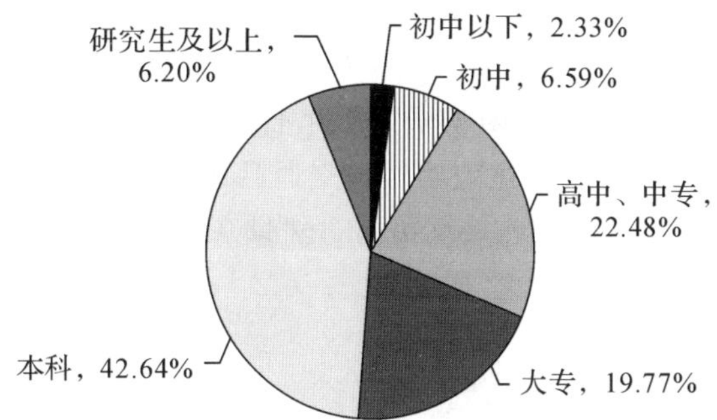

图5　受访者学历

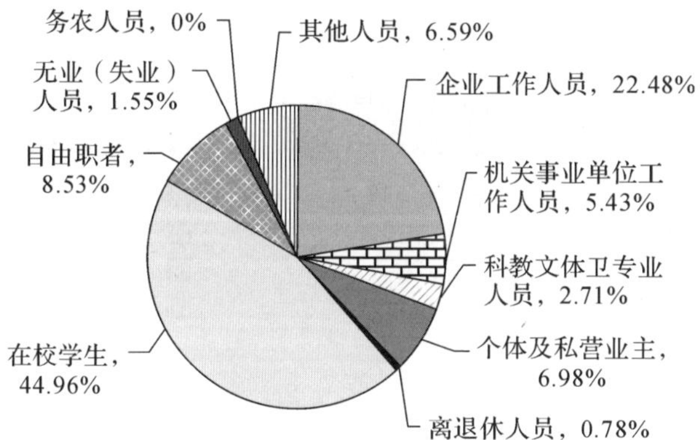

图6　受访者职业

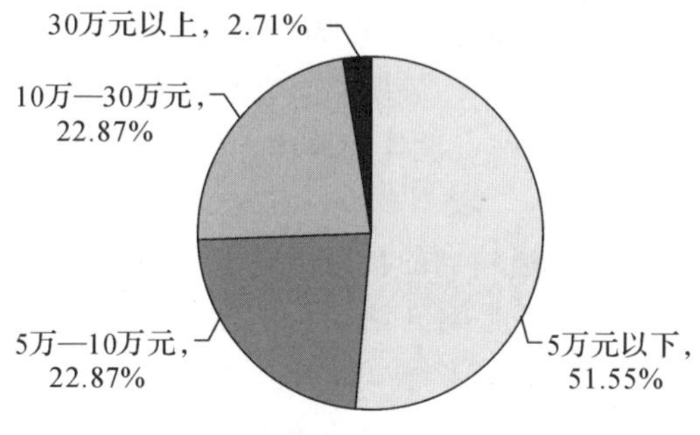

图7　受访者年收入

由图7可知，在被调查的乘客中，年收入在5万元以下的群体占51.55%，由此可看出，轨道交通的使用者大多为中等收入群体。

（二）出行信息分析

由图 8 可知，通勤通学、休闲娱乐是乘坐轨道交通的主要目的，持该目的乘客分别占 50.39%、51.16%。这表明轨道交通已成为人们日常学习与工作的首选交通方式。同时，还承载着连接城市与自然景观等功能。

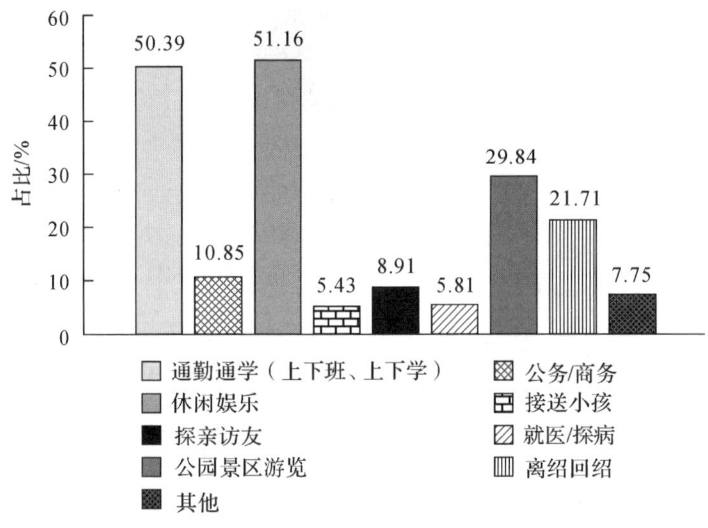

图 8　受访者出行目的（多选题）

（三）接驳信息分析

由图 9 可知，乘客对该轨道交通站点周边设施，不太熟悉和比较熟悉的比例较高，分别为 38.37%和 44.19%。表明乘客在出行时大多对周边设施持有一定关注，但由于日常通勤习惯或站点设计等原因，导致部分乘客对站点接驳设施熟悉程度较低。

由图 10 可见，在轨道交通站点的接驳方式上，步行是乘客最普遍的选择，无论是前往站点（占 29.46%）还是离开站点后前往目的地（占 34.5%），步行的占比均最高。紧随其后的是电动车接驳，分别占 23.64%和 22.09%。出租车/网约车接驳方式在离开站点后前往目的地的占比略高，为 27.52%，而前往站点时占比为 23.64%。公交、私家车与自行车接驳占比相对较低。前往站点时，公交、私家车与自行车分别占比 18.6%、14.34%、10.47%；离开站点时，公交、私家车与自行车分别占比 20.16%、14.34%、9.69%。

综合分析，乘客在轨道交通站点的接驳方式选择上偏好步行，而自行车接驳

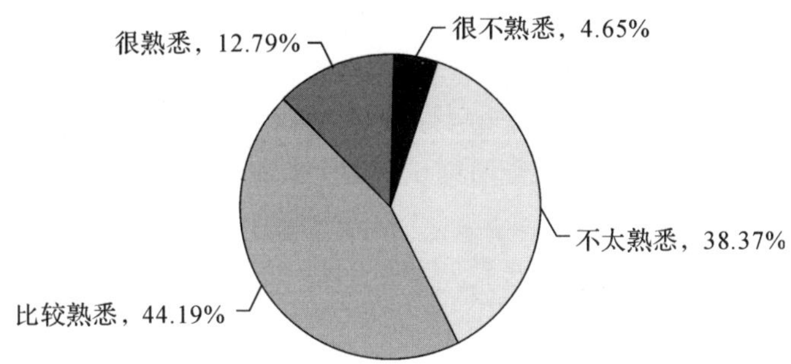

图 9　受访者对周边设施的熟悉程度

则相对较少被选用。这与步行的便捷性和自行车接驳的不便性（如天气因素、体力消耗等）有关。同时，电动车、出租车和网约车作为灵活的交通方式，也受到了一定比例乘客的欢迎。

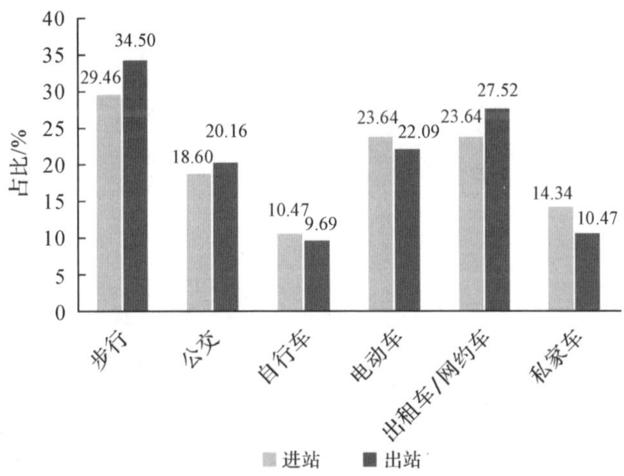

图 10　接驳方式（多选题）

由图 11 与图 12 可知，在从出发地至轨道交通车站（上车）的接驳工具中，选择步行接驳的男女比例接近 1∶1，分别为 48.68%和 51.32%。在选择公交接驳的人群中，女性乘客（占 66.67%）显著多于男性（占 33.33%）。选择自行车接驳的男女比例也接近均等，分别为 48.15%和 51.85%。选择电动车接驳和出租车/网约车接驳的男女比例相近，男性略多于女性。私家车接驳中，女性乘客占比（占 62.16%）高于男性（占 37.84%）。

在从轨道交通站点（下车）至目的地的接驳工具中，选择步行接驳的男女比例为 43.82%和 56.18%，女性乘客略多。选择公交接驳的男女比例与步行相似，女性乘客占比稍高。在选择自行车接驳的人群中，男女比例几乎相等。电动车接驳和出租车/网约车接驳的男女比例接近。在选择私家车接驳的人群中，女性乘客占比（占 59.46%）依然高于男性（占 40.54%）。综合分析，女性乘客在公交和私家车接驳方式中的比例普遍高于男性，这一趋势在乘客的两个接驳阶段中保持一致。

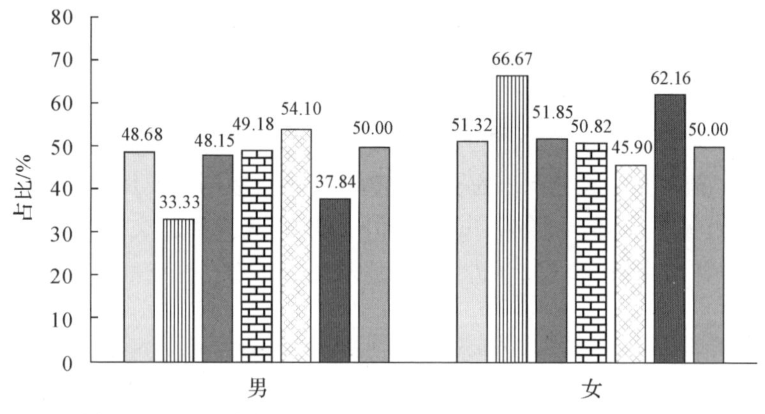

图 11　各接驳方式的乘客性别比例[从出发地至轨道交通车站（上车）]（多选）

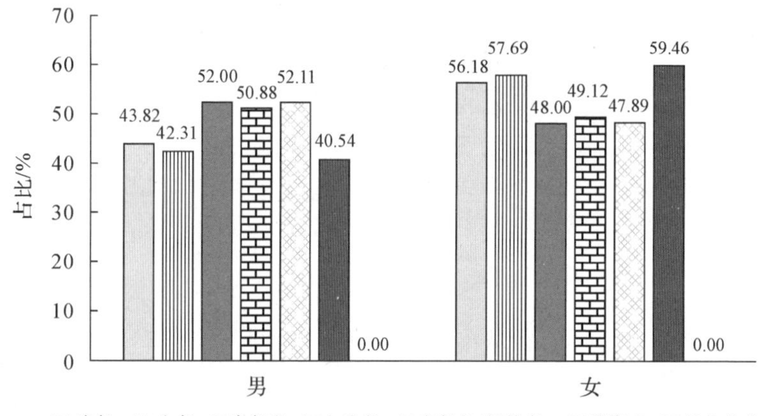

图 12　各接驳方式的乘客性别比例[从轨道交通车站（下车）至目的地]（多选）

根据表 1、表 2 的数据，乘客根据年龄组选择不同的接驳工具从出发地至轨道交通车站（上车）。18 岁以下乘客更倾向于步行（占 41.03%），其次是公交（占 17.95%）。18—30 岁乘客最常选择出租车或网约车（占 30.14%），其次是步行（占 27.40%）。在 31—40 岁乘客中，步行（占 36.84%）和出租车/网约车（占

34.21%)是主要选择。41—50 岁乘客则更偏爱电动车和私家车(均占 30.77%)。51—59 岁乘客倾向于选择出租车和电动车(占 57.14%)。60 岁及以上乘客则更可能选择公交和电动车。

在从轨道交通车站(下车)至目的地的接驳方式中,18 岁以下乘客更多地选择步行(占 43.59%),其次是出租车/网约车(占 28.21%)。18—30 岁乘客更多地选择步行(占 32.88%),然后是出租车/网约车(占 30.14%)。31—40 岁乘客主要选择步行(占 39.47%)和电动车(占 36.84%)。41—50 岁乘客倾向于选择电动车(占 34.62%)和出租车/网约车(占 30.77%)。51—60 岁乘客更偏好电动车(占 42.86%),步行和公交其次(均为 28.57%)。60 岁及以上乘客则更倾向于公交和步行。

总体来看,步行是所有年龄组乘客的主要接驳方式,而电动车和出租车/网约车在不同年龄层中也相对受欢迎。随着年龄增长,乘客更可能选择公交作为接驳工具。

表 1 不同年龄段乘客选择接驳方式比例[从出发地至轨道交通车站(上车)](单位:%)

年龄	步行	公交	自行车	电动车	出租车/网约车	私家车	其他
<18 岁	41.03	17.95	2.56	15.38	15.38	10.26	
18—30 岁	27.4	17.12	10.96	19.86	30.14	13.01	
31—40 岁	36.84	15.79	13.16	34.21	15.79	15.79	
41—50 岁	15.38	26.92	11.54	30.77	19.23	30.77	
51—59 岁	28.57	28.57	28.57	57.14			
60 岁及以上		50.00		50.00			

表 2 不同年龄段乘客选择接驳方式比例[从轨道交通车站(下车)至目的地](单位:%)

年龄	步行	公交	自行车	电动车	出租车/网约车	私家车
<18 岁	43.59	17.95	7.69	10.26	28.21	12.82
18—30 岁	32.88	21.92	12.33	18.49	30.14	14.38
31—40 岁	39.47	13.16	5.26	36.84	18.42	15.79
41—50 岁	23.08	19.23	3.85	34.62	30.77	15.38
51—59 岁	28.75	28.57	14.29	42.86	14.29	14.29
60 岁及以上	50	50				

（四）乘客意愿感受分析

根据图 13 和图 14 的数据，大多数乘客对轨道交通的接驳时长和接驳费用表示满意（选择接受比例分别为 85.27%和 91.09%），认为它们处于可接受范围内。仅有少数乘客对时长和费用感到不满意。这反映出绍兴轨道交通的接驳服务在时间和费用方面大体上满足了乘客的期望，显示出其布局和定价较为合理。

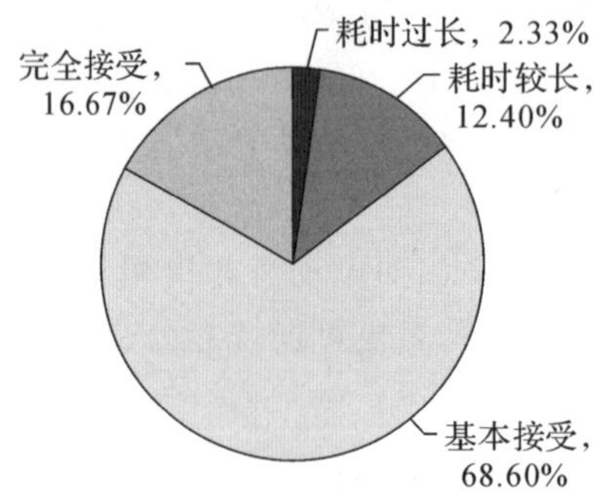

图 13　接驳时长接受程度

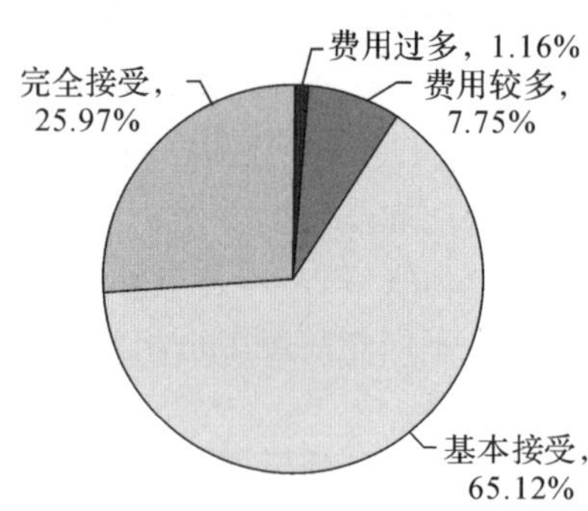

图 14　接驳费用接受程度

在轨道交通换乘接驳设施的问题上，乘客主要关注点包括：地铁线路不足（占 43.80%）、车站与接驳点距离过远（占 30.62%）、接驳设施不足（占 24.03%）以及换乘等候时间过长（占 23.26%）问题。这些问题导致乘客换乘不便，增加时间成本，并可能降低满意度。为改善体验，建议增加地铁线路覆盖，优化并增加接驳设施，同时减少换乘等候时间，并提供更便捷的信息查询服务。

对轨道交通本身而言，乘客最期望扩大网络覆盖范围（占 58.53%），以便更便捷地到达目的地。此外，缩短换乘时间（占 43.80%）和增加车辆频次以降低拥挤度（占 33.33%）也是乘客关注的重点。相比之下，对便民设施、无障碍设施和票价优惠的需求相对较低，分别占比 29.46%、9.69%和 10.85%，但仍有改进空间。

六、国内外典型案例与经验借鉴

（一）国外交通接驳体系典型案例

研究和吸取其他国家在城乡融合发展过程中的经验与教训，对于推动中国结合实际走出一条具有中国特色的、高质量的城乡融合发展之路具有重要意义。

1. 美国纽约：整体规划实现多种交通方式融合发展

纽约—新泽西港务局管理的纽约地区机场群，是世界上最有代表性、管理模式也最成熟的机场系统之一，客货量分别达到 1.4 亿人次和 225 万吨。目前纽约—新泽西港务局下辖六座机场，其中肯尼迪、纽瓦克和拉瓜迪亚机场是该地区三大主要机场，共同服务纽约地区航空市场(见表 3、表 4)。

表 3 纽约主要机场与市区交通衔接情况

机场	接驳方式	最短接驳时间
肯尼迪	·轻轨直达，24 小时运营连接纽约地铁 ·公交及长岛铁路	60—70 分钟
纽瓦克	轻轨直达模式	24 分钟
拉瓜迪亚	地铁与公交接驳模式	45 分钟(白天) 60 分钟(夜间)

表 4 纽约主要机场间交通衔接情况

机场	接驳方式	最短接驳时间
肯尼迪—纽瓦克	·纽瓦克机场轻轨 ·纽约机场大巴 ·市公交快线	75—90 分钟
肯尼迪—拉瓜迪亚	·机场轻轨与出租车衔接 ·国家班车	30—60 分钟
纽瓦克—拉瓜迪亚	·纽瓦克机场轻轨与机场快线巴士衔接 ·市公交快线	60—90 分钟

纽约和新泽西大都市区的三大机场拥有发达完善的综合交通接驳体系，其中肯尼迪和纽瓦克有直达航站楼的轻轨，拉瓜迪亚虽没有直达航站楼的轨道交通，但可以通过公交与城市地铁实现接驳。

纽约一新泽西港务局作为跨区域重大基础设施的运行管理者，对各机场的规划、建设、投资、运营、营销实施统一管理，并进一步延伸到对综合交通资源的整合管理。港务局运营纽约地区最繁忙、最重要的交通系统，除了五座主要运输机场和曼哈顿城区的直升机场外，还包括纽瓦克和肯尼迪空港轻轨干线；部分桥梁、隧道、地铁、港口、汽车站等一批对当地公共交通具有重大影响的公共设施，有力推动了港区综合交通一体化规划和管理。

2. 英国伦敦：轨道为主，巴士协同

伦敦机场群是世界上最有代表性、管理模式最为成熟的机场群之一，共包含

6 座主要机场。伦敦六大机场与伦敦市区之间构建起了方便快捷的地面交通衔接(见表 5)。

表 5 伦敦主要机场与市区的综合交通接驳情况

机场	接驳模式	交通方式	最短接驳时间
希斯罗机场	多种轨道交通方式	从伦敦市中心有多种交通方式可以直达或间接接驳到希斯罗国际机场 · 轨道交通:希斯罗机场快线、伦敦地铁、西南火车线 · 公共巴士:英国国家快运公司、牛津巴士航空服务公司等 · 租车与计程车服务:Hertz、Avis、National、Budget 等	25 分钟
盖特威克机场	直达轨道交通衔接	盖特威克机场火车站与机场南航站楼直接相连,由盖特威克快线提供快速固定服务,机场南北航站楼间通过免费机场巴士衔接,机场往返伦敦维多利亚火车站的列车每 15 分钟一趟	30 分钟
斯坦斯特德机场	轨道交通直达模式	机场建有一体化的综合交通设施,机场火车站位于机场航站楼下,定期往返机场与伦敦中部和东部以及英国的东部和中部地区 · 斯坦斯特德机场快速列车(Stansted Express) · 全国线(Cross Country Trains)	47 分钟
卢顿机场	轨道交通+公交接驳模式	没有直接衔接伦敦市区的轨道交通,但可以通过接驳公共汽车直达机场百汇火车站,距离航站楼 1 英里(约 1.6 公里)左右,10 分钟车程 从伦敦市区到卢顿机场百汇火车站全程约 40 分钟	52 分钟
城市机场	直达轨道交通衔接	从伦敦市中心有多种交通方式直达或间接接驳到伦敦城市机场: · Docklands 轻轨铁路 · 往返于市中心和机场的市内公交与计程车服务十分便捷	17 分钟
绍森德机场	直达轨道交通衔接	机场火车站于 2011 年 7 月开始运营,连接火车站的新航站楼于 2012 年 2 月开始运行	53 分钟

从机场群功能发展角度,轨道交通在跨域、长途方面具有明显优势,是影响机场群功能发展的关键,轨道交通与机场的衔接效率是保障机场群对区域经济

社会发展服务能力和提升机场群国际竞争力的基础条件之一。巴士因其线路布局广泛、站点设置灵活和“门到门”特点，覆盖轨道无法服务的短程范围，或与轨道形成衔接从而扩大地面交通辐射区域，在机场群地面交通体系中也发挥着重要作用。

3. 日本东京：一体化接驳体系发展

日本在规划市域(郊)铁路服务范围时，优化交通流线微循环，进而提升公交站点的服务效率，以满足乘客日常通勤和生活的需求。此举不仅促进了交通建设与土地利用的良性互动，还通过高标准开发轨道交通站点周边的地下空间，将轨道站体与周边设施进行一体化设计，构建出功能完备的城市综合体。

(1)非机动车停放规模化

在都市圈轨道交通的末端接驳中，非机动车扮演重要角色。采用环保型耐震地下自行车停车场，缓解大城市中心区的用地紧张，同时减少地面无序停车现象。根据日本内阁府开展轨道站点周边非机动车停放调查数据显示，2015 年轨道交通站点周边非机动车停放泊位已达 429.8 万个，从 1979 年至 2015 年呈现不断增长的趋势。同时随着非机动车停放治理的加强，轨道交通站点周边非机动车乱停放数量降低至 8.1 万辆。[①]

(2)巴士站点衔接无缝化

轨道交通利用巴士扩展服务范围，实现高效换乘。在步行网络和设施规划中，深度考量行人的实际需求，致力于构建既安全又便捷的步行环境。通过整合巴士资源、优化换乘空间和有序组织交通流，形成便捷的换乘系统。巴士接驳设施连接周边建筑，提升乘客服务，促进多摩田园都市的发展。

(3)机动车停放立体化

在东京、大阪、名古屋等特大城市，公共停车位的供应充裕，涵盖了地下停车与地上高层塔库式立体停车场等多种形式。停车行业已逐步成熟，成为一个完善的静态交通产业体系。政府采用特许经营模式，积极吸纳社会力量参与到停车位的规划与运营之中。这些停车场已广泛采用电子不停车收费系统(ETC)和视频识别等智能化技术手段，摒弃了传统的刷卡、取票出入管理模式，显著提升了停车位的利用率与用户体验的便捷性。

(4)管理主体多元化

日本自早期起便致力于停车场的系统建设与规范运营。1964 年东京奥运

---

① 熊舒威、蒋洁滢：《东京都市圈轨道交通接驳特征对我国市域(郊)铁路一体化接驳的启示》，《现代城市轨道交通》2022 年第 6 期。

是重要转折点，日本借此契机构建起了健全的停车法规体系，对固定停车位、规划停车场及路侧停车区域均设立了详尽且严格的法律条款。这一举措有效遏制了乱停车现象，并推动了停车设施的建设。其结果不仅促进了停车场设施与轨道交通出行的和谐融合，还确立了一种以中央至地方自治体为主导，广泛动员社会力量参与的停车场规划、建设与管理模式。

（二）国内交通接驳体系典型案例

1. 广州：优化常规公交出行方式

（1）结合老城区更新策略，强化交通微循环系统

广州在老城区更新中强化交通微循环系统，通过整合地铁和公交，形成以地铁为中心区主干、公交为辅助的交通结构，并在外围区实现公交与地铁的有效接驳。同时，推进 TOD 开发，优化公交线网，实现公共交通的全面覆盖。市交通运输部门优化共享单车配额，解决“最后一公里”出行问题，并推进非机动车道建设。广州还根据“因地制宜”原则，对现有道路进行了改造，改善非机动车出行条件，包括机动车道瘦身、路内停车协调和建筑退线设置等措施。

（2）提供精准、可靠、动态的公交服务

广州计划通过应用大数据分析、交通模型和人工智能技术来优化公交服务，实现公交线网和运营调度的智能化，以提供更精准、可靠的公交服务。同时，将完善货运通道和物流基础设施，推进“十四五”交通物流融合发展规划，实施三年强链补链方案，加快枢纽建设，加强数据分析，促进交通枢纽与产业区的融合，并鼓励航运企业和航空公司拓展国际航线，以强化海陆空物流供应链。

2. 西安：一站式出行加速构建公交地铁接驳体系

为进一步扩大辖区公交覆盖范围、提升线路运营效率，西安航天基地结合航天环线 1 号线、航天环线 2 号线两条线路实际运行情况，对两条公交线路整体进行优化升级，为群众提供更加便捷、舒适、安全的出行服务。

（1）精准运行，无缝衔接

通过“运营优化”的方式，航天基地精准优化了航天环线公交车辆运营班次，将有效运力精准投放在客流高峰时段，满足了群众高峰时段的出行需求。升级后的航天环线公交线路，总长约 15.5 公里，沿途站点 35 个，运行时间 65 分钟左右。航天环线公交车辆从皇子坡公交调度站始发，沿途覆盖、交叉多个交通运行单位及交通换乘点，交通线网交织加密，公交站点衔接更加顺畅，提高了群众出行的车辆换乘效率。

（2）立体覆盖，满足多样生活需求

通过"线网加密"的方式，升级后的航天环线公交线路覆盖范围扩大并延伸，沿线经过富力城、航天小区等住宅区域25个，途经星河运动公园、世子公园、西安市人民医院航天城院区、航天城第一小学等多种类公共生活服务点。同时，针对运行路线进行延伸调整，将西安市人民医院航天城院区纳入运行线路，方便了医患出行。改善交通重在服务民生。在优化航天环线车辆的同时，不断扩大公交辐射范围，打造衔接顺畅有序的公交地铁接驳体系。

3. 成都双流：构建"全覆盖、零换乘、高质量、智能化"公交地铁接驳体系

（1）构建"全覆盖"的接驳体系

制定《双流区公交接驳地铁攻坚行动方案》，按照"每个地铁站接驳公交线路不少于3条"的原则，通过"拆重复、重接驳、强转换、抽密补疏"，推动常规公交与轨道交通"全覆盖"接驳。以地铁站为中心推进全区公交线网优化调整，通过对地铁站点接驳公交线路情况的精准排查，对接驳地铁的公交线路进行优化调整。持续关注地铁公交接驳线路运行动态，根据客流时段特点，优化营运计划。持续完善"快干支微＋特色"的公交线网结构体系，推动常规公交与轨道交通互相融合、互补发展，打造"轨道＋公交＋慢行"的绿色出行体系。

（2）构建"零换乘"的链接体系

按照"接驳距离小于50米"的原则，对全区24个地铁接驳站点进行逐一排查，对不符合要求的站点应迁尽迁，对因客观条件达不到50米要求的站点，控制在100米以内。2021年已完成公交站点迁建5个，实现20个地铁出入口与公交站点接驳距离小于50米，占比83.3％。① 按照"通勤时段轨道站点与公交站点换乘时间不超过5分钟"的原则，精准分析地铁站点接驳公交线路客流、发班频率、服务时间等数据，优化调整地铁站点接驳的公交线路发班频率。

（3）构建"高质量"的服务体系

加强与道路设计单位对接，在大件路、五环路双流段、怡心湖等工程项目建设中，在符合条件的路段同步规划建设港湾式、侧岛式公交停靠站。结合地铁站点TOD综合开发计划，在双流西站TOD项目建设中试点公交场站建设。加快公交优先道建设，强化公交优先道监管。

（4）构建"智能化"的使用体系

建设数字客流分析系统，与互联网App公司合作，以完善公交信息查询功能，推广"车来了"等App。同时，创新性地在公交站台引入具备候车时间查询

---

① 双流区文明办：《双流落实"幸福美好生活十大工程"重大部署打通市民出行"最后一公里"》，2021年5月13日，http://cd.wenming.cn/xcxx/sl/202108/t20210802_7245296.shtml。

功能的二维码，以减少乘客候车时焦虑。对地铁周边的公交站台进行形象提升，老旧站台得到改造，增加了遮风避雨和候车座位等设施。此外，引入了银联移动支付和天府通二维码支付方式，公交一体化运营和票价改革也在推进中。

4. 杭州萧山：全力推进“公交优先”项目

萧山区始终坚持“以人民为中心”的发展理念，在2021年萧山区十大民生实事项目中，“公交优先”项目位列榜首。2021年萧山区完成新辟、优化线路26条，其中新辟线路12条、优化调整14条；更新公交车50辆；完成新建公共自行车服务点14个，完成新增、更新普通公共自行车3500辆，完成新增亲子公共自行车1000辆。[①] 通过完善换乘、改善服务，进一步满足广大市民的出行需求。

(1)深化“轨道＋公交”区域融合

萧山区公交公司开通了7701快线，采用快速公交模式，减少停站并通过高架路运行，满足通勤需求并增加“轨道＋公交”接驳服务。随着城市一体化，居民出行需求增长，公司以提供高品质“多元公交”服务为目标，重点优化地铁站接驳和城区路网。新开通的531M、791M、792M三条公交线路覆盖世纪城区域，连接重要生活场景，并加强了滨江奥体城、钱江新城与钱江世纪城之间的交通联系。同时，为促进文化旅游，开通了连接地铁姑娘桥站至安昌公交站的旅游专线。萧山区公交公司将持续提升服务质量，打造令群众满意的城市公共交通系统。

(2)倡导“绿色＋低碳”出行模式

作为绿色低碳出行的代表，小红车自2010年投入运营以来，广受市民喜爱。在前期工作中，区交投集团走访多个小区，收集民需，将九期服务点主要设置在地铁口、公交站及住宅小区、商贸区等周边，进一步优化了新改建小区周边居民的出行体验，实现了公共自行车与公交、地铁的无缝接驳。此外，新增的1000辆亲子公共自行车已集中投放到九期服务点的小区、景区和学校周边，以方便更多市民携带儿童绿色出行。2022年，在萧山集中运行的1597辆公交车辆全部为天然气、气电混动、纯电动等环保低碳车辆，完成公交汽车新旧动能转换，大大提升了市民的乘车体验，“绿色”正逐渐成为萧山公共交通的底色。[②]

---

① 黄婷：《萧山用“小切入口”解决“大民生” 省市区三级政府民生实事圆满完成》，《萧山日报》2021年12月27日。

② 黄婷：《推进“公交优先” 绘就民生“幸福底色”》，《萧山日报》2022年1月4日。

七、对策建议

(一)国土空间规划引领,以系统化思维强化绍兴交通接驳体系的全要素、全链条治理

1. 以系统治理为目标、国土空间规划为引领

一方面,合理确定交通发展与国土空间规划“三条控制线”关系,做好重要线位与节点的空间预留,增强国土空间开发保护格局与不同层级交通网络布局的匹配性。在规划设计阶段,协调与土地利用规划相关的内容,考虑为大型交通接驳设施预留用地条件;在审批阶段,明确交通接驳规划各层面的负责主体,严格审查方案内容与重点;在实施阶段,严格按照最终规划方案建设交通接驳网络,非必要不随意调整,与城市建设同步协调进行。交通格局应以国土空间格局为指导和约束,重视交通要素与其他国土空间要素的协同,以及面向空间管控的交通设施供给水平分析,并基于国土空间规划语境及生态保护和集约用地逻辑,谋求交通规划与国土空间规划在空间管控层面的衔接。另一方面,通过优化客流走廊、车流走廊、货流走廊、绿道走廊的布局,优化交通走廊与生活空间、生产空间和生态空间的协调关系,引导人口、产业空间的有效集聚,完善“网络+走廊+枢纽”的组织模式,打造多模式、网络化的综合立体交通网络,发挥交通走廊的协作性。

2. 以系统化思想为指导,接驳工具全要素、全链条治理

尽管当前绍兴初步形成了以城市轨道交通、步行、自行车、公共汽(电)车等为主的多种交通接驳工具和方式,但仍是“多工具多方式简单加和”,难以实现1+1>2的效果。因此,要以系统化思想为指导,深入研究绍兴交通实际情况和市民出行需求,解析其特点与规律,因市制宜、因区制宜、因景制宜优化交通接驳工具与方式,加强不同接驳工具和接驳方式之间的关联性、衔接性、匹配性、融合性、适宜性,构建多样化、差异化的交通接驳模式与路径,提升绍兴交通接驳水平和服务质量。

(二)效率公平优先,以整体化思维深化绍兴交通接驳体系一体化发展

1. 加强区间的人流与物流协同接驳,推进区域交通一体化发展

一方面,区际之间需要积极沟通、统一思想,通过整合优化区际交通接驳网

络的空间布局，拓宽交通接驳渠道，加强区际之间的人流与物流协同接驳，提升区域交通接驳体系的整体性。应当推进与杭州机场的接驳建设，可在主要火车站点设置机场接驳专车，或增设杭绍台高铁线路接驳杭州机场。进一步考虑地铁向宁波方向延伸，推动绍兴地铁1号线主线与杭州的无缝衔接，实现两市地铁"一张网"运营模式。另一方面，开通区际高速公路无障碍通道，协同研发"线上预(后)收费系统"，节省车辆收费停留时间，提升重点、堵点区域通行效率，促进区际互联互通。

2. 构建全面对接、快慢结合的城乡一体化交通网络体系

一是统筹城市公共交通与乡村客运的接驳方式。加大城市公共交通与乡村客运的综合线路的覆盖范围，增设客流量较大地区的接驳点，构建"慢行交通＋公共交通＋长途客运"三位一体的城乡接驳网络结构，形成全面对接的城乡一体化交通网络体系。二是完善乡村地区慢行交通网络。优化与完善乡村地区的快行网＋慢行交通网，解决城乡居民出行"最初一公里"、"最后一公里"、城乡客运难以实现门对门服务等难题，构建快慢结合的城乡一体化交通网络体系。三是推动跨区域公交支付方式一体化。统一区域间公交计价方式，采用起步价＋里程费等方式，实现区域间公交支付"一卡通"，打通区域之间的支付壁垒。

3. 聚焦农村物流接驳，优化县乡村三级物流网络化

一是建立工作机制，营造农村物流接驳发展环境。建立与邮政、农业农村、商务、供销、乡镇等部门和单位协同推进工作机制和协调机制，共同构建县乡村三级农村物流接驳服务体系，建立融合发展的长效机制；推进交通运输、邮政快递资源整合，延伸服务链条、拓展服务领域、创新服务产品，增强农村物流接驳服务能力。二是优化服务节点，构建农村物流接驳平台。推动建立县乡村客货融合物流(配送)中心(运输服务站)，加快推动客运站转型升级，拓展物流服务功能，实现"客货邮同站"，充分利用既有的供销社基层服务网点、农村电商服务点、村委会等乡村公共设施资源，建立建制村农村物流服务点。按照统一标准共同打造五星级、四星级、三星级"金通・邮快驿站"，创新站点建设新模式，实现人、车、货、站、线等物流要素的精准配送。三是整合农村运输资源，打造农村物流接驳服务网络。以客运线路和车辆为载体，整合当地物流快递企业，利用客运车辆下置行李舱或在车厢内专门设立的行李堆放区运输快件包裹，推动客运站与物流快递企业融合发展，降低农村物流的末端配送成本。整合物流资源，合理规划运输网络，利用沿途取送、循环配送等模式，构建"公交＋快递"农村寄递物流服务模式，有效缓解农村物流接驳"最后一公里"难题。四是加强信息互联互通，构建农村物流接驳信息共享平台。一方面推动农村物流企业与电商、邮政快递等

平台进行有效对接，加强信息互联。另一方面推广应用条形码、射频识别技术、车载卫星定位装置等先进技术，加强农村物流运输动态监控和数字化管理，提升农村物流信息化水平。五是创新农村流通运营模式，探索农村物流接驳服务新模式。完善农产品流通骨干网络，改造提升产地、集散地、销地批发市场，布局建设一批城郊大仓基地，加快完善县乡村电子商务和快递物流配送体系。统筹利用交通运输与邮政快递、商务、供销等平台，探索“基地＋生产加工＋商贸流通＋物流运输＋邮政金融”一体化的农村物流接驳服务新模式。

（三）长效机制建设，以协同化思维加速绍兴交通接驳体系融合发展

1. 建立交通接驳体系完善的长效机制

基于政策协同、规划协同、设施协同、运营协同、信息协同、技术协同、管理协同等维度，建立交通接驳体系完善的长效机制，从而避免政策的碎片化和冲突，确保区际交通接驳的连续性和顺畅性，提高交通接驳的便捷性、效率和服务质量，提供更准确的出行信息、帮助乘客做出更好的出行决策，提高交通接驳的智能化水平和安全性。

2. 构建多跨协同的交通接驳体系优化的工作机制

由交通运输局牵头，组建发改委、财政局、自然资源和规划局、建设局、农业农村局、综合执法局、大数据局、市场监管局、生态环境局等部门参与的工作专班，构建“跨层级、跨地域、跨系统、跨部门、跨业务”的多跨协同的交通接驳体系优化的工作机制。

3. 完善轨道交通与公交联合运营机制

推动轨道交通与公交一体化运营，在组建的工作专班及运营组织机构的基础上，加强交通接驳体系的线路规划、运营时间、票价定价、票务销售等建设和运营管理；建立运营管理监控系统，实时监测包括客流量、车辆运行状态、车辆更新和保养、设备升级等数据，提升交通接驳设施的运行效率和质量；定期提供包括驾驶员、售票员、维修人员等交通接驳人员的培训和管理，确保人员熟悉运营流程和服务规范，提升服务品质；加强客户服务中心智能化建设，实时、迅速、高效地提供客户咨询、信息查询和投诉处理等服务，提高用户满意度。

4. 健全交通接驳体系建设的保障机制

明确交通接驳的目标、原则和要求，完善现有的相关规章制度，构建法律法规和政策支持机制；加强相关部门之间的合作和沟通，建立跨部门、跨地区的组织协调和合作机制；拓宽融资渠道，从单一模式向多元化集成模式（ABO＋PPP＋EPC＋TOT 等）转变，创新资金投入和财政支持机制；以当前绍兴数字化改革

为引领，构建由实时信息采集、智能调度、无人驾驶技术、移动支付、数据共享集成以及智能客服等方面的交通接驳智能化管理系统，实现信息共享和技术支持机制；加强交通接驳设施的维护和保养，监测、预防和处置交通接驳安全风险，落实安全管理和风险控制机制；加强交通接驳体系建设和运营的定期检查和评估，优化监督检查和评估机制；定期组织听证会，鼓励市民参与协商，建立和完善"政府＋企业＋组织＋市民"的多元协同治理和反馈机制。

（四）数字技术赋能，以数字化思维推进绍兴交通接驳体系智能化建设

1. 强化数据归集共享，完善交通接驳体系智能底座

一是打通交通接驳数据共享通道。根据绍兴《交通数字化改革行动方案》的统一要求，统筹规划和建设交通数据底座，建立数据收集统一标准，依法有序收集各部门数据并及时校核数据，打通建立统一、开放的数据共享通道，推动数据融合。二是搭建交通接驳大数据平台。以绍兴"城市大脑数字交通"平台为基础，交通部门应推进交通接驳大数据平台建设，建立人、车、路、环境的全量、全景数据资源池，应包含轨道交通运营数据、各个接驳企业数据、人口分布及出行分布动态数据以及政府监管数据，并实时动态仿真。

2. 优化智能接驳场景，提升交通接驳服务精准体验

一是多功能接驳场景动态融合。系统分析和运用交通接驳服务涉及的感知层、物联网、大数据、AI、应用开发等技术，设计并优化包括智能调度与路线优化、实时位置追踪与监控、乘客信息查询与管理、电子支付与票务系统、客流分析与预测、安全监控与预警、环境监测与能源管理、数据分析与决策支持等交通接驳智能场景，提升多功能接驳场景动态融合。二是推进接驳服务精准化。通过数据采集和分析，了解乘客的出行需求和行为，精准地制定服务计划和优化路线；采用智能调度和管理技术，对接驳车辆进行实时调度和监控，优化车辆运营效率和服务质量；针对不同的出行需求和场景，设计不同的服务模式，如定制化服务、快捷服务、定点服务等，提供更加精准的服务；加强对城市交通接驳服务的宣传和信息公开，推广智能出行理念，提高乘客对智能出行服务的认知，不断优化服务。

3. 创新数字监管技术，优化交通接驳督管闭环机制

一是数字技术激活监管机制创新。基于绍兴"城市大脑数字交通"平台协同各部门的数据，运用数字化技术手段推进"由横到纵"的政府平台建设，提升交通接驳监管水平；通过核心部门负责深化、细化和优化交通接驳方案，统筹推进并监管各部门实施工作，共建部门则在核心部门监管下完成接驳配套工作。二是

数字监管打造督管闭环。对绍兴交通接驳设施完备率、接驳网络覆盖率、乘客满意度等重点指标进行智能分析，一键生成月度报表、年度报表，对不达标区域进行亮灯督办，及时监督整改，打造交通接驳督管闭环。

绍兴城市社区韧性建设的问题与重构对策研究

戚佳玲　方志明*

一、前言

乌尔里希·贝克(Ulrich Beck)认为现代社会的本质是风险社会。伴随着全球化和城市化进程的不断深入、社会风险在全球的加剧蔓延,大规模突发事件的发生愈趋常态化。① 2019年新冠疫情的突发和扩散对各国城市的民生和社会经济发展都造成了巨大的消极影响,突出显现了城市社区在突发公共危机下韧性不足的问题。

党的二十大报告中提出要坚持人民城市人民建、人民城市为人民,提高城市规划、建设、治理水平,加快转变超大特大城市发展方式,实施城市更新行动,加强城市基础设施建设,打造宜居、韧性、智慧城市。2020年印发的《中共中央关于制定国民经济和社会发展第十四个五年规划和二〇三五年远景目标的建议》在国家层面进一步强调要建设韧性城市,提高城市治理水平,加强特大城市治理中的风险防控。

基于此,"如何提高城市韧性,增强城市免疫力"逐渐成为公众关注的焦点。

---

* 作者戚佳玲系杭州国际城市学研究中心浙江省城市治理研究中心研究人员,方志明系杭州国际城市学研究中心浙江省城市治理研究中心处长。本报告系浙江省城市治理研究中心绍兴分中心"绍兴城市高质量发展重大研究项目"成果。

① 任远:《后疫情时代的社会韧性建设》,《南京社会科学》2021年第1期。

社区作为城市巨系统中最为基础且关键的组成单元，在提高城市韧性方面起着举足轻重的地位。[①] 重构“城市社区韧性”已成为摆在城市管理者和建设者面前的重要课题。

二、研究背景

（一）理论背景

城市是人类社会文明不断发展的产物。1996 年全球城市人口首次超过乡村人口，联合国人居署表明人类社会自此进入“城市时代”。2024 年，全球已有约 55%的人口生活在城市，到 2050 年城市人口比例预计将升至 70%。城市社区是居住功能的关键承载单元，同时也不断承受着气候变化、极端灾害、硬件老化、传染疾病等多种风险的冲击威胁。自 1998 年中国实施住房商品化改革，中国早期建设的社区已明显进入“老年期”，随着人口老龄化、少子化等问题的加剧，将会有更多数量的社区进入高风险的“维护期”。南开大学城市与社区治理研究团队开展了连续三年的全国性调研，回收的 7266 份问卷数据显示全国范围内的社区均面临着多起事故发生的压力。其中，在社区内遭遇过电梯事故、交通事故、自然灾害、偷盗事件的居民比例分别为 46.5%、17.6%、14.5%、18.4%，遭受过威胁或打架事件的比例为 11.8%。[②]

大量学者提出，随着中国城市社区建设向以打造共建共治共享治理格局为核心的社区治理阶段转变，传统的“自上而下”的城市基层治理框架与“事后控制型”防灾减灾模式在应对大量“黑天鹅”或“灰犀牛”事件时的局限性愈发凸显。而高密度的城市社区居住模式则进一步削弱了社区应对外部风险的内生动力。韧性理论的提出，为如何提高城市社区灾害防御能力与灾后恢复能力问题提供了新的研究视角。

（二）现实背景

通过系统梳理可以发现，城市和社区的韧性构建现已成为众多国家用于风

---

① Cui K, Han Z Q, Wang D M,“Resilience of an Earthquake-Stricken Rural Community in Southwest China: Correlation with Disaster Risk Reduction Efforts”, *International Journal of Environmental Research and Public Health*, 2018, vol. 3: 407.

② 吴晓林：《城市社区如何变得更有韧性》，《人民论坛》2020 年第 29 期。

险治理和防灾减灾的指导战略。2002 年，国际组织倡导地区可持续发展国际理事会(ICLEI)首次提出"韧性城市"议题。2005 年，第二届世界减灾会议正式把"韧性"纳入灾害讨论的重点。2012 年，联合国国际减灾战略组织制定并发起了"让城市更具韧性"的行动规划。2013 年，美国洛克菲勒基金会启动"全球 100 韧性城市"建设项目。2016 年，联合国召开第三次人类住区会议，再次提出"构建有韧性人类居住区"是可持续发展的重要目标之一。

相较而言，我国对城市社区韧性的研究起步较晚。上海前瞻性提出要建设更可持续的韧性生态之城，早于 2016 年就在《上海市城市总体规划(2015—2040)纲要》概要中强调"韧性社区"理念，期望构建一个能够风险共存的韧性城市社区。2020 年，《中共中央关于制定国民经济和社会发展第十四个五年规划和二〇三五年远景目标的建议》首次提出要"建设韧性城市，提高城市治理水平，加强特大城市治理中的风险防控"。2021 年，北京印发《关于加快推进韧性城市建设的指导意见》，从城市空间韧性、工程韧性、管理韧性、社会韧性等四方面提出推进韧性城市建设的主要措施。

事实上，依据"韧性社区"的核心内涵，可以认为，中国自 2008 年以来开展的"全国综合减灾示范社区"即为"韧性社区"的一种类型。2021 年，全国共评选出 643 个全国综合减灾示范社区，浙江省入选 45 个，其中绍兴市有 3 个。

绍兴城市范围内河网密集，地貌特征复杂多样，山洪、台风、森林火灾等自然灾害易发频发。应对各类风险，绍兴的社区治理主要基于传统且偏刚性的"事中—事后"风险响应管理方式，以应急预案准备、救援队伍建设等传统手段为主，在风险发生后的补救和问题处理上存在一定的滞后性。根据绍兴市 2022 年数据显示，全市建设完成 1830 个避灾安置场所，可容纳 14.5 万人(占常住人口的 2.7%)，场所规范化率达到 66.6%，创建了 72 个国家级综合减灾示范区，取得一定成效。但相较于北京、上海、深圳等超一线城市，绍兴风险管理仍偏向"事中可控"，尚未出台关于韧性城市社区建设的针对性指导意见或实施措施，面对复杂严峻的自然—社会风险，如何做到"事前预见"和"事后提升"是绍兴亟待攻克的问题。

当前，绍兴正值高质量建设共同富裕示范区的关键时期，城市社区的韧性建设也是其中的重要内容。而当前绍兴较多社区仍明显表现出社区空间弹性较小、公共服务供给不足、组织治理失序等问题，社区韧性不足。因此，绍兴城市社区韧性重构工作刻不容缓。

三、绍兴城市社区治理困境和治理逻辑探析

(一)重要概念

1. 韧性

19 世纪中叶,机械学领域最早出现“韧性”概念,并逐步融入人类生理学、心理学领域中。此时的韧性多强调系统恢复到原始单一稳态的能力。① 20 世纪 60—80 年代,韧性概念被引入生态学,用来解释生态系统平衡状态的特征。20 世纪 90 年代,韧性理论开始进入城市和社会经济领域,“以人为本”理念逐步融入韧性内涵。综上,韧性内涵经历了从工程韧性到生态韧性再到社会韧性的演变,②涉及学科逐渐从物理学、机械学向生态学、环境学、管理学、经济学、规划学等拓展。③

2. 城市韧性

一般来说,城市韧性是指在遭遇经济危机、自然灾害、公共卫生、恐怖袭击等突发事件时,城市能快速反应,维持社会经济运行,保障物资供应等方面的基本运转,且在冲击结束后快速恢复、实现更安全状态的能力。有学者认为城市韧性是城市在面临冲击时所表现出来的生存、发展、适应的能力和系统状态。④ 也有学者提出城市韧性是一个由社会、经济和生态等子系统构成的高度复杂的韧性综合系统。⑤

3. 社区韧性

社区韧性由城市韧性发展而来,是一个系统性的复合概念,根据侧重点不同

---

① 石龙宇、郑巧雅、杨萌等:《城市韧性概念、影响因素及其评估研究进展》,《生态学报》2022 年第 14 期。

② 李翅、马鑫雨、夏晴:国内外韧性城市的研究对黄河滩区空间规划的启示,《城市发展研究》2020 年第 2 期。

③ 唐彦东、张青霞、于汐:《国外社区韧性评估维度和方法综述》,《灾害学》2023 年第 1 期。

④ Schneiderbauer S, Ehrlich D, *Social Levels and Hazard (in) Dependence in Determining Vulnerability*. United Nations University Press, 2006.

⑤ 赵瑞东、方创琳、刘海猛:《城市韧性研究进展与展望》,《地理科学进展》2020 年第 10 期。

大致可分为三类：一是包括学习能力、自组织能力的不断变化和适应的过程和能力[①]；二是保持平稳运转的能力；三是恢复以及与响应相关吸引、抵抗等的一系列能力。也有学者指出社区韧性是韧性在城市内部空间的典型应用，主要体现在能力、过程和目标三个方面。[②] 可以发现，当前学术界对社区韧性的概念阐述尚未统一，但对其组成已基本达成共识。具体来讲（见图 1），一是面临灾难时的承受能力，即在相同压力作用下，能否承受外部灾难的冲击；二是缓解灾难冲击的能力，即受到灾难冲击以后，对冲击所造成的社会经济和民生影响能否减弱和化解；三是防止风险扩散的能力，即能否将风险和不利影响控制在有限的范围之中；四是灾难之后的恢复能力，指在灾后实现自救和恢复到正常状态的能力。

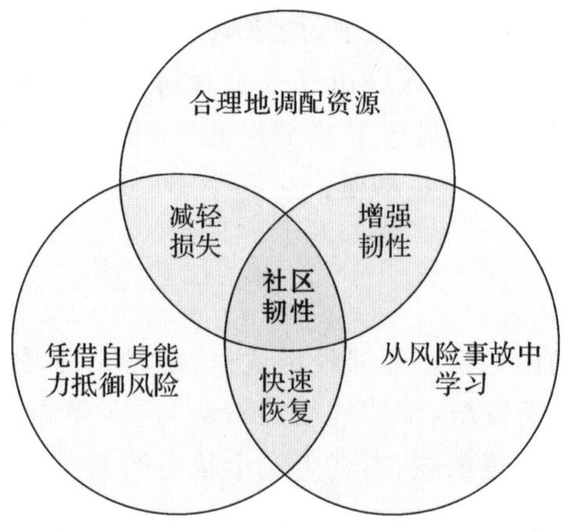

图 1　社区韧性理念图解

（二）治理困境

1. 社会组织结构不完善，“碎片化”治理依然存在

新冠疫情背景下暴露出的社区组织架构不完善问题是当前城市社区建设与管理过程中的共性问题。具体包括：第一，基层党建在引领城市社区治理中存在顶层设计与整体规划缺乏、基层党组织服务能力不强等问题。在实际的社区治理中，社区居委会承担了大量上级部门的党务、政务工作，挤压了其自治属性，难以实现自治功能。第二，社区组织处于一种“摆设状态”，在涉及居民根本利益的

① Cox R S, Hamlen M, “Community Disaster Resilience and the Rural Resilience Index”, *American Behavioral Scientist*, 2014, vol. 2：220-237.

② 彭翀、郭祖源、彭仲仁：《国外社区韧性的理论与实践进展》，《国际城市规划》2017 年第 4 期。

领域无法实质性参与。第三，缺乏防灾的组织管理机构，应对风险的专业性不足。有研究调查显示，42.1%的社区没有制定过应急预案。有的社区制定的应急预案则存在明显的僵化问题，缺乏结合社区实际的细则，不敢、不想也不能马上进入应急状态。社区应急演练的应急防控效果显著，参与过演练的居民中有75.2%表示防控效力明显。但仅有17.4%的居民参加过防控演练，物业、社区工作者等群体也缺乏专业的应急指导能力。①

党建统领社区网格智治难以根除"碎片化"困境。一是传统"碎片化"不断延伸，依靠职能部门推动整体智治，难以根治职能、政策、资源上的"碎片化"。二是数字"碎片化"不断浮现。数字化治理中，从上至下各级部门数字平台直通社区，存在一定的部门本位主义倾向。

2. 居民自治边缘化问题凸显，社区共同体凝聚力薄弱

一是居民参与意愿不强。大多数居民并没有把社区建设作为与自己密切相关的事，依赖和接受心理较强。二是居民参与结构失衡。目前在许多社区中，积极参加社区活动的主要为老年人、中小学生等群体，而能为社区建设提供更高效支持和更有力帮助的中青年群体却很少参与到社区治理中来。三是居民参与机制缺乏。在一些公共事务决策中，居民想要参与却不知如何参与，或者即使参与也只是流于形式，这极大地挫伤了普通居民的积极性，甚至可能陷入"奥尔森困境"。

随着城市化的快速推进，尽管现代信息技术模糊了居民之间年龄、地域等方面的差异，建立起网络联系，但这种联系往往是临时而松散的。居民之间难以建立起稳固的互动关系，社区居民之间的凝聚力薄弱，对社区的认同度较低。

3. 要素瓶颈制约明显，社区公共服务供给不足

社区配套设施分布不均衡。有研究表明，当前绍兴市区部分居住小区周围缺乏基本社区配套设施，近20%的社区周围缺乏购物设施，近30%的社区周围缺乏餐饮设施。其不均衡主要表现在两个方面：一是总体分布呈现斑状聚集，中心聚集态势显著，总体分布表现出沿商业中心、交通要道分布的特征。二是不同社区商业设施分布不均衡，不同业态的集聚程度、分布态势均体现不同程度的差异性。

另外，长期以来，中国城镇化过程中短期效益驱动显著，社区建设更加重视商业设施，忽视了医疗、养老等公共服务设施的设置。在新冠疫情时期，大部分社区在卫生设备、防御物资等应急公共服务方面存在较大缺口，难以满足突发公

① 吴晓林：《城市社区如何变得更有韧性》，《人民论坛》2020年第29期。

共卫生事件时的各方需求。

4.社区空间弹性缺乏，生态问题凸显

中国大城市普遍存在建设用地紧缺而人口密集的问题，大多数社区建设以高容积率、高密度为典型特征，缺乏弹性空间。一方面，社区绿地面积较少，不利于改善社区微气候；另一方面，社区公共空间、应急隔离场所建设不足，尤其是在老旧社区，商业、生活物资占道等现象屡见不鲜。

社区公共开放空间不成体系。社区的公共开放空间是指社区居民日常活动与社会交往所需的公共开放空间。当前，我国城市社区普遍存在公共开放空间不足、不均的现象，公共空间被杂物与车辆破坏、占用等情况普遍存在。

社区生态问题凸显。居民生活区过于集中会带来社区内部绿化面积缩减等生态问题。尤其是老旧社区，由于建造时并没有考虑大面积、成体系的绿地结构，绿地大多零散地分布于宅前，在多个绿地之间并没有形成相互关联的绿色网络。

5.人口流入动力不足，社区适老性不足

人口流入动力不足，社区主体缺少活力。截至2022年末，绍兴市常住人口总量为535.3万人，较2021年末增加1.6万人。2019—2021年，绍兴市仅越城、柯桥保持了人口的持续流入，而上虞、嵊州的人口流入情况较不明显，城镇化仍存在很大提升空间。

社区适老性建设难以应对人口老龄化现状。目前，绍兴老龄化水平高于全国平均水准，全市65岁以上人口约85万人，占比达到了16.2%。与此同时，当前绍兴存在一部分老旧社区缺乏相应的养老设施，社区内的康乐设施也并未专门针对老年群体设计。

（三）理念指导

1.全周期管理理念

全周期管理理念侧重于全周期的统筹和管理，以确保从前期预警、中期反应到后期总结提升各环节的高效运转。城市拥有巨大的人口规模和较高的人口流动性，是一个复杂开放、动态变化的巨系统。因此，在城市韧性重构的过程中，以全周期管理理念为指导，以便形成针对“事前、事中、事后”全流程的全周期管理。

2.未来社区理念

2019年，浙江省首次提出“未来社区”理念。2023年1月14日，浙江省人民政府办公厅印发《关于全域推进未来社区建设的指导意见》，提出完善全域未来社区建设的体制机制，推动未来社区形态的普遍化。同年7月3日，绍兴市人民政府办公室发布《绍兴市全域未来社区建设实施方案》，明确“省、市、县”三级联创工作机制，提出到 2026 年建设 300 个以上未来社区、到 2035 年基本形成未来社区全域覆盖的目标。未来社区的提出和建设实质上是满足当前人们对美好生活向往需求的新目标，聚焦人本化、生态化和数字化，建设兼具未来感、舒适感和归属感的新型城市功能单元。

3. 智慧社区理念

2014 年，住房和城乡建设部颁布了《智慧社区建设指南（试行）》（建办科〔2014〕22 号），提出利用社区智慧信息平台，统筹区域信息、公共管理和服务等内容，推动社区治理和管理的现代智能化发展；同时提出到 2020 年实现全国范围内 50%以上社区的智慧社区标准化建设目标。智慧社区旨在利用互联网、大数据、云计算等新兴信息技术，提供信息化、智能化的社区管理和服务，进而打造一个安全、舒适、便利的生活环境。

4. 宜居社区理念

2022 年，住房和城乡建设部办公厅和民政部办公厅联合发布《关于开展完整社区建设试点工作的通知》（建办科〔2022〕48 号），提出要顺应居民不断提高的对美好环境的需求，通过改造建设公共绿地、闲置空地、社区公园等方式，加强社区的适老化、儿童友好水平，打造宜居的社区生活环境。

5. “三生”融合理念

“三生”融合即生产、生态、生活三者的多元融合。空间的系统性和立体性决定了对社区而言，生产、生活和生态三者是相互影响的关系。一方面，“三生”融合指的是社区空间或功能上的融合，增强社区的社会经济、空间建筑等方面的韧性；另一方面，“三生”融合也指发展理念上的融合，即以可持续发展理念为指导，灵活弹性应对各种风险，不断提升社区的韧性水平，以实现更高的空间利用效率、更宜居的社区生活环境和更高水平的社区治理。

（四）韧性重构逻辑

社区韧性不是对某一突发事件短期的、被动的应急管理，而是一种覆盖了“事前、事中、事后”全流程的全周期管理。本报告结合既有研究及对社区实际运行逻辑的考量，将社区韧性分为物理环境韧性、社会经济韧性、信息科技韧性、综合运营韧性四个维度（见图 2）。社区韧性既要关注四个维度自身的发展，又要关注四个维度之间的有效链接；既要注重整合静态的韧性资源，又要注重提升动态的韧性能力。因此，应将社区韧性的思维和方法嵌入社区风险治理过程，提升社区系统的整体功能，达到“1＋1＞2”的效果，从而有效减轻风险对城市系统的影响。①

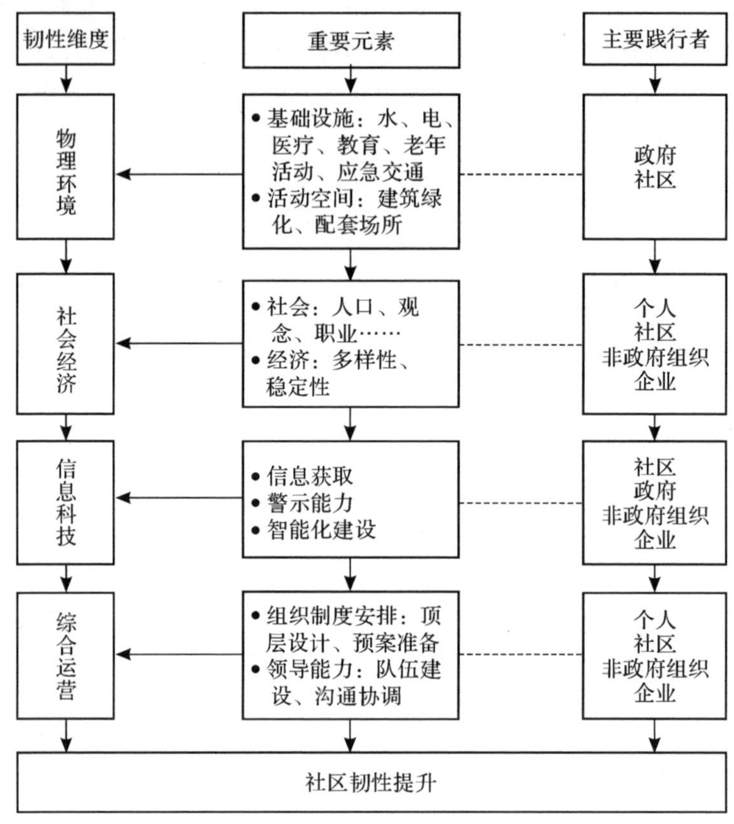

图 2 城市社区韧性提升逻辑

四、绍兴城市社区韧性评估研究

社区韧性评估是了解社区本身韧性状况，帮助社区提高适应能力的重要措施。具体来说，一方面，社区韧性评估能够有效识别城市社区中的脆弱区域，是开展韧性规划的重要前提；另一方面，城市社区韧性评估可检验韧性规划执行的成效，监测社区韧性水平的变化，有利于更好地建设韧性社区。

① 杨帆杰：《风险治理视域下社区韧性的提升策略研究》，中国矿业大学硕士学位论文，2022 年。

(一)数据来源和样本特征

1. 数据来源

本报告所用数据包括社会经济统计数据、POI 数据以及问卷调研数据。社会经济统计数据来自《绍兴统计年鉴 2022 年》,POI 数据来自高德地图,问卷数据源于对绍兴市城市社区韧性的问卷调研,调研对象为居住在绍兴市的人群。此次调研每份问卷共 59 题,剔除不合格问卷后共回收有效问卷 302 份,平均每份问卷用时 339 秒。

2. 样本特征

调研人群中,样本所呈现的男女比例约为 47∶53;年龄以 18—40 岁人群为主,占调研总数的 59.27%;户籍状况以绍兴市户籍为主,占总人数的 71.52%;调研样本分布区域前三的县市区为越城区、柯桥区和诸暨市,占比分别为 33.11%、16.89%和 15.56%。调研样本以在现住小区时长 5 年以上的人群为主,占比为 71.19%,其中现住时长 5—10 年、10 年以上的占比分别为 29.14%和 42.05%。所在小区规模位于前三位的为 1500—2000 户、500—1000 户、1000—1500 户,占比分别为 23.18%、21.52%、17.88%。调研人群学历以高中及以上为主,高中/中专学历占 22.85%,大专占 23.84%,本科占 29.47%,研究生及以上占 7.28%。调研人群家庭人口数以 2—3 人最多,占 28.5%;其次为 4—5 人和 6—7 人,占比为 26.49%和 18.54%,详见表 1。

表 1 样本特征统计

属性	特征项	样本比例(%)	属性	特征项	样本比例(%)
性别	男	47.35	所在小区规模	300 户以下	8.28
	女	52.65		300—500 户	17.55
年龄	18 岁以下	21.52		500—1000 户	21.52
	18—40 岁	59.27		1001—1500 户	17.88
	41—65 岁	10.26		1501—2000 户	23.18
	65 岁以上	8.94		2000 户以上	11.59

续表

属性	特征项	样本比例(%)	属性	特征项	样本比例(%)
户籍	绍籍	71.52	学历	小学及以下	6.95
	非绍籍	28.48		初中	9.60
所属区县	越城区	33.11		高中/中专	22.85
	柯桥区	16.89		大学专科	23.84
	上虞区	11.59		大学本科	29.47
	新昌县	10.26		研究生及以上	7.28
	嵊州市	12.58	家庭人口数	1 人	11.26
	诸暨市	15.56		2—3 人	28.15
现住小区时长	1 年以下	9.93		4—5 人	26.49
	1—5 年	18.87		6—7 人	18.54
	5—10 年	29.14			
	10 年以上	42.05		7 人以上	15.56

(二)宏观:绍兴城市社区韧性综合评价

城市社区韧性综合评价结果显示,绍兴城市社区韧性综合得分在宏观层面呈现“北高南低”的空间格局,其中柯桥区(68.2)、越城区(57.6)分别位居第一和第二,详见表 2。

表 2　绍兴城市社区韧性水平得分

区划	物理环境	社会经济	信息科技	综合运营	综合	变异系数 2
越城区	62.36	74.80	55.72	33.93	57.63	0.26
柯桥区	54.28	72.17	92.14	65.43	68.21	0.20
上虞区	41.90	45.71	51.85	60.34	50.16	0.14
诸暨市	57.27	48.17	64.35	37.33	47.91	0.20
嵊州市	73.85	27.86	20.08	52.04	44.00	0.49
新昌县	36.59	27.87	13.72	30.30	29.14	0.31
变异系数 1	0.25	0.42	0.59	0.32	0.27	

注:各维度得分及综合得分为百分制。变异系数表示数据的离散化程度,即可揭示数据的差异性。变异系数 1 表示韧性水平在空间层面的差异性,变异系数 2 表示研究区域韧性水平在多维度方面的差异性。

分维度来看，在物理环境韧性方面，绍兴在南北方向上呈现倒U形，即嵊州市＞越城区＞诸暨市＞柯桥区＞上虞区＞新昌县，整体得分在36—63区间。在社会经济韧性方面，呈现“北高南低”的特征，与综合得分的空间分布特征类似。具体表现为越城区＞柯桥区＞诸暨市＞上虞区＞新昌县＞嵊州市。在信息科技韧性方面，绍兴区县呈现南北方向上的“北高南低”、东西方向上的倒U形特征，即柯桥区＞诸暨市＞越城区＞上虞区＞嵊州市＞新昌县。在综合运营韧性方面，柯桥区＞上虞区＞嵊州市＞诸暨市＞越城区＞新昌县。利用变异系数测度绍兴城市社区韧性水平在空间上的差异化程度，结果显示信息科技、社会经济以及综合运营这三个维度的变异系数均高于0.3，表示绍兴城市社区在组织管理、数智化以及经济发展方面均存在较大的城区差异。

分区划来看，柯桥区的社区韧性水平最高，且在各维度上的韧性构建水平差异较小(变异系数仅为0.2)，发展较平衡。相较而言，嵊州市和新昌县的变异系数均大于0.3，表示两地的城市社区在韧性构建方面存在较为严重的“偏科”现象，尤其是新昌县的城市社区韧性构建一直处于中下梯队。

(三)微观:绍兴城市社区韧性分维度评价

1.物理环境

绍兴老旧小区量多面广，社区可盘活利用的空间资源有限。根据问卷结果，有近60%的社区建筑年限已超15年，大多已出现外立面脱落、裂缝等现象。参考相关报告，绍兴全市2000年前建造的小区体量较大，共计1118个。按区域分，越城区436个，柯桥区73个，上虞区132个，诸暨市235个，嵊州市129个，新昌县113个。绍兴老旧小区主要存在两个问题:一是内部休闲空间较少，绿地、广场等可盘活利用空间不足，难以满足居民日常休闲、生活需求。二是老旧小区存在与历史街区交织、住宅零星分散、不同产权界线交错等现象，进一步加大了社区公共设施维护与管理的难度。

(1)社区内部环境

绍兴作为一座水乡古城，如何预防和治理洪涝灾害是绍兴城市社区韧性构建的主要内容。调研发现，超过半数的被调查者认为所在社区的排水设施较好或非常好;但对社区内涝问题出现频率的调查结果显示，有47.4%的居民认为所在社区出现内涝频率较高或非常高，且主要分布在柯桥、上虞和越城。类似的，社区电力方面有超半数被调查者认为社区供电系统完善程度较好或非常好，但仍有近半数被调查者反映社区电力不足、断电现象频率较高，主要分布在嵊州、上虞和柯桥。另外，对被调查者家庭热水器使用类型的调查结果显示，有超过六成的家庭仍使用电热水器，存在较大的安全隐患。

在社区交通和停车方面，有 71.5％的被调查者认为所在社区采用人车分流的管理，有 28.5％的被调查者认为社区所在道路畅通程度一般，有近 25％的被调查者认为所在社区道路不太通畅或不通畅。针对社区的车位配置，有 13.3％的被调查者认为不合理，主要问题集中在充电桩数量不足、充电效率低、车位费高、挤占活动空间等。

关于社区内部公共服务，调查结果显示 25％的被调查者认为所在社区内部有水果店、快递服务站、超市、体育锻炼设施等生活配套设施。同时，对社区内部绿化及设施便利程度的调查结果显示，被调查者打分均值在 3.2（一般）左右。由此可见，社区的生态韧性和公共服务便利程度的改善仍是未来绍兴城市社区韧性重塑的重点内容。

（2）社区外部环境

根据问卷统计，关于社区居民医疗、教育以及老年活动资源的调查，接近一半的被调查者认为所在小区附近所含上述设施较多，且步行时间以 5—30 分钟为主（见图 3）。

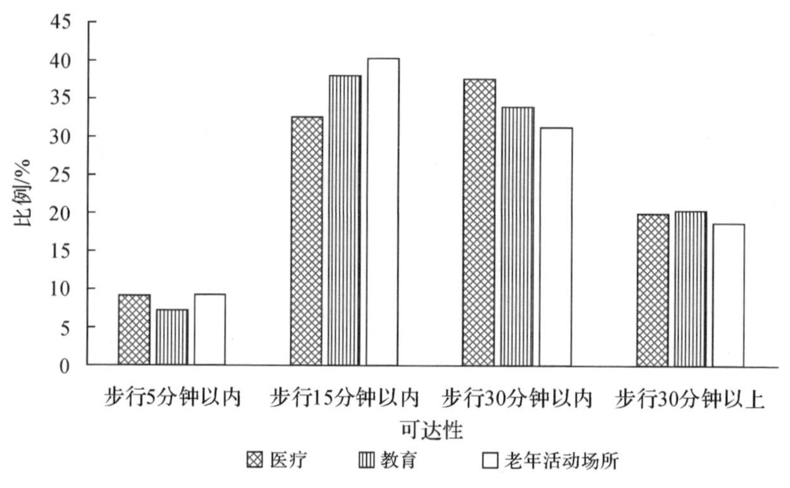

图 3　被调查者关于医疗、教育、老年活动场所可达性的统计

在此基础上，本报告利用 2023 年绍兴 POI 数据，从更为客观的角度重点分析了养老、教育、医疗、健身、购物、休闲等社区基础设施服务的覆盖情况。根据“15 分钟社区生活圈”覆盖度测算结果（见表 3），可以发现购物类设施建设最成熟，不仅覆盖率高，而且城区差异最小；养老、健身类公共服务设施覆盖率最低，且城区差异较大。根据浙江省第七次人口普查数据，2020 年绍兴市 60 岁及以上、65 岁及以上人口占常住人口的比重分别高达 22.6％和 16.2％，均居全省第三位。因此绍兴市老龄人口数量大，社会层面养老、助老压力较大，而当前的“生

活圈”难以支撑绍兴当前人口结构对服务设施的需求。

对比来看，绍兴市社区规划的公共基础设施和服务设施总量的供给与需求尚未达到平衡协调状态，“15 分钟生活圈”中的适老化设施与服务有待进一步提升。

表 3 基于 2023 年 POI 数据的绍兴市公共服务设施覆率

（单位：%）

覆盖度	全市	柯桥	上虞	嵊州	新昌	越城	诸暨
医疗	69.94	66.38	72.33	90.82	82.18	63.90	48.96
养老	27.87	22.41	21.38	21.43	31.68	41.95	17.71
休闲	36.77	41.38	35.22	46.94	28.71	43.41	17.71
教育	72.77	52.59	75.47	79.59	79.21	83.41	56.25
健身	27.23	14.66	30.19	31.63	36.63	35.12	6.25
购物	95.87	91.38	98.11	97.96	99.01	95.61	92.71

另外，当前绍兴医疗、购物、教育的空间分布和集聚程度与住宅区吻合度较高，呈团块状集中分布且表现出“西北—东南”的空间分布方向特征。但养老和健身的配套布点在空间上呈现明显的“小、少、散”等特点，社区范围内现存的部分闲置资源协调难度大，利用率较低。

2. 社会经济

(1)社会经济稳定性

社会经济稳定性可以体现居民在城市社区的生存与发展情况。在问卷被调查者中，有 62.6%当前居住在自购房中，社区居民人口具有一定稳定性。但在关于经济收入水平的调查中，仅有 13.9%的被调查者月收入达到 5070—8070 元，月收入在 8070 元以上的人数为 0。类似地，针对家庭收入的调查结果显示，每月家庭收入为 10000—15000 元的占 7.6%，15000 元以上的占 6.6%。就经济收入稳定性来说，六成的被调查者认为个人和家庭的收入较稳定。

(2)社会经济多样性

根据问卷调查，社区居民收入来源较为多元，包括工资、奖金、津贴、补贴、以现金发放的劳保福利、医疗费，以及生产、经营所得等。在社会保险方面，超过七成的居民都有养老保险、生育保险、工伤保险、医疗保险、失业保险、商业保险等。社区周边产业类型占比较多的是建筑业、交通运输业、计算机服务业、旅游服务业等。总的来说，绍兴城市社区周边的产业多元性仍显不足，经济韧性缺乏。

(3)社区资金投入

一是财政支撑力度有待加强。2017—2021 年(2022 年数据尚未公布),绍兴城乡社区事务财政资金投入呈不增反降的趋势。以 2021 年为例,绍兴城乡社区事务财政投入仅 36.8 万元,位列全省第八。对标杭州,绍兴常住人口为杭州常住人口的 43.7%,城乡社区事务财政投入却不到杭州的 10%。二是社区建设存在财政依赖。目前,大部分社区都面临财源紧张的问题,经济投入不足必然会导致社区韧性建设保障性不足。自 2019 年老旧社区改造以来,绍兴累计完成投资额 44.3 亿元,其中 2021 年完成投资额 10.8 亿元,即占当年城乡社区财政支出的三分之一。再以绍兴未来社区运维资金平衡问题为例,据测算,未来社区创建平均每平方米需要 1000 元以上,整个社区改造需投入三四千万元,且后续运维多数依靠政府补贴,造血功能不足,尚未形成可持续运营模式。

3. 信息科技

(1)信息获取及警示能力

调查结果显示,71.5%的被调查者认为所在社区具备依托网络或移动终端的统一智能管理平台,主要功能包括信息反馈、环境监测、在线互动、智能安防、预警和沟通等。研究组设计李克特量表对其社区智能管理平台的信息更新频率、更新内容全面性、信息推送的及时性进行打分,最终平均分 3.2。可见,目前虽然绍兴大部分社区已具备智能管理平台,但在运营和管理方面仍有很大的提升空间。

对社区居民来说,社区发布信息的渠道中,占比例最大的仍是在电梯等公共区间张贴公告,占比 31.5%;其次是上门通知,占比 29.8%。

(2)智慧化程度

据相关部门反馈,绍兴城市社区当前可复制的数字化应用场景较少。绍兴社区基层反映数字化投入费用较多,尤其是在“一老一小”场景建设中,急需可复制、易操作、投入相对较少的模块应用场景。

从调研情况来看,当前绍兴市未来社区和智慧社区的建设还处在相对基础的阶段,社区的智能化建设主要为智能门禁、安防和物业等方面。63.9%的被调查者表示所在社区内有智能门禁/人脸识别系统。58.9%的被调查者表示所在社区建设了智能安防系统。62.3%的被调查者表示其社区内有智能物业管理系统。整体来看,大多数社区的智慧化建设仍集中于硬件设施方面,有关居民生活消费、健康、交通、邻里等方面的智慧化程度还有所欠缺。

4. 综合运营

(1)组织韧性

调研结果显示,在防灾、应急预案的演练方面,29.8%的被调查者表示所在社区会经常举办，29.5%的被调查者表示所在社区会定期举办，32.1%的被调查者表示所在社区会偶尔举办。同时，62.3%的被调查者表示所在社区曾举行过应急技能培训或讲座类活动。而在队伍组建方面，58.9%的被调查者表示所在社区成立了专门的应急管理队伍；除29.8%的被调查者表示所在社区无居民组织外，其余被调查者均表示存在一个或以上的居民组织。整体来看，绍兴大多数社区基本具备应急联络、组织以及管理能力，具有一定的组织韧性。

(2)制度韧性

从社区综合运营的制度韧性来看，67.9%的被调查者表示所在社区建立了应对突发事件的工作预案。44%的被调查者表示所在社区实施的应急管理规定较详细或非常详细。总的来看，大多数社区都制定了应对突发事件的工作预案和管理规定，但在详细程度和实施状况上仍有待完善。此外，针对社区居民开展的相关制度预案宣传和教育也存在一定程度的缺失。

(3)管理韧性

调查结果显示，在社区组织的沟通联系方面，48.4%的被调查者表示发生突发事件时所在社区能非常及时或较为及时地通知到位；46%的被调查者认为与所在社区的沟通联系非常顺畅或较为顺畅。在居民参与意愿方面，50%的被调查者表示非常愿意或较为愿意参与社区活动；49.3%的被调查者则表示对社区的各项规章制度非常了解或比较了解。整体来看，社区具备一定的联系响应能力，但也在居民管理工作的沟通、组织调动和凝聚力塑造方面存在明显的缺位。有一半的被调查者对社区管理的参与意愿不高，并且对社区的规章制度也不了解，这对社区管理韧性的塑造造成一定影响。

五、全球100韧性城市社区治理经验借鉴

(一)国外篇

1.日本柏叶

柏叶新城位于东京的东北部，属于东京的卫星城。柏叶是目前东京周边为数不多的人口增加的城市之一，其城市定位为“智慧城市”，通过环境共生、健康长寿、产业塑造三方面实现其城市建设目标。

(1)组织：“官—民—学”协同机制

柏叶的城市建设组织结构，由“官—民—学”共同组成。“官”是指政府机构，主要负责社区内的公共服务和设施配置；“民”是指民众和一般企业，主要负责增

强社区的活力和吸引力;“学”是指高校组织,主要负责利用专业的技术知识开展活动。官、民、学三者代表组成柏叶的城市建设中枢机构,即城市设计中心(UDCK),为政府决策提供科学指导和建议。

(2)制度:自营化运营管理

每月召开例行“战略会议”、经常性举办“项目合作会议”,对城市社区建设项目进行信息共享与协商。建立独立的土地开发协商体制,通过制定单独或个别专门用地的规划准则和方针来制定建设开发基准。利用社区的长效管理机制,鼓励新城社区居民和工作人员积极参与志愿活动,构建社区居民网络,以实现区域的自营化管理。

(3)实施:智慧城市计划

2020 年 7 月,柏叶正式出台了《柏叶智慧城市行动纲要》,将智慧城市建设提高至发展战略维度,具体包括以下四方面。

第一,分布式数据平台,包括基于个人行为获取的“私人数据”平台以及基于公共服务行为获取的“公共型数据”平台。该分布式数据平台将作为柏叶新城的数据中心,对接城市社区中的各类系统和设施,推动城市社区运营的智能化。

第二,智慧交通便捷化。柏叶新城提出建立以车站等公共交通为核心的智能交通城市。一是以地铁站等为节点,引进自动驾驶和个性化需求匹配技术,组建巴士自动驾驶网。二是交通的可视化监控。利用大数据平台不断收集监控数据、人流数据等信息,及时掌握交通需求和变化情况并进行科学预测,进而提供更便捷的绿色交通服务。

第三,能源智慧持续化。一是建设城市能源管理系统,主要负责实时监测住宅、商务楼宇等建筑设施的能源使用状况,以实现高效利用电力资源、实现绿色低碳发展。二是发展太阳能发电技术和维护管理平台,促进绿色清洁能源的可持续发展。

第四,公共空间维护。一是对人流和室外环境进行综合理解和分析。利用公共空间的智能摄影和传感设备,分析室外环境和人流环境,进行区域公共空间的安全监测。二是开展预防性的维护管理。收集分析路面行驶、下水道满溢等情况数据,提前分析预测风险,降低风险发生概率,降低城市管理的成本。

2. 美国纽约

纽约在遭受过 2012 年飓风“桑迪”后,开始城市社区韧性建设,获得了丰富的实践经验。

(1)顶层设计:设立专业职能机构

纽约韧性城市社区的首要策略就是关注顶层设计,成立专职机构以制定上下一致的建设方案和政策文件。首先,纽约设立了“纽约市气候变化专门委员会”,为气候变化提供科学韧性决策建议。其次,在应急管理局增设专门推进韧性发展的政府机构:一是“纽约市长恢复与韧性办公室”,重点协调城市各组织机构间的韧性政策和规划;二是“纽约市长气候韧性办公室”,主要承担气候变化研究、政策制定、能力培养等核心职能,统领全市韧性发展建设。

(2)多元参与:构建社区生活共同体

基于“社区生活共同体”理念,从社区整体利益出发,以制度化、程序化的方式赋权当地社区作为编制主体,并给予其规划技术指引和专业支持,推动参与式社区规划建设。纽约市规划局专门成立了办公室和工作组,并于 2002 年发布了《197－a 操作技术指南》,向编制主体提供技术支持。同时纽约市政府官网开放了土地使用、人口、住房、社区设施等数据,可供社区规划使用。

(3)规划引领:韧性价值导向的城市总体战略

2013 年,纽约市政府制定了《一个更强大、更有韧性的纽约》的总体规划,提出了“使纽约成为一个更强大、更有韧性的城市”的建设目标。2014 年,发布《一座城市,一起重建》报告,提出“纽约市灾害缓解计划”。2015 年,颁布《一个纽约 2050:建立一个强大且公平的城市》总体规划,其中“韧性城市”是其建设的四大愿景之一,制定了韧性城市实施项目和评价指标,旨在确保纽约的韧性城市建设走在前列。

3. 英国伦敦

伦敦作为全球 100 个韧性城市之一,在 2020 年发布《伦敦城市韧性战略 2020》,强调伦敦到 2050 年将建成能不断适应风险、有能力制定韧性建设措施、有能力恢复的韧性城市。

(1)居民:风险应急能力培养

为提高伦敦居民应灾能力,伦敦计划设置社区的定期演习活动。同时通过网站、社媒等渠道建立了一个可供官方和民间相互交流的“双向”渠道。此外,提出利用伦敦在戏剧演出方面的优势资源、具有吸引力与实用性的情景演习等其他易于融入生活的形式进行宣传,以使民众能够对紧急情况有所预期,进而培养居民的应急应对能力。

(2)场所:物理环境和基础设施韧性完善

韧性的场所是指伦敦要创造具有韧性的空间环境和物理设施。具体对策包括:第一,对伦敦基础水系统的改造升级,提高水资源的循环利用率。第二,编制临时空间的使用框架,明确空间使用者的职责和运营模式,激活闲置空间使用。第三,建立城市数据库,制定统一的数据格式标准以便各部门开展数据共享和开放。第四,加强网络风险应对能力,提高城市系统应对网络突发风险的能力。第五,创新基础设施数据的使用,利用数据分析明确城市基础设施改造投资的优先级。第六，房屋和建筑改造，将居住建筑的安全性放在首位，改造现有存量住房和老旧社区房屋。

(3)过程：治理体系提升

韧性的过程指的是将韧性融入城市社区治理体系中，主要包括：第一，提高政府的适应能力，组建拥有较好适应力的大伦敦市政府。第二，将伦敦韧性风险管理和未来风险预测进行整合以应对长期风险，弥合过去事件与未来趋势的差距。第三，利用大数据分析预测功能提高城市韧性，通过科学合理的预测分析推动政府部门在变化中做出适当决策。

4. 法国巴黎

2017 年，巴黎市政府正式通过韧性城市建设战略，努力将巴黎建设成一座更加适应气候变化、更加负责任、更具包容性的城市。

(1)应对气候变化

应对气候变化，就是要加强对气候变化的监测和预报，建立城市气候观测站，分析、预测气候改变时城市基础设施的现状和风险，以及对未来能源损耗的预测规划。此外，为应对当前日益频繁且难以避免的自然灾害和气候灾害，巴黎强调要加强提供连续公共服务的能力，不断增强行政部门的复原力。

(2)打造“15 分钟城市圈”

第一，大幅扩建临时自行车专用道和街道封闭区域，为人们保持社交距离提供了更多空间。第二，将教育机构转化为当地的社区中心，并在下班及周末时间开放校园和托儿所，为当地居民提供用于休闲娱乐的公共空间。

(3)创建安全包容的社会环境

巴黎明确要求增强政府信息系统的安全程度和抵御能力，具体行动包括：第一，组织覆盖面广、兼具互动性的应急措施和风险管理培训。第二，在受到突发事件冲击后及时提供心理干预服务和支持服务，稳定民众心理。第三，汇聚社会凝聚力，加强志愿者与受助者间的联系。第四，鼓励民众积极参与公共活动，以形成和谐互助、开放包容的社区氛围。

5. 荷兰鹿特丹

鹿特丹是荷兰第二大城市，素有“水城”之称。鹿特丹以“水韧性”建设为重点，为水管理、气候变化等制定发展规划，最终以城市创新应对水风险闻名。

(1)组织：建立管理架构

鹿特丹设置了“首席韧性官”和韧性办公室(见图 4)，专门负责统筹协调工作。首席韧性官由市长直接领导，主要职责是统筹跨部门、多专业、多学科合作；制定多规合一的韧性城市战略，为各部门规划提供宏观指引。

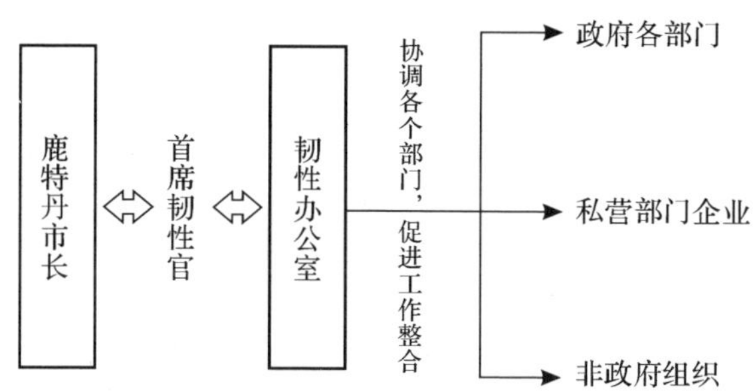

图 4 首席韧性官及韧性办公室职责①

(2)规划:多层级系统建设

城市层级:一是高标准设计防洪堤坝系统。鹿特丹通过"软化"原有的硬质河堤,使堤坝系统在水位低时充当城市休闲公园,在水位高时成为城市与河水的缓冲区域。二是促进建筑、景观的两栖化。打造漂浮城市以应对洪灾对建筑、景观造成的破坏,如水上住宅、水上农场等。三是改造停车场为临时"蓄水池"。将停车场改造成洪灾来临时的"蓄水池",形成"先滞留再存蓄最后排放"的模式。

社区层级:鹿特丹利用系列补贴推广绿色屋顶设计,以此帮助建筑物保温隔热。城市遇到暴雨时能实现屋顶蓄水,还能开发屋顶菜园、屋顶餐厅等商业功能,增加城市的生态韧性、经济韧性。

(3)治理:数字化管理

一是大数据监测。鹿特丹引入了 3Di 水管理系统,在强降雨的情景下预测降水对城市的影响。二是应急响应数字化。灾难发生时,政府向灾难发生地附近的民众发送包含灾难情况、逃生措施等内容的手机信息。此外,居民利用 Overstroom ik 软件可查询周边的安全情况,并根据地图去安全的地方避难。

(二)国内篇

1. 北京

北京作为首都和超大型城市的耦合体,城市体系复杂,一旦遭遇危险或灾难很容易引起连锁效应。为此,2017 年北京市就将韧性建设纳入城市发展的总体规划中。

① 华高莱斯:《与水共存,荷兰"韧性城市"建设》,《丈量城市》2023 年 7 月 10 日。

(1)社区空间遵循“让一防一避”原则

“让”是指在城市规划设计中充分考虑对高风险地区适当“让出”。“防”是指以城市绿地等空间为防灾划区的界线，在空间规划中注重应急用地的预留和设计。“避”是指根据人口分布合理设置社区紧急避难所和疏散通道，加强公共建筑和设施的平战功能转化，推进避难场所的综合化利用。

(2)强化硬件设施韧性

北京针对超大城市中频发的风险灾害开展韧性强化。大力推进高层建筑防火灭火设施建设，重点整治可燃性外墙材料的使用，减少火灾安全隐患；构建并联式、模块化的分布格局，避免灾害发生时城市社区空间的连锁反应；建立统一的应急物资管理和调配平台，确保关键应急物资“找得到、调得快、用得上”；推动社区医疗组织发展，增强社区医疗韧性，提前分流医患，缓解大型医院压力。

(3)培育社区社会组织

居民是社区中最具活力的要素之一，是打造社区韧性的重要主体，也是韧性建设的主要受益者。社会组织则是居民参加社区韧性建设的重要渠道之一。北京市为进一步培养诸如“西城大妈”“朝阳群众”等社会组织，于 2021 年发布了《北京市培育发展社区社会组织专项行动实施方案》。同时实施“安家”工程，成立市、区、街道各层级的社会组织培育机构，加强社会组织的孵化。

2. 上海

上海是一座汇聚高密度人口、信息等要素的超大型城市，多种风险潜藏其中。为降低城市风险，上海加快韧性城市建设，弥补城市发展建设中的不足。

(1)一网统管：构建协调统一的风险治理组织结构

在纵向上，上海搭建从市到街镇的三级一体化运营管理中心，建成上下贯通、“一网统管”的社区风险治理组织结构。自上而下的“统筹”和自下而上的“反馈”是上海韧性社区建设的重要特征。在横向上，依托城运中心枢纽平台串联各主体、各领域的韧性建设工作。

(2)创新规划：阻断风险连带效应

上海市以“组团式”的城市空间建设理念为指导，各组团空间相对独立，降低不确定风险“牵一发而动全身”的连带效应风险，提升城市社区的空间韧性。同时，上海在公共基础设施的建设规划中充分考虑了功能的转换性。当面临突发风险时，能够实现存量基础设施的功能快速转换，以及利用预留用地开展公共基础设施的新建，以保障城市社区平稳度过危机。

(3)数字化赋能：打造综合应急指挥平台

上海充分运用物联网、大数据、人工智能等高新技术，对城市风险进行全方位、系统化的监测、预警和指挥响应，形成“一网通办、一网统管”的风险治理模式，加快建设智慧型城市社区。“一网统管”系统已经在上海50多个部门的198个系统和1000多个应用系统中接入，每天通过110多万个物联终端获取3400万条实时数据，可充分反映城市各个领域的运行情况。[①] 同时，上海加大力度整合跨部门资源和信息，健全风险应对的高效联动、数据共享机制，搭建数字化综合应急指挥平台，实现风险应对的及时性和精准性。

3. 深圳

深圳是中国台风等自然灾害最多、灾情最重的城市之一。深圳作为年度净流入人口的头部城市，高密度的城市居住环境对深圳社区防灾减灾救灾的能力提出了更高挑战。

(1)顶层规划：出台系列实施规划文件

深圳市不断完善应急管理法律法规，构建了“1+4”体系。“1”是指深圳市印发的《深圳经济特区城市安全发展条例》，该条例是全国范围内首个将韧性建设提至城市全周期管理过程高度的法律条例。“4”是指包括考虑安全生产、灾害预防与应对等方面立法的《安全生产监督管理条例》《自然灾害防治条例》《灾害事故应急处置条例》《消防条例》等法规。此外，《深圳市台风暴雨预警信息发布若干规定》等规章制度配套文件也陆续出台，共同形成一个完备严密的政策法规保障体系。[②]

2023年，深圳印发《深圳市应急疏散救援空间规划(2021—2035年)》，基于深圳面积小、密度高、人口多等特点，充分发挥空间的复合功能，构建由应急避难场所、设施、医疗、物资、交通和预留地构成的“5+1”分级分类应急空间体系。该规划标志着深圳市应急模式向事前预防转型又迈出了坚实的一步。

(2)组织体系：一统三防责任人体系

深圳市推动应急管理机构改革，推动部门专责专管，统一授权城市应急管理局组织统筹城市应急工作。深圳市应急管理部门按照机构改革后的工作框架，高效发挥综合调度职能，对灾害实现全灾种、全链条、全覆盖的综合管理。此外，深圳市结合当地“三防”实践，以“细化分类、分级赋权”为指导，形成覆盖6大类44小类的责任人类别，保障“三防”指挥工作的高效、快速和规范。

(3)监测预警：全方位立体监测

首先，创建“31631”服务模式。深圳市创建的“31631”服务模式，即在气象灾害发生前，提前3天时间预测风雨事件，提前1天预报风雨的影响范围和时间，提前6小时定位高影响区，提前3小时细化分区预警，提前1小时发布精细定量

① 杨帆杰：《风险治理视域下社区韧性的提升策略研究》，中国矿业大学硕士学位论文，2022年。

② 杨金山、王常效：《韧性城市建设的深圳实践与展望》，《特区实践与理论》2022年第2期。

预报。其次，建设完备的水文站网体系。深圳市水务部门计划建设完备的水文站网，以实现深圳市水域检测的全覆盖，加强日常检测。

(4)灾后救助:保险分担机制

从 2014 年开始，深圳在全国率先实施巨灾保险制度，保障全市灾害救助。2021 年，深圳继续完善实施巨灾保险制度，发布《深圳市巨灾保险灾害救助工作规程(2021 年)》，扩大保险保障范围，把深汕特别合作区纳入保障范围，同时提高“见义勇为”人员的救助标准，减轻居民遭受冲击时的社会经济压力。

4. 四川德阳

四川德阳面临环境保护任务重、基础设施薄弱等问题。为破解这些难题，2019 年，德阳正式发布我国首个韧性城市战略行动计划，即《德阳韧性战略行动计划》，全面展开韧性城市社区建设。

(1)保障机制:以首席韧性官(CRO)为纽带的参与式项目管理模式

德阳建立了以首席韧性官(CRO)为纽带的参与式项目管理模式。由城市主要领导兼任首席韧性官，统筹专家小组、韧性建设办公室等机构参与城市社区韧性建设。具体职责包括三个方面:一是组织韧性城市战略编制并进行跟踪评估。二是宣传韧性理念。多层次宣传韧性理念，让韧性理念成为城市社区建设的重要指导思想。三是提升韧性城市国际交流能力。CRO 不定期参加国际韧性城市的各类活动，学习全球其他韧性城市的先进经验。

(2)灾前准备:开展防震抗灾能力建设

第一，完善村镇房屋建造评价体系，加强村镇房屋建设人员培训，开展农村土坯房改造工程、村镇建筑抗震加固工程，推广村镇建筑低成本隔震技术。第二，加强地震预防减灾信息化建设，完善地理信息数据收集，推动四川省国家地震烈度速报与预警工程项目德阳分项目建设，开展地震宏微观预测装备建设。

(3)生态优先:海绵城市建设

德阳“沿水而建，依水而兴”，面临较多的“水问题”，最明显的表现就是城市内涝。针对该问题，德阳于 2021 年出台《德阳市海绵城市建设技术导则(试行)》，极大地改善了城市生态和居住环境。具体包括:第一，打造城市“防波堤”“蓄水湖”，增强城市生态韧性。第二，改造公园绿地、城市小区为“海绵宝宝”，新增雨水花园和下凹式绿地等海绵措施。

5. 湖北黄石

2014 年，黄石被美国洛克菲勒基金会评为“全球 100 韧性城市”第二批 35 个城市之一，韧性城市理念正式成为黄石发展的重要指导依据。

(1)行动战略:以韧性评估为基础

第一,初步分析城市韧性状况。黄石使用韧性评估工具对城市建设相关者的韧性认知、行动等开展分析。第二,进行韧性综合评估和脆弱性识别。紧密结合黄石实际状况,通过情景分析的方式进行韧性综合评估和脆弱性识别,确定慢性压力。第三,确定韧性建设聚焦领域。结合黄石城市社区建设和规划、城市未来风险和压力以及城市建设者认知等因素,制定黄石韧性行动战略,确定韧性城市社区建设关键领域。

(2)经济体系:向绿色经济转型

第一,加快产业创新。黄石集聚技术、人才等创新要素,大力培育创新型企业,构建以科技金融服务和创新服务为载体、营商环境为核心的创新生态体系。第二,打造便捷交通。黄石加快融入武鄂黄都市圈核心功能区,推动港口与航空港、公路港、铁路港"四港联动",打造"现代港口城市"。第三,多元发展。黄石以工业遗产保护、开发与利用为主线,推广工业特色旅游路线。加快水土流失治理、工矿废弃地复垦,建成"山水宜居之城",实现工业旅游与生态环境保护的多元发展。

(3)居住系统:加强生态文明城市建设

第一,加强基础设施建设。加强社区水电气、防灾避难等基础设施建设和改造,提升市政基础设施韧性。第二,完善公共服务设施。加强街区规划和建设,强化公共服务设施配套,为居民提供生活所需的休闲、医疗、教育等基本服务功能。第三,提升民众风险认知能力。建立和运行全面互助的社区沟通网络,开展防灾减灾科普教育活动和演练,提高公众防灾减灾意识和能力。

六、绍兴城市社区韧性重构对策研究

(一)物理环境韧性重构

1. 城市规划:从"集中化"向"多中心化"转变

(1)转变城市规划模式

一般来说,城市建筑的体量越大、集中度越高,建筑运营的风险就越大,城市空间的韧性水平就越低,反之,建筑的体量越小、集中度越低,运营风险也就越更低,城市空间的韧性水平就越高。绍兴城市社区韧性重构首先要"跳出社区看社区",抓住镜湖新区、滨海新区等建设契机,在城市这一宏观尺度上,合理布局城市空间,将集中式的空间分布格局转化为多中心的空间布局,提高城市空间韧性。

(2)加快“开放式街区”建设

开放式街区以多个小区块、通达的交通道路组合为特征。传统社区建筑和人口高度集中,极易出现“城中城”现象,加大了社区管理的困难。绍兴在新城建设过程中,要充分考虑大小单元的组合排列,利用小个体单元的灵活性,建设城市中的开放式街区或社区,开放而不失有序,增加弹性空间储备。

2. 社区内部:以提升空间弹性为规划原则

利用规划留白建设社区应急空间,提升社区空间的弹性来应对突发风险。第一,发挥社区规划的资源配置作用。推动规划预留,注重社区空间的留存。当遭受突发事件时,利用社区中的留白空间、绿地公园等作为应急场所,加快社区多功能空间的快速转换。第二,持续关注生态环境,注重社区环境改善,以社区更新改造为切入点,加快社区绿地空间建设,结合社区规划,发挥社区绿地“隔离”“缓冲”的作用。第三,注重空间营造,在推动“居产联动”的过程中,科学规划、统一营造,注重新建社区、旧改社区和周边原有环境景色、气质氛围的统一。同时以“居产联动”推动“社景合一”,不断改善社区环境。

在大型城市中,针对社区规划预留空间以达到适应环境改变、发挥储备和转换功能的要求日渐提升。社区应进一步推动空间规划的升级,实现社区公共空间的空间冗余性和功能多样性。绍兴城市社区应加强空间功能多元化的规划设计,从传统“单一固定化”向“功能多元化和可转化化”转变,保障社区空间资源的充分利用。

3. 基础设施:模块化、应变性升级

绍兴在未来社区建设、老旧社区改造过程中,要注重基础设施的模块化、应变性升级。老旧社区中的公共基础设施往往存在功能单一、位置固定、所占空间面积大等问题,加剧了城市社区空间的浪费。空间的模块化升级不仅体现在应对各种突发事件时功能的灵活切换和更换设施时的高效快捷,还体现在满足社区多群体的休闲游玩、观赏休息等生活需求的同时也能兼具后疫情时代的防护隔离需要。此外,基础设施模块化和应变性升级又能在空间塑造上提升社区人文性,增强社区居民的互动和交流。

4. 公共环境:坚持以人为中心

社区公共空间是大多数居民日常休闲的重要场所,尤其是“一老一小”群体,舒适优美的社区环境有利于居民生活幸福感的提升。首先,绍兴要对社区公共环境进行合理规划,在功能布局合理、景观和谐的情况下,适当增加步道、健身设施、娱乐设施等,满足居民休闲娱乐需求,提升公共空间的多功能性。其次,社区公共空间要注重交流空间设置。在社区绿地内设置休息座椅、长廊、凉亭等空间，增加居民日常交流互动的机会，加强社区居民间的关系联结，提升居民对社区成员身份的认同感和心理韧性。最后，着眼绍兴人口老龄化现状，在老旧社区改造过程中注重适老性提升，公共空间建设考虑老年人和儿童的行为特点和需求，提升公共空间的适老性和适儿化。

（二）社会经济韧性重构

1. 实施更加均衡的公共服务供给

绍兴要合理规划并疏解老城过于密集的公共服务资源，加大新城服务供给。第一，转变城市公共资源的配给模式，传统公共资源配给模式主要以户籍人口和行政等级为标准划分资源配置，随着大量外来人口的聚集，易出现人口与资源的不相匹配。因此，绍兴要积极推动以地区常住人口、社会经济效益为依据均衡配给的模式，提升资源与社会经济发展的匹配度。第二，合理布局公共服务设施。推动绍兴老城相对密集的医疗、教育等公共服务资源向新区、新城等地区分散。同时也要注重被分散地区的合理规划，避免造成新的拥堵现象。第三，完善城市公共服务资源横纵向协调机制，统一调配城市公共服务资源，提高城市韧性。[①] 第四，加快公共服务资源数字化建设，推动城市公共服务资源配置的精准化、智能化，增强遭受突发事件时城市公共服务供给的持续性。

2. 实施以生活圈为主的基础设施布局

绍兴要结合社区的人口和需求结构特点，以健康为目标，以韧性为基础，开展以社区生活圈为主的设施布点规划。第一，绍兴古城区域的社区要坚持“以人为中心”“基础设施社区化”等理念，以旅游开发和片区综合整治项目为基础，联动老旧小区改造和古城保护，大力提升社区内外基础设施覆盖度和公共服务水平，以此提高绍兴古城文化韧性、生活韧性、商业韧性，打造“具有国际影响、中国气派、绍兴韵味的世界级古城”。第二，绍兴新城区域的社区要坚持“未来社区”“地铁上盖物业”“以公共交通为导向”“以教育设施为导向”等理念，以社区综合体项目为抓手，用足用好未来社区政策，探索容积率、建筑高度等弹性指标，突破传统技术指标束缚，放大综合效益，做好地上和地下两篇文章，既向上要高度，又向下要空间，突出社区功能混合、立体复合、地下空间互联互通，进而破解社区空间有限、公共服务不足等现状难题；引导政府、居民、物业公司/运营公司等多元

---

① 陶希东：《中国韧性城市建设：内涵特征、短板问题与规划策略》，《城市规划》2022 年第 12 期。

社会主体参与基础设施规划、建设、管理、经营全过程，以全生命周期的资金平衡测算为评价指标。第三，提高基础设施空间布局拟合度。根据人口分布情况，系统梳理各城区教育、医疗、文体、养老、托幼等各类服务设施和社区存量空间资源，结合群众年龄结构和现实需求，坚持"标配＋选配"，科学布局家门口的"社区嵌入式服务设施"，提高基础设施覆盖度、使用率。市域层面，要同步加大养老类、健身类公共服务设施覆盖。另外，因诸暨、柯桥两地当前公共服务设施整体平均覆盖度均低于50%，未来可按照可拓展、可转化、能兼容要求，采用片区统筹、综合开发模式推进绍兴社区嵌入式服务设施建设，鼓励服务设施综合设置、复合利用、错时使用。

3. 拓展资金渠道

第一，建立多元化资金保障体系。摈弃政府"无限兜底"思想，通过财政资金引导、金融资金支持、统筹专项基金、吸引社会资本、居民合理共担等方式，强化资金保障及规范使用。争创"城市社区嵌入式服务设施建设工程"绍兴试点，借力中央对人口老龄化工程和托育建设中的投资专项开拓社区资金渠道。建议绍兴出台政策鼓励居民提取住房公积金参与老旧小区改造、未来社区建设等项目，调动居民参与社区经济韧性构建积极性，共享发展效益。第二，激活社区韧性建设的"资本引擎"。搭建"社区—企业—政府"连接型社会资本纽带，社区居委会以社区公共服务功能区块的空间增值服务使用权作价出资并控股，联合社会企业、社会组织、政府等多方力量，成立社区型公司，吸引社会资本共建共享。挖掘社区盈利点位的商业潜力，推进链条互补的多元化产业向社区集聚。第三，推进社区经济创新发展。加强社区经济相关政策宣传和解读，打通群众就业服务、创业投资、企业需求、城市管理等政策宣传"最后一公里"，激活社区多元化业态发展活力。创新推进社区健康产业、教育产业、"无人"服务、数字服务等新兴产业，加速城市社区经济转型升级，倒逼社区经济创新模式。

（三）信息科技韧性重构

1. 加强数字技术导向

将智慧城市社区建设提高至发展战略维度。具体包括：第一，完善政策体系。围绕邻里社区、基础设施、公共服务、自然灾害等领域，制定社区韧性建设实施项目，完善包括指导意见、技术导则、专项技术文件的政策体系，如加快修编完善《绍兴市全域未来社区创建实施方案》《2023—2026 年未来社区创建计划》《绍兴市市级未来社区创建标准》等文件，增加并将"社区韧性建设"列为重要内容之一；对标北京、上海、深圳等城市，起草出台相关指导意见、技术导则等规范性文件。第二，构建多层级、多部门融合的数据平台。搭建囊括城市、社区、居民等层面的数据平台，为绍兴公共服务及社区风险预防提供相应支撑。第三，加强数字化监测。绍兴作为千年水乡古城，城市内涝以及古城保护是城市社区韧性建设的重要内容。绍兴要联合气象局、应急管理局等搭建水管理系统，在强降雨的情景下预测水流和洪水对绍兴城市社区尤其是古城范围的影响。

2. 营造数智场景

第一，打造可视化的“数字孪生社区”。联动城市大脑、社区平台和居民终端三级数据，建设未来社区可视化管理平台，梳理统计全市552个社区的界线范围、面积规模、常住人口、外来人口、老幼残数量结构，掌握建设年代和建筑质量，实现各类数据库的互联互通，推动实现社区全生命周期可视化管理。第二，搭建积分服务平台。以“数字孪生社区”为基础，搭建社区统一积分体系，串联社区内外商业、运动健康、学习公益等场景，提高社区商业黏性，以数字积分实现社区居民服务生态闭环。第三，挖掘树立典型模式。借鉴绍兴越城区外滩社区，按一小脑、一门户、两平台、三引擎、七场景、两中心、一张网及信息采集构成社区运营框架，推动实现社区服务、建设管理、运营维护、设施资源全链条数字化。

3. 建立城市社区风险识别清单

绍兴要站在历史角度审视社区的风险源情况，通过历史风险数据及相关事件追踪建档，结合各个社区环境特性、组织能力和制度问题，以便更好地发现和预防潜在风险。具体包括环境个性清单、制度问题清单、组织能力清单、信息技术清单等。

第一，“硬评价”与“软评价”相结合，构建完善的评价体系。在构建评估体系过程中，一方面需认识到科学量化评估的重要性，另一方面也应关注作为社区主体的居民的心理感受，忽视居民感受的评估研究易产生唯指标论的倾向。因此，绍兴城市社区韧性综合评估应注重“硬评价”与“软评价”的有机结合。“硬评价”主要针对社区的物理环境、产业发展、信息科技水平等硬件条件进行评估，利用量化数据进行科学评估，并对照相应标准以提出改善措施。“软评价”主要针对居民等主体的心理感受进行评估，结合组织韧性、社会经济韧性等方面，对居民参与社区事务的意愿、生活习惯、社区认同感、智慧服务感知等开展评估研究。通过评估分析及时掌握居民的需求和愿景，进而更好地明晰未来发展方向。

第二，长期评估与短期评估相结合。在社区韧性评估过程中，定期开展或结合重要节点开展及时评估，通过短期评估及时掌握社区韧性建设的基本情况。同时将评估结果进行存档，以便开展长期评估，形成对比分析。长期评估则可以根据城市社会经济发展规划、城市空间规划等重要规划的节点时间为节点，开展

5年、10年等中长期社区韧性评估。长期评估具有较长的时间跨度，在评估中易发现短期评估难以发现的问题。长期评估与短期评估相结合有利于更全面地评估社区韧性的发展和变化情况，进而实现社区韧性的长效建设机制。

（四）综合运营韧性重构

1. 完善顶层设计

(1)城市层面要设立权威职能机构

第一，成立城市社区韧性建设工作专班。以绍兴市全域未来社区建设为契机，联动市发展和改革委员会、市自然资源和规划局、市国资委、市建设局等多个部门，打破行政壁垒，组建"绍兴韧性城市社区建设领导小组"与"绍兴韧性建设专班"，由市级领导兼任"绍兴首席韧性官"，各相关部门负责人以及各区(县、市)政府主要领导作为专班成员，形成"三级联动"工作机制。第二，成立韧性专家小组，邀请浙江大学韧性城市研究中心、浙江大学绍兴研究院、绍兴文理学院、政府部门代表、企业等专家担任小组成员，主要职责包括编制"城市—区县—社区"各级韧性建设战略规划、跟踪评估韧性建设情况。

(2)明确角色定位，转变基层政府职能

在未来社区治理中，基层政府须明确角色定位，简政放权，构建韧性权力结构，建设服务型政府，增强社区韧性治理的稳健性。第一，明确基层政府与自治组织的角色和定位。基层政府介入社区治理要适度，不能把本应承担的行政事务转嫁给社区。第二，继续推进服务型政府改革。政府应持续推进职能定位改革，加快服务型政府建设，明确各层级政府职能，规范管理体系。充分保障社区"自治"，减少行政事务的下放，增强社区的自主管理和服务智职，加强社区运营韧性。第三，基层政府要发挥资源整合作用。绍兴要大力发挥资源整合和调度作用，统筹社会层面的各种资源，合理调配，为社区韧性建设提供技术、经济以及制度政策方面的保障。在资源整合配置过程中，挖掘社区文化和特色，打造特色社区共同体，增强社区凝聚力。第四，完善制度机制，构建社区应灾模式。在社区韧性建设中，政府应完善应灾机制，构建从市到社区各层级完善的救灾机制，以制度方式明确各参与主体的责任和任务，保障居民、社会组织参与社区应灾防灾建设的渠道。

2. 健全工作机制

健全社区工作机制是提升社区治理韧性的重要举措之一。第一，增设"社区工作站"。加快落实社区工作站制度，由工作站承担社区中的行政职能，发挥管理作用，社区居委会则承担服务职能，专注社区自治，增强社区的综合韧性。第二，完善社区组织架构，提升专业素养。推动社区成立符合自身情况的自治组织，诸如居民小组、网格小组、业委会等。充分发挥社区居民大会等交流平台作用，拓宽居民、社会组织的参与渠道，落实社区“自治”。同时加强社区工作队伍建设，吸纳社区优秀人才，组织定期培训和学习，提高社区工作队伍的专业素养和能力，进而保障社区治理的专业性、科学性和灵活性。

3.培育社会组织

第一，推动机构储备。重视本土社会组织的培育壮大，承接政府不好干、市场不愿干、个人无法干的事务，通过功能化、标准化建设，扶持一批生活服务类、公益事业类、慈善互助类、专业调处类组织。第二，推动制度储备。起草、试行《绍兴市培育发展社区社会组织专项行动实施方案》，建设市、区、街道三级社会组织培育和孵化机制。第三，推动要素储备。为绍兴社会组织的培育提供场地支持、人才培养和资源对接等服务，充分发挥全市20000余名网格员的社会力量，打造绍兴版“朝阳群众”“西城大妈”“海淀网友”“丰台劝导队”。

2023绍兴高质量发展蓝皮书

数字经济篇

数字经济与新一代人工智能

潘云鹤*

数字经济作为全世界都在为之努力奋斗的前沿课题，是促进全球经济增长的重要驱动力。2021 年 2 月，浙江省数字化改革大会提出，浙江的重点任务是加快构建“1+5+2”工作体系，搭建数字化改革“四梁八柱”。“人工智能”这个眼下“出镜率”极高的词，在推动创新链、产业链、资金链、人才链深度融合，推进“数字浙江”建设和绍兴市数字经济创新提质“一号发展工程”建设中发挥着重要的支撑作用。

一、人工智能引导城市发展动力大变

随着技术的不断发展和进步，人类经历了四次工业革命。第一次工业革命发生在 18 世纪 60 年代至 19 世纪中期，以蒸汽机、蒸汽轮船和蒸汽火车为代表，标志着人类进入蒸汽时代，实现了“机械化”。第二次工业革命发生在 19 世纪七八十年代至 20 世纪初，以电力、内燃机、飞机和汽车为代表，标志着人类进入电气时代，实现了“电气化”。第三次工业革命发生在 20 世纪后半叶，以计算机、原子能、空间技术和生物遗传工程为代表，标志着人类进入信息时代，实现了“信息化”。第四次工业革命始于 21 世纪初，以大数据、人工智能、清洁能源、量子信息技术和生物技术为代表，标志着人类进入智能化时代，向着“绿色与可持续发展”迈进。而今，我们正站在第四次工业革命的门槛上，迎接着全新的机遇和挑战。

---

* 作者潘云鹤系中国工程院原常务副院长、中国工程院院士。

人工智能将重塑城市的生产、生活、交易三大动力，推动城市发生升级变化，从而重新定义城市的发展逻辑。以数字平台为例，可以看到以下现象：

第一，数字平台重塑了城市的市场形态。数字平台拥有巨大的吸引力和成长性。买者和卖者的汇聚方式转入线上，汇聚程度大幅提升。譬如淘宝、京东、拼多多等平台上汇聚着数以亿计的交易者，不断刷新购物节上成交金额的纪录。杭州等城市的迅速发展，就得益于数字平台的巨大推动作用。

第二，数字平台担起了部分政府功能。当前，数字平台在市场准入、质量检查、纠纷处理、金融服务等方面面临一系列的市场管理问题，政府需要进入数字平台的数字空间，与平台的管理者划清责任范围，实现市场管理职能的数字化升级。

第三，跨境电子商务崛起。2021 年，我国跨境电子商务进出口额达 1.92 万亿元(较 2016 年增长了 10 倍)，其中出口额为 1.39 万亿元(较 2016 年增长了 28.3%)。电子商务潜力巨大，浙江省要抓住跨境电子商务这个重要抓手，把握新型全球化的重要趋势，促进经济新发展。

数字平台的交易形式不仅仅用于商业贸易上，社交型平台、创新型平台等也都实现了迅猛发展。当前，以大模型为核心的知识服务平台正在崛起。数字平台的本质是群体智能系统，通过集聚的方法迅速形成产业，因此，我们要重视人工智能这一重要赛道。

二、新一代人工智能是重大的机遇与挑战

当前，人工智能已呈现加速发展的态势，主要表现在以下方面。

第一，人工智能开始成为经济发展的新引擎。作为新一轮产业变革的核心驱动力，人工智能将重构技术、生产、分配、交换、消费等经济活动各环节，形成从宏观到微观各领域的智能化新需求、新产品、新技术、新业态，引发了经济结构的重大演化，推动了社会生产力的整体跃升。

第二，人工智能催生了社会发展的新机遇。人工智能在教育、医疗、环境保护、安全管理、城市建设、数据统计、司法服务等领域广泛应用，将大幅度提高了公共服务精准化水平，提升了人民生活品质，提高了社会治理能力和水平。

第三，人工智能成为世界强国竞争的新焦点。人工智能是引领未来的战略性技术，世界主要发达国家纷纷把发展人工智能作为提升国家竞争力、维护国家安全的重大战略，加紧出台规划和政策，强化部署。如早在 2016 年 5 月，美国白宫就决定在国家科学技术委员会中专设“人工智能和机器学习委员会”，来协调

指导全美各界的行动；到了 10 月，美国出台政府报告《国家人工智能研发战略规划》。

我国在 2017 年发布了《新一代人工智能发展规划》，提出了面向 2030 年我国新一代人工智能发展的指导思想、战略目标、重点任务和保障措施，部署构筑我国人工智能发展的先发优势，加快建设创新型国家和世界科技强国。坚持科技引领、系统布局、市场主导、开源开放等基本原则，以加快人工智能与经济、社会、国防深度融合为主线，以提升新一代人工智能科技创新能力为主攻方向，构建开放协同的人工智能科技创新体系，把握人工智能技术属性和社会属性高度融合的特征，坚持人工智能研发攻关、产品应用和产业培育“三位一体”推进，全面支撑科技、经济、社会发展和国家安全。

面对新形势新需求，我国科技界应主动应对挑战，牢牢把握人工智能发展的重大历史机遇，系统谋划、把握方向、直面需求，带动国家实力整体跃升和跨越式发展。

三、新一代数字经济是经济发展的重要方向

数字经济是以数字技术为代表的“信息—物质—人类社会”三元空间革命带来的新经济形态，是我国国民经济发展的新动力，具有诸多不同于农业经济和工业经济的新特点。人们对数字经济的认识是一个不断深化的过程。在众多关于数字经济的定义中，以 2016 年二十国集团领导人杭州峰会发布的《二十国集团数字经济发展与合作倡议》的表述最具代表性。该倡议认为，数字经济是指以数字化的知识和信息作为关键生产要素、以现代信息网络作为重要载体、以信息通信技术的有效使用作为效率提升和经济结构优化的重要推动力的一系列经济活动。

当前，全球数字经济发展迅猛。美国和中国数字经济规模位分别位居全球第一、第二。2016—2017 年相关统计数据显示，中国数字经济的规模大约是美国的 1/3，比第三名的日本多 40%。从数字经济对第一、第二、第三产业的影响来看，可以发现，我国数字经济对第三产业的渗透率相对较高，为 30%—40%，最高的是英国，约 60%。我国数字经济对第二产业的渗透率相对较低，只有 17%，而德国、美国、韩国的渗透率已经超过 40%。对第一产业而言，数字经济的渗透都比较差。总的来看，我国数字经济发展较快。截至 2022 年，中美数字经济规模之比已追至 1∶2。

新一代数字经济是全球经济增长日益重要的驱动力，在加速经济发展、提高现有产业劳动生产率、培育新市场和产业新增长点、实现包容性增长和可持续增

长中正发挥着重要作用。

四、人工智能是数字经济的重要战略抓手

人工智能产业是以人工智能技术特别是新一代人工智能技术为基础的产业，它以人工智能关键技术为核心，由基础支撑产业和 AI+应用场景产业组成，覆盖领域非常广。与人工智能的学术定义不同，人工智能产业更多的是经济上和产业上的一种概括。人工智能产业是全球、中国，特别是绍兴发展数字经济的重中之重。

2017 年 12 月 13 日，工业和信息化部印发《促进新一代人工智能产业发展三年行动计划（2018—2020 年）》，指出："人工智能具有显著的溢出效应，将进一步带动其他技术的进步，推动战略性新兴产业总体突破，正在成为推进供给侧结构性改革的新动能、振兴实体经济的新机遇、建设制造强国和网络强国的新引擎。"

人工智能 2.0 技术将为数字经济发展打开一片新天地，且已显现五大端倪：一是大数据上的深度学习与大模型技术的快速崛起，二是网络互联的群体智能已经展开，三是人机融合增强智能发展迅速，四是跨媒体智能正在人工智能生成内容（AIGC）上大放异彩，五是自主智能装备涌现。

中国发展人工智能，一定要紧紧绷住"产业"这根弦。人工智能是典型的工程科学技术，在实践中发现和解决问题，并在发现和解决实际问题中构建和深化理论基础，是工程科学技术的核心价值所在。当前，我们既要重视创新类似 ChatGPT 这样的系统与平台，也要研究这些系统和技术怎样适应和赋能更广泛产品开发、产业升级和服务创新。要促进人工智能同一、二、三产业深度融合，以人工智能技术推动各产业变革，在中高端消费、创新引领、绿色低碳、共享经济、现代供应链、人力资本服务等领域培育新增长点、形成新动能。

人工智能的进步最需要的就是和各行各业相结合，和经济社会发展相结合。浙江的发展模式正在转向科技创新驱动，同时又较早地发展数字经济，在推动产业链与创新链深度融合上具有多方面的先发优势。未来，必须将布局新一代人工智能作为浙江推动高质量发展、实现中国式现代化的一项战略性举措，加紧研发 AIGC、跨媒体智能、数据与知识双轮驱动等前沿技术，并尽快深度应用到产品开发、产业升级和服务创新中。

五、为实施新一代人工智能战略组织好队伍培养好人才

在新一代人工智能的战略实施中，队伍的组织和人才的培育是最为重要的，而绍兴目前还存在相当大的缺口。对此，绍兴可以在培养三类人才上下功夫：一是人工智能的专业人才。技术研究尤其是技术理论研究和算法研究，离不开专业人才。二是"人工智能＋X"人才。既了解人工智能，同时又是其他领域的专家，能更好地在跨学科碰撞中产生创新。比如具备人工智能和医学交叉背景的人才，会对推动医学技术智能化发展起到很大作用。三是决策者。应该对每个单位做科学技术决策的人进行人工智能前沿知识的集训、短期培训，帮助决策层理解人工智能是怎么解决问题的、能解决哪些问题，这样就可以和所在单位的发展方向结合起来，做出有利于智能化升级的决策，从而从更高层面推动数字化和智能化建设。

新一代人工智能是一种新质生产力，还是具有战略性和引领性的新质生产力。当前，新一代人工智能正处于从实验室走向产业园的关键阶段，只要敢于突破、勇闯该领域的"无人区"，就能够抢占发展先机，实现从"跟跑"向"领跑"转变。因此，绍兴应抓好人工智能学科人才培养和科研建设，进一步推进人工智能与各产业的融合发展，为高质量发展添薪续力，勇闯各领域智能化的"无人区"。

城市心智要素构建初探

吴登国*

感知人工智能技术的出现与快速迭代，将物质世界、社会世界、数字世界交叉整合，城市的大块头、大智慧越发重要，更需要体力与智力共同成长。

于是，一个共识渐成：城市不仅是一个承载人民的空间载体，更是一个智慧的生命体。那么如何更好地提升与呵护城市能力，城市心智三要素的构建至关重要，即城市智商、城市情商、城市逆商。

一、城市智商

关于城市智商，不得不提下面两个重要的城市小镇。

（一）汉诺斯小镇

1956 年 6—8 月，在美国新罕布什尔州（New Hampshire）汉诺威（Hanover）小镇风光秀美、宁静自然的达特茅斯学院，约翰·麦卡锡（John McCarthy）作为主要发起人，会同马文·明斯基（Marvin Minsky）、克劳德·香农（Claude Shannon）等十余位学者在这里举办了一场规模不大但影响深远的会议。会议的议题主要包括七个方面：一是自动计算机，即通过编程让计算机自动完成特定工作；二是使用语言对计算机进行编程，即通过编程语言实现某种功能；三是神

* 作者吴登国系浙江省建设厅社区建设委副主任、中国电建华东院城建院副院长。

经网络，即设计神经网络让计算机从感知数据中抽象出概念；四是计算复杂度，即寻找一种方法来度量计算机完成特定任务时所耗费的运行时间和储存空间；五是算法自我改进能力，即算法从过往经验中学习，不断提高其性能；六是算法抽象能力，即从海量数据中归纳出数据中隐藏的知识；七是算法的随机性与创造力，即模拟人类思维中所特有的创造能力。

会期长达 2 个月，麦卡锡给这个会议起了一个名字：人工智能夏季研讨会(Summer Research Project on Artificial Intelligence)。

自此，人工智能开始出现在人们的视野，1956 年也因此被称为人工智能元年。

（二）云栖小镇

2016 年 4 月，在杭州云栖小镇，总架构师王坚首个提出“城市大脑”(City Brain)的概念，以交通领域为突破口，开启了利用大数据、算力及算法改善城市交通的探索，创新打造“531”逻辑体系架构。

“5”即“五个一”。打通“一张网”，一张确保数据无障碍传输的网，通过统一标准，支撑“城市大脑”的数据资源需求；做大“一朵云”，一朵将各类云资源连接在一起的“逻辑云”；汇聚“一个库”，形成城市级数据仓库，同时做好数据治理，确保数据鲜活、在线；建设“一个中枢”，作为数据、各系统互通互联的核心层，实施系统接入、数据融合、反馈执行等功能；建强“一个大脑”，在全市实现统一架构、一体化实施。

“3”即“三个通”。第一个“通”是市、区、部门间互联互通；第二个“通”是中枢、系统、平台、场景互联互通；第三个“通”是政府与市场的互联互通。

“1”即“一个新的城市基础设施”。“城市大脑”通过全面打通各类数据，接入各业务系统，实施融合计算，将为城市建设一个会思考、能迭代进化的数字化基础设施。未来，“城市大脑”将会随时为杭州市民、来杭游客提供服务，如同道路、水电一样，成为必不可少的基础设施。

如今，“城市大脑”的主要功能已从治堵转向治城，并取得了许多阶段性成果，应用场景不断丰富，城市脑海不断拓展，城市智商不断提升。

二、城市情商

人民城市人民建，人民城市为人民。

在过去一段时间，人们侧重于追求城市的空间和物质，未来将更加注重感知人的情感。以人民为中心，实际上就是将人的情感视为对整个城市工作至关重要的判断标准。城市工作的很多内容都要追逐它的使用者，成为人民使用最多的应用，回归到人民的情感。

杭州正在全域开展未来社区创建，整体组织城镇社区专项规划布局，基本上每个“5—10 分钟生活圈”打造一个“未来社区”，先行探索中国式现代化共富基本单元。社区建设过去是物质世界为主，现在是共建具有浙江特色的社区命运共同体，共同打造属于每个社区成员的物质的、社会的、数字的三元世界。按照需求导向、运营前置原则，围绕居民日常生活的急难愁盼问题，从公共服务、便民商业设施、市政配套、公共空间、物业、社区管理等角度，全力提升生活品质。

住建部的统计数据表明，城市居民有 75%的时间是在社区度过的，老人和儿童在社区的时间就更长了。他们更期待熟人社区，希望人与人之间的关系能够越来越融洽，找回久违的人情味，消解长久以来的“城愁”。

“城市大脑”分析了 3000 条有效情绪数据，正面情绪的关键词有英雄、最美、感恩、中心城市等，负面情绪的关键词有刻薄、愤怒、鄙视、骂人等。可以从一个人总体的情绪倾向了解他的情商如何。

情商是一个人对自己的认知、对别人的认知、对自己情绪的调整。正面的自我调整是情商非常重要的表现。有研究对杭州市民 2023 年全年的情绪进行了跟踪调查，发现一直以正面情绪为主，并在亚运会期间呈现明显上升趋势，自信心与自豪感外溢，然后再慢慢趋稳。可以说，城市人民的情感感知非常重要，将成为衡量幸福指数的关键指标。

三、城市逆商

生命易老。

如何保护好城市基因？

如何维护好城市细胞？

杭州致力于构建充满创新精神、具有进取锐气、富有迷人神韵的城市精气神。要充分调动城市中的政府、市场、企业、家庭以及其他主体的积极性、主动性、创造性，以所有主体的历时一共时的学习和知识创生为基础，积淀城市的文化、价值观和认知模式，形成独具一格、一脉传承的城市基因，包含山水天地组成的自然格局、人文诗词构成的文明智慧。

只有明晰自己的城市基因与城市细胞，才能避免两个极端：一个极端是认为历史文化很珍贵，拆一点都是历史悲剧；另一个极端是认为发展最重要，凡事都要以发展为先，不大拆大改就不可能有好的发展。

城市基因就是一座城市有别于其他城市的本质特征，这些是不能随意改变的。而城市细胞是和生命体一样，每天都需要新陈代谢的，否则就会消亡。2023年11月29日，住建部印发《关于全面开展城市体检工作的指导意见》，要求全国地级及以上城市全面开展城市体检工作。结合年度城市体检以及五年一评估，通过科学的方法和指标体系，全面了解城市的健康状况，及时发现问题并提出解决方案，推动城市的可持续发展，提升城市逆商的精准力度。“城市大脑”基于精细化的时空数据捕捉和分析，全面监测和评估城市的居民出行、交通拥堵、公共设施等方面的情况，比如以单程出行时耗、轨道站点500米覆盖通勤比重等指标衡量和优化城市管理。

城市更新，复兴生命。不断进化城市“心智”，保障人类美好生活的智能支撑体可持续发展，焕发最大活力，涌现锦绣繁华。

浙江省"一号发展工程"背景下绍兴数字经济创新提质研究

邵莹　辛金国*

当前，世界之变、时代之变、历史之变正以前所未有的方式展开，世界进入新的变革期，经济增长动能不足，不稳定、不确定、难预料因素日益增多。在此背景下，新一轮科技革命和产业变革为全球高质量发展提供了重要战略机遇，数字经济布局持续完善，发展势头极为强劲，已成为推动各国经济复苏的重要力量和新生动能。

20 世纪 90 年代初，随着 ICP/IP 协议、万维网(World Wide Web)协议的先后推出，互联网开启了快速商业化步伐，各种新型商业模式和互联网服务被开发出来并推向市场，涌现出一大批互联网企业。针对这一现象，有学者提出了"数字经济"这一概念。2008 年国际金融危机爆发后，随着 3G 移动通信网络的普及和移动智能终端的出现，数字经济发展进入移动化阶段，共享经济、平台经济等新业态新模式迅猛成长。党的二十大从推进中国式现代化的全局高度，系统部署建设数字中国、制造强国、网络强国等重大国家战略，强调要加快发展数字经济，促进数字经济和实体经济深度融合。

---

* 作者邵莹系中国(杭州)智慧城市研究院执行院长、杭州国际城市学研究中心浙江省城市治理研究中心助理研究员，辛金国系杭州电子科技大学浙江省信息化发展研究院教授、浙江省城市治理研究中心客座研究员。

一、数字经济的概念

(一)数字经济的内涵与外延

"数字经济"一词最早出现于20世纪90年代,因美国学者唐·塔普斯科特(Don Tapscott)于1996年出版的《数字经济:网络智能时代的前景与风险》一书而开始受到关注,该书描述了互联网将如何改变世界各类事务的运行模式并催生若干新的经济形式和经济活动。2002年,美国学者金范秀(Beomsoo Kim)将数字经济定义为一种特殊的经济形态,其本质为"商品和服务以信息化形式进行交易"。随着信息技术的不断发展与深度应用,以及社会经济数字化程度的不断提升,特别是大数据时代的到来,"数字经济"一词的内涵和外延发生了重要变化。

2016年9月,二十国集团领导人杭州峰会通过了《二十国集团数字经济发展与合作倡议》,在该倡议中,数字经济被定义为以使用数字化的知识和信息作为关键生产要素、以现代信息网络作为重要载体、以信息通信技术的有效使用作为效率提升和经济结构优化的重要推动力的一系列经济活动。互联网、云计算、大数据、物联网、金融科技与其他新的数字技术应用于信息的采集、存储、分析和共享过程中,改变了社会的互动方式。数字化、网络化、智能化的信息通信技术使现代经济活动更加灵活、敏捷、智慧。

2021年,国务院印发《"十四五"数字经济发展规划》,明确指出数字经济是继农业经济、工业经济之后的主要经济形态,是以数据资源为关键要素,以现代信息网络为主要载体,以信息通信技术融合应用、全要素数字化转型为重要推动力,促进公平与效率更加统一的新经济形态。数字经济发展速度之快、辐射范围之广、影响程度之深前所未有,正推动生产方式、生活方式和治理方式深刻变革,成为重组全球要素资源、重塑全球经济结构、改变全球竞争格局的关键力量。

数字经济包括四大部分:一是数字产业化,即信息通信产业,具体包括电子信息制造业、电信业、软件和信息技术服务业、互联网行业等;二是产业数字化,即传统产业应用数字技术所带来的产出增加和效率提升部分,包括但不限于智能制造、车联网、平台经济等融合型新产业新模式新业态;三是数字化治理,包括但不限于多元治理、以"数字技术+治理"为典型特征的技管结合,以及数字化公共服务等;四是数据价值化,包括但不限于数据采集、数据标准、数据确权、数据标注、数据定价、数据交易、数据流转、数据保护等。

(二)数字经济的主要特征

无论对数字经济内涵如何理解,它都源于新经济,它是一种经济发展新形态,也是一种新型产业活动的表现形式。它的基础是新技术,源泉是新主体,引擎是新产业,亮点是新业态,重点是新模式。因此,数字经济具有以下特征。

1. 数据资源是关键生产要素

在数字经济时代,由于数据的互联和应用融入产业发展的各个环节,从而促进各类生产要素高效组合,因此数据资源成为关键生产要素。

2. 数字经济是由供给端和消费端双向推动的发展模式

在数字经济时代,数字技术变成生产系统和决策系统,使得供给端和消费端的联系更密切,生产和服务的融合更全面,形成独特的双向推动模式。

3. 产业形态水平化

传统经济的技术发展推动产业垂直分工与发展,而数字经济的技术发展更加侧重横向的技术叠加与融合,打破了传统的产业技术壁垒,促进产业间和产业内的相互渗透与相互融合。

4. 组织形式平台化

在数字化环境下,整合多方资源的平台型产业组织应运而生,促进企业价值创造模式向网络化转变,衍生出平台经济、共享经济等经济模式。

5. 发展范围面向众多领域

数字经济正在由消费领域向工业、农业、社会治理、国际贸易等领域拓展,以工业联网和智能制造为代表的融合型数字经济正在快速发展。

二、浙江数字经济发展的经验

党的二十大报告指出,要加快发展数字经济,促进数字经济和实体经济深度融合,打造具有国际竞争力的数字产业集群。数字经济是先进生产力的代表,是重塑全球要素资源配置、改变全球竞争格局的关键力量。作为中国数字经济先行省,浙江省始终以习近平同志在浙江工作期间所擘画的“数字浙江”蓝图为指引,形成了富有浙江特色的数字经济发展经验。

(一)数字经济发展的浙江实践

1. 强化规划引领,构建发展体系

浙江始终把握时代机遇、紧抓发展趋势,因时因地提出数字经济发展的相应规划,构建起推进数字经济高质量发展的政策体系。2014 年,浙江在全国率先提出大力发展以互联网为核心的信息经济,并将信息经济作为支撑浙江未来发展的八大万亿级产业之首。2016 年底,浙江提出“最多跑一次”改革,其内在逻辑在于让数据跑起来,打通政府部门之间的数据壁垒,方便企业和群众办事。2017 年,浙江提出数字经济“一号工程”,加速构建数字经济引领的现代化产业体系,数字经济成为高质量发展的重要内容。2020 年,浙江迭代升级提出数字经济“一号工程 2.0 版”。2021 年。浙江全面实施数字化改革,提出要加快推进以“产业大脑+未来工厂”为核心的数字经济系统建设。2022 年,浙江省第十五次党代会提出数字经济“一号工程”升级版,打造数字变革新高地;同年年底,浙江省委经济工作会议提出要大力实施数字经济“一号发展工程”,推动数字经济增加值和核心产业增加值实现新一轮“双倍增”,做大做强做优数字经济成为浙江数字经济发展的重要战略目标。当前,浙江正聚焦“五区四中心”发展定位,全力推动产业能级、创新模式、数字赋能、数据价值、普惠共享“五个跃升”,全面建设数字经济强省,打造引领支撑“两个先行”关键力量。

2. 推进技术攻关,夯实发展基石

浙江高度重视数字经济领域关键核心技术攻关,打造数字科技创新中心,为数字经济高质量发展夯实基石。在技术方面,浙江聚焦“互联网+”、新材料、生命健康三大科创高地,以及云计算与未来网络等重点战略领域,实施数字经济重大科技专项和产业关键核心技术攻坚工程,推进关键核心技术领域取得重大突破,形成数字经济持续发展的强劲支撑。在企业方面,浙江充分发挥企业作为创新主力军的作用,实施新一轮科技企业“双倍增”行动计划,加大力度培育数字经济领域的创新型企业。在平台方面,浙江布局了杭州城西科创大走廊等创新廊带,集聚数字经济创新资源;布局了之江实验室、湖畔实验室等省实验室,推进阿里达摩院等高能级创新平台建设,以此助推数字经济核心技术攻关。在人才方面,浙江牢固树立“人才是第一资源”的理念,加速汇聚数字创新人才,助推数字经济创新。根据《浙江省数字经济发展白皮书(2022 年)》,近年来,浙江互联网人才净流入率排在全国前三,11 个设区市人才净流入率均为正值,尤其是杭州,已经成为全国数字经济人才集聚高地。

3. 加速产业应用，提升发展能级

数字经济是高质量发展的重要内容，其具体表现形式在于通过数字产业化、产业数字化、数据价值化等路径构建以数字经济为核心的现代产业体系。浙江紧紧抓住数字时代产业链调整和重构的契机，强化数字产业引领和数字技术赋能，着力提升数字经济发展能级。在数字产业化上，浙江把握新一轮科技革命发展趋势，聚焦人工智能、5G、大数据、云计算等新一代信息技术发展方向，努力抢占人工智能、集成电路、软件信息等新兴产业发展先机。依托新一代人工智能创新发展试验区等国家级平台，不断推进新产业落地，培育数字经济核心产业竞争优势。在产业数字化上，浙江充分发挥数字经济和制造业基础优势，加速促进新一代信息技术和制造业深度融合，助推全球先进制造业基地建设。聚焦“415X”先进制造业集群建设，充分发挥数字技术领先优势，加快推进工业机器人全产业链应用。积极打造数字化车间/智能工厂，探索“未来工厂”建设，深化“1＋N”工业互联网平台体系建设，推广企业“上云用数赋智”服务。在数据价值化上，浙江积极探索大数据交易市场等平台，率先探索数据要素交易流通机制，促使数据要素或数据产品自由流通，最大限度发挥数据要素的价值。

4. 布局新型基建，拓宽发展场景

基础设施建设对经济增长具有显著的“乘数效应”，是稳定经济发展的“压舱石”。相较于传统基础设施，新基建既是基础设施又是新兴产业。新基建以信息技术为驱动，着力在科技端发力，兼具基础设施投资与新兴产业培育的双重功能，也兼顾了扩大投资需求和消费需求，是加快构建现代化产业体系、布局未来先导产业的关键一招。数字经济高质量发展离不开数字基础设施建设，而 5G、工业互联网、大数据中心等都属于数字化基础设施建设的范畴。浙江抓住新基建的重大发展机遇，抢抓窗口期，加速布局 5G 网络、数据中心、下一代互联网(IPv6)、人工智能、工业互联网等新型基础设施建设，拓宽数字经济应用场景，保障数字经济安全发展。截至 2021 年底，浙江建成开通 5G 基站 10.5 万个，实现全省县城以上地区和重点乡镇全覆盖，5G 基站建设速度领跑全国。在此基础上，浙江着力拓展 5G、人工智能、云计算等新技术的场景应用，大力实施数字生活新服务行动，利用数字技术赋能基层社会治理。①

(二)浙江省发展数字经济的成效

根据“2022 数字经济城市发展百强榜”，浙江有杭州、宁波、温州、绍兴、嘉

---

① 潘家栋:《浙江数字经济发展的实践、成效及经验》,《江南论坛》2023 年第 3 期。

兴、金华、台州、湖州八个城市入围，数量位居全国第四，且形成了各具特色的发展模式。如，杭州着力打造数字经济第一城，宁波大力建设工业互联网领军城，绍兴加速培育集成电路新高地等。

1. 数字经济规模持续壮大

浙江数字经济不断发展，规模持续壮大，稳居全国第一方阵。2017—2021年，浙江数字经济总量从1.96万亿元增至3.57万亿元，增长了82.1%，数字经济占GDP比重从37.8%上升至48.6%。2021年，浙江数字经济规模跃居全国第四。不仅如此，数字产业化、产业数字化规模也持续壮大，数字经济不断迈向高质量发展。在数字产业化方面，2017—2021年，浙江数字经济核心产业增加值从4853.3亿元增至8348.3亿元，增长了72.0%，数字经济核心产业增加值占GDP比重从9.4%上升至11.4%，2022年这一比重提高至11.7%，数字产业化对经济发展的贡献不断增强。在产业数字化方面，2017—2021年，浙江产业数字化规模从14724亿元增至27380亿元，增长了86.0%，产业数字化水平稳居全国第一，成为数字经济发展的主阵地。

2. 数字技术水平不断提升

浙江深入实施“产学研用金、才政介美云”十联动，不断优化数字经济创新环境，强化数字经济核心技术攻关，加速数字经济创新企业培育，数字经济领域企业数量和规模持续壮大，创新能力不断提高，为数字技术水平提升注入了强有力支撑。2017—2021年，浙江数字经济领域高新技术企业从0.32万家增至1.1万家，科技型中小企业从0.53万家增至1.8万家，涌现出了海康威视、网易、阿里巴巴、大华股份等一大批数字经济领域创新型领军企业。截至2021年底，浙江数字经济领域拥有营收超千亿元企业2家、超百亿元企业45家、超亿元企业2230家、上市企业164家，搭建了6个数字经济领域省级技术创新中心，领军企业日益崛起，高能级平台不断打造，为创新发展夯实基础。同时，企业研发投入持续增加，创新活力有效释放，创新产出节节攀升。2017—2021年，浙江数字经济领域有效发明专利从3.6万件增至8.9万件，增长了1.5倍。

3. 数字治理水平有序提高

浙江率先将数字技术应用于政务服务，从“最多跑一次”改革到数字化改革，浙江在政府数字化转型方面保持着先试先行的步伐，这些探索和尝试也有利于浙江优化营商环境，助推经济高质量发展。尤其是2021年以来，浙江全面实施数字化改革，迭代升级数字政府建设，持续打造“掌上办事”“掌上办公”“掌上治理”之省，省域数字治理能力保持全国前列水平。依托“浙里办”等数字政府平台，有效实现了政府办事“一次都不跑”，打通了政府部门之间的数据壁垒，用数据对话、用数据办事、用数据服务等氛围不断形成，大大缩短了企业和群众的办事时限，有效提高了企业和群众的办事效率。截至 2021 年底，“浙里办”平台的注册用户数量突破 7800 万户，打造完成了全省统一的“一网通办”平台，办事率达到 85%，“让群众少跑、让数据多跑”的格局日益形成；“浙政钉”平台注册用户达 150 万户，集成移动应用 2821 个，政府部门之间的数据有效流转，办事协同程度不断提高。

4. 数据要素价值充分释放

浙江从政府和社会公共数据入手，积极稳妥推进公共数据安全开放和有效流通，最大限度释放数据价值，助推经济社会高质量发展。目前，浙江已建成并启用省级政府数据统一开放平台，加大对公共数据的集成归集和开放共享力度。截至 2021 年底，全省 11 个设区市、90 个县级平台全部上线运行，为公共数据流通及价值释放提供了平台支撑，畅通了数据价值化的路径。据统计，浙江已开放 1.96 万个数据集 5.91 亿条数据，政府数据开放水平走在全国前列，为经济增长、社会治理等提供了有力保障。同时，浙江是较早探索数据要素交易市场的省份，数据要素市场化配置领跑全国。2016 年，浙江成立大数据交易中心，聚焦金融科技数据产品和数字营销产品服务交易主业，以“前店后厂”的模式探索数据要素市场化配置之路，交易初具规模，交易流程日益规范，交易模式日渐成熟。不仅如此，各地市也在积极探索具有区域特色的数据价值化路径。如，温州已累计建设数据中心 15 个，大力发展数据产业，以高能级平台、数字新基建等为载体创建区域数据中心。①

三、浙江省数字经济“一号发展工程”政策体系

2023 年，在浙江省数字经济创新提质“一号发展工程”大会之后，省委、省政府迅速成立工作专班并制定出台实施方案，省发展和改革委员会、省经信厅、省科技厅、省商务厅、省市场监管局等部门分别制定 8 个攻坚行动子方案，11 个市迅速行动，结合各市实际制定实施方案，构建起“1＋8＋11”省市一体的政策体系。

（一）“1”：浙江省数字经济创新提质“一号发展工程”实施方案

通过实施数字关键核心技术、数据要素价值释放、数字产业竞争优势提升、

① 潘家栋：《浙江数字经济发展的实践、成效及经验》，《江南论坛》2023 年第 3 期。

“产业大脑＋未来工厂”赋能、数字消费创新引领、新型基础设施强基、平台经济创新发展、数字生态活力激发等八大攻坚行动，全力建设数字经济高质量发展强省，构建以数字经济为核心的现代化产业体系，打造支撑“两个先行”关键力量。计划通过5年努力，到2027年，全省数字经济增加值和核心产业增加值分别突破7万亿元和1.6万亿元，实现“双倍增”，以数字经济为核心的现代化经济体系建设取得新进展，基本建成数字经济高质量发展强省。

（二）“8”：8个攻坚行动子方案

1. 浙江省数字关键核心技术攻坚行动方案

围绕云计算与未来网络、智能计算与人工智能、微电子与光电子、大数据与信息安全、智能控制与先进技术、脑科学与脑机融合、新药创制与高端医疗器械、现代农机装备与数字农业技术等八个方面的主要任务，瞄准全球数字科技发展前沿，突破一批具有标志性的重大核心技术，抢占关键技术制高点和数字新赛道，推动数字经济与先进制造业、现代服务业、现代农业深度融合，打造具有全球影响力的数字科技创新中心。

2. 浙江省数据要素价值释放攻坚行动方案

通过推进产业数据价值化、加快公共数据有序开发利用、强化个人数据合理利用、促进数据合规高效流通交易、提升数据安全治理能力、推进数据要素市场化配置改革等六个方面的主要任务，以制度创新、市场开发、场景应用等多元驱动，激发数据要素价值，促进全体人民共享数字经济发展红利，打造具有浙江特色的数据要素活跃市场，全面赋能经济高质量发展。

3. 浙江省数字产业竞争优势提升攻坚行动方案

通过做大做强高端软件、集成电路、数字安防与网络通信、智能光伏、智能计算、数字内容等六大特色优势产业，谋划布局人工智能、未来网络、元宇宙、空天信息、第三代半导体、柔性电子、区块链、量子信息等一批未来产业，培育无人驾驶、智能机器人、智能家居、智能可穿戴设备、智慧健康等一批融合型新产业，重点实施提升全产业链竞争力、产业平台集聚力、重大项目攻坚力、优质企业发展活力、数字科技创新力、产业生态吸引力六大任务，全力建设全国数字产业化发展引领区。

4. 浙江省“产业大脑＋未来工厂”赋能攻坚行动方案

通过推进制造业数字化转型、推进服务业数字化转型、推进农业数字化转型、推动一二三产融合发展、培育产业数字化生态、强化数字基础设施建设等六大主要任务，聚焦“415X”先进制造业集群，以“产业大脑＋未来工厂”赋能生产方式转变、产业链组织重构、商业模式创新和产业生态重塑，提升制造业高端化、智能化、绿色化发展水平，加快全球先进制造业基地和全球数字变革高地建设。

5. 浙江省数字消费创新引领攻坚行动方案

通过提升数字内容供给能力、丰富数字消费场景与载体、深化数字生活新服务行动等三大主要任务，统筹线上和线下、城市和农村，丰富消费供给内容，培育消费新载体，深化数字生活新服务，加快推进现代消费体系，提振消费意愿，更好满足人民群众对美好生活的向往，推动全省数字经济高质量发展。

6. 浙江省新型基础设施强基攻坚行动方案

围绕加速建设高速泛在的网络基础设施、优化布局集约高效的算力基础设施、培育壮大面向市场的新技术基础设施、谋划培育技术驱动的创新基础设施、迭代提升面向应用的融合基础设施等五大主要任务，以建设国内领先、国际一流的新型基础设施为总目标，实施新型基础设施强基攻坚行动，全面优化投资结构，以高质量供给创造新的需求，努力打造新型基础设施标杆省，为全省数字经济创新提质提供有力支撑。

7. 浙江省平台经济创新发展攻坚行动方案

通过着力打造重点领域互联网平台、全力支持平台企业集成创新、全面优化平台经济发展环境、持续推进平台经济治理创新等四大重点任务，从构筑国家竞争新优势的战略高度出发，秉持包容审慎的监管理念，把握平台经济发展规律，建立健全规则制度，优化平台经济发展环境，提升常态化监管水平。

8. 浙江省数字生态活力激发攻坚行动方案

通过引进培育多层次数字经济人才、强化金融要素高效集聚合理流动、挖掘开放多层次应用场景、加快完善创业创新生态、强化数字经济国内交流国际合作等五大主要任务，聚焦创新深化发展主题，优化创新资源配置，激发创新主体活力，深化开放合作，完善数字治理机制，全力打造全国数字生态最优省，推动数字经济高质量发展强省建设。

（三）“11”：11 个地市行动方案

1. 杭州市数字经济创新提质“一号发展工程”实施方案

围绕科技铸魂强基攻坚行动、数据要素激活攻坚行动、智能物联强链攻坚行动、企业梯队培育攻坚行动、数字赋能转型攻坚行动、业态模式创新攻坚行动、数字基建提升攻坚行动、平台经济创新发展攻坚行动等八大攻坚任务，高水平重塑全国数字经济第一城，加快构建以数字经济为核心的现代化产业体系，全面增强杭州中国式现代化新动能。到2027年，全市数字经济综合实力、创新力、竞争力显著提升，数字经济核心产业增加值力争突破9000亿元，并力争向万亿元迈进，基本建成数字经济理念和技术创新策源地、数字产业和人才高地、数字经济政策和制度先行地、数字资源配置和开放合作战略枢纽。

2. 宁波市实施数字经济创新提质“一号发展工程”行动方案

通过实施数字产业集群能级跃升计划、实施数字创新能力逐新计划、数字一流企业主体攀高计划、数字经济与实体经济深度相融计划、数字生态环境提优计划等五大重点任务，全力推进宁波建设数字经济高质量发展先行城市，为现代化滨海大都市建设提供强大动力。到2027年，全市数字经济核心产业跃上新台阶，数字经济增加值、数字经济核心产业营业收入分别达到1.5万亿元、1.2万亿元；数字经济与实体经济深度融合水平全国领先。建设全国数字产业集群发展高地、全国产业数字化引领高地、全国数字科技创新高地、全国数据制度创新先行地，打造全国数字经济高质量发展先行城市，基本建成“一城四高地”发展格局。

3. 温州市数字经济创新提质“一号发展工程”实施方案

通过实施数字科技创新提升工程、数字产业集聚提升工程、市场主体培育提升工程、产业数字融合提升工程、数据价值释放提升工程、治理数字化能力提升工程、数字消费引领提升工程、数字新基建全面提升工程、平台经济发展提升工程、数字生态优化提升工程等十大攻坚任务，沿着产业能级跃升、创新能力跃升、数字赋能跃升、数据价值跃升、数字治理跃升、数字普惠跃升等六条推进路径，聚力打造数字经济领跑区，奋力打造全国数字变革高地。到2027年，全市数字经济增加值和核心产业增加值力争实现双突破，并分别达到1万亿元、1500亿元。创建中国软件特色名城，打造软硬件协同发展数字经济集聚区，构建形成以数字经济为核心的现代化经济体系。

4. 湖州市数字经济创新提质“一号发展工程”实施方案

聚焦“在湖州看见美丽中国”实干争先主题实践，紧扣“往高攀升、以融提效、向新进军”三大主攻方向、五条进攻路径，通过实施数字关键核心技术、数据要素价值释放、数字产业竞争优势提升、“产业大脑＋未来工厂”赋能、数字消费创新引领、新型基础设施强基、平台经济创新发展、数字生态活力激发等八大攻坚行动方案，全力推动数字经济突围发展、创新发展，全面建设长三角具有重要影响力的数字之城。到2027年，湖州市数字经济发展水平位居长三角前列，力争数字经济核心产业增加值达到500亿元（确保440亿元），数字经济增加值占GDP比重超50%，努力打造全国数字生态治理和价值化改革高地、全国产业数字化转型引领地、长三角半导体及光电产业集聚地、长三角数字文化生活幸福地发展格局。

5. 嘉兴市数字经济创新提质"一号发展工程"实施方案

持续放大世界互联网大会乌镇峰会红利，聚力数字技术创新能力提升、数字产业集群发展、制造业数字化绿色化改造、数字基础设施建设等四大攻坚任务，实施数字消费深化、数字贸易能级提升、乡村振兴新动能培育、数字化治理模式创新、数字生态构建、开放协同发展等六项专项行动，以智造创新强市建设为引领，以数字产业化、产业数字化、数字化治理、数据价值化为主线，推动技术变革、产业变革、模式变革、治理变革，全面建设长三角数字经济高地。到 2027 年，全市数字经济创新力、竞争力显著提升，综合实力居全省前列。全市数字经济核心产业增加值达到 1600 亿元，比 2022 年翻一番，占 GDP 比重达到 15%以上。培育形成 2 个以上在全国乃至全球有引领性、标志性、辨识度的数字产业集群，力争实现国家级先进制造业集群零的突破。

6. 金华市数字经济创新提质"一号发展工程"实施方案

以"1583"工作体系为总纲，推动数字经济创新提质"一号发展工程"取得实质性突破。锚定建设数字经济高质量发展强市这一个总体目标，聚焦数字产业化、产业数字化、数据价值化、治理数字化、数字普惠化等五大领域打造 29 项标志性成果，重点推进实施关键核心技术攻关工程、数字产业化提升工程、数字消费创新引领工程、产业数字化赋能工程、数据价值化加速工程、平台经济创新发展工程、数字基础设施提档工程、数字生态活力激发工程等八大突破性工程，集中发力三大产业赛道，做强智能光伏、磁性材料、数字影视、软件信息服务业等四个基础产业，做大信创产业、新型储能、新型显示和智能装备(终端)等四个新兴产业，布局量子信息、人工智能和前沿新材料等三个未来产业，壮大一批优势产业，培育一批优质企业，树立一批典型示范，加快推动全社会全要素全流程数字化转型，全方位推动数字经济与实体经济深度融合。到 2027 年，全市数字经济创新力和竞争力显著提升，规上数字经济核心产业营收和增加值实现"双倍增"，分别突破 4000 亿元和 800 亿元。

7. 衢州市数字经济创新提质"一号发展工程"实施方案

通过实施数字产业、数字技术、数字赋能、数字消费、平台经济、数据价值、数字新基建、数字生态等八方面的攻坚行动，使数字产业集聚效应进一步凸显，产业数字化转型持续走在全省前列，探索实践数据价值化新路径，建设四省边际数字经济发展高地。到 2027 年，全市数字经济整体发展水平跨越式提升，力争规上数字经济核心产业营业收入年均增速 40%以上，超过 3000 亿元；力争规上数字经济核心产业增加值年均增速25%以上，超过500亿元。建成世界级高端电子化学材料和锂电材料基地，打造全国细分行业中小企业数字化转型标杆，四省边际数据运营中心、四省边际智算中心投入运行。

8.舟山市推进数字经济创新提质“一号发展工程”实施方案

锚定数字经济与海洋经济深度融合的主攻方向，着力技术研发积聚科技创新势能，围绕数据要素探索价值实现路径，立足资源禀赋孕育数字产业动能、赋能重点领域构筑现代产业体系，关注场景建设引领数字生活消费，聚焦涉海应用完善数字基础设施，发挥平台优势牵引业务模式转型，多措并举全面培育数字经济生态，推动形成数字经济赋能和引领海洋经济高质量发展新格局。到2027年，全市规上数字经济核心产业营收突破200亿元，数字经济增加值达到1500亿元。力争将舟山打造成海洋数字融合应用母港、海洋数字技术创新中心、海洋数字产业发展高地、海洋数字基础设施枢纽，“数字海洋”品牌影响力凸显。

9.台州市深入实施数字经济创新提质“一号发展工程”行动方案

推进“1348”计划，围绕打造数字制造之城和数字经济特色发展区两大目标，紧扣“往高攀升、向新进军、以融提效”三大主攻方向，加强数字产业化、产业数字化、产品智能化、数据价值化“四化协同”，实施八大行动，以数字经济为引领，推动创新能级跃升、产业能级跃升、城市能级跃升，奋力推进中国式现代化台州建设。到2025年，数字经济核心产业增加值实现倍增，增加值突破400亿元，成为全省数字经济新增长极。到2027年，全市数字经济整体竞争力显著提升，数字经济综合水平居全省前四，发展水平进入全省第二方阵前列。

10.丽水市数字经济创新提质“一号发展工程”实施方案

通过实施数字产业能级跃升、数字赋能产业转型、数字消费普惠共享、数据要素价值挖掘、数字治理改革创新、数字生态活力激发等六大攻坚行动，加快打造“浙南硅谷”，构建起以数字经济为核心的现代化产业体系。到2027年，全市数字经济综合实力、创新力、竞争力显著提升，数字经济核心产业增加值突破180亿元，年均增速20%以上，占GDP比重达到7%以上。建成“113X”产业体系，即培育建设1个千亿级、1个百亿级、3个50亿级数字经济产业集群，培育X家数字经济核心企业。全面建设数字经济跨越式发展示范区、数字赋能生态经济先行区、数字提升治理效能样板区。

11.绍兴市深入实施数字经济创新提质“一号发展工程”行动方案

通过数字关键技术提升、数据价值激活释放、数字产业做强做优、数字赋能转型提效、数字消费创新引领、新型基础设施升级、平台经济高质量发展、数字生态活力激发等八大行动，构建以数字经济为核心的现代化产业体系，为勇闯中国式现代化市域实践新路子提供强大引擎。到 2027 年，全市数字经济发展水平跃居全省第一方阵，数字经济核心产业增加值力争突破 1000 亿元。全面建成智能制造先行区、产业发展核心区、产业数字转型引领区、高品质消费体验区和国家“双千兆”网络城市，高水平构筑绍兴数字经济发展新优势，以数字经济为核心的现代化产业体系建设取得积极进展。①

四、绍兴市发展数字经济的现状、做法及问题

绍兴作为全省唯一的省级传统产业改造提升综合试点市，自 2017 年以来，主动拥抱数字文明和技术变革，深入实施数字经济“一号工程”，推进产业数字化和数字产业化“双轮驱动”，深刻把握“认识、实践、再认识、再实践”的数字经济发展规律，全力打造以“产业大脑＋未来工厂”为核心的数字经济系统。

（一）绍兴数字经济发展的现状

2023 年 1—5 月，规上数字经济核心产业制造业增加值同比增长 15.9%，居全省第四。5 月 18 日，绍兴作为唯一代表在全省加快建设全球先进制造业基地大会上作交流发言。绍兴市及上虞区、新昌县、越城区成功夺得“浙江制造天工鼎”。绍兴市积极争创省“415X”先进制造业集群核心区、协同区，集成电路等四个产业集群入选核心区，入选数量位居全省第二。一季度和二季度，在全省“415X”先进制造业集群培育工程亮晒中，绍兴市都获得了五星评价。柯桥区、嵊州市、新昌县被列入 2023 年度中小企业数字化改造财政专项激励试点名单，入选数全省第一。绍兴产业大脑能力贡献度全省第一。2023 年上半年，绍兴 3 个案例被省委组织部选入三个“一号工程”典型案例（全省数字经济领域仅 9 个案例入选），入选数全省第一。2023 年 6 月，海峡两岸（绍兴）数字产业合作区获国家四部委批复，正式成立。依托合作区，绍兴致力于建设数智创新人才培育发展样板区，畅通人才互联互动渠道，加强人才合作交流，营造人才联合引培优良生态。

---

① 《定了！透视浙江数字经济创新提质“一号发展工程”政策体系》，2023 年 4 月 27 日，https://mp.weixin.qq.com/s/M9gbpnFlxLYhS4NL0oPTXw。

（二）绍兴发展数字经济的主要做法

1. 统筹谋划周密部署

制定出台《绍兴市数字经济创新提质“一号发展工程”行动方案》和 2023 年度重点工作清单，提出了八大行动和 31 项重点任务，明确了“四区一市”[①]的发展目标，强化部门协同、市县联动，推动数字经济往“高”攀升、向“新”进军、以“融”提效，全力打造数字经济创新提质发展新引擎。

2. 深化数字技术创新

一是推进重点平台建设。推进绍兴实验室、鉴湖实验室、浣江实验室等重点平台建设，加快科技强基项目的投资建设。二是开展揭榜挂帅科技攻关。全市总计发榜 75 项，成功揭榜 54 项，其中数字经济相关领域共计 15 项。三是着力引进人才项目。曹娥江实验室推进共建浙江大学上游半导体材料创新中心，浣江实验室与北京航空航天大学签约开展技术合作，引进省级以上领军人才 12 名，孵化成立相关初创企业 6 家。四是制定引才方案。2023 年 8 月，绍兴市制定并发布了《绍兴市数字经济创新提质“一号发展工程”高技能人才倍增行动实施方案（2023—2027 年）》，全力推进新时代数字技能人才队伍建设。

3. 做强做优数字产业

一是出台系列扶持政策. 编制绍兴市集成电路产业发展规划，修订绍兴市加快推进集成电路产业发展若干政策，加快推进省集成电路产业集群和核心区建设。二是加快项目建成投产。2023 年全省实施亿元以上集成电路项目 33 个，计划总投资 603.6 亿元。三是强化项目交易。截至 2023 年 5 月，全市新引进 5 亿元以上数字经济项目 12 个，其中 10 亿元以上 10 个，90 亿元以上 4 个。四是加快软件产业发展。规划全市软件产业发展蓝图，起草制定绍兴市加快软件产业高质量发展的实施意见。

4. 深入推进数实融合

加快制造业数字化转型，全行业推进新一轮智能制造五年行动。同时推广“产业大脑＋未来工厂”的新模式，深化五个细分行业的产业大脑建设，累计服务中小企业 4500 余家，接入生产设备 2 万台。

5. 全面升级数字设施

一是打造 5G 新型网络。全面推进 5G 网络部署。截至 2023 年 6 月，全市

---

① “四区一市”指国家智能制造新型区，省产业发展核心区、产业数字转型引领区、高品质消费体验区和国家“双千兆”网络城市。

已建成了5G基站1381座，累计建成17654座，实现绍兴主城区各区域和核心产业城区以及乡镇街道全覆盖。二是深度推进光网建设。会同市建设局、市通发办制定出台了关于进一步规范通信配套设施建设的通知，推进通信配套设施的集约化建设和规范化管理。

6. 促进数据价值的释放

一是产业大脑建设成绩斐然。织造印染、电机、轴承等三个第一批全省试点的产业大脑，已全面推广使用。以电机为例，目前电机大脑已覆盖全国29个省(市、区)，服务企业4000家，注册用户12497个，帮助661家中小企业累计融资12亿元，提升中小微电机企业生产效率达50%以上。二是产业大脑能力输出突出。截至2023年5月，绍兴各行业产业大脑已向省产业大脑能力中心输出并成功上架能力组件137个，能力贡献度全省第一。三是DCMM试点数量全省领先。2023年5月，越城区、上虞区、诸暨市被列入第二批省级企业数据管理国家标准(DCMM)贯标区域试点名单，数量居全省第一；大豪科技等18家企业入选试点名单，数量居全省第三。

(三)绍兴数字经济发展存在的问题

与经济高质量发展要求相比，绍兴数字经济发展还存在一些问题和不足，主要是产业大而不强，数字技术引领高质量发展的作用仍有待发挥，数据要素价值潜力尚未有效激活。

1. 数字经济核心产业覆盖面不广

从整体来看，在绍兴的规上工业中，纺织产业占GDP比重(24.7%)仍明显高于数字经济核心产业(8.5%)。数字经济核心产业覆盖面也不广，主要集中在集成电路方面。2022年，绍兴集成电路产业链产值突破530亿元；2023上半年，全市集成电路产业链实现产值323.7亿元，同比增长22.1%；但在规上软件和信息服务业方面的表现则趋于弱化，2023年上半年增长平均值同比增速为−15.5%，低于服务业整体增长率，占全省比重仅为0.7%。

2. 缺少头部数字企业引领带动

绍兴市自2017年以来大力发展数字经济"一号工程"，成功引进中芯国际、长电科技、豪威科技、比亚迪等头部企业，不断集聚上下游企业，加快释放裂变效应，2022年数字经济核心产业占GDP比重提升至4.4%。但与杭州等数字经济发达兄弟城市相比，绍兴数字经济领域的头部企业偏少，尚未形成以数字经济链主企业为龙头的产业链体系。以2022年浙江省智能工厂(数字化车间)名单为例，在179家认定企业中，来自绍兴的仅有15家。

3. 创新投入强度不足

绍兴全面落实创新强市首位战略,但强度依然偏低,难以支撑数字产业高质量发展需求。比如,2022 年,绍兴 R&D 经费投入 221 亿元,居全省第四,仅占全省的 9.1%,全社会研发经费支出占 GDP 比重为 3.01%,虽然同比提升 0.14 个百分点,但仍不及全省平均水平(3.11%)。与杭州、宁波相比,绍兴整体研发经费投入还是偏低,这必然使其数字经济创新能力受到影响。

4. 企业数字化转型难以深入

绍兴企业数量众多,但普遍规模小、联系散,自主数字化转型建设条件匮乏,关键领域卡脖子现象突出。如规上工业企业中,小微企业占比高达九成,企业依靠自身转型升级、数字化融通改造难度仍然较大。根据《2022 年浙江省区域两化融合发展水平评估报告》,绍兴两化融合指数为 106.59,低于杭州(123.60)、宁波(117.98)、温州(113.29)和嘉兴(113.03),仍处于第二梯队,数字技术与制造业融合发展仍需加码加力。

5. 数字人才供给不足

绍兴目前的人力资源结构还不能满足数字经济创新提质与数实融合扩面提速的需要。绍兴本地高校以文理基础学科为主,缺少高层次工科院校,不能持续向在绍数字经济企业输送高素质人才。同时,受杭州、宁波两地数字经济企业的虹吸影响,难以吸引众多优秀的硕博人才来绍从事数字经济工作。据统计,浙江省 2022 届普通高校毕业生共 247157 人,流向杭州就业的有 62655 人,占 20.22%;流向宁波就业的有 31852 人,占 10.28%;流向绍兴就业的仅 21056 人,占 6.80%。①

五、其他城市发展数字经济的经验借鉴

(一)深圳:以战略性新兴产业为引擎,巩固壮大实体经济根基

1. 聚集战略性新兴产业,实现创新引领发展

近年来,深圳积极布局建设战略性新兴产业基地和聚集区,并结合城市发展

① 《我省 2022 届毕业生都去哪儿了?》,2023 年 4 月 1 日,https://mp.weixin.qq.com/s/2A18npJImZzf9rpjl8I5dA。

的空间战略布局，支持全市 10 个行政区结合自身产业特色，发展重点产业和园区建设，加大力度引进一批优质项目，形成战略性新兴产业集群发展的良好态势。根据《深圳市战略性新兴产业发展“十三五”规划》，深圳以信息经济、生命经济、绿色经济、创意经济等为重点，不断提高创新能力，大力培育骨干企业，不断优化产业生态体系，引领产业向高端化、规模化、集群化发展。2019 年，深圳出台了《深圳市进一步推动集成电路产业发展行动计划(2019—2023 年)》，提出建设国际知名的集成电路产业集聚区，目前深圳已发展成中国半导体产业的设计中心、应用中心和集散中心，并在材料、设计和应用等方面取得了一系列技术创新和突破。

2. 构建未来产业策源地，布局前沿技术领域

2021 年，深圳提出实施“未来产业引领”计划，着意在相关领域组织实施未来产业孵化与加速计划，加强前沿技术多路径探索、交叉融合和颠覆性技术供给，打造未来技术应用场景。“未来产业引领”计划的提出是深圳在雄厚的技术、产业基础上，基于对前沿技术创新趋势的科学预判得出的，是为深圳这趟发展列车添加新引擎的重要后备力量。“未来产业引领”计划前瞻布局人工智能、6G、量子科技、深海深空、无人驾驶、智能网联汽车、氢能技术研究等前沿领域。例如，6G，就是深圳在建设“5G 之城”的基础上做出的选择。2020 年 8 月，深圳率先实现 5G 独立组网全覆盖，5G 基站密度全国第一，5G 标准必要专利总量全球领先。而华为、中兴等科技领域龙头企业也早已启动了 6G 相关技术的研发工作。

3. 发挥头部企业牵引带动作用，促进产业链高质量发展

2020 年，深圳市发布了《关于支持头部企业发挥带动作用促进重点产业链高质量发展的实施方案》，从四个方面助力深圳头部企业提升产业链带动能力、研发创新能力、市场主导能力，发挥“头雁作用”。基于头部企业反映的共性需求，重点围绕发展资源要素、研发创新支持、强化集群优势、精准服务能力等方面，制定更聚焦、更精准、更大力度的支持措施，助力深圳头部企业提升产业链带动能力、研发创新能力、市场主导能力等，形成头部企业全面领跑、新锐企业多点开花、中小企业雨后春笋的发展格局。截至 2022 年 3 月，深圳已拥有国家级高新技术企业 1.86 万家，全社会研发投入占 GDP 比重达 5.46%，创新能力在国家创新型城市中位居第一。本土创新型制造企业集群的形成和新技术产业链体系的成型已经成为深圳城市创新的重要特色。

（二）杭州：数字经济创新提质，打造产业新生态

1.明确未来的关键发展方向

2023年5月初，杭州召开了数字经济创新提质“一号发展工程”大会，大会着重强调了未来杭州数字经济“纵深推进”的六个方向：一是纵深推进数字技术创新突破，精准把握人工智能、云计算、大数据等新一代数字技术发展趋势，尊重和发挥企业在技术创新中的主体地位，稳固和提升杭州在软件信息服务业方面的竞争优势。二是纵深推进数实融合创新突破，锚定智能制造这个方向，聚焦中小企业数字化转型这个重点，提供一批行业级数字化转型系统解决方案，有效解决不愿转、不敢转、不想转、不会转“四不”难题。三是纵深推进电子商务创新突破，重塑消费互联网新动能，打造产业互联网新高地，优化平台经济发展环境，推动平台经济增长方式从规模驱动重回创新驱动。四是纵深推进数字贸易创新突破，深化浙江自贸区杭州片区建设，办好全球数字贸易博览会，着力培育跨境电商大平台，推进服务贸易数字化转型。五是纵深推进数字金融创新突破，抢抓数字人民币应用新机遇，深化国家科创金融改革试验区新实践，立足杭州、面向全球搭建数字金融服务网。六是纵深推进数字内容创新突破，深入推进文化数字化，大力推动数字内容产业集聚发展。

2.加快构建现代化产业体系

2022年，杭州聚焦智能物联产业，实施“1248”计划，提出要高水平重塑全国数字经济第一城。当下，杭州正以创新为第一动力，奋力推进数字经济创新提质“一号发展工程”，高水平重塑全国数字经济第一城，加快构建以数字经济为核心的现代化产业体系。一是推动产业跃升，打造万亿级智能物联产业生态圈。为推动数字经济二次爆发，杭州以视觉智能为引领，以云计算大数据、高端软件和人工智能、网络通信、集成电路等为重点，打造智能物联产业生态圈。二是支持大显身手，依据平台经济发展新优势，全方位支持平台企业从模式创新转向“模式创新＋硬核技术创新”双驱动，如鼓励平台企业、龙头企业和科研院校组建创新联合体，支持人工智能、云计算、基础软件等技术与平台应用场景融合创新。三是数字赋能转型，打造数实融合发展新格局。一方面，重点推进数字经济赋能制造业，支持“链主工厂”建设工业互联网平台向产业链企业提供服务，带动传统行业整体数字化转型；另一方面，引导数字技术赋能农业生产，拓展在线文化、在线医疗、智慧旅游等服务业。四是科技铸魂强基，构建数字经济硬核创新体系。奋力推进数字经济创新提质“一号发展工程”，构建数字经济硬核创新体系，打造全国数字经济理念和技术策源地、全国数字产业和人才高地、全国数字经济政策

和制度先行地、数字资源配置和开放合作战略枢纽。

（三）同能级城市与绍兴的对比分析

1. 东莞 vs 绍兴

东莞市依靠雄厚的制造业基础，充分发挥粤港澳大湾区重要节点城市的区位优势，以“制造业引领突围”为核心发展路径，以电子信息制造业为代表，在支柱产业的强力带动下，全力推动数字经济高质量发展，全市数字经济发展取得新突破。在产业数字化方面，出台《东莞市制造业高质量发展“十四五”规划》，坚持制造业当家，聚焦“科技创新＋先进制造”，加快提升智能制造水平。截至 2022 年，东莞已经推动华为赋能中心、思爱普（SAP）赋能中心两个赋能中心投入运作，成功为 171 家本地工业企业提供数字化赋能服务。在数字产业化方面，先后出台《东莞市发展新一代电子信息战略性支柱产业集群行动计划》《东莞市发展半导体及集成电路战略性新兴产业集群行动计划（2022—2025 年）》等文件，促进半导体集成电路、智能终端、软件和信息技术服务等电子信息产业基础再造和产业链提升，打造数字经济核心产业发展新优势。目前，东莞市正聚焦于集成电路创新中心建设，涉及集成电路设计、材料、工艺、设备等多个领域，承担东莞集成电路领域产业链资源整合、战略科学家团队引进、公共技术平台建设、核心技术攻关、产业引进和培育等公共服务职能，推动东莞集成电路产业实现高质量发展。

与东莞相比，绍兴市数字经济发展存在不足之处。第一，缺少头部科技企业的带动力量。绍兴注重集成电路产业的发展，引进了中芯集成等头部企业入驻，推动了集成电路产业链的建设，但是对头部科技企业的引进较为欠缺，没有类似华为、腾讯等科技企业入驻，没能产生“科技创新＋先进制造”的效果。第二，制造业数字化进程相对缓慢。东莞支持以华为赋能中心、思爱普（SAP）赋能中心为核心，若干数字化转型服务商或机构为支撑，搭建“2＋N”数字化转型赋能体系，帮助企业完成数字化转型。绍兴以“产业大脑＋未来工厂”的新模式服务制造业企业数字化转型，但尚未建成多层次的数字化转型赋能体系，在促进制造业企业数字化转型上作用不大。

2. 佛山 vs 绍兴

作为全国唯一的制造业数字化转型综合改革试点城市，近年来，为加快制造业数字化转型，佛山以头部企业为突破口，开展标杆建设和引领工作。截至 2022 年，佛山已经涌现出海天味业、伊之密、维尚家具、恒洁卫浴等 45 个工业互联网应用标杆示范项目、55 个广东省智能制造试点示范项目。同时，佛山建立起工业互联网产业生态供给资源池，使得数字化智能化服务能力大大增强。与此同时，海尔卡奥斯、美云智数、腾讯（佛山）工业互联网基地、工业富联佛山智造谷项目纷纷在佛山落户。除了直接的资金补贴扶持外，根据政策措施，佛山还将通过加大金融支持力度，撬动更多资金投向制造业数字化智能化转型。

对比佛山，绍兴在促进制造业数字化转型方面仍存在不足之处。第一，绍兴缺乏本地制造业的头部企业，未能开展标杆建设和引领工作，也没有大型智能制造试点示范项目。第二，绍兴还缺少以“数改智转”推动传统产业升级，推动制造业高端化发展的具体举措。第三，绍兴缺少互联网与数字化创新技术赋能行业企业数字化转型，没能在医疗化工等支柱制造业领域搭建行业工业互联网平台，推动产业高质量发展。

3. 泉州 vs 绍兴

近年来，泉州先后出台《加快泉州数字经济发展若干措施》《泉州市智能制造数字化赋能三年行动方案（2023—2025）》等文件，组建泉州数字研究院，成立大数据产业协会、数字金融协会，引进落地中科曙光、SAP、华为等数字经济龙头企业，围绕实施“强产业、兴城市”双轮驱动，将数字经济作为未来发展新的突破口和增长极，不断壮大规模、完善链条、提升能级，持续推动数字技术赋能各行各业，加快产业数字化转型。一是加快推进数字新服务，持续推动泉州先进计算中心建设，全力打造福建省技术领先的超算中心、福建首个 X86 架构国产化信创云、工业互联网平台，目前已向华侨大学、海西装备所等科研院校提供算力服务。二是加快推进全球商业遥感卫星接收网福建站建设，目前已建成首期 2 个站点，并完成跟星、联调测试。三是不断强化数据汇聚共享开放开发，提升数据治理能力，推进数据库资源体系建设，并在全省率先建成并试运行公共数据资源开发利用平台。2023 年 1 月以来，泉州政务数据汇聚量超 100 亿条，发布服务接口超 400 个，为全市各级各部门提供数据批量交换服务超 4000 项，交换总记录数据超 29 亿条。

与泉州相比，绍兴在推进数字创新服务和数据库资源体系建设方面存在一定的不足。第一，算力高质量供给和普惠服务存在一定的差距，智算资源不足、算力分布不均衡、算力获取门槛高等问题比较突出。第二，数据共享平台不多，各区县之间尚未形成联动。第三，虽拥有区域大数据开放共享与应用试验区，但大数据开发共享平台仍然处于量少状态。

（四）启示

1. 注重创新引领和创新驱动

培育壮大优势特色产业。以科技创新为根本动力，通过技术创新、产品和服务创新、商业模式创新和管理创新，更好地满足和激发市场需求。绍兴数字经济的各类模式，基本都体现了移动互联、云计算、大数据、人工智能等新兴技术的应用，以及商业模式等的创新。绍兴应坚定实施创新驱动发展战略，以科技创新驱动高质量发展为主线，以深化科技体制改革和健全创新治理体系为突破口，以集聚创新要素和增强创新能力为主攻方向，全面激发创新创业活力，建设创新活力之城，打造创新型城市实践范例。

2. 注重要素配置全球一体化

培育壮大优势数字特色产业。要求人才、技术、数据、资本等要素在全球范围内流动和配置，在全球产业链和价值链上处于中高端。要实现要素市场的全球协同配置，必须考虑产品市场的协同、资本市场的协同、管理团队的协同以及技术研发和生产的协同。一些新兴企业如海康威视虽进入行业较晚，但往往可以通过利用全球资源实现爆发式发展，并重构现有产业格局。

3. 注重产业发展智能化、绿色化与集约化

推动新一代信息技术与制造技术融合发展。把智能制造作为"两化"深度融合的主攻方向，着力推进生产过程智能化，培育新型生产方式，全面提升企业研发设计、生产制造、企业管理和销售服务的智能化水平。一是加快推进智能研发设计。推动研发设计与生产协同，应用图形化建模、快速成型与虚拟仿真等智能化设计系统，开展众包设计与定制服务，建立及时响应、持续改进、全流程创新的研发设计体系。二是加大先进节能环保技术、工艺和装备的研发力度，加快制造业绿色改造升级步伐。积极推行低碳化、循环化和集约化节能改造，提高制造业资源利用效率。三是强化产品全生命周期绿色管理，努力构建高效、清洁、低碳、循环的绿色制造体系。以资源优化配置为原则，以社会福利最大化为目标，形成组织结构高度集中、大中小企业共生的现代产业体系，实现产业可持续、集约化发展。

六、绍兴推进数字经济创新提质"一号发展工程"的思路与举措

（一）主要思路

1. 推进核心技术突破，合力打造全国数字经济理念和技术重要策源地

一是推进基础理论和关键技术的突破。做好市级产业关键技术攻关计划项目评审立项工作。做好省"双尖双领"重大攻关项目申报推荐工作，加快推进集

成电路、人工智能、区块链等关键技术研发。二是推进创新平台建设。加快绍芯实验室、鉴湖实验室、曹娥江实验室、浣江实验室等创新载体建设。三是提升企业研发机构创新能力。高质量推进省级企业研究院、研发中心、技术中心等的建设，有效提升企业研发机构的创新能力。

2. 加速实体经济数字化转型，合力打造全国产业数字化变革重要示范地

一是助推制造业数字化转型。组织实施800项重点技改示范项目，推动区块链技术与工业互联网融合发展，通过引入“云＋链”混合技术提高工业互联网性能。二是推进服务业数字化转型。聚焦数字贸易、数字文旅、信息服务等高端服务业，推进越城古城数字文旅、柯桥轻纺城数字贸易、上虞数字文娱、诸暨珍珠数字贸易等创新发展区建设，打造全省现代服务业创新发展示范区。三是加快农业数字化转型。持续推进“农业产业大脑＋未来农场”发展模式，助力打造省级数字农业工厂引领区。

3. 加速数字消费升级，合力打造全国消费数字化变革重要场景地

一是加快数字文化建设。突出绍兴文化基因，强化原创数字文化产品开发和服务供给，鼓励文物、非物质文化遗产等文化资源的“数字孪生”。二是着力发展新型消费。鼓励企业开展新零售业务，打造电商直播式“共富工坊”。三是深化未来乡村建设。争创国家级、省级数字乡村试点县。

4. 重抓平台经济健康发展，合力打造全国数字监管重要应用地

一是深化智慧监管。加快建设网络经济监管与服务一体化平台，继续深化“浙里直播共富”应用，加快建设国家监管平台诸暨监测点。二是开展风险分类管理。按照信用状况、风险系数对属地平台和平台内经营者进行分级分类，实施差别化监管。三是加大执法力度。严厉打击平台经济领域假冒伪劣商品、违法广告等违法行为，开展平台经济反垄断执法和反不正当竞争“守护”专项行动。四是深入实施平台经济从业者劳动权益保障专项行动。开展新业态新就业群体“新新向党”行动，提升新业态服务中心建设数量。

5. 探索政务民生领域落地，合力打造数字治理方案重要输出地

一是助推政务服务的数字化转型。利用区块链技术的数据全程可追溯、调用全程可记录以及联盟链分级授权功能，提升政务数据在部门内部共享和对外部企业开放的安全性，助推营商环境优化提升“一号改革工程”改革。二是助推民生服务数字化转型。利用区块链打破医疗机构信息壁垒，降低成本，推进医疗数据在健康管理、图像检索、新药研制等领域的应用；利用区块链解决传统电子证据易被篡改、可信度低、维权成本高等问题，提高司法服务效率。

（二）具体举措

1. 聚焦产业集群新增长点，构建数字经济生态圈

一是通过“上下联动、左右协同”的工作机制，加快培育数字经济新增长点。以区（县、市）为主、市里配套的方式，进一步凸显各区（县、市）在推动培育数字经济新增长点方面的主体作用。二是改革创新培育产业集群的制度政策，加快产业生态圈的形成。在充分把握产业集群发展规律的基础上，聚焦集成电路、智能视觉、特色软件等数字产业集群领域，大胆推进制度创新，落实培育新政，推动数字经济产业生态圈尽快成型。三是通过高水平“走出去”和“引进来”有机结合，实现更高水平的市场开放。围绕绍兴未来数字产业发展规划，集聚市场资源，大力开展产业链招商，招引一批行业前景好、产业契合度高、协同性好、互补性强的外部企业，特别关注集成电路重点产业集群，积极招引头部企业、“链主”企业落户绍兴。

2. 推动核心要素集聚，优化头部企业成长环境

一是提升空间要素的利用效率。各区（县、市）应根据自身优势和产业基础“引凤筑巢”，理性选择重点产业，优化重点产业布局，集约利用空间要素，放大引领效应，加快头部企业培育。二是提升技术要素的支撑力度。推进重大项目组织实施，重点推进实施未来网络计算、人工智能、信息安全等方向重大项目的立项、引进、落地、实施，为头部企业的引培提供技术支撑。三是提升资金要素的投入强度。加强与国家、省（部委）有关部门的对接，争取培育数字经济重大项目落地的资金扶持；推动政府产业基金加大对数字经济重点产业的投资倾斜，同时鼓励企业与红杉资本、启明创投等知名投资机构合作，通过企业风险投资（CVC）等形式，为头部企业的引培提供资金支撑。

3. 紧抓关键环节升级，提升数字经济创新能力

一是推动政策资源配置由特定数字产业向技术创新转移。以核心装备、系统软件、关键材料、基础零部件等为重点，每年确定 3—5 个重点创新突破领域，加大前沿科技测试环节支撑力度。二是加快布局产业未来赛道。随着人工智能的快速发展，要加速布局人工智能超算中心，推动算力产业发展，力争成为全省算力枢纽之一，为各行各业提供高效可靠的计算和数据处理服务，加快经济动能转换、产业智能升级。三是深入组织实施数字核心产业首台（套）提升工程。鼓励首台（套）产品参加各类专业展会，围绕重点工程、政府投资项目等开展首台（套）产品推介对接活动，进一步推动产需有效对接。

4. 推进数实深度融合，加快传统企业转型升级

一是鼓励支持企业数字化提升。通过参与自动化（智能化）成套装备改造、

“5G＋互联网”试点项目，进行企业智能化改造，提高生产质效，提升产品属性，打造数字化改造的样板。同时加强经验分享，从生产、研发、物流、销售等多角度推动企业数字化转型升级。二是推动数字平台赋能实体经济。深耕本地资源，全面推广电机等四个细分行业产业大脑建设，打造有鲜明特色的产业大脑，赋能实体经济发展，力争做到省内示范，国内领先。三是推动数字经济赋能共富实践。推动农村电子商务发展，拓宽农产品销售渠道，激活乡村文旅资源，推进农业、旅游业、餐饮业等行业发展，缩小城乡居民收入差距；发展数字普惠金融，提升金融数字化水平，通过提升覆盖广度和服务深度，加快推动发展成果全民普惠共享，促进共同富裕。

5. 完善人才招引政策，实现人才分类引培

一是优化人才集聚环境。在住房、落户、子女入学、医疗、学术资助等方面，提供更具竞争力的优惠政策。二是优化人才创新创业环境。牢牢把握青年科技人才是创新驱动与核心技术突破的关键，创立青年科技人才之家、青年科技人才联谊组织，增强绍兴对青年人才的黏合力。三是建立培育数字经济的国际人才试验区。改革创新人才评价机制，健全适应培育数字经济发展的人事制度，争取省级试点落地绍兴。四是引培高端领军人才。围绕打造全球高端人才“蓄水池”，全面推进海峡两岸（绍兴）数字产业合作区建设，设立数字经济人才专项资助项目，争取在高端数字科技人才引进方面取得突破。五是着力培养“绍兴数字工匠”。坚持高端带动与整体推进相结合，统筹技术教育资源，加强专业知识培训。

“产业大脑＋未来工厂”推动传统制造业数字化转型的模式与路径研究

黄洁　王昊　徐倩　葛琼*

一、背景与意义

(一)数字经济是深入推进“八八战略”的重要抓手

数字经济作为现代经济体系的重要组成部分,已成为推动高质量发展的关键力量。在深入推进“八八战略”的大背景下,建设数字经济不仅是时代赋予浙江的使命,更是实现区域转型升级的重要抓手。习近平同志在浙江工作期间,就以非凡的战略视野在“八八战略”总体框架内对数字浙江的建设目标、主要任务、重点领域、组织实施进行了系统谋划和部署,引领浙江率先抓住了数字时代打造发展优势的战略机遇。2024 年,浙江省和绍兴市相继召开“新春第一会”,均明确强调,要求持续推动“八八战略”走深走实,充分彰显了数字经济在浙江和绍兴未来发展中的战略地位。

(二)数实融合是绍兴传统产业转型升级的重要动力

绍兴作为传统制造业大市,面临着产业转型升级的紧迫任务。传统产业既是绍兴经济发展的基石,也是转型升级的重点领域。为此,《绍兴市人民政府关

---

* 作者黄洁系浙大城市学院副教授,王昊系浙大城市学院讲师,徐倩系浙江大学经济学院博士生,葛琼系绍兴文理学院讲师。本文系浙江省城市治理研究中心绍兴分中心“绍兴城市高质量发展重大研究项目”成果。

于实施"4151"计划打造先进制造业强市的意见》中明确提出了"分行业推进'产业大脑+未来工厂'建设"的战略部署。这一举措旨在通过"产业大脑"的智慧引领和"数字工厂"的高效运作,推动产业链与创新链的深度融合,破解长期困扰绍兴的传统制造业转型升级难题,进而在"融杭联甬接沪"过程中牢牢把握主动权,形成全省乃至全国数实融合赋能地方经济高质量发展的"绍兴模式",为绍兴传统产业的转型升级注入新动力。

(三)"产业大脑+未来工厂"是数字经济系统的核心场景

"产业大脑+未来工厂"不仅是数字经济系统的核心场景,更是绍兴在数字经济浪潮中把握主动权的关键所在。这一模式的顺利实施,不仅能够提升绍兴制造业的智能化、绿色化水平,还将在"融杭联甬接沪"的区域合作中发挥重要作用,助力绍兴在全省乃至全国范围内形成数实融合赋能地方经济高质量发展的"绍兴模式"。这不仅是对"八八战略"的深入践行,也是对浙江乃至全国数字经济发展模式的创新探索。

展望未来,绍兴将继续以"八八战略"为指引,以数字经济为引擎,推动传统产业转型升级,打造先进制造业强市,为浙江乃至全国的数字经济发展贡献绍兴智慧和力量。

二、"产业大脑+未来工厂"建设的内涵

(一)数字经济的内涵

自20世纪90年代中期起,互联网技术与应用场景迅速发展,数字技术重塑了人们的交流、购物和日常任务执行方式,改变了企业经营方式及产业结构,最终影响了国民经济格局。数字经济的内涵与特征随着技术深入经济生活而深化,明确其边界和衡量其发展水平成为经济管理的关键。数字经济已成为国际竞争焦点,凭借其高创新性、强渗透性和广覆盖性,推动经济社会变革,影响未来世界格局。新一代信息技术如大数据、云计算、人工智能和区块链,对经济结构调整和产业转型升级具有战略意义。

1. 美国BEA对数字经济的定义

"数字经济"一词最早由美国学者唐·塔普斯科特于1996年提出。早期的定义主要侧重于涵盖数字技术生产力,强调数字技术产业及其市场化的应用。美国经济分析局(BEA)基于互联网经济在美国国民经济中的重要性,于1998年

就开始衡量新兴的数字经济。BEA 从商业化运作层面解读数字经济，认为数字经济可以从三个方面进行定义：一是与计算机网络运行相关的数字化基础设施，二是基于网络实现商业往来的电子商务业务，三是由数字经济使用者所创造和使用的数字媒体。这个定义主要侧重于互联网和相关信息通信技术(ICT)。

美国商务部在 2016 年成立了数字经济顾问委员会(DEBA)，成员包括来自工业界和学术界的杰出人士，他们给美国政府的数字经济政策带来了广泛的经验和知识，极大地提升了政府数字经济政策和数字经济企业之间的匹配度。随着数字技术及其应用的不断发展，关于数字经济的关注点逐渐转移到对数字技术经济功能的解读以及数字技术对生产关系的变革上。

2. OECD 对数字经济的定义

1995 年，经济合作与发展组织(Organization for Economic Co-operation and Development，OECD)首次对数字经济进行了定义，详细阐述了数字经济的可能发展趋势，并认为在互联网革命的驱使下，人类的发展将由原子加工过程转变为信息加工处理过程。它基于数字交易的三大特征——数字化订购、促成平台、数字传输，来识别数字经济活动，强调数字经济涉及利用数字技术进行生产的产品以及相关的投资与消费过程。

在后续的发展中，OECD 将数字经济视为一种广义的数字技术集群，从生态系统视角对数字经济的范畴进行了界定。数字经济被视为一个由数字技术驱动的、在经济社会领域发生持续数字化转型的生态系统。这个生态系统至少包括大数据、物联网、人工智能和区块链等关键技术。

此后，OECD 与其他国际经济组织合作，共同研究和深化数字经济的定义和范畴。例如，二十国集团领导人杭州峰会发布的《二十国集团数字经济发展与合作倡议》中采纳了 OECD 的部分观点，将数字经济定义为以使用数字化的知识和信息作为关键生产要素、以现代信息网络作为重要载体、以信息通信技术的有效使用作为效率提升和经济结构优化的重要推动力的一系列经济活动。

OECD 对数字经济的定义从最初的基于数字交易特征的识别，逐步演化为一个由数字技术驱动的、在经济社会领域发生持续数字化转型的生态系统。这个演化过程反映了数字技术在经济和社会领域中的不断发展和深化应用，以及对传统经济结构和生产方式的深刻变革。同时，OECD 与其他国际经济组织的合作也推动这一数字经济定义被广泛接受和认可。

3. 中国关于数字经济的内涵与核算范围

中国对数字经济的理解，主要依据二十国集团领导人杭州峰会上发布的《二十国集团数字经济发展与合作倡议》。该倡议明确界定了“数字经济”的概念，即

"数字经济是指以使用数字化的知识和信息作为关键生产要素、以现代信息网络作为重要载体、以信息通信技术的有效使用作为效率提升和经济结构优化的重要推动力的一系列经济活动"。

从上述定义中,可以深刻理解到,数字经济并非一种孤立的经济形态,而是与实体经济紧密相连,且是其发展的重要推手。因此,片面地追求数字化转型,而忽视其与实体经济的紧密结合,实际上是与数字经济的本质相悖的。这意味着,在推动数字经济发展的过程中,必须确保其与实体经济的协调与融合,实现共同发展。

2021 年 5 月,国家统计局充分借鉴 OECD 和美国经济分析局(BEA)关于数字经济的分类方法,遵循两者在分类中的共性原则,建立了具有国际可比性的数字经济产业统计分类。同时准确把握中国数字经济发展的客观实际,参照统计分类标准,涵盖了与数字技术存在关联的各种经济活动,颁布了《数字经济及其核心产业统计分类(2021)》(以下简称《数字经济分类》)。《数字经济分类》从"数字产业化"和"产业数字化"两个方面确定了数字经济的基本范围,将数字经济产业确定为五个大类,即 01 数字产品制造业、02 数字产品服务业、03 数字技术应用业、04 数字要素驱动业、05 数字化效率提升业。

(二)数字经济系统的内涵

2021 年 2 月,浙江在全国率先推出了"数字化改革总体方案",围绕建设"数字浙江"这一目标,统筹运用数字化技术、数字化思维、数字化认知,把数字化、一体化、现代化贯穿到党的领导和经济、政治、文化、社会、生态文明建设全过程各方面。对省域治理的体制机制、组织架构、方式流程、手段工具进行全方位、系统性重塑,从整体上推动省域经济社会发展和治理能力的质量变革、效率变革、动力变革,在根本上实现全省域整体智治、高效协同。到 2022 年 12 月,整个体系架构已经完成了两次迭代,从"152"到"1512"发展到了"1612"(见表 1)。

表 1　浙江省数字化改革架构变迁

数字经济体系	内涵
"152"	"1"表示一体化智能化公共数据平台;"5"表示党政机关整体智治、数字政府、数字经济、数字社会和数字法治等五大系统;"2"表示数字化改革的理论体系和制度规范体系
"1512"	"1"表示一体化智能化公共数据平台;"5" 表示党政机关整体智治、数字政府、数字经济、数字社会和数字法治等五大系统;"1" 表示基层治理系统;"2" 表示理论体系和制度规范体系
"1612"	"1"表示一体化智能化公共数据平台(平台＋大脑);"6" 表示党建统领整体智治、数字政府、数字经济、数字社会、数字文化、数字法治等六大系统;"1" 表示基层治理系统;"2" 表示理论体系和制度规范体系

随着数字经济系统建设的不断深入,数字经济系统的内涵一共经过了 5 次升级(见表 2),根据不断深化对数字经济系统内涵的理解,完善产业大脑在其中的支撑作用,进而明确数字经济系统建设的重要支点。

从表 2 不难发现,数字经济系统的建设目标是“构建以数字经济为核心的现代化产业体系”,核心场景为“产业大脑+未来工厂”,主要职能为助力“数字产业化、产业数字化、产业链现代化、要素保障、科技创新”,通过体制改革和组织培育,最终推动现代化产业体系的构建。当前,数字经济系统共设有七条跑道:一是着眼建设创新引领、协同发展的产业体系,设置了产业现代化、科技创新、企业服务三条跑道;二是着眼建设统一开放、竞争有序的市场体系,设置了流通现代化跑道;三是着眼建设体现效率、促进公平的收入分配体系,设置了消费与投资跑道;四是着眼建设城乡区域发展体系和全面开放体系,设置了开放合作跑道;五是着眼建设资源节约、环境友好的绿色发展体系,设置了要素保障跑道。

表 2 浙江数字经济系统含义的演化

时间	数字经济系统	产业大脑定义
2021 年 2 月	以“产业大脑+未来工厂”为核心业务场景,围绕科技创新和产业创新双联动,以工业领域为突破口,以数字供应链为纽带,推动全要素链、全产业链、全价值链全面连接,实现经济高质量发展	基于系统集成和经济调节智能化的理念,将公共基础数据、资源要素数据、产业链数据、贸易流通数据、互联网数据汇聚起来,运用云计算、大数据、人工智能等前沿技术构建的平台型人工智能中枢
2021 年 8 月	以产业大脑为支撑,以数据供应链为纽带,推动产业链、创新链、供应链深度融合,实现资源要素高效配置和经济社会高效协同,形成全要素、全产业链、全价值链贯通的数字经济运行系统,推进产业基础高端化、产业链现代化,提高经济质量效益和核心竞争力,着力构建数字经济引领的现代化经济体系	以工业互联网为支撑,以数据资源为核心,运用新一代信息技术,综合集成产业链、供应链、资金链、创新链,融合企业侧和政府侧,贯通生产端与消费端,为企业生产经营提供数字化赋能,为产业生态建设提供数字化服务,为经济治理提供数字化手段,着力推动质量变革、效率变革、动力变革

续表

时间	数字经济系统	产业大脑定义
2021 年 10 月	现代化经济体系的数字化表现形式，以“产业大脑＋未来工厂”为核心架构，支撑数字产业化、产业数字化，加快工业、农业、服务业与信息业深度融合，贯通生产、分配、流通、消费，优化要素配置和服务，构建实体经济与科技创新、现代金融、人力资源协同发展的现代产业体系，实现经济高质量发展、竞争力提升、现代化先行	服务数字产业化、产业数字化的公共智能系统和新型数字基础设施。以产业互联网为支撑，以数字资源为关键要素，运用新一代信息技术，汇聚一、二、三产数据，融汇智能模型、算法和工具，集成产业链、创新链、资金链、价值链，融合市场侧和政府侧，贯通供给侧和需求侧，重塑产业生态，构建现代产业体系，实现产业治理的现代化和数据价值化
2022 年 2 月	围绕构建以数字经济为核心的现代化产业体系，设置数字产业化、产业数字化、产业链现代化、要素保障、科技创新五大跑道，深化经济体制改革，联动企业、社会推进产业大脑建设和以未来工厂为代表的现代化新型组织培育，加快构建现代化经济体系	通过加工政府、企业、行业等数据，提炼生成工艺技术、运营管理、行业知识与模型等可重复使用的数字化基本单元，进而汇聚形成的知识中心。针对不同应用场景，运用数字技术和网络，对土地、劳动力、资本、技术等要素进行跨组织、跨区域融合，构建个性化解决方案，更好助力企业创新变革、产业生态优化、政府精准服务
2022 年 6 月		综合集成算力、数据、算法、模型、业务智能模块等数字资源，具有实现“三融五跨”的分析、思考、学习能力，并不断迭代升级的智能系统，是构建数字化改革能力体系和动力体系的重中之重。产业大脑是通过加工政府、企业、行业等数据，提炼生成可重复使用的、数字化的工艺技术、运营管理、行业知识与模型等组件汇聚形成的知识库和能力中心。针对不同应用场景，通过运用数字技术和网络，对土地、劳动力、资本、技术等要素进行跨组织、跨区域融合，构建个性化解决方案，更好助力企业创新变革、产业生态优化、政府精准服务

（三）产业大脑和未来工厂的内涵

1. 产业大脑的内涵

“产业大脑”这个名词是浙江省首先在《浙江省数字经济发展“十四五”规划》中提出的，其前身是“产业互联网平台”，浙江基于其在产业数字化发展的领先地位，率先提出了这一新概念。自 2021 年 2 月浙江省数字化改革大会召开以来，产业大脑概念经数次迭代，范围已从工业领域拓展到包括工业、农业、服务业和信息业在内的数字经济各个领域。

在数字经济系统中，产业大脑是构建数字化改革能力体系和动力体系的重中之重。对产业大脑的定位从最初的“平台型人工智能中枢”，到“公共智能系统和新型数字基础设施”，再到“知识中心”，并最终凝练为“智能系统＋知识库和能力中心”，充分体现了数字经济系统在建设过程中对内涵的不断深化。产业大脑既是一种服务于数字产业化、产业数字化的公共设施，也是一个可以不断学习政府、企业、行业等部门所提供数据并生成相应改进策略的智能系统，同时还是一个可供寻找行业共性问题并提供解决方案的知识库和能力中心，能够为数字化改革多跨应用提供智能化支撑。

其中，“大脑”的核心是数据计算分析、知识集成应用和逻辑推理，各领域“大脑”是由数据、模型、算法、工具、应用模块、领域生态、制度政策等综合形成的。具体到各个领域的应用，产业大脑可以通过加工政府、企业、行业等部门的数据，提炼生成工艺技术、运营管理、行业知识与模型等可重复使用的数字基本单元，进而汇聚形成知识中心，针对不同应用场景，运用数字技术与网络，对土地、劳动力、资本、技术等要素进行跨组织、跨区域融合，构建个性化解决方案，更好助力企业创新变革、产业生态优化、政府精准服务。

2. 未来工厂的内涵

未来工厂是集成数字化、智能化及灵活生产等高新技术的先进制造工厂，借助先进技术提高了生产的效率、精度和灵活性，同时也实现资源的节约利用和产业的可持续发展。通过运用大数据、物联网、互联网等技术，未来工厂可以进行预测性维护、远程监控、智能调度等管理方式，提高工厂生产效率和产品质量。此外，未来工厂还能够实现与客户的实时互动、个性化定制等特点，满足不断变化的市场需求。

2022 年，浙江省经信厅结合《“未来工厂”建设导则》，将未来工厂明确定义为“现代化新型产业组织单元”，希望它能够深度融合新一代信息技术和先进制造技术，以数据驱动生产方式和企业形态变革，持续推动生产运营智能化、绿色化、精益化、人本化、高端化升级，引领模式创新和新兴业态发展。可见，未来工厂是制造业转型升级的重要路径，也是推动中国制造向中国智造转变的重要手段。

三、绍兴"产业大脑＋未来工厂"发展的现状

(一)绍兴传统制造业面临的困境

绍兴是传统制造业大市，传统产业中高污染、高能耗和低附加值的"两高一低"现象较为普遍，并长期困扰绍兴。中小企业数量多、规模小，生产技术水平低下，长期被锁定在全球产业链低端是绍兴传统产业之痛，这种产业结构极大地削弱了绍兴的城市竞争能力。具体来说，绍兴传统产业主要面临以下困境。

1. 产业结构调整和转型升级的压力

随着全球经济的不断变化和国内经济结构的不断调整，绍兴传统产业亟须进行产业结构调整和转型升级，以适应新的市场需求和发展趋势。然而，这一过程需要大量的资金投入、技术支持和人才培养，对一些企业来说，这是一个巨大的挑战。

2. 资源环境约束加剧

随着环保意识的提高和环保法规的日益严格，绍兴传统产业面临着资源环境约束加剧的问题。特别是纺织印染产业，作为绍兴的支柱产业，其在面对环保要求时，产业调整幅度较大。这就意味着企业需要投入更多的资金和精力来进行环保治理和节能减排，这增加了企业的运营成本。

3. 对企业韧性的要求更高

近年来，国际性突发事件频发，全球价值链进入碎片化、区域化发展阶段，国内外市场的竞争加剧。绍兴市传统产业中的一些企业由于技术落后、管理不善等，难以应对市场的变化和挑战，导致市场份额下降。

4. 人才短缺和用工成本上升

随着绍兴市经济社会的发展和人口结构的变化，绍兴传统产业面临人才短缺和用工成本上升的问题。一些企业需要引进高素质的人才来推动技术创新和企业发展，人才短缺大大制约了它们优化生产技术、提高生产效益的发展进程。

5. 技术创新不足

绍兴市传统产业在技术创新方面存在一定的不足，大部分传统制造业企业

缺乏自主创新能力，难以开发出具有市场竞争力的新产品和新技术，限制了企业的发展空间和竞争力。

（二）绍兴数字经济支持传统产业转型升级的现状

面对传统产业所遭遇的挑战，绍兴市决心坚定，采取了一系列综合性措施，形成了一套有效的策略组合，以应对并解决传统产业的发展困境。自 2009 年起，绍兴市全面启动了新一轮的产业升级进程。2017 年，绍兴市获批成为浙江省唯一的省级传统制造业改造提升综合试点市。在 2018 年，绍兴市发布了《绍兴市加快传统制造业改造提升行动计划（2018—2022 年）》，正式启动了为期四年的产业转型升级攻坚战，取得了显著成效。通过这一行动计划，绍兴市持续推进“腾笼换鸟”战略，一方面大力推动传统产业的改造与升级，另一方面积极培育新兴产业，不断优化产业结构。制造业由此实现了从传统“块状经济”向现代化“产业集群”的显著转变。在此过程中，数字经济对传统产业的转型升级起到了关键的支撑作用，主要体现在以下几个方面。

1. 统筹谋划周密部署

2012—2021 年，绍兴市持续推进整治“低散乱”的传统制造企业，累积淘汰 4011 家企业的落后产能，共整治企业 26766 家。① 并有意识地对标国家和省里对传统制造业转型升级的工作要求，将工作做在前面，重点优化产业空间布局，连续 10 年获得全省“腾笼换鸟”考核先进，柯桥区现代纺织与服装产业集群、上虞区精细化工产业集群成为首批“浙江制造”省级特色产业集群创建核心区。其中，柯桥区的现代纺织产业集群还被工信部列为国家级先进制造业集群。

2023 年，绍兴市制定出台《绍兴市深入实施数字经济创新提质“一号发展工程”行动方案》，提出八大行动和 31 项重点任务，明确“四区一市”发展目标（国家智能制造先行区，省产业发展核心区、产业数字转型引领区、高品质消费体验区和国家“双千兆”网络城市）。要求到 2027 年，绍兴市数字经济核心产业增加值力争突破 1000 亿元，年均增速保持在 20%以上，软件业务收入达到 300 亿元。目前，绍兴市已成立数字经济创新提质“一号发展工程”专班，下设办公室和 9 个专项工作组，明确各有关部门责任分工，为绍兴市数字经济的全局发展和传统产业的数字化改造提供了组织保障。

2. 技术牵引深化创新

绍兴的数字经济产业在近十年经历了从无到有、从有到优的发展历程，成为

① 数据来源：绍兴市经信局。

区域经济增长的主引擎。2020年,绍兴全市数字经济核心产业实现增加值214.1亿元,同比增长12.3%。① 2022年,数字经济核心从产业实现增加值321亿元,同比增长20.8%。② 绍兴市数字经济"一号发展工程"综合评分位居全省第一,全部达到五星标准。规上数字经济核心产业制造业增加值同比增长14.9%,集成电路产业链实现产值462.8亿元,同比增长18.5%。

一是开展"揭榜挂帅"科技攻关。2023年,全市总计发榜75项,成功揭榜54项,其中数字经济相关领域达15项。③ 晶盛机电研制的6英寸双片式碳化硅外延设备、浙江钠创全球首条年产5000吨钠离子电池正极材料生产线等两个数字经济领域项目获省级硬核科技成果。

二是持续推进重点平台建设。2023年,绍兴市持续推进绍芯实验室、鉴湖实验室、浣江实验室等重点平台建设,加快科技强基项目投资落地,绍芯实验室、浣江实验室列入省扩大有效投资"千项万亿"工程。海峡两岸(绍兴)数字产业合作区获国务院四部委批准,"绍芯谷"也被列入城市更新省级试点。

三是着力引进人才项目。曹娥江实验室推进共建浙江大学—上虞半导体材料创新中心完成签约,落地中试项目1个。浣江实验室与北京航空航天大学等签约开展技术合作,引进省级以上领军人才12人,孵化成立相关初创企业6家。④

3. 做强做优数字产业

2023年,绍兴集成电路产业链实现产值462.8亿元。⑤ 在不到十年的时间里,绍兴的集成电路产业从零开始,从越城区的皋埠"集成电路小镇",延伸到全市六个区(县、市),形成了比较完整的产业链分工体系。现已在越城区的皋埠、袍江、迪荡,柯桥区的小滨海和绍兴综合保税区五个地区形成了核心区。并在2021年、2022年连续两年蝉联"万亩千亿"新产业平台综合考评第一名。其中,越城区、上虞区集成电路产业集群分别入选全省"415X"特色产业集群核心区和协同区。集聚了包括中芯国际、长电科技等在内的规上企业100多家,形成了设计—制造—封装—测试—装备等全产业链。

为此,绍兴市出台了一系列扶持政策。目前已完成《绍兴市集成电路产业发

---

① 数据来源:2022年绍兴市国民经济和社会发展统计公报。

② 数据来源:2023年绍兴市国民经济和社会发展统计公报。

③ 数据来源:绍兴市经信局。

④ 数据来源:绍兴市科技局。

⑤ 《绍兴市经济和信息化局2023年总结和2024年思路》,2024年2月22日,https://www.sx.gov.cn/art/2024/2/22/art_1229456882_59534552.html。

展规划》编制，并印发了《绍兴市加快推进集成电路产业发展若干政策》，加快推进省集成电路产业集群核心区建设。2023 年，全市实施亿元以上集成电路项目 33 个。[①]中芯 SiC MOS 芯片项目、晶瑞电子碳化硅抛光片项目等两个新增项目通过国家发展和改革委员会窗口指导。此外，绍兴市还强化了对数字经济相关项目的招引。仅 2023 年 1—5 月，全市就新引进 5 亿元以上数字经济项目 12 个，其中 10 亿元以上 10 个，50 亿元以上 4 个。[②] 加快软件产业发展，谋划全市软件产业发展蓝图，起草制定《绍兴市加快软件产业高质量发展的实施意见(2023—2025 年)》。

4. 软硬结合推动融合

从硬件来看，绍兴主要通过在全行业推进新一轮智能制造五年行动，来加快制造业数字化转型。当前，绍兴全市拥有在役机器人 20000 台左右，机器人密度从 2022 年的 280 台/万人提升至 2023 年的 302 台/万人。[③] 环思智慧、陀曼智造获得财政部、工信部中小企业数字化改造试点项目支持，获支持项目数占全省的 20%。纳入 2023 年度浙江省中小企业数字化改造财政专项激励试点名单的区县数量与杭州等地并列全省第一，获省级财政专项激励总计 1500 万元。[④]

从软件来看，绍兴主要通过服务来强化企业数字化转型。2023 年，共有越城区未来车城创新发展区等 5 家创新发展区入围省级现代服务业创新发展区，陌桑现代茧业人工饲料数字化养蚕未来农场项目被列入省“千项万亿”工程。

5. 现代电商驱动销售

绍兴传统制造业的生产水平较高，黄酒、珍珠等特色产业尤其需要现代电商销售的驱动。绍兴市通过积极培育共富工坊，大力实施电商直播式共富工坊“百千万亿”行动计划。截至目前，全市累计培育电商直播式共富工坊 81 个。结合绍兴特色，联动抖音等第三方平台开展直播促销，已成为传统制造业的重要销售手段。其中，黄酒产业在电商直播中获益最大。2023 年，黄酒的电商销售量接近 10 万单，总销量突破 50 万瓶。[⑤]

以质量管理体系提升助推平台内小微企业发展，崧厦“共富伞”“直播＋电商”模式获央视专题报道。创新开发“浙里直播共富”应用，填补直播监管领域视

---

① 《绍兴市经济和信息化局 2023 年总结和 2024 年思路》，2024 年 2 月 22 日，https://www.sx.gov.cn/art/2024/2/22/art_1229456882_59534552.html。

② 数据来源：绍兴市经信局。

③ 数据来源：绍兴市经信局。

④ 数据来源：绍兴市经信局。

⑤ 数据来源：绍兴市经信局。

频监测空白。探索新业态包容审慎监管，起草轻微违法行为"不予行政处罚"和"减轻行政处罚"两份清单，为涉网主体营造适度宽松的发展环境。

6. 全面升级数字设施

为确保数字经济有力支撑绍兴传统产业升级，目前，绍兴市正在全面推进5G网络部署，实现5G网络在绍兴主城区、各县域核心城区以及乡镇(街道)的全覆盖，重点场所5G网络通达率达到100%，每万人拥有5G基站数约为29.4个，5G用户占比已达50%。[①] 截至2023年上半年，绍兴家庭千兆光网覆盖率达到246%，城市地区10G－PON端口占比达到40.6%。持续组织开展"织网""扫雷""护网"等网络安全攻防演练，共排查纳管40余类互联网应用企业3346家[②]，帮助指导企业健全数据管理体系，防范信息泄露。

(三)绍兴"产业大脑＋未来工厂"建设取得的成就

2023年1—5月，绍兴市产业大脑能力贡献度居全省第一，在2023年浙江省数字经济创新提质"一号发展工程"半年度综合评价中，绍兴市亦名列全省第一。在数字经济强有力的支撑下，2023年，绍兴全市实现地区生产总值7791亿元，同比增长7.8%，规上工业增加值同比增长10.8%，后两项指标均居全省第二。[③] 同时，绍兴市也是全省唯一的三个"一号工程"四项评价连续两季五星全覆盖的城市。"产业大脑＋未来工厂"作为数字经济系统的核心场景，在释放数据价值、促进数实融合等方面夯实了绍兴2023年全年经济快速发展的基石，为绍兴经济注入了强劲动力。

当前，绍兴市的产业大脑已经实现了对6个县(市、区)的全覆盖，并基本形成"链主型"和"集群型"两类产业大脑发展模式。传统产业在绍兴经济中占比大、增速慢是长久以来困扰绍兴经济发展的重要问题。"产业大脑＋未来工厂"的建设为传统产业的数字化转型和智能化升级提供了重要抓手，成为绍兴传统产业转型升级的重要助力，并逐步推动绍兴实现最终的产业跃迁。

自2021年2月全省数字化改革总体方案实施以来，绍兴市按照全省统一部署，扎实推进"产业大脑＋未来工厂"建设，取得了积极成效，主要体现在以下四个方面。

---

① 数据来源：绍兴市经信局。

② 数据来源：绍兴市经信局。

③ 《绍兴市经济和信息化局2023年总结和2024年思路》，2024年2月22日，https://www.sx.gov.cn/art/2024/2/22/art_1229456882_59534552.html。

1. 进度领先

目前，绍兴已初步确立“产业大脑＋未来工厂”的省内领先优势。在有为政府与有效市场的共同作用下，截至 2023 年，共有 3 家企业入选省级“未来工厂”，5 家企业入选省级“未来工厂”试点企业，2023 年新增省级“未来工厂”1 家。织造印染、电机、轴承等第一批纳入全省试点的产业大脑已全面推广使用，袜业、厨具等第二批纳入全省试点的产业大脑，已完成项目开发，进入试运行阶段。以电机为例，目前电机大脑已覆盖全国 29 个省（市、区），服务企业 4000 家，注册用户 12497 个，接入未来工厂（智能工厂）21 个、设备 11050 台，为 661 家中小企业累计融资 12 亿元，提升中小微电机企业生产效率 50％以上，降低生产运营成本 25％以上。

2. 覆盖面广

目前绍兴上线运营或试运营的产业大脑已经实现 6 个区（县、市）全覆盖，主建或联建的 7 个细分行业的产业大脑均已上线运营或试运营，且企业接入率较高，服务中小企业 8000 余家，接入生产设备 2 万台。① 绍兴各行业产业大脑已向省产业大脑能力中心输出并成功上架能力组件 137 个，能力贡献度全省第一。其中，电机大脑中的“舜智云商城”“舜智云服务”等组件已推广至上海、常州、禹州等电机行业中小企业。截至 2023 年 5 月，越城区、上虞区、诸暨市被列入第二批省级企业数据管理国家标准（DCMM）贯标区域试点名单，数量居全省第一；环思智慧、大豪科技等 18 家企业入选试点名单，数量居全省第三。

3. 模式多样

与大部分产业大脑主要由链主型企业牵头建设不同，绍兴的产业大脑从一开始就坚持“以政府为主导，以企业为主体”，为进一步发挥“有为政府”和“有效市场”的协同作用奠定了坚实的基础。政府部门、国有平台、链主型企业、中小型企业、运营公司均在其中发挥了应有的作用。

4. 路径清晰

目前绍兴的产业大脑可以分为两类，一类是深深嵌入本地产业集群的集群型产业大脑，如织造印染大脑；另一类则是紧密联系所在行业与链主企业的链主型产业大脑，如电机大脑。这两类产业大脑在产业和区域两个维度上形成了各自的推广复制路径。

5. 智改深入

绍兴市智能化改造持续深入推进，改造对象不断扩展。自 2021 年起，改造提升行业由原来的 13 个传统行业拓展至集成电路、生物医药、食品加工等 33 个

① 数据来源：绍兴市经信局。

细分行业，累计 1574 家规模以上工业企业完成了智能化改造，规上覆盖率达 34.5%。[①] 智能化生产、网络化协作、个性化定制、服务化延伸等智能制造新业态、新模式取得示范性阶段成果，如黄酒集团古越龙山已在黄酒的包装、口感、年份、品质等方面实现个性化定制。

（四）绍兴"产业大脑＋未来工厂"建设存在的问题

2022 年，绍兴纺织、化工、金属加工、黄酒、珍珠五大传统产业增加值占全市规上工业增加值的 50%以上，同比增长 2.6%，增长率远远落后于高新技术产业（10.4%）、装备制造业（13.1%）和数字经济核心产业制造业（13.5%）。[②] 可见，传统产业既是绍兴经济的支柱性产业，也是实现绍兴经济快速发展所要破解的关键难题。产业大脑作为推动传统产业转型升级的重要抓手，在转变生产组织方式、实现业态创新、突破旧有产业层级上具有重要的战略意义。从这个角度来看，绍兴现有的"产业大脑＋未来工厂"建设仍存在一些亟待解决的问题。

1. 能级有待进一步提高

目前绍兴产业大脑覆盖的传统产业规上工业增加值约占全部传统产业规上工业增加值的 50%。在纺织、化工、金属加工、黄酒、珍珠五大传统产业中，黄酒、金属加工两个产业还没有上线运营产业大脑。因此，加快推进产业大脑对绍兴传统产业的覆盖率，有助于真正发挥绍兴"产业大脑"建设业已形成的省内领先优势。

2. 支撑作用有待进一步发挥

一方面，目前绍兴"产业大脑"所提供的大部分场景应用仍停留在供应链整合、排产监控、订单管理等与企业生产直接相关的领域。从赋能细分行业层面来看，只有织造印染大脑、电机大脑等少数产业大脑能够提供行业趋势、产业图谱等行业信息，对各自所在细分行业的深度分析，特别是结合本地传统产业或产业集群的深度分析几乎没有。另一方面，"产业大脑"赋能"未来工厂"的能力也有待提升。从赋能政府决策层面上来看，尽管在建设"产业大脑"过程中，绍兴政府部门的参与程度较高，但"产业大脑"对公共决策的反向支撑作用仍显不足，"产业大脑"、"未来工厂"与政府公共部门的数据也还没有实现完全对接。

3. 创新潜能有待进一步挖掘

现有的"产业大脑"场景应用不够丰富，缺乏细分功能，与省级创新门户的连接也比较弱。例如，电机大脑的"行业知识库"应用、织造印染大脑的"浙里工程

① 数据来源：绍兴市经信局。

② 数据来源：2022 年《绍兴市统计年鉴》。

师"模块等仍有较大发展空间有待挖掘。以纺织印染大脑的"浙里工程师"模块为例,目前的运营模式是根据具体的生产问题与工程师技能进行匹配,但对行业共性问题,或在整合研发力量上,仍没有实现突破,也就很难对传统产业协同创新网络的迭代产生实质性的影响。

4. 中小企业的积极性有待激发

绍兴现有的省级"未来工厂"或"未来工厂"试点企业均集中于大型上市公司,对广大中小企业而言示范带动作用有限。无论是集群型大脑,还是链主型大脑,都面临着中小企业参与动力不足的问题。从供给端来看,传统制造业中的中小企业对劳动投入的依赖性较强,资本相对不足,生产规模偏小,无法提供充裕的数字化转型资金。从需求端来看,近年国际贸易虽然已经企稳,但中小企业经营状况仍不稳定,对数字化转型的需求有所放缓。

四、国内外可供借鉴的案例

(一)奔驰 56 号工厂

奔驰 56 号工厂(Factory 56)是奔驰集团现代化水平最高的生产基地,位于德国辛德芬根(Sindelfingen),于 2020 年 9 月正式投产。它是奔驰 S 级轿车的生产基地,将成为梅赛德斯—奔驰未来全球智能造车样板工厂。基于可持续、数字化、灵活、高效、以人为本等生产理念,56 号工厂呈现了奔驰未来生产制造的全新面貌,并为遍布全球的奔驰汽车工厂树立了标杆。56 号工厂区别于其他奔驰工厂的特别之处在于以下几点。

第一,拥有 AGV 柔性装配线的两条 TecLine 取代了传统固定工位装配线,可支持混线生产。无论是配备内燃机的汽车或者全电汽车——不同架构的汽车以及不同类型的汽车都可以在 56 号工厂的同一条装配线上生产。在 AGV 无轨道装配线上,汽车零配件可实现无轨自动运输。这套无轨道装配线的最大优势就是将自动拣货、DTS 拉料系统相匹配,从而实现多种车型混线生产。要实现以上功能离不开大规模的数字化及其柔性装配线,奔驰称这样的柔性装配线为 TecLine,并为之配备了无人运输系统。奔驰的两条 TecLine 集成了所有的复杂技术,通过传统装配线与 TecLine 的结合,不但可以保证在相同空间内实现更大规模的生产,还最大限度地提高了汽车生产的灵活性。在增加新车型时,装配车间可以实现快速换线,且 TecLine 可根据市场波动进行灵活扩充或缩减。同时,在 TecLine 上,传统的生产线由无人运输系统取代,从而实现连续生产向周期生产的转变,既避免产能浪费又能适应市场需求变化。以上这些使得56号工厂新的生产线的生产效率比上一代生产线提升25%。在生产的车型、产量以及零配件流转方面,56号工厂的生产灵活性达到了前所未有的水平。从传统燃油车到纯电车型,56号工厂能快速完成不同类型汽车的全部组装流程的切换。与过去的生产模式不同,56号工厂可以根据市场变化,随时调整自己的生产节奏,最大限度地满足市场需求。

第二,Fullflex Marriage 工作站实现了模块化生产。通过配合 TecLine 的柔性生产,模块化的制造工作站可以进一步提升生产效率。如果一个新车型需要集成一个额外的装备,在56号工厂只需要改变自动引导小车的行进路线即可实现。除了拖着车身到处跑之外,奔驰56号工厂里有超过400台AGV负责将装配材料运输到生产线上,送到预先调试好的 shopping carts 中,车身和底盘在全新的 Fullflex Marriage 工作站中合体。Fullflex Marriage 由模块化工作站组成,能针对不同的车型和驱动系统做出快速应变。通过模块化的组装方式,化零为整,大大提升了组装生产的效率。

第三,数字化生态系统 MO360 为整座工厂的核心和数字化提供了支撑。基于56号工厂自有的高性能 WLAN 和5G技术,MO360 由一套互联互通的软件应用家族组成,使得车、人、环境实现实时沟通,利用实时数据来支撑全球汽车生产。并且工作人员可以从全球各地轻松快捷地检索到质量和效能数据,调整生产方案和方式,处理生产故障,因此可以最大限度地保证工厂的透明度,获得理想的生产过程控制效果。在生产全过程中,工作人员于机器等生产装备之间实现互联互通,生产的汽车也可以被精准地定位和追踪,将当前车辆的精确信息提供给工人,并提前准备所需的工具,优化生产过程的同时极大地节约了生产时间。

通过工业物联网和5G技术,整个56号工厂车间内的机器人和生产设备都彼此互联。而这种全方位无死角的互通互联并不仅限于生产车间内,它甚至还延伸到生产可能触及的物流和生产价值链甚至是终端客户上。从设计和开发到供应商再到工人的最终组装,MO360 都深度参与其中。互通从"开发—设计—供应商—生产"流程一直延伸到客户,客户通过"Mercedes me"App,就可以实时了解自己购买车型的生产进度,甚至在车辆生产过程中提出修改意见,而通过56号工厂的互通网络,从零配件供应商到生产车间,都被调动起来,从而缩短了客户需求和生产制造之间的反应速度,这种智能制造的生产模式在56号工厂投产前是无法想象的。未来客户能够在车辆下线的最后一刻对他们的车辆进行更改。可以说56号工厂如同一个被物联网技术联通的智能生物体。供应商运往56号工厂的零部件也是智能供应链的一部分,每个送到56号工厂的零件都能被追踪溯源，清晰地看到其从供应商流转到一辆车上整个过程中的生产、运输、装配路径。

目前，奔驰 56 号工厂不仅有实际的工厂，还有了工厂的数字模型，工厂的生产设施实现了数字孪生。56 号工厂未来将以数字方式模拟生产过程，进而优化生产过程，保护生产工人。例如，使用虚拟现实技术优化工作站的人体工程学来增强对工人身体的保护，减少工作伤害；使用人工智能预测未来的需求和生产能力能否满足需求；智能软件可以使用大数据技术评估从生产系统收集到的数据，来检测或者预测设备发生不同故障的概率，在生产中断之前避免其发生。在真实故障发生时，工厂的 Q-LIVE 系统将问题解决过程数字化并从整体上统一起来，员工会实时收到故障通知，帮助他们在未来更好地避免出现同样的错误和解决已经出现的问题。

第四，以人为本，可持续发展。以人为本的理念和科技并不只是造福客户，它同样惠及在 56 号工厂工作的所有奔驰的员工。56 号工厂的操作装配系统设计通过了人体工程学的优化处理，可以大大提高操作过程的舒适性。在这里，工作的员工可以根据自己的生理和心理需求，通过 App 灵活地制订自己的工作计划、调整自己的工作强度，而工厂和工会的深度合作，更为 56 号工作的员工打造了一个以人为本的优质工作环境。

基于可持续发展的理念，相比于普通传统工厂，奔驰 56 号工厂的能源消耗减少了 25%左右。56 号工厂从设计之初就制定了碳中和的排放标准，即所有的奔驰工厂将在 2022 年实现了碳中和能源供应。在 56 号工厂的生产车间里的文档全部实现数字化处理，工厂实现无纸化生产，每年可以节约纸张 10 吨。56 号工厂的屋顶上有光伏发电系统，2021 年时已可覆盖园区总用电量的 30%，可实现对厂区的能源供应，并维系通风系统运行。当太阳能充足时，多余的电量还可以为车辆提供能源。这套光伏发电系统未来还能实现对厂区和厂区周边电动车的能源供应。除了电力系统外，56 号工厂还打造了一套全新的水分离系统，有助于提升园区内的气候环境质量，除了生产车间，整个厂区都有非常细致的节能和环保设计，厂区内 40%的区域覆盖绿植。另外，不管是生产车间还是办公楼内，都尽可能实现日间的阳光照明。此外，员工工作区、休息区的建造标准也非常高，一切以创造和谐愉悦的氛围为目标，以最大限度地放松员工身心。

（二）西门子成都数字化工厂

作为全球领先的数字化解决方案供应商，西门子遍布全球的数百个工厂和子公司都实现了数字化转型，成都数字化工厂是其中的代表性案例之一。西门子成都数字化工厂［西门子工业自动化产品成都生产研发基地（SEWC）］成立于

2013 年 9 月,其二期车间于 2017 年落成使用。园区总面积 3.53 万平方米,其中生产区域 3100 平方米,主要用于生产西门子工控产品,包括 PLC(高效自动化控制系统)、IPC(卓越的工业 PC 系统),HMI(高效人机界面控制系统)等。

SEWC 是西门子在德国以外建立的数字化工厂,是位于德国安贝格的西门子电子工厂的姊妹工厂。SEWC 是西门子在全球建立的第二个数字化工厂,也是西门子继德国、美国研发基地之后在全球建立的第三个工业自动化产品研发基地。SEWC 实现了从产品设计到制造全过程的高度数字化,过去 5 年产品质量合格率达到 99.999%。SEWC 利用面向"工业 4.0"的相关技术提升经济和运营效益,并致力于数字化人才的培养和行业的培育。2018 年,SEWC 被世界经济论坛评为首批灯塔工厂(全球仅 9 家),是智能制造的示范企业。

工业 4.0 是以智能制造为主导的第四次工业革命。工业 4.0 并不是技术本身的变革,而是生产方式的变革。在工业 3.0 自动化的基础上,大量机器代替了人工,但是机器之间并不联通,造成了数据孤岛,单机设备的连线仍需要大量的人工,且工人的技术门槛相对提高,所以生产方式变革的第一要点是设备互联互通,而在产品全生命周期中,需求、规划、设计、生产、加工、销售,每个环节都需要通过人工进行报价,订单、材料等的讨论、统筹、运输、执行,拉长了项目时长,导致大量项目设备被闲置。SEWC 在工业 4.0 背景下进行数字化生产,通过数字化手段实现工厂设备互联互通,进而实现产品全生命周期管理。

数字化制造会彻底改变设计、测试、仿真、规划、工程、实施、服务等整个产业链。不仅是生产,数字化制造会串联起从前端到后端的所有环节。SEWC 的数字化体现在数字化研发、数字化生产、数字化物流和数字化质量管理体系上。为实现数字化,SEWC 采用多项数字技术,其中最主要的是数字孪生技术,在实际的工厂背后建造一个数字化工厂,两个工厂同时存在,互相交互。运用数字孪生技术在虚拟工厂中模拟和分析多种方案,能为决策者提供更直观、可量化的科学依据。利用数字孪生技术创建仿真模型,可以将复杂的系统直观地展现出来。利用数据验证方案,避免感官印象的错误影响,让运营中的决策从基于经验的试错转变为基于模型的优选。实现工厂在成本、效率等方面的持续提升。

首先,对数字化研发而言,区别于传统研发过程需要绘制大量图纸、不断试错并改正的庞大流程,数字化研发工程师在虚拟的世界里就可以将产品设计出来。例如,以前设计一辆汽车可能需要上万张图纸,牵一发而动全身,但现在可以通过计算机软件模拟整个产品的研发环节,从设计、组装甚至到测试都可以在计算机上完成。程序可以模拟真实环境的压力、温度等各种参数,让设计可以快速投入生产。之后研发平台可以和生产系统对话,把数据分享给各个环节。工厂装上数字大脑以后,可以独立思考和分析,通过仿真模拟测试、计算机辅助制造，可以快速实现产品的设计过程，在产品实际生产之前可以快速发现设计中的问题，并及时改进修正，实现产品的快速上市。并且越来越成熟的数字孪生技术能更快速地评估方案，让想象落地，验证产品的性能和可靠性，激发想象力的最大潜能，有助于设计者更加大胆地进行创作并将自己的创意变为现实。

其次，在数字化生产领域，工程师在孪生系统进行装配，尽可能发现问题并反馈到设计研发部门进行修正，并且通过虚拟生产线上的生产制造了解生产线的生产效率、操作的可行性、物料摆放的最佳模式、操作工人的安全性。通过虚拟生产给实际生产提供科学的参考。生产线可以独立思考完成许多从前从未敢设想的功能，数字化技术可以保证生产线根据市场需求，自主、智能地同时生产多种产品。从原料到生产的各个环节，都可通过计算机做实时监控，整个生产过程从传统向高效、灵活、优质、快速的数字化制造转型。凭借以数字孪生技术为核心的柔性生产技术平台，SEWC 能够确保快速分配资源、排产并遵循高质量标准。在过去 5 年中，SEWC 高度柔性的生产方式保证了 99%的及时交货率。数字化的生产方式大幅提升了生产效率，使工厂的产量增加了 4 倍。在工业自动化产品的制造方面，SEWC 遵循全球统一的质量标准，过去 5 年内产品质量合格率达到 99.999%。数字化生产过程在提升生产效率的同时也能更加敏锐地发现不同层面的问题，更灵活、高效、多维地表现高质量。

再次，在数字化物流领域，运用数字化仿真工具，在虚拟工厂中对工厂的物流和生产方案进行仿真验证和优化。例如，2017 年工厂的二期车间落成使用，对于在制品的存储和物料供给有两种方式可供选择。一种是使用自动化线边立体仓库，另一种是放置物料架，并由人工进行处理。方案的选择需要进行多方面的考量，其中成本是很重要的因素。自动化解决方案的成本约为 600 万元，而人工处理方案成本则很难确定。面对复杂的系统，用传统的方式难以对两种方案进行全面的考量和定量分析。为了准确地分析人工处理方案的成本，工厂技术人员在孪生系统中对人工处理方案进行了验证。通过需求、生产线、人工等多维度模拟和数据监测分析，最终得到了人工处理工作状况数据和生产线停机状况数据，并估算出实际操作中的人工需求量，通过成本计算，并考虑设备折旧等情况，发现人工处理方案的总成本远远高于自动化解决方案的总成本，原本设想的人工方案的成本优势并不存在，因此最终选择了自动化线边立体仓库方案。

最后，在数字化质量管理领域，SEWC 在各个关键工序设置了电子看板，大部分生产过程实现了自动化，员工大部分的工作时间都花在处理异常情况、监控设备运行、进行产品的复检等流程上。生产场地的地面有很多圆孔，设备的线缆通过圆孔转到地板下面实现连接，便于灵活调整设备的布局。其中，质量看板通过西门子的 MES 系统可以实现实时显示，通过不断地数据钻取可非常便捷地查询出现质量问题和不同维度的质量统计信息。

除了对生产的全过程实现数字化外，对工人培训、工人和机器人的生产绩效管理也可以通过数字化方式实现。例如，在员工培训方面，SEWC 用 VR 做设备培训工作，尤其是培训员工操作昂贵设备时，这种培训优势就会更加明显。不仅能保障设备的安全，还能让工人尽快掌握技术投入生产，减少设备的空置浪费。而且，数字化培训相比于传统师徒教学模式能更快更广地将新技术新方法分享出去，降低新员工的试错成本，快速培养人才，提高整体的创新能力。

对于需要人工操作的生产步骤，可以通过数字技术来考量工人的生产绩效，工人通过穿戴传感设备，得到一个孪生虚拟模型，通过可穿戴设备收集数据，将数据导入孪生软件，通过分析可以优化工人的姿势、动作、操作过程中使用的方式，优化工作时长。借此来保障工人安全，提升工作效率。对于机器人，数字孪生技术也可以验证其动作的精准度和工作效率，并对其进行进一步的提升和优化。

（三）杭州"产业大脑+未来工厂"

截至 2023 年，杭州市拥有省级未来工厂 16 家（全省共 52 家），智能工厂和数字化车间 98 家（全省共 512 家），工业互联网平台 34 家（全省共 111 家）。10 家链主工厂企业中已有 8 家建成了工业互联网平台，并全部入选省级工业互联网认定或培育平台名单。其中，数字安防产业大脑、生物医药产业大脑、化工产业大脑（联合共建）、化学纤维产业大脑是全省第一批行业产业大脑建设试点"揭榜挂帅"项目。2022 年，印制电路板行业产业大脑和无人驾驶产业大脑也陆续上线，同时杭州数字经济联合会和杭州城市大脑研究院等科研机构的建立也为杭州市"产业大脑+未来工厂"的运营注入了新的活力。从征集的杭州市"产业大脑+未来工厂"建设案例分析中可知，目前杭州市产业大脑+数字工厂的建设主要呈现以下四大特征。

1. 以破解具体问题为导向，直面企业需求

在目前杭州市"产业大脑+未来工厂"建设典型案例中，绝大部分的应用（平台）都是直面企业需求，以破解具体问题为导向。从学理上看，市场经济下的企业和政府永远存在着信息不对称问题。因此，如何把握企业的需求，有针对性地解决问题，提高资源配置效率，既是"产业大脑+未来工厂"建设推进的重要意义之一，也是"产业大脑+未来工厂"建设的重要内容之一。当前，杭州市数字经济系统建设针对的企业侧问题包括但不限于：防范系统性风险、提高市场信息对称性、保护知识产权、解决融资困境、降低疫情带来的冲击、增强市场良性竞争等。如拱墅区的"招商在线"平台，是以线上招商为切入口，通过互联网、VR、视频等可视化技术手段，实现让投资企业足不出户就能了解拱墅区的投资环境、招商资源等，推动实现 24 小时招商、精准招商和招大引强。而上城区的“外贸一链维权”在线系统，则主要针对国际贸易中知识产权互联网应用场景，以外贸企业知识产权需求为切入口，通过“外贸一链维权”在线系统，实现国际贸易中知识产权的互联网在线服务，提高外贸企业在开展国际业务中的，知识产权保护、维权和应对的风险意识并为其提供一站式服务。

2. 以数据为核心要素，沟通政府与企业

《关于“数智杭州”建设的总体方案》要求，到 2022 年底，政府精准调控市场和资源配置能力逐步提升，企业法人服务功能场景不断丰富、迭代升级。到目前为止，实现这一目标的主要手段是通过数据上云与智能化处理，实现政府侧与企业侧的顺畅沟通。比如，临安区的“一键找订单”多跨应用场景，集成了海量的国际贸易交易数据，通过对数据的分析研判，一方面服务外贸企业匹配海外客户，有效开拓国际市场，为企业提供客户管理、线上交流、预警发布和订单交付服务等功能；另一方面帮助政府实现对外贸企业的智慧化管理，提高科学决策能力，从而达到政府部门管理智治和外贸企业精准服务的目的（见图 1）。再比如，建德市的“新安企业数据通”应用场景以企业为主体，对审批成果、中介成果及其他重要数据进行归集，以企业调档功能为切入口，通过重塑企业投资项目数据归集模式，点对点精准推送办事流程和适配中介，预判企业风险点，简化金融贷款申请流程等，推动企业投资项目审批领域的数字化改革进程，实现企业数据资产化，打造一流营商环境。

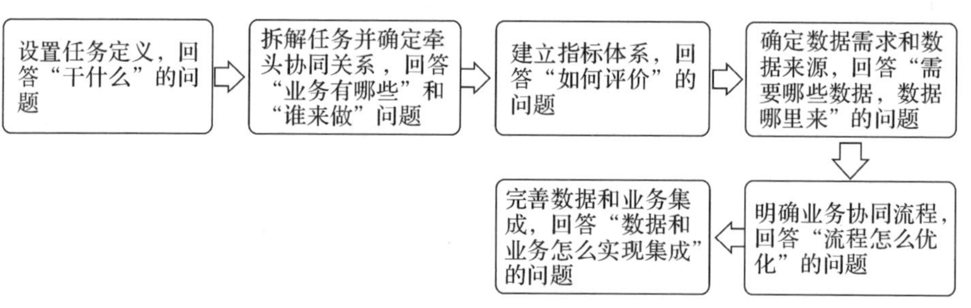

图 1　临安区“一键找订单”应用的设计逻辑

3. 以“产业大脑＋未来工厂”为重点，建设数字经济体系

产业大脑立足于产业及其细分领域，是汇聚政府、企业、行业等海量数据，以数据驱动生产要素整合优化，推动企业提质增效、产业转型升级、政府治理有效的“脑”。而未来工厂则是产业大脑的实践基础和服务对象，是融合了机器人、数字孪生、人工智能等新一代信息技术，以数字化车间、智能工厂为形态，实现高

效、高质、绿色的现代化生产方式。"产业大脑+未来工厂"体系的构建与应用，将形成从中枢到网端的网络组织生态体系，驱动生产方式转变、产业链组织重构、商业模式创新，推动制造业全要素、全产业链、全价值链的全面连接，实现订单、技工、产能等资源和数据共享，增强资源配置效率和产业链协同能力，提升制造业高端化、智能化、绿色化发展水平，为工业互联网提供了上下贯通、互为支撑、持续发展的新模式。

临安区山核桃产业大脑入选全省农业农村数字化改革第一批优秀应用，是"产业大脑+未来工厂"模式成功落地的重要案例。临安区是全国最大的坚果炒货产业集聚地，但长期过度分散经营加上除草剂和化肥的过度使用，导致生态和病虫害防治形势严峻。山核桃特色产业云平台，是推进产业高质量发展、实现山区林农共同富裕的重要载体。云平台建设以山核桃产业改革需求为切入口，围绕重大需求、多跨场景、改革任务"三张清单"进行梳理分析，从问题、能力、体制三方面入手，厘清了农林主体需求、政府治理与服务需求、全产业链融合需求为重点的重大需求清单；提出了破解"四大难题"、围绕"五大领域"、打造"一个平台"，实现"四个全面"的建设思路。平台总体架构为"1 个产业数据仓+1 张产业地图+3 个多跨场景+N 个应用"(见图 2)。

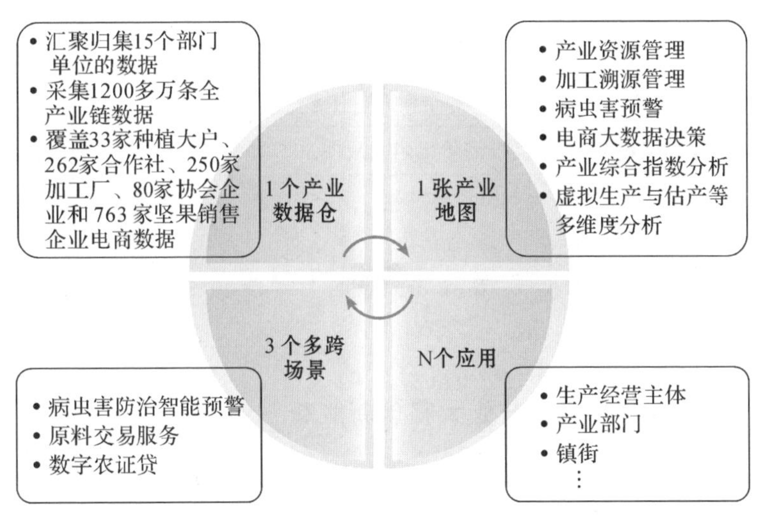

图 2　临安区山核桃特色产业云平台总体架构

4. *以七大跑道为主要领域，开发多跨场景应用*

当前，浙江省的数字经济系统共设有 7 条跑道(详见表 3)，分别对应构建现代经济体系的五大方面。在已有的杭州市"产业大脑+未来工厂"建设典型案例中，许多案例呈现出多跨场景应用的特点。比如桐庐县的快递产业大脑，依托流通领域链主企业的回归落地，同时打造集数据集成、数字贸易、产业分析、行业管理于一体的省级快递产业大脑。既是流通现代化的重要标志，也是产业现代化的重要标杆。快递产业大脑综合集成创新链、制造链、服务链、金融链，融合政府侧、企业侧和个人用户侧，贯通快递全生命周期，为快递物流企业生产经营提供数字化赋能，为制造业企业构建智慧物流体系提供支撑，共同实现产业链的高质量跃升。又比如入选优秀地方特色应用的建德市"数智草莓"平台，通过"建村钉"平台搭建"莓好管家""莓好服务""莓好产品""莓好基地""莓好品牌"等五个模块，在产业现代化和企业服务跑道上推动建设创新引领、协同发展的产业体系。此外，还通过第六个模块"莓好共富"，担负起数字化改革时代乡村振兴与共同富裕的历史使命，打响建德草莓"金名片"。

表 3　浙江省数字经济系统建设的"七条跑道"

目标	跑道
建设创新引领、协同发展的产业体系	产业现代化
	科技创新
	企业服务
建设统一开放、竞争有序的市场体系	流通现代化
建设体现效率、促进公平的收入分配体系	消费与投资
建设城乡区域发展体系和全面开放体系	开放合作
建设资源节约、环境友好的绿色发展体系	要素保障

五、绍兴"产业大脑＋未来工厂"建设的提升路径

（一）进一步提升绍兴产业大脑创新能级

随着全球信息技术的迅猛发展，数字化转型已成为现代产业发展的核心驱动力。作为中国传统制造业的重要基地，绍兴正面临着数字化转型的迫切需求与重大机遇。目前，产业大脑已覆盖绍兴传统产业规上工业增加值的 60%，标志着区域制造业在数字化转型道路上取得了初步成效。然而，仍有近一半的传统制造业企业尚未完成数字化转型，对绍兴而言，这既是挑战也是潜力所在。

为推进绍兴传统制造业的全面数字化转型，政府、企业和社会各界需共同努力。首先，政府应加大政策支持力度，通过财政激励、技术培训和政策引导等手

段,鼓励未上线的传统制造业企业积极参与数字化转型。同时,政府还需加强部门间的协调与配合,确保产业大脑系统能够有效整合各行业和各领域的数据资源,打破信息孤岛,实现跨行业的信息共享与协同合作。其次,企业应充分认识到数字化转型的重要性和紧迫性,主动拥抱新技术、新模式,提升自身竞争力和可持续发展能力。企业之间也应加强合作与交流,共同探索数字化转型的最佳路径和实践案例,形成产业协同发展的良好局面。最后,随着人工智能、大数据分析、物联网等技术的快速发展,绍兴必须持续投入研发,提升产业大脑系统的智能化、高效化和自适应能力。通过与"智能城市""数字化供应链"等数字化系统的深度融合,打造更加完善、高效的数字化生态系统,推动绍兴传统制造业向高端化、智能化、绿色化方向发展。

(二)进一步提升绍兴产业大脑的决策支撑能力

决策支撑能力在数字化转型中的重要性不言而喻。目前,绍兴现有的7个产业大脑所提供的场景应用80%以上仍停留在与企业生产直接相关的领域,如供应链整合、排产监控和订单管理。在更高层次信息的发布与分析如行业趋势、产业图谱和集群成长等方面,还存在不足,赋能细分行业和公共决策的能力亦有待提高。在具体实施路径上,首先,需要加强数据收集和整合,以确保获取涵盖更广泛领域的信息。这可以通过建立更多的数据源、推广数据共享机制和引入先进的数据挖掘技术来实现。只有拥有全面、准确的数据,才能提供更高层次的决策支撑。其次,应鼓励产业大脑系统提升开放性和可扩展性。这将帮助各行业定制适合自身需求的应用程序,同时也可以更好地实现与其他决策支撑系统的互联互通。开放性系统有助于吸引更多的行业参与者,促进跨行业合作,提高信息共享效率。再次,应通过投资开发和应用高级分析工具以加强分析和预测能力,以便企业更好地了解行业趋势,制定更具前瞻性的战略和政策。最后,应实现推动数字化技术的普及,使更多的企业和决策者能够轻松访问产业大脑系统。为中小企业提供培训和技术支持,降低接入产业大脑的门槛,确保更多企业受益,并实现数据价值的边际递增。

(三)进一步挖掘绍兴产业大脑创新潜能

目前,绍兴的产业大脑应用场景不足10个,链接到省级创新门户的地方创新应用数量在全省各市中也处于中下游。数字赋能传统产业的创新实践仍有较大发展空间。为了进一步挖掘创新潜能,可采用以下路径。首先,加大对区域内企业和外部创新者积极参与数字化创新的支持力度。可以通过设立创新基金、提供创新奖励和支持创新孵化器等方式,围绕产业大脑的核心功能创新和拓展场景与功能，提供资源和支持，鼓励更多创新项目的诞生。其次，应加强产业大脑系统的开放性和可扩展性，使产业大脑涉及的各个行业能够开发符合自身需求的创新应用。开放性系统有助于吸引更多的创新者，推动跨行业创新，扩大数字化创新的领域。最后，通过产业大脑的建设，向上拉动重大创新项目的引进、落地和实施。绍兴可以通过建立围绕产业大脑的联合研究中心、发布招标联合研发项目，建设产业大脑科研飞地，与国家级创新中心和国家实验室建立地方联合创新工作站，专注于产业大脑相关的数字化技术、人工智能和物联网等领域的研究，以推动创新的技术基础建设。同时，鼓励企业与研究机构合作，促进新技术的研发和应用。

（四）进一步激发中小企业接入产业大脑的积极性

以织造印染大脑为例，虽然接入企业数量占到集群企业数量的 80%，但实际将设备数据接入产业大脑的企业仅占一半。受制于资本规模与生产规模，中小企业更愿意依赖劳动投入，再加上国际贸易中的不确定因素不断叠加，中小企业经营状况不稳定，对数字化转型的需求没有那么迫切。对此，绍兴应通过以下路径进一步激发中小企业的积极性。首先，提供针对中小企业接入产业大脑的专项资金支持和技术培训。中小企业通常面临资本有限的挑战，政府可以设立数字化转型的资金支持计划，提供贷款贴息、组织批量集中采购等方式，以帮助中小企业降低数字化设备和技术的购置成本和硬件投入。此外，提供面向中小企业针对数字化转型的培训和咨询服务，以帮助中小企业更好地理解和应用数字技术。其次，加强信息共享和案例宣传。中小企业可能缺乏关于数字化转型的信息和成功案例。政府和行业协会可以建立信息平台，分享成功的数字化转型案例，提供指导和资源，以激发中小企业的兴趣。这有助于降低数字化转型的信息不对称性，让企业更容易理解和接受产业大脑。最后，应鼓励中小企业积极参与合作与分享。中小企业可以通过合作共享资源和技术，减轻数字化转型的负担。政府可以设立专项合作奖励计划，鼓励企业之间的合作和知识共享，树立利用产业大脑实现数字化转型的中小企业典型，给予物质和荣誉上的奖励，并且鼓励中小企业在产业大脑的学习和实践中建立新型“师徒”关系，对帮助其他企业复制转型经验的中小企业给予表彰。

六、深化"产业大脑＋未来工厂"建设的对策建议

（一）夯实数据基础，在省内率先形成产业大脑网络

1. 进一步增加数据数量

为了进一步增加数据数量，特别是在织造印染、轴承等企业入驻率已经相对较高的产业大脑系统中，需要采取一系列措施以促进更多企业接入数据，扩大数据对决策的支持能力和创新潜力的支撑底座作用。建议采取一系列措施降低接入成本，提高企业数据的接入率。首先，要进一步统一接入方式，制定一套统一的接入标准和流程，以便企业可以更轻松地将其数据接入产业大脑，从而简化接入过程，减少企业的技术和资源投入。其次，要加强产业大脑的数据底层建设，包括数据存储和处理能力的提升。这将提高系统的容量和性能，以满足更多数据的需求。再次，完善自助接入服务，提供企业自助接入服务，使企业可以根据需要随时接入系统。这将减少对专业技术支持的依赖，提高企业的数据接入效率。最后，在重点领域和产业中，要加速珍珠、黄酒等产业大脑尽快进入省级试点大脑行列，以实现省级试点对绍兴传统产业的全覆盖。制订更为明确的转型阶段性计划和时间表，以确保珍珠、黄酒等产业的数字化转型有节奏地加速推进。与行业协会、研究机构和数字化技术提供商合作，以加速传统产业数字化转型的进程。

2. 进一步提升整体数据质量

在保证数据安全性和可靠性的前提下，提高数据更新速度，需要采取一系列措施来满足数字时代的需求。数据的高质量和实时性对于决策支持、风险管理和创新发展至关重要。首先，可在市级层面设立专项基金，以支持数字化转型中的数据质量提升。该基金可用于资助企业购置先进的数据采集和分析设备，支持专项数字化技术的研发，以及提供培训和技术支持。其次，采用"揭榜挂帅"等方式，加速解决各产业大脑中的技术问题，鼓励科研机构、企业和技术专家积极参与，通过开放性竞赛来解决数据质量和实时性的挑战。这种竞赛模式有助于汇聚各方智慧和资源，推动技术创新，提高整体数据质量。更重要的是应建立数据标准和规范，以确保数据的一致性和可比性。这可以通过制定数据采集、存储和共享的规则来实现。在这一过程中，加强数据管理和质量控制团队的培训，可以确保数据的可信度和准确性。这包括建立数据验证和审核机制，以及制定数

据清洗和修复的标准流程。只有数据管理团队具备高度的专业知识和技能，才能保证数据质量的持续提升。此外，加强数据安全防护措施，以确保数据的隐私性和安全性。通过采取上述对策，提高整体数据质量，同时保证数据的安全性和可靠性。最后，加大对数字化基础设施的建设，建设和完善数字化基础设施，如5G网络、云计算中心等，为企业提供优质的数字化服务。与云服务提供商合作，为企业提供优惠的云服务，降低其数字化转型的成本。

3. 进一步推动内外部数据互联共享

在产业大脑建设中，绍兴可以采取一系列举措来促进数据流通和协作，从而更好地满足中心企业数字化转型的需求。推动产业大脑系统与其他数字化平台的互联互通，实现数据资源的共享和开放。政府应制定数据共享政策，鼓励企业间进行数据交换和合作，打破信息壁垒，提升整个产业链的协同效率。首先，制定适合绍兴产业大脑建设的地方性法规和条例，以明确各类各层数据的使用权和责任，这将为数据共享和协作提供法律依据，确保数据的合法合规使用。其次，绍兴可以积极参与省级行业数据仓建设，以打通产业大脑与其他部门之间的信息壁垒。这包括与社保、经信、环保等相关部门的协作，以实现跨部门数据的整合和共享。通过建立数据接口和标准化数据格式，可以更容易地实现不同系统之间数据的互联共享。再次，应鼓励企业、行业和政府共同制定数据共享的最佳实践和准则。这可以通过建立数据共享联盟或委员会来实现，以推动数据共享的标准化和规范化。共享最佳实践可以帮助各方更好地理解数据的共享方式和流程，从而加速数据互联共享的进程。最后，要实现功能迭代，丰富现有场景应用。数据共享不仅有助于提高决策支持能力，还可以创造新的场景应用，促进数字化创新。通过积极参与省级行业数据仓建设，可以将产业大脑与其他部门的数据整合，实现更丰富的应用和功能，满足不同领域的需求。

4. 进一步严守数据安全

在产业大脑建设中，绍兴可以构建一种综合性的数据安全联合推进机制，由政府部门、运营商、龙头企业、行业协会和研究机构等各主体共同参与。这一机制的目标是强化政府和企业之间数据与工业互联网的融合和贯通能力，以确保数据的安全性和可信度。首先，政府应扮演引领和监管的角色，制定数据安全的标准和政策。政府可以设立数据安全委员会，以协调各方的合作，制定数据安全框架和准则。政府还可以加强数据安全监管，确保各方遵守相关法规和政策。其次，运营商和龙头企业可以提供技术支持和资金保障，以帮助产业大脑获得安全资质。这包括通过工业互联网平台可信服务认证、工业互联网安全评测机构认证、欧盟 GDPR 认证等方式来证明数据的安全性。这些安全资质将有助于提高数据的可信度和安全性,为产业链的稳定性和韧性提供保障。再次,行业协会和研究机构可以提供专业知识和培训,以帮助企业提高数据安全性。这包括举办培训课程、研讨会和研究项目,以帮助企业更好地了解数据安全的最佳实践和最新技术。行业协会还可以起到组织和协调的作用,促进各方的合作和信息共享。最后,政府、运营商、龙头企业、行业协会和研究机构之间应建立紧密的协作和沟通机制,以确保数据安全性的持续监测和改进。定期的安全演练和评估可以帮助各方识别潜在的风险和漏洞,及时采取措施加以修复。

为确保"产业大脑+未来工厂"转型升级的有序进行,政府应建立相应的监管和评估机制。通过定期对企业的数字化转型进度进行评估和指导,确保政策的有效实施和转型目标的顺利实现。同时,对于转型成效显著的企业,政府可以给予额外奖励或表彰,形成良好的示范效应。

(二)擦亮产业底色,坚持绍兴制造业特色发展道路

1. 强化产业大脑对产业的预测、监控与分析能力

建议绍兴通过产业大脑建设,建立一个全面的市场信息处理闭环,以更好地满足数字化时代的需求。这一闭环包括"采集—分析—传递—反馈"四个关键环节,旨在实现数据的智能整合和深度分析,帮助企业更好地应对市场变化和行业趋势。采集环节是信息处理闭环的基础,它包括数据的采集和整合。绍兴可以通过各种手段,包括传感器、互联网、社交媒体等,采集系统内外的数据。这些数据包括供应链数据、市场销售数据、消费者反馈数据等。通过长期跟踪本地与本产业的发展,建立产业发展数据库。分析环节是信息处理闭环的核心包括数据的深度分析和挖掘。绍兴可以利用数据分析和人工智能技术,将采集到的数据转化为有用的信息和分析报告。这有助于形成产业知识图谱,揭示行业的关键趋势和模式。传递环节是将分析结果传递给相关方的关键步骤。绍兴可以建立信息共享平台,将分析结果传递给政府部门、企业、行业协会等相关方。这有助于实现市场信息、行业趋势和公共信息的智能集成,为各方提供及时的决策支持。反馈环节是信息处理闭环的闭合部分,它包括根据分析结果采取行动,并将反馈信息传递给系统。绍兴可以形成定期行业分析报告,包括市场趋势、竞争分析、消费者行为等方面的信息。这有助于企业精准匹配国际国内市场信息,及时调整产能和生产计划,提高生产能效。

2.提升产业大脑在全域场景中的创新应用能力

鼓励产业大脑与高能级创新平台进行紧密合作,具体可以通过建立合作框架、签署合作协议或成立联合实验室等方式来实现。开展包括数据共享、技术合

作、研究项目等各种形式合作，以促进双方的资源整合和优势互补。通过产业大脑可以与高能级创新平台合作，共同解决产业发展中的共性问题，如能源效率、环保、安全等方面的问题。例如，织造印染大脑可以提供能源审计、能耗评估等服务，帮助企业找出潜在的节能减排环节。这有助于企业降低能源成本，减少环境影响，同时为新技术转化找到机会。同时应为企业提供个性化的科研服务。产业大脑可以根据企业的具体需求，提供定制化的研究和解决方案，包括研发支持、技术咨询、市场分析等各种服务，帮助企业应对挑战和抓住机会。产业大脑和创新平台的紧密合作有助于打通企业与科研机构之间的信息孤岛，有助于提高决策效率，减少重复研究，促进创新。

以设立专项资金的方式，对采用产业大脑和未来工厂技术的传统企业进行财政补贴，减轻其初期投入成本。同时，对进行数字化转型的传统产业企业，提供一定期限的税收减免或优惠，激励其加快转型升级步伐。鼓励和支持企业与高校、科研机构合作，共同研发适用于传统产业转型升级的关键技术和装备。政府可设立技术研发基金，资助相关项目的研发和应用推广。

在资源配置政策方面，建议优化政策，确保关键产业和项目能够获得必要的支持。这包括深化"腾笼换鸟、凤凰涅槃"战略，为新兴产业平台释放土地空间和其他资源，实施优质项目优先保障机制，以及按照资源要素价值最大化原则，实施全市范围内的重大产业平台和项目用地等资源的统筹管理，以促进资源与发展潜力的相互转化。

3. 增强产业大脑对中小企业数字化转型与生产组织变革的推动能力

以税收减免、技改补贴、免费试用等多种方式大力推进中小企业基于产业大脑的数字化改革。支持产业大脑的建设方和运营商对中小企业及其员工进行数字化转型培训，分批组织中小企业到未来工厂、产业大脑成功改造的典型企业以及全球"灯塔企业"等数字化样板企业参观学习，提高数字化改造的意识。

4. 挖掘产业大脑在产业结构调整中的潜力

积极探索产业大脑网络的协同治理模式，强化传统产业产业链的稳定性与韧性。可定期召开产业大脑建设方和运营商的交流学习会，并邀请企业、科研机构、行业协会等相关社会团体参加，逐步将其长期化、制度化，形成成熟的治理模式，开创产业治理新形式。积极鼓励新的业态与新的生产组织方式，基于绍兴在产业大脑建设中已有的领先优势，布局产业前沿"非共识"性创新方向与路径，催生更多工业互联网建设与服务领域的新兴产业和龙头企业。

致力于优化产业人才培养与集聚机制，以加速现代产业体系所需人才的增长。首先，建立和完善包括就业激励、补贴政策以及子女教育优惠在内的一系列人才支持措施，提升新蓝领阶层的社会地位和归属感。其次，构建公共支出激励机制，强化本地职业技术院校在企业职工培训方面的责任与效能。最后，加快人力资源服务产业的发展，培育与本地重点产业相匹配的专业人力资源服务机构，推动现有机构的发展壮大，并通过构建全国统一的人力资源服务平台，实现人才供需均衡，增强产业人才的供给和吸引力。

此外，建议大力推进数字服务产业建设，以促进二、三产业的融合发展，有效支持中小企业的转型升级和产业集群的创新发展。具体措施包括：通过政策支持，引进大型服务企业以促进绍兴市重点制造业集群的发展；选择并支持那些能够推动制造业智能化、数字化升级的软件服务企业，帮助它们成长为上市公司，并在区域生产性服务业发展中发挥示范作用；引导有实力的制造业企业向生产性服务业延伸，提升产业链的整体竞争力；关注龙头企业在传统产业中的带动效应，重视培育能够引领传统产业新业态的新型生产性服务业企业，以增强传统产业的活力和创新能力。

（三）优化财税制度，助推中小型企业实现数字化转型

第一，对重点传统制造业企业设定补贴标准，如为珍珠、金属加工等中小型企业较为集中的传统产业，提供一定比例的数字化技改资金补贴，以减轻中小企业的初期投资压力；对已经投入研发新技术、新设备的传统制造业企业给予补贴，鼓励企业创新；提供培训和人才引进的资金支持，帮助企业提升数字化转型能力。

第二，对正在进行数字化转型的企业，根据其数字化转型的进度和成效，给予一定期限的税收减免。例如，可通过加速折旧的方式，允许企业对其购买的数字化转型相关设备进行加速折旧，从而提前释放资金；也可以通过研发费用加计扣除，对企业发生的研发费用进行加计扣除，降低企业的税负。

第三，对进行数字化改造的传统制造业企业提供低息贷款，支持其进行数字化转型投资。例如，政府部门以担保和贴息的方式，为企业提供贷款担保和贴息，降低企业融资成本；鼓励企业通过资本市场进行融资，如发行债券、股票等，利用社会资本进行数字化转型。

（四）推动复制推广，形成传统产业转型升级的"绍兴模式"

第一，大力支持建设方和运营企业跨地区跨行业进行推广复制。鼓励传统产业中的数字化先行企业强化与产业大脑建设方、运营方的联系，带动一批绍兴传统制造业企业向数字生产企业、数字服务商转型。

第二，提高绍兴"产业大脑+未来工厂"建设工作的显示度。及时通过各种

途径向省政府、工信部报送建设进展、成果与案例，积极参与各级各类相关试点的申报，对进入工信部案例、省试点的企业进行奖励。

第三，及时总结“产业大脑＋未来工厂”建设中的经验做法，逐步形成关于传统产业数字化转型的“绍兴模式”。加强产业大脑建设中的法制建设、标准建设和理论体系建设，以利于形成高质量的调研报告、经验总结与新闻报道。强化与高校、研究机构的联动，培育一批具有全国影响力的理论成果。

2023 绍兴高质量发展蓝皮书

产业创新篇

“地瓜经济”与总部经济

黄先海*

“地瓜经济”与总部经济是属于开放经济的范畴。绍兴的开放经济，即绍兴城市的高质量发展要在一个开放的大视野中进行观照、审视和谋划。从开放经济发展看城市的高质量发展时，有一个标志性的指标——总部经济。判断绍兴发展是不是高质量或者绍兴经济是不是高度发达的一个指标就是总部经济是否发达。如果一个城市总部经济发达，或者高端要素集聚，那么一般认为这个城市的发展是高质量的。基于这个角度，本报告拟分享四个方面的内容。一是“地瓜经济”的内涵解读。二是走出去：“浙江人经济”与“三个浙江”。在开放的视野下讲绍兴的发展就是要走出绍兴、走出国门寻求更大的资源配置。三是再回来：浙商回归与总部经济，回归故土、回归绍兴建构总部经济。四是以总部经济与楼宇经济打造现代都市核心区，即如何在城市的高质量发展中取得突破。

一、“地瓜经济”的内涵解读

（一）“地瓜经济”理论

2004 年，习近平同志在浙江工作期间提出了“地瓜经济”理论。地瓜的藤蔓向四面八方延伸，为的是汲取更多的阳光、雨露和养分，但它的块茎始终在根基

---

* 作者黄先海系浙江大学副校长，教授。本报告据作者在 2023 年 9 月 6 日“‘八八战略’引领绍兴城市高质量发展研讨会”上的发言整理而成。

部，藤蔓的延伸扩张最终是为了让块茎能长得更加粗壮硕大。习近平同志用通俗的语言概括了开放的精髓，非常形象地描绘了“地瓜经济”的内涵，刻画了“走出去”和“引进来”之间的辩证关系。新时代，“地瓜经济”理论上升到了新的层次，形成了“跳出浙江发展浙江”的战略视野。对于绍兴，则是“跳出绍兴发展绍兴”的发展思路，即绍兴的企业家、老百姓到绍市外、省外、甚至国外寻求发展，积极获取绍兴之外的市场要素和资源。

（二）“跳出浙江发展浙江”

中国的企业要“走出去”，主动参与国际市场的竞争。在省外、国外建设粮食基地、能源原材料基地和生产加工基地，并非资金外流、企业外迁，这是在更大的范围内配置资源，在更大的空间里实现更大发展的需要。

获取要素资源本身是为了更好地发展绍兴，更好地发展浙江，因此这实际上是真正开放的思想和逻辑。基于更大的视野，引申出的“浙江人的经济”或者“绍兴人的经济”，是“跳出浙江发展浙江”，是以“浙江人的经济”发展壮大“浙江经济”。[①]

二、走出去：“浙江人经济”与“三个浙江”

（一）不仅要“引进来”，更要主动“走出去”

“绍兴经济”和“绍兴人的经济”是两个不同的概念。在学理上，一个是关于GDP的，一个是关于GNP的。GDP是就区域而言的，是指整个绍兴的经济总量；GNP是根据影响力和控制力来计算的，绍兴人在市外、省外甚至国外的投资总量某种意义上都可以纳入计算。因此，“绍兴经济”和“绍兴人的经济”、“浙江经济”和“浙江人的经济”是两对不同内涵外延的概念。繁荣发展“地瓜经济”，不仅要求把国内国际资源“引进来”，更要求主动“走出去”，延伸构建枝繁叶茂的经济网络，实现对全国乃至全球技术、人才、资源的跨区域汲取和利用。

要“引进来”，更要主动地“走出去”开辟市外的市场、省外的市场、国外的市场。一般来说，“走出去”到海外投资，或者到市外投资，都是主动地“走出去”。但课题组最近在开展的研究项目中发现了一种新情况——“被动地‘走出去’”。近年来，国际形势纷繁复杂，中美两国的战略博弈越来越激烈。其中，有一个特

① 习近平：《之江新语》，浙江人民出版社 2007 年版，第 233 页。

别明显的表现，即除了宏观层面上的博弈以外，微观层面上的博弈也很激烈。例如，绍兴的一家企业与美国有贸易关系，美国就会要求这家企业在绍兴之外或者中国之外再开辟一个生产基地。课题组在浙江调研发现之前本以为中美关系在微观层面的形势还不是很严峻，但实际上在企业层面已有实实在在的影响，如果这家企业不在绍兴之外、在中国之外再去开辟一个生产基地，就会被提示“不转移不下单”。因此，这是微观层面受中美关系影响的一个非常重要的表现。再比如，课题组在台州调研时发现，一家为麦当劳、肯德基提供包装盒的技术含量并不是那么高的加工企业，也被要求转移生产基地。这种对企业的强制转移要求，客观上造成了“被动地‘走出去’”。因此，如果这种情况普遍出现甚至愈演愈烈，我们应对此制定必要的应对政策。

（二）“省内浙江经济”、“省外浙江经济”和“海外浙江经济”

也有一些企业积极“走出去”，到省外、境外投资，发展得比较好。例如，浙江的青山集团通过“走出去”，在印尼实现了进一步的稳定增长，这就是“浙江人的经济”。因此，课题组提出的“三个浙江”就是“省内浙江经济”、“省外浙江经济”和“海外浙江经济”。其中，“省内浙江经济”指市场主体在浙江省内进行投资所形成的经济，这是浙江经济的核心；“省外浙江经济”指浙商在中国境内其他省市经商办企业，与省内经济具有紧密的关联，是省内经济的延伸；“海外浙江经济”指浙商在境外各个国家和地区投资创业。相应地，“三个绍兴”就是“市内绍兴经济”、“市外绍兴经济”和“海外绍兴经济”。要从三个层面整合地理解整个大绍兴的经济。第一层，“市内的绍兴经济”是市场主体在绍兴市内进行投资所形成的经济，这是目前绍兴经济的主体；第二层，绍兴的企业家在市外经商办企业，也就是市内经济的延伸。第三层，是绍兴的企业家在境外经商办企业。

对浙江来说，首先，浙江省仅拥有 6500 万人口，而市场主体就达 868 万多户，这个比重在全国是最高的，这也是浙江民营经济十分活跃的主要原因。市场主体高度发达，经济活动活跃有力，这是浙江经济的优势，也是绍兴经济的优势。其次，浙江在中国境内各省市经商办企业的市场主体有 600 多万户，在境外各个国家和地区投资创业的市场主体有 200 多万户。最后，这些绍兴的商人、浙江的商人在无论是海外打拼，还是在市外打拼，最终还是要回来。这里面涉及一个经济学现象，即如果一个城市的市场主体都去投资外部市场，以后会出现本土产业的空心化。同样，浙江在这方面也存在需要预防的问题。在观察宏观经济形势的时候，我们的课题组就发现民间投资形势比较严峻。追根溯源，发现浙江民间投资乏力的一个原因就是很多企业“被动地‘走出去’”了。因此，资金、人才等各类生产要素的回归将成为浙商破解“被动地‘走出去’”、本地产业空心化等问题进而实现反哺本土经济的重要路径。①

三、再回来：浙商回归与总部经济

(一)“浙商回归”政策及实施策略

“浙商回归”政策发轫于2004年，时任浙江省委书记习近平同志认为“在外浙江投资创业人员是浙江经济发展的一支重要力量”，“立足全局发展浙江，跳出浙江发展浙江”。②

一方面，鼓励、引导浙江人“走出去”投资创业；另一方面，积极引导在外浙江人回乡投资，研究制定吸引在外浙江创业者回乡投资的若干意见。浙江省自2006年开始实施“省外浙商回归工程”，鼓励浙商把“走出去”到省外、境外投资创业与回乡反哺结合起来，形成“走出去”和“引进来”双向互动、良性发展的新格局，促进在外浙商更好地服务浙江发展，实现“创业创新闯天下”和“合心合力强浙江”的有机统一。2013年，时任浙江省省长李强提出，无论过去、现在还是将来，我们都尊重经济规律，鼓励浙商把走出去发展和回归家乡发展结合，在更广阔的经济舞台上发挥作用，形成省内、省外良性互动发展的格局。③ 对绍兴来说，这句话也同样适用，即“创业创新闯天下”和“合心合力强绍兴”。在大量浙商“跳出浙江”投资创业的同时，在外创业并积累了大量财富的省外浙商也在通过资金汇回、项目投资等多种形式“反哺”浙江发展。这既是企业投资的理性选择，也是省外浙商热爱家乡、回报家乡的体现。

(二)总部经济顶层设计的三大方向

打造总部经济进一步提升“浙商回归”质量。作为国际分工的高端环节，总部经济具有产业集聚、知识密集等特征，在“浙商回归”政策深入推进的过程中，打造总部经济也成为必由之路。那么，“浙商回归”政策如何引导浙商回归呢？最重要的一个抓手就是打造总部经济，通过总部经济的形式来进行有机分工。作为国际分工的高端环节，总部经济具有产业集聚、知识密集等特征。在这个有

① 本部分数据截至2022年2月。

② 习近平：《之江新语》，浙江人民出版社2007年版，第124页

③ 《浙江省长：浙商扛转型升级大旗 改革创新赢红利》，2013年3月6日，https://www.chinanews.com/gn/2013/03-06/4620004.shtml。

机分工的过程中，一般的生产加工功能可以布局到越南、缅甸、印度尼西亚等东南亚国家，营销中心、设计中心、总部机构等则设在母体。

浙江省建设总部经济的顶层设计有三大方向。第一，明确总部回归的重点，主要锁定省外浙商大企业的研发中心、营销中心、展示中心等功能性机构，着力引进区域性总部、综合性总部。将省外浙商的研发中心、营销中心、展示中心这些总部功能留在浙江，有利于杭州、宁波、温州、绍兴等城市发挥更大的作用。第二，明确回归总部的空间布局，发挥杭甬温三大中心城市的优势，相应建立三大区域性总部中心。第三，明确总部回归的政策配套，有针对性地研究制定促进省外浙商总部回归的财政、税收和金融政策和措施，形成水到渠成、百川归海的吸纳效应。鼓励在外浙商回来，在税收、土地方面给予优惠政策。

（三）“引进来”—“走出去”—“再回来”

通过“省外浙商回归工程”形成一个“‘引进来’—‘走出去’—‘再回来’”的良性循环。“引进来”，即通过“引进来”在本地吸纳海外资金、人才等要素，壮大本土经济与民营企业；“走出去”，即等本土企业竞争能力提升到一定阶段后，直接“走出去”建设海外营销中心、研发基地、资源网络就；“再回来”，即推动回归的浙江资本和项目，向总部经济等现代服务业和战略性新兴产业转移，驱动整个浙江经济转型升级，实现创新驱动发展。这样的良性循环也正是浙江“地瓜经济”开放模式的生动体现。

四、以总部经济与楼宇经济打造现代都市核心区

以总部经济与楼宇经济打造现代都市核心区，一方面要通过提升效能和价值升级，加快总部经济高质量发展和推动现代服务业集群化发展，实现产业空间的垂直变革和城市的有机更新。产业空间的垂直变革，是指在土地越来越稀缺的背景下，原先平面铺开的城市发展模式需要寻求垂直展开，向上挖掘空间，相应的容积率也大大提升。城市的有机更新，特别是像绍兴这样的历史文化名城，需要引入现代化要素、现代化产业，推动有机更新而不是大拆大建，要在保持历史文脉的基础上实现城市更新。

（一）加快推动产业空间垂直变革与城市有机更新

杭州城市学智库提出的 XOD 模式为空间垂直变革和城市有机更新提供了新的思路。XOD 模式强调以城市经济、社会、生态三大基础设施为导向投资对

城市土地进行一体化开发和利用。大力推广政府和社会资本合作模式，引导社会资本从以城市交通为导向的 TOD 模式向 XOD 模式转型。例如，绍兴市柯桥计划高标准建设一座现代化医院，通过其带动周边的发展，不仅可以实现开发成本分摊、经济要素集聚和生活水平提升，更重要的是它将带来更高品质的新社区。

关于城市的有机更新，有关课题组正在研究杭州市经济发展战略的迭代升级。绍兴也存在相似的困境，即如何处理好发展中工业与服务业的比值关系，找准城市的发展瓶颈，寻求更高层次的迭代发展。对杭州、绍兴这样的城市而言，有无必要对制造业的比重划红线？例如，像上海这样高度发达的现代化都市对制造业都提出了基本要求，即上海市的制造业比重不能低于 25%。因此，对杭州和绍兴这样的城市而言，还是有必要对制造业比重划红线的，以维持城市可持续发展的后劲。特别是制造业当中的高端制造业，其本身是创新的重要源泉。对绍兴而言，应当继续将制造业特别是高端制造业与现代服务业列为产业政策的优先方向。另外，工业发展跟城市化的关系也是各级政府应当重点考虑的议题。以杭州大江东区域为例，通过调研，我们发现其仍然存在一定程度的城市化滞后问题，导致现代服务业支撑不足，特别是生产性服务业支撑不足。因此，绍兴同类型的产业集聚区，要注重高端生产性服务业的导入，注重以城市化推进来带动工业化进程。

（二）实施土地赋能政策

上海的建设用地容积率管理和土地政策有较多值得借鉴之处。例如，提升存量工业用地利用效率，破除空间限制，加快低效工业用地整治；盘活的存量土地向园区集聚，推动园区外工业用地置换入园。提升工业用地开发强度，加快园区有机更新和扩容利用，推动产业上楼。上海市推进土地资源高质量利用的相关经验也值得借鉴。比如，单一用途产业用地内，可建工业研发和生活配套设施的地上建筑面积可提高至产业地块地上总建筑面积的一定比例；存量工业用地经批准提高容积率和增加地下空间的，一般不再增收土地价款等。

类似这样的政策具有很强的指导性和针对性，对产业、投资者具有很高的较大的推动力。建议绍兴积极研究、充分借鉴，针对目前工业用地利用效率不高、空间限制较大等问题，进一步做好文章、盘活资源。盘活，最简单的解释就是在单一用途的产业用地内建设工业研发和生产配套设施。通俗地说，一家企业占地 100 亩，可考虑拿出适当比例用于建造职工宿舍或者办公用房。尤为重要的是，这个职工宿舍、办公用房除供本企业的人员使用，也可以面向社会进行出租。这个比例的土地开发若不征收土地价款，则无形中减轻了企业的负担、调动了企业的积极性、提高了土地的利用效率，对产业、人才等要素集聚具有积极意义，有利于培育总部经济、楼宇经济。因此，在政策制定过程中，类似于上海这样的高效政策应积极推广，相信对绍兴城市的高质量发展具有借鉴意义。

大力推进绍兴城市与产业高质量互动发展的思考

张恬　杨宏翔*

绍兴自 2013 年撤销绍兴县、上虞市改设柯桥区、上虞区以来，中心城区框架被拉开，逐渐形成“一个核心、两大组群、六条轴线”的城市发展格局，推动绍兴由“县域经济”向“都市圈经济”快速转型。截至 2022 年底，绍兴全市常住人口达 535.3 万人，与 2021 年相比增加了 1.6 万人，主要原因在于近年来绍兴集成电路、生物医药、新材料、高端装备等战略性新兴产业集聚，各类人才不断涌入绍兴。即便如此，2022 年绍兴在人口净流入方面仍远远落后于杭州(17.2 万人)、宁波(7.4 万人)、嘉兴(3.5 万人)、温州(3.4 万人)等地，仅居全省第六。

因此，城市与产业的良性互动、协调推进，已成为绍兴推动新型城镇化建设和实现经济高质量发展的必由之路。

一、准确把握城市与产业良性互动的新变化、新趋势

第一，“产城融合”已从“以产促城”进入“营城聚产”的发展阶段，其内涵为“产城—产教—产才”的融合贯通。2022 年，绍兴城镇化率达到 72.1%，但仍落后于全省平均水平(73.4%)，需要进一步深化“以产聚人—以教养人—以城聚产”的发展逻辑，围绕做大城市规模、做强城市功能、做优城市品质持续发力，推进“产城—产教—产才”的融合贯通，摆脱“城市化长期滞后于工业化”的发展困境。

---

* 作者张恬系绍兴市社科院助理研究员，杨宏翔系绍兴市委党校原教育长、二级教授。

第二,区域经济发展格局已由各自为战的“县域经济”上升为“都市圈”和“城市群”引领的区域一体化。浙江已进入以新型城市化带动经济转型升级为主动力的新阶段,新型城市化的主体形态由此升级为“都市区”和“城市群”,这意味着杭绍甬一体化必须有绍兴积极参与其中,且绍兴必须承担起和杭州、宁波类似的都市区职责,补齐杭甬间城市与产业互动发展的空白、短板、洼地。唯有如此,才能发挥出杭绍甬一体化对浙江大湾区建设、湾区经济发展的引领和促进作用。

第三,传统产业改造提升与战略性新兴产业及新兴业态培育更依赖于城市集约发展与功能升级。例如,集成电路产业强烈地依赖于产业链和产业环境,如果有领先于全国的产业链和产业环境,就可以吸引大量的优质集成电路产品企业落户,大幅提升集成电路产业规模。另外,脱胎于大数据、云计算、区块链、物联网、人工智能、5G 通信技术等数字技术的新零售、新制造也依赖于城市功能的完善与升级。

二、绍兴城市与产业高质量互动发展的优势与不足

第一,绍兴通过实施“腾笼换鸟、凤凰涅槃”攻坚行动计划,实现了传统产业改造提升与战略性新兴产业培育发展的“双轮驱动”,为城市与产业高质量互动发展提供了扎实的产业基础和发展空间。一是通过深化“亩产论英雄”改革,推动印染、化工等传统产业由“区内集聚”到“跨域整合”,净节约土地 4000 余亩,腾退土地 1 万余亩,产业集中度由 65%提升至 80%,亩均效益显著提升。二是战略性新兴产业从无到有、从小到大、从点到链,成为绍兴经济增长的主引擎。“酒缸、酱缸、染缸”被“芯片、药片、刀片”为代表的新兴产业集群代替,形成了“3+2+4”的现代产业体系。

第二,绍兴中心城区首位度和集聚性不高,要素支撑和机制创新不够,导致人才链、创新链、资金链不足以支撑产业链,在与杭州、宁波等地的人才和创新资源竞争中处于相对劣势地位。一是受到区域竞争和新冠疫情影响,无论是新兴产业还是传统产业,产业人才供求总量和结构均存在严重失衡。以集成电路为例,预计 2025 年的产业人才需求量在 7 万人左右,但绍兴尚未建立起集成电路产业人才培养体系。二是创新载体能级较低,创新辐射力、人才吸附力尚未显现。截至 2022 年底,全市 30 余家共建研究院仅 4 家入选省级新型研发机构;2020—2022 年入选省级新型研发机构的 100 家单位中,绍兴仅占 5 席,远低于杭州(36 家)、宁波(20 家)、嘉兴(11 家)、湖州(9 家)、温州(7 家),仅居全省第六。三是民间资本活跃,但科技金融活力仍待进一步提升。在推动科创金融机

构发展、金融服务人才队伍建设、金融赋能人才创新创业等方面的政策力度和服务相对不足，支撑科创企业发展、人才科创项目转化的金融生态尚未形成。

三、大力推进绍兴城市与产业高质量互动发展的建议

第一，加强顶层设计，加大体制机制创新，以“强中心”来完善城市功能、塑造城市形象、提升城市品位，畅通阻碍“产城—产教—产才”融合的枢纽堵点。一是按照“大开放、大合作”的思路，跳出区域、跳出部门，实施“强中心”工程，疏通区县之间的体制机制矛盾和障碍，强化中心城区对高端生产服务和高品质生活服务的供给能力，提高城市首位度。二是服务“先进制造强市”的战略重心，确立“产城—产教—产才”融会贯通的发展理念，理顺“围绕中心城—优化产业链—布局创新链—引聚人才链—融通资金链”的发展思路，强化中心城区对产业、人才、创新、政策、资金、服务等要素的集成智联功能。三是把握绍兴实际和发展定位，探索建立“产城融合”高质量发展试验区，强化教育、人才、科技、产业规划统筹和政策联动，加强产业平台、人才平台、创新平台、金融平台等平台的科学布局和嵌套匹配，并依托财政部门定期开展产业政策、科技政策、人才政策等政策的绩效评价，持续推进政策迭代和有效供给。

第二，充分利用长三角一体化发展的战略契机，借助独有的区位优势和产业布局，通过“融杭联甬”推进更高水平的杭绍甬一体化，尽快实现“杭绍同城”和“甬绍联动”。绍兴作为杭甬之间的天然桥梁，是挑起两个“金箩筐”的“金扁担”，杭甬高水平协同发展离不开绍兴的纽带作用。从区位条件和城市功能看，绍兴是沿海交通大通道的重要节点。因此，一方面，需要积极争取省委、省政府对绍兴的财政和政策支持，尤其是战略协同、互联互通、公共服务和产业平台等方面的支持；另一方面，绍兴应立足于自身的比较优势和区域分工格局，充分利用长三角一体化发展和浙江大湾区建设释放的发展红利，加快推进综合交通网络化、公共服务同城化、产业平台协同化和城市发展融合化。

第三，推动城市功能升级与现代产业体系相匹配，打通人才引育、科技转化、金融服务的“最后一公里”。一是研究制定、定期更新产业人才紧缺目录，绘制国内外高校专业和引才地图，专项破解人才引育的政策和制度难题，实现“人才带技术、技术变项目、项目融资金”的“产才融合”。二是打造“技术研发—成果获得—成果放大—成果投产”的全链条科技成果转化体系，加快中试和孵化基地、认证认可检验检测中心等配套设施建设和开放共享，做好政策机制创新与原有政策衔接，激发科技成果转化动力。三是建立适应不同类型、不同发展阶段科技

成果转化规律的多元化科技投融资机制，围绕重点产业链，建立“一链一基金”，引导社会资本投向早期创业类项目和种子期、初创期企业，加大项目投资过程中的超额收益让渡和投资风险分担。

第四，围绕战略性新兴产业链关键环节的引育，推进营商环境试点城市建设，构建政府主导的全产业链服务体系。要充分利用浙江营商环境“一号改革工程”，对标北京、上海、重庆、杭州、广州、深圳等国家营商环境创新试点城市的营商环境改革实践和经验，为电子信息、高端装备、生物医药、新材料等四大新兴产业的“引育”打造国内最优、国际一流的营商环境，并积极筹划申报下一批国家营商环境创新试点城市。

第五，与传统产业不同的是，新兴产业领域是产业链和产业环境的竞争，而不是点与点的对抗。这就要求绍兴必须尽快补齐新兴产业链的短板，全力塑造优越的产业环境，形成政府主导的全产业链服务体系。一方面，在招商引资方面，要充分利用集成电路等全国领先的全产业链优势，让产品公司落户绍兴，获得优质的产品开发环境，从而形成产品开发、量产平台、中试平台和用户紧密联系的产品公司聚集地；另一方面，应努力完善公共服务平台建设，积极推动更多省级及以上重点实验室、工程中心、企业技术中心等平台的建设，形成功能齐全的集设计、研发、测试、孵化于一体的创业平台，并在人才引进、产业用地、公共租赁住房等方面提供有针对性的支持和服务。

优化提升营商环境，高水平打造创新创业基地研究

朱文晶　罗德鹏　林玥玥*

2018年11月5日，国家主席习近平在首届中国国际进口博览会开幕式上指出，“营商环境只有更好，没有最好”①。党的二十大报告提出要完善产权保护、市场准入、公平竞争、社会信用等市场经济基础制度，优化营商环境。2023年五一假期，淄博烧烤的爆红出圈令其营商环境和鼓励创业的城市治理理念广受好评，引发广泛关注。营商环境是重要的“生产力”。优化营商环境、鼓励创新创业是立足新发展阶段、贯彻新发展理念、构筑新发展格局的鲜明标识。高质量的营商环境是激发市场活力、支撑创新创业的题中应有之义。浙江省委在“新春第一会”上提出，要实现营商环境优化提升“一号改革工程”大突破。省政府工作报告也提出，要把持续优化营商环境作为“一号改革工程”，营造市场化、法治化、国际化一流营商环境。

当前，绍兴正在围绕贯彻落实党的二十大精神，奋力打造“浙江高质量发展建设共同富裕示范区市域范例”，全力建设新时代共同富裕地。在营商环境方面，绍兴正在切实推动营商环境优化提升“一号改革工程”，激发市场活力和创造力。在创新创业方面，绍兴聚焦“五个率先”战略目标，坚持科技自立自强，实施

---

* 作者朱文晶系杭州国际城市学研究中心浙江省城市治理研究中心副研究员，罗德鹏系杭州师范大学公共管理学院硕士研究生，林玥玥系杭州国际城市学研究中心浙江省城市治理研究中心助理研究员。本报告系浙江省城市治理研究中心绍兴分中心绍兴城市高质量发展重大研究项目、国家社科基金项目(23BJL121)部分成果。

① 习近平:《共建创新包容的开放型世界经济》,《人民日报》2018年11月06日。

高水平建设创新型城市三年行动，完善重大创新平台布局，提升企业创新动能，促进成果转移转化。对营商环境和创新创业进行科学研究能够为优化营商环境、打造创新创业高地提供合理化政策设计参考。

近年来，国家通过出台外商投资法、大幅放宽市场准入、不断“瘦身”负面清单、加强知识产权保护、推进“放管服”改革等，持续改善营商环境，推动高质量发展。世界银行的报告表明，良好的营商环境会使投资增长 0.3%，GDP 增长 0.36%。在营商环境评价方面，自 2003 年开始，世界银行每年都会发布《营商环境报告》，因覆盖面广、指标体系较为科学、量化测度较为客观，该报告已成为具有国际影响力的“风向标”。为了促进共同繁荣，2022 年，世界银行发布了新项目《宜商环境评估体系》的概念说明。新项目进一步优化完善了评估测度指标体系，在宜商环境（Business Enabling Environment，BEE）评估体系中，一级指标仍然是 10 个，除保留了缴纳税款和办理破产两个指标外，其他 8 个指标调整为企业准入、经营地点、公用事业连接、劳动力、金融服务、国际贸易、争端解决、促进市场竞争，还增加了数字技术和环境可持续两个跨领域指标。对照世界银行 2023 年发布的营商环境评估体系新理念、新标准，按照企业发展的全生命周期，2024 年，浙江省出台《浙江省优化营商环境条例》，以营商环境之“优”，促发展之“进”，保经济之“稳”，为优化营商环境提供有力的法治保障。

一、研究背景

营商环境建设是一场看不见的马拉松。发达国家和地区如新西兰、新加坡、丹麦、美国、英国等连续多年排进世界银行《营商环境报告》评选出的全球营商环境最佳前十，中国香港地区也排在前列。近年来，格鲁吉亚、马来西亚、阿联酋、泰国、卢旺达等新兴市场和发展中国家也屡出“重拳”，进步飞速。中国对营商环境也日益重视，排名已从 2005 年的第 91 位跃升至 2020 年的第 31 位，连续两年被世界银行评选为全球营商环境改善幅度最大的十大经济体之一。在国内，各省份也都很重视营商环境。2023 年，长三角“龙头”上海召开“新春第一会”即全市优化营商环境建设大会；江苏省在政府工作报告中部署深入实施“1＋5＋13”营商环境系列政策；广东省“新春第一会”聚焦高质量发展，营商环境是“重头戏”。对“七山一水二分田”的浙江而言，面向未来，浙江经济提质增效的关键是优化营商环境。

在营商环境打造上，新加坡的法治优先模式，以及我国香港的国际化优先模式、深圳的效率优先模式、天津的便利优先模式曾为城市能级提升发挥了重要作用。淄博烧烤受到的关注与好评，为当地营商环境平添了几分有人情味的“烟火气”。北京、上海、深圳等城市相继针对“摆摊”管理出台新规，让此前很长一段时间里为城市所“不容”的路边摊迎来“解禁”。立足百年未有之大变局和中国式现代化新征程，在当前经济社会结构转型升级的重大历史机遇背景下，创新驱动发展国家战略正在不断推动“大众创业、万众创新”的时代潮流。营商环境优化成为更好践行创新驱动发展战略、实现创新创业高质量发展的重要抓手。产业结构转型升级，特别是以智能制造、智能服务为代表的前沿新经济形态，对市场主体的创新性、生产率及创业意愿产生了更多需求。Shapero 和 Sokol①、Krueger 和 Carsrud② 构建的创业意向模型表明个体只有具有创业意愿才会产生创业行为，并且这种意愿越强烈，产生创业行为的可能性也就越大。培育这种创业意愿的土壤正是良好的营商环境。

因此，本报告从优化营商环境促进创新创业的视角出发，对绍兴营商环境的现状特点和存在问题进行了分析，进而提出了绍兴营商环境优化提升带动打造创新创业高地的路径策略，具有一定的现实意义。在研究方法支撑方面，本报告除了常规的文献、政策、报道、资料检索外，还采用了大数据分析和问卷调查等方法。

（一）营商环境体系

营商环境与创新创业息息相关。大量研究表明，营商环境所构建的制度软环境对创新创业有正向促进作用。③ 更具象的研究表明，单一要素难以实现城市高质量创新创业，城市创新创业质量因不同营商环境要素组态而发生波动，但市场环境、创新环境、金融服务的协同能力至关重要。④ 城市创新创业质量存在空间效应，本地和相邻地区营商环境共同塑造城市创新创业质量，且营商环境对创业质量的空间效应存在差异性。人才环境和市场环境对创业质量的影响较大，同时存在较强的正向空间溢出效应；政务环境对本地创业质量有积极影响，空间溢出效应为负且不显著，因此本地区政务环境质量提升不会导致相邻地区

---

① Shapero A, Sokol L,“The social dimensions of entrepreneurship”, *Social Science Electronic Publishing*, 1982, vol. 8.

② Krueger N, Carsrud A,“Entrepreneurial intentions: applying the theory of planned behaviour”, *Entrepreneurial and Regional Development*, 1993, vol. 4.

③ 李志军、张世国、李逸飞等:《中国城市营商环境评价及有关建议》,《江苏社会科学》2019 年第 2 期。

④ 夏绪梅、李翔:《营商环境与城市创新创业质量的协同机制及其关系检验》,《统计与决策》2023 年第 7 期。

政务环境质量下降；金融环境会促进本地创业质量提升，同时存在较弱的正向空间溢出效应。①

作为一种制度性环境和不可替代的生产力，营商环境是指企业在开设、经营、贸易活动、纳税、关闭及执行合约等方面遵循政策法规所需的时间和成本等条件，可以细分为政府环境、法治环境、市场环境、国际化环境、企业发展环境和社会化服务环境等。② 大量研究表明，优质的营商环境能促进城市经济的发展，如董志强等人通过实证研究分析了营商环境中的制度软环境对经济发展的正面促进作用。③ 邢文杰等人认为优化营造良好的营商环境对经济领域的制度创新和经济增长至关重要，可以为企业家创造更加友好的环境。④ 因此，世界各国也都将优质营商环境视为促进经济发展的关键。国内外诸多权威机构对营商环境进行了深入的研究，并建立了富有解释力的营商环境指标体系，以此来观察和评估城市的营商环境。

世界银行的《营商环境报告》每年对全球100多个经济体的营商环境进行打分排序，评价体系包括10个一级指标，即开办企业、办理施工许可证、获得电力、登记财产、获得信贷、保护中小投资者、缴纳税款、跨境贸易、执行合同和办理破产，每个指标的权重均为10%，下设二级指标41个；《管理世界》经济研究院与首都经济贸易大学中国产业经济研究院合作课题组发布的《2020中国城市营商环境评价》根据我国城市经济发展实际，构建了包括政府效率、人力资源、金融服务、公共服务、市场环境、创新环境6个一级指标和17个二级指标的评价指标体系；粤港澳大湾区研究院发布的《2017年世界城市营商环境评价报告》，针对经济总量排名靠前国家的25个城市，加上中国的香港、北京、上海、广州、深圳，共30个城市，从软环境、生态环境、市场环境、商务成本环境、社会服务环境、基础设施环境等方面进行了评价；中国经济改革研究基金会国民经济研究所发布的《中国分省企业经营环境指数报告》，针对中国30个省（区、市）（不包括台湾、香港、澳门、西藏）的营商环境进行了评价，评价体系纳入政府行政管理、企业经营法制环境、企业税费负担、金融服务、人力资源供应、基础设施条件、中介组织和

---

① 杨兰品、韩学影：《营商环境优化对创业质量的影响效应——基于SDM模型的实证研究》，《华东经济管理》2021年第7期。

② 杨继瑞、周莉：《优化营商环境：国际经验借鉴与中国路径抉择》，《新视野》2019年第1期。

③ 董志强、魏下海、汤灿晴：《制度软环境与经济发展——基于30个大城市营商环境的经验研究》，《管理世界》2012年第4期。

④ 邢文杰、刘彤：《基于营商环境视角的企业家创业行为研究》，《贵州大学学报（社会科学版）》2015年第4期。

技术服务、企业经营社会环境等内容。也有学者围绕我国营商环境建设实践,从不同的视角展开研究并构建了营商环境指标体系。潘同人等借鉴国际先进地区优化营商环境的措施,通过比较上海与国际城市营商环境的各个因素(行政审批、企业成本、商务信用等)构建了与国际贸易中心相适应的世界级营商环境体系。① 还有学者分析了省会城市之间营商环境的现状和差异,并根据鲁、苏、浙、粤四个省份的区域经济数据构建了营商环境指标体系,找出影响区域经济发展的具体指标,提出改进措施以提高营商环境。②

另外,诸多更宏观的评价体系也纳入了营商环境这一评价指标。例如,普华永道《机遇之城》针对全球30个主要城市,包括中国的上海和北京开展评价,其中就包括了营商便利度指标,涉及开办企业、办理破产、免签证国家数量、外国使馆和领事馆数量、保护中小投资者、气候风险应对、劳动力管理风险和税收效率等内容;日本智库森纪念财团都市战略研究所发布的《全球城市实力指数排名GPCI》,针对全球44个城市,包括中国的香港、北京和上海,开展商业环境和营商便利度等内容的评价;中国社会科学院城市与竞争力研究中心发布的《全球城市竞争力报告》,针对包括56个中国城市在内的全球505个样本城市,评价指标囊括了营商便利度、犯罪率、语言多样性等。③

(二)创新创业体系

党的二十大报告指出,必须坚持科技是第一生产力、人才是第一资源、创新是第一动力,深入实施科教兴国战略、人才强国战略、创新驱动发展战略,开辟发展新领域新赛道,不断塑造发展新动能新优势。在人均资源紧张、人口老龄化和西方发达国家技术霸权的背景下,实施创新驱动发展战略是我国在高质量发展阶段直面诸多挑战并实现科技自立自强和中华民族伟大复兴的必由之路。2023年12月,国家市场监督管理总局、国家标准化管理委员会发布《新型城镇化创新型城市评价指南》,从科技创新的区域集聚规律出发,建立了两级创新型城市评价指标体系,包含创新治理力、原始创新力、技术创新力、成果转化力、创新驱动力5个一级指标,财政科技支出占公共财政支出比重、常住人口增长率、万名就业人员中R&D人员数、万人普通高等学校在校学生数、人均GDP、纳入国家级

---

① 潘同人、李悦:《建设国际贸易中心背景下优化上海营商环境研究》,《中国市场》2016年第24期。

② 潘讯、曹志鹏:《苏州营商环境的现状及其对策探讨》,《东吴学术》2020年第5期。

③ 刘江会、黄国妍、鲍晓晔:《顶级"全球城市"营商环境的比较研究——基于SMILE指数的分析》,《学习与探索》2019年第8期。

改革试验区数量等 30 个二级核心指标，以及 18 个二级辅助指标。该指南旨在鼓励相关管理部门按照文件开展创新型城市评价，科学评估创新型城市建设成效，了解城市科技创新发展需求，及时调整城市创新发展战略。同时，根据评价结果找出创新型城市建设存在的短板，分析创新型城市建设中存在的问题及其原因，有针对性地制订定改进计划。第三方也可按照该指南开展创新型城市外部评价，了解各城市间差异，作为各级政府及相关方推进创新型城市建设的依据。

创业方面经过长期研究实践，也形成了丰富的观察评价体系。清华大学二十国集团创业研究中心发布的《全球创业观察（GEM）中国报告（2019/2020）》通过创业融资、支持性政府政策、税收和制度性政府政策、政府创业项目、学校创业教育、成人创业教育、研发转移、商业和法律基础设施、内部市场活力、内部市场负担和准入规定、有形基础设施、文化和社会规范等 12 个指标构建了创业环境指数（NECI）；David 等学者提出的 PSR 模型，包括压力、状态和响应 3 个一级指标；Gnyawali 和 Fogel 提出的五维度模型，包括社会经济条件、创业和管理技能、政府政策和规程、创业资金支持、创业非资金支持 5 个一级指标、33 个二级指标；《全球创业观察》提出的 GEM 模型，包括金融支持、政府政策、政府项目、教育与培训、研究与开发转移、商务环境与专业基础设施、大型基础设施的可能性、市场开放程度以及文化与社会规范 9 个指标；Losis 提出的 MOS 模型，包括创业教育、创业促进、减少进入障碍、启动支持、启动融资和目标群体政策 6 个一级指标。①

二、成效与挑战

当前，和平与发展仍然是时代主题，人类命运共同体理念深入人心，但百年未有之大变局正在向纵深发展，新冠疫情全球大流行使这个大变局加速演变，新一轮科技革命和产业变革以不可阻挡之势重塑世界，“万物互联”的数字化时代来临。经济全球化遭遇更多逆风和回头浪，保护主义、单边主义抬头，世界经济低迷，全球产业链供应链面临多方面冲击，国际经济、科技、文化、安全、政治等格局都在发生深刻调整。当前，我国正处于中华民族伟大复兴战略全局和世界百年未有之大变局的历史交汇期，进入高质量发展阶段，经济发展趋势长期向好，

① 高斌、段鑫星：《城市创新创业环境评价指标体系构建与实证——以山东省 17 市为例》，《中国科技论坛》2021 年第 3 期。

将由中等收入国家迈向高收入国家行列，形成全球最大规模的中等收入群体，以国内大循环为主体、国内国际双循环相互促进的新发展格局加快形成，社会主要矛盾已转化为人民日益增长的美好生活需要和不平衡不充分的发展之间的矛盾。

优质的营商环境是城市高质量发展的核心和关键。国家将改善营商环境列为坚持和完善中国特色社会主义行政体制的工作任务，可见优化营商环境已经成为中国政府的长期目标。同时，我国经济进入新常态以来，改变传统“三驾马车”驱动的增长模式，贯彻创新驱动发展战略，形成“大众创业、万众创新”的创新发展格局成为高质量发展新阶段的必由之路。

（一）发展环境

1. 国家战略环境

长三角地区是我国发展最早、基础最好、成果最丰富的城市化地区之一。绍兴地处浙江省中北部、杭州湾南岸，东连宁波市，南临台州市和金华市，西接杭州市，北隔钱塘江与嘉兴市相望。其地理区位和作为长江三角洲中心区城市、环杭州湾大湾区中心城市和杭州都市圈副中心城市的城市定位决定了绍兴的城市发展必须更加积极地融入长三角一体化发展国家战略的宏大叙事。2022 年 10 月，国家发展和改革委员会发布了《长三角国际一流营商环境建设三年行动方案》。方案指出了长三角地区在市场化、法治化、国际化的一流营商环境构建，以及市场化改革、法治化建设、协同开放、政务服务和区域一体化等方面的短板，长三角地区各城市不同程度地面临着挑战，如进一步破除区域分割和地方保护等不合理限制，健全更加开放透明、规范高效的市场主体准入和退出机制，维护公平竞争秩序，加强和创新监管，严格规范执法行为，保护市场主体合法权益，提升外商投资和对外投资服务水平，打造具有国际竞争力的人才高地，持续提升贸易便利化水平，推进政务服务标准化规范化发展、、推动政务服务线上线下融合发展，持续优化经常性涉企服务，技术赋能助力政务数据共享开放，深化长三角区域“一网通办”“跨省通办”，推动长三角区域市场监管一体化，加快建设诚信长三角，促进长三角深入推进包容普惠创新等。

绍兴具备多种资源要素，能够作为践行党的二十大精神的优质实验田，同时也是落实中共十八届五中全会提出的创新、协调、绿色、开放、共享新发展理念以及中央城市工作会议等系列工作要求的良好区域。绍兴的营商环境优化和创新创业发展直接关系到两大国家战略。一是新型城镇化战略。城镇化是国家现代化的重要标志，是现代化的必由之路，没有城镇化的支撑与融合，就没有工业化、信息化和农业现代化的同步发展。党中央对新时期全面深入推进新型城镇化建设的指导思想、总体思路、基本原则、目标任务做出了明确的顶层设计与全面部署。绍兴优化提升营商环境打造创新创业基地是提升城市发展质量、落实新型城镇化战略的重要举措。二是长三角一体化发展战略。绍兴位于长三角城市群核心区，与上海隔杭州湾相望，因此要结合长三角一体化发展战略来谋划绍兴优化提升营商环境打造创新创业基地，把绍兴建设成融杭联甬接沪的营商环境高地、创新创业高地，成为新时期吸纳各类高端要素的新平台，构建新时代绍兴全面打造共同富裕的主战场。

2. 省域战略环境

浙江省第十四次党代会提出建设“大湾区”“大花园”“大通道”“大都市区”的发展战略。优化提升营商环境打造创新创业基地既是绍兴城市高质量发展的需要，也是绍兴落实对接这四大战略的重要载体。通过优化提升营商环境打造创新创业基地，对接“大湾区”，积极融入杭州湾大湾区和长三角世界级城市群。通过优化提升营商环境打造创新创业基地，对接“大花园”，深入践行“绿水青山就是金山银山”发展理念，充分发挥绍兴良好的山水生态优势，打造“美丽浙江”样板。通过优化提升营商环境打造创新创业基地，对接“大通道”，以长三角一体化发展国家战略为契机，深化“三大通道、四大枢纽、四港融合”建设，加快推动构建现代综合交通体系。通过优化提升营商环境打造创新创业基地，对接“大都市区”，推进城市空间优化、功能重构、形象再造、品质提升，加快构建品质卓越的城市生态。

3. 市域战略环境

绍兴市委的坚强领导为优化提升营商环境打造创新创业基地创造了良好的战略环境。绍兴市第九次党代会为绍兴擘画了下一个五年的发展蓝图。未来五年，绍兴工作的指导思想是：立足新发展阶段，贯彻新发展理念，服务构建新发展格局，坚持稳中求进工作总基调，以高质量发展为主题，以数字化改革为牵引，以满足人民日益增长的美好生活需要为根本目的，忠实践行“八八战略”，奋力打造“重要窗口”，全力打造新时代共同富裕地，率先走出争创社会主义现代化先行省市域发展之路。绍兴市委九届四次全会提出，绍兴要坚定不移深入实施“八八战略”，敢为善为、图强争先，勇闯中国式现代化市域实践新路子，深化改革创新，争创体制机制最优市。坚持引领改革风气之先，聚焦破解深层次体制机制障碍，持续激发民营经济发展活力，大力推进增值服务改革，深化数字化改革，有序推进新一轮机构改革，推动各领域改革取得更大突破，打造市场化、法治化、国际化营商环境。

根据绍兴市 2023 年政府工作报告，绍兴市营商环境构建仍然存在一些关注点，如开展与省“千项万亿”工程项目、省重点项目、省集中开工项目、省重大产业项目、地方政府专项债项目开展相契合的营商环境建设；市场消费（企业和消费者）所需营商环境建设；外贸营商环境建设（争创自贸试验区绍兴片区）；实体经济与制造业强市营商环境建设；“招商引智”与人才储备；生态环境与基础设施。

（二）举措成效

近年来，绍兴市致力于塑造“越快办、越快兑、越省心、越满意”品牌，通过推动包括一个工作体系（“1512X”）、一个行动体系（营商环境优化提升“12＋X”专项行动）、一个环境体系（政务、法治、市场、经济生态、人文五大环境）等系列变革，扎实推进营商环境优化提升“一号改革工程”。在实践中，涌现出了一批好的举措做法，如树立“法治是最好的营商环境”理念，构建营商环境聚势蓄能“法治磁场”；以知识产权保护“十项举措”，全面优化提升企业竞争力；实施“越满意”“增值式”政务服务改革，持续优化政务环境和服务质量。

1.营商环境不断优化

营商环境建设取得了一系列成效，如成功获批“政务服务线上线下融合和向基层延伸”“公平竞争指数”等国家级试点；在 2023 年浙江省营商环境优化提升“一号改革工程”半年度综合评价中荣获五星评级；入选全省首批营商环境最佳实践案例 2 例；中央改革办专题调研绍兴改革实践工作 2 次，坚持和发展新时代“枫桥经验”做法获中央改革办《改革情况交流》推广；村社减负增效改革获省《领跑者》推广等。特别是在法治环境优化建设方面，根据全国工商联 2022 年度万家民营企业评价营商环境主要调查结论，绍兴城市法治环境企业认可度居全国第二。

2.经济增长势头良好

2022 年，绍兴 GDP 总值上升至全国第 34 位。2024 年 1 月，根据绍兴市统计局发布的数据，2023 年绍兴全市生产总值达 7791 亿元，按不变价格计算，同比增长 7.8%，增速比上年加快 3.4 个百分点。分产业看，第一产业增加值 239 亿元，同比增长 3.9%；第二产业增加值 3729 亿元，同比增长 7.6%；第三产业增加值 3823 亿元，同比增长 8.2%。“三驾马车”方面，2023 年，绍兴固定资产投资同比增长 10.0%，有效投资结构优化；社会消费品零售总额 2820 亿元，同比增长 9.1%，增速居全省第二，消费市场持续升温；进出口总额 4225 亿元，同比增长 14.5%，外贸出口保持韧性。2023 年，绍兴全体居民人均可支配收入 69707 元，同比增长 6.0%。其中，城镇居民人均可支配收入 80392 元，增长 5.5%；农村居民人均可支配收入 48825 元，同比增长 6.8%，居民收入持续增加。特别是民营经济取得了不俗的成绩，民间项目投资同比增长 11.0%，民营企业出口同比增长 13.9%，进口同比增长 75.4%，民营经济贡献突出。

3. 双创体系持续完善

在创新创业方面，“三位一体、四链融合”“515”全域创新体系不断完善，创新型城市建设三年行动稳步实施，充满活力的创新之城蓝图日益清晰。“十三五”以来，按照高质量发展要求，大力实施创新驱动发展战略，推动质量变革、效率变革、动力变革，强化科技创新对经济社会发展的支撑引领作用，科技主要指标位居全省第二方阵排头兵位置，部分指标进入第一方阵。2020 年，全社会 R&D 投入占 GDP 比重达到 2.8%，高新技术产业增加值占规上工业增加值比重达到 53.7%，高新技术产业投资占固定资产投资比重达到 12.2%，每万人有效发明专利拥有量 26.09 件，每千家企业中高新技术企业数 14.65 家、科技型中小企业数 64.24 家。成功创建国家创新型城市，6 个区（县、市）均入选省级科技强县，其中新昌县入选全国首批创新型县，新昌县、上虞区分别入选省第二批、第三批可持续发展创新示范区创建单位。科技创新进入从量的积累到质的飞跃、从点的突破向系统能力提升的关键阶段，为建设高水平创新型城市打下坚实基础。

4. 城市韧性不断增强

抵御风险方面，整体能力日益增强。项目组先后于 2022 年 3 月和 2023 年 8 月分两次利用高德地图挖掘原始 POI 数据，并采用地理信息软件绘制空间分布图。在数据上，通过对比，发现两个采样时间点的微观 POI 点仅减少 127 个。其中，在 POI 点的类型上，公司企业、购物消费、餐饮美食分别减少 57 个、34 个、11 个；休闲娱乐、医疗保健、运动健身等类型没有显著的变化；与群众生活结合相对紧密的生活服务仅减少了 6 个。

抵御风险能力增强，主要表现为，2022 年 3 月—2023 年 8 月，绍兴市主要活动的 POI 点变动相对较小，详见表 1 和表 2。

表 1　截至 2022 年 3 月的绍兴六区县主要 POI 数据　（单位：个）

类型	柯桥区	上虞区	嵊州市	新昌县	越城区	诸暨市	总计
餐饮美食	5619	3218	3264	2026	5119	7129	26375
公司企业	8351	4418	3381	1885	5416	7924	31375
购物消费	13033	7805	7161	4725	10641	16997	60362
交通设施	3418	2024	2106	1308	3203	4286	16345
金融机构	537	415	357	241	711	630	2891
酒店住宿	447	371	271	313	609	725	2736

续表

类型	柯桥区	上虞区	嵊州市	新昌县	越城区	诸暨市	总计
科教文化	1131	853	655	503	1706	1576	6424
旅游景点	588	294	201	256	640	469	2448
汽车相关	1349	949	829	515	1559	2032	7233
商务住宅	1257	638	410	331	1475	1116	5227
生活服务	5310	3564	2739	2091	5058	6487	25249
休闲娱乐	482	307	311	266	377	492	2235
医疗保健	913	672	628	421	897	1619	5150
运动健身	319	176	150	101	311	353	1410
总计	42754	25704	22463	14982	37722	51835	195460

注:项目组根据 2022 年 3 月高德地图提供的 POI 数据整理得到。

表 2　截至 2023 年 8 月的绍兴六区县主要 POI 数据　（单位:个）

类型	柯桥区	上虞区	嵊州市	新昌县	越城区	诸暨市	总计
餐饮美食	5609	3217	3264	2026	5119	7129	26364
公司企业	8312	4402	3381	1884	5416	7923	31318
购物消费	13000	7804	7161	4725	10641	16997	60328
交通设施	3417	2021	2106	1308	3203	4286	16341
金融机构	536	415	357	241	711	630	2890
酒店住宿	447	371	271	312	609	724	2734
科教文化	1131	853	655	503	1706	1576	6424
旅游景点	583	294	201	256	640	469	2443
汽车相关	1347	948	829	515	1559	2031	7229
商务住宅	1257	637	410	331	1475	1116	5226
生活服务	5304	3564	2739	2091	5058	6486	25242
休闲娱乐	482	307	311	266	377	492	2235
医疗保健	913	672	628	421	897	1619	5150
运动健身	319	175	150	101	311	353	1409
总计	42657	25680	22463	14980	37722	51831	195333

注:项目组根据 2023 年 8 月高德地图提供的 POI 数据整理得到。

表1和表2分别展现了2022年3月和2023年8月六区县在餐饮美食、公司企业、购物消费等方面的POI点数情况。柯桥区、上虞区分别减少97个和24个，相对较多，其他区县的POI点数变化相对较小。

因此，总体而言，受营商环境优化的正面影响，绍兴城市受新冠疫情负面影响相对较小，呈现出良好的城市韧性和可持续发展基础。

（三）面临挑战

第一，长期以来，营商环境建设实践中存在一些共性的挑战值得关注。比如，营商环境建设水平不平衡，不同区域、领域、环节、层次均存在不平衡现象。信用体系建设有待进一步细化完善，充分公平竞争的市场环境仍有提升空间，市场准入限制影响了开放发展，货物贸易"重出轻进"的思想理念仍未根除，"奖出限入"的政策导向仍未矫正。医药、教育、金融、信息服务等领域对民营和外商企业的限制仍然偏多。营商环境政策的连续性与跨部门、跨层级的协同性有待进一步加强；上层、中层、基层政府的权责、能力的匹配性有待加强。监管和服务也有很大提升空间。事权下放过程中，"人不随事走""财不随事走""物不随事走"导致基层事权承接能力不足。特别是基层干部和执法人员对营商环境重要性的认识还有偏差。中小企业中长期融资问题突出，选择性补贴降低了资源配置效率，政策选择性偏好导致中小企业融资难、融资贵，影响了"僵尸"企业和过剩产能的"出清"，各部门、各地区颁布的文件中存在有名无实的"政策支持"，仍需更富针对性的金融政策，特别是金融政策需要在解决小微企业融资难、融资贵问题上继续发力。小微企业享受优惠政策存在"隐形门槛"，优惠政策有待进一步细化落实。知识产权保护不力影响了创新发展，对立法工作相对较重视，但执法手段偏弱。对专利、商标和版权的保护相对较重视，但对商业秘密保护重视不够。因此，新形势下，传统营商成本优势不再明显，亟须通过制度创新尤其是政府管理与政务服务方面的创新，进一步优化营商环境。

第二，在创新创业实践中存在一些挑战。一是创新创业活动"量多质低"问题突出，难以应对未来挑战。研究表明，我国发明专利占比和专利产业化率较低。[①] 虽然创业孵化器数量快速增长，但创业企业三年存活率却不足30%。[②]《2021年中国专利调查报告》显示，科研单位、高校的发明专利因存在"专利不能

---

① 李晓龙、冉光和：《数字金融发展如何影响技术创新质量》，《现代经济探讨》2021年第9期。

② 毛文峰、陆军：《土地要素错配如何影响中国的城市创新创业质量——来自地级市城市层面的经验证据》，《产业经济研究》2020年第3期。

满足市场化需要”“专利申请本身不以转移转化为目的”等问题，导致产业化率相对较低。因此，提升创新创业活动质量对绍兴未来发展具有深远的现实意义。二是中小微企业知识产权保护能力不足，折射出其知识产权保护环境有待优化完善。企业对创新成果保护意识的增强与创新成果数量的快速增长密切相关，但当前企业保护知识产权的方式比较单一，层次不高，保护创新成果的能力亟待提升。三是创新人才不足，人才政策有待进一步优化。缺乏人才或人才流失已成为制约我国企业创新的主要因素之一，反映出创新人才激励机制、科研人员流动性、人才培养制度、人才引进机制等方面的不足。四是创新成本高，缺乏稳定资金。企业创新需要长期、稳定的投入，过高的创新成本不仅会削弱创新动力，更不利于创新能力的提升。五是创新创业活动的开放性不足，合作程度不高，导致在绍企业利用和整合外部资源的能力难以充分发挥，例如，企业多以内部创新为主，外部创新较少，创新费用支出中，内部研发与外部研发的比例失衡，独立开发与合作开发的比例也失衡，不利于产业链与创新链的耦合和创新生态网络的形成，进一步落实融杭联甬接沪的创新发展格局成为一个重要议题。六是产学研用有待进一步融通。企业在创新创业合作伙伴的选择上还存在一定的重产业链轻创新链现象。例如，相对重视产业链上下游合作伙伴，如供应商、客户等，对创新链上下游合作伙伴，如高校、研究机构、政府部门、风投机构等的关注不够。

第三，国际形势带来的挑战不容忽视。自 2008 年全球金融危机以来，国际上贸易保护主义、单边主义、逆全球化等思潮不断涌现和升级，严重抑制了全球贸易发展，不利于全球专业化分工的发展和生产效率的提高，阻碍了商品、服务、资本和技术等要素在全球范围内自由流动，导致商品或服务的市场价格信号失真，资源无法得到有效配置。这些限制市场竞争的种种因素也导致国内创新动力不足。受此影响，我国营商制度安排与国际规则的相通对接程度，包括与国际衡量标准相近、与国际通行规则或国际惯例对接、涉外投资贸易开放程度等，都受到制约，营商环境国际化层次和水平受到抑制。

三、现状调查分析

根据党的二十大报告“营造市场化、法治化、国际化一流营商环境”的要求，对照省委“一号改革工程”和对绍兴“五个率先”的殷切期盼，对标对表营商环境标杆城市，绍兴在优化营商环境上还有进一步提升空间。如，体制磨合期较长，交易成本较高；政策主体较多，口径和标准存在差异；要素保障不够到位，空间和土地等要素资源紧张，金融支持有进一步提升空间；审批服务供给质量不高，政务服务供给渠道和宣传手段单一；"亲清"关系有待加强，政府更加重视如何提供审批服务，而企业关注的是能否解决实际困难，存在营商环境评价的"视角差"；政策执行中对民营企业存在"玻璃门""弹簧门""旋转门"现象，等等。

作为宏观议题，了解营商环境和创新创业的群众感知与期待有利于弥合"视角差"，促进政府更好地推进工作。2023 年 7—8 月，项目组围绕市场、政务、法律、人文、创业、创新、区域、产业八个方面开展了针对绍兴地区的问卷调查，共发放问卷 318 份，回收问卷 310 份，有效问卷 309 份。通过统计学基本检验，发现产业环境的 Cronbach Alpha 值最低，为 0.785；创新环境值最高，为 0.873，通过了信度检验。Bartlett 球形检验中，卡方值最低的是产业环境，为 256。所有环境变量均通过了 1%的显著性检验，通过了效度检验。

（一）基础描述分析

本报告结合公众偏"内敛"的打分特点（如"非常符合"透露出对相应事项满意，而"比较符合"则透露出对相关事项仍有期待），进行基础性的定量和定性相结合的刻画描述，以期得出一些启发性结论。

第一，市场竞争公平，但政企沟通、劳动用工、融资渠道、生产力与产业结构匹配等方面仍有提升空间。通过纵横向比较可以发现，在市场环境方面，从负向角度看，被调查者对政企沟通的负面感知相对比较高，达到了 7.4%；其次是劳动生产力适应产业结构和融资渠道多元便利，在这方面认为非常不符合的被调查者分别占比 5.5%和 5.2%。从正向角度看，在劳动用工便利、融资渠道多元便利、劳动生产力适应产业结构三方面，被调查者认为比较符合的比例分别为 35.6%、33.3%、35.6%，高于认为非常符合的比例，可以认为这三方面存在一定提升空间（详见表 3）。

表 3　市场环境情况　（单位：%）

市场环境指标		非常不符	不太符合	不确定	比较符合	非常符合
MAE01	市场竞争公平	4.5	6.1	19.7	31.4	38.2
MAE02	劳动用工便利	3.6	5.8	23.9	35.6	31.1
MAE03	融资渠道多元便利	5.2	5.8	27.2	33.3	28.5
MAE04	政企沟通顺畅	7.4	4.2	23.9	32.0	32.4
MAE05	劳动生产力适应产业结构	5.5	7.1	20.4	35.6	31.4

第二，政商环境清朗，网上办事便利，但政府效率、行政审批、市场主体反馈响应等方面仍有提升空间。在"政商环境清朗"和"网上办事便利"两个题项中，认为两者非常符合的被调查者比例也都比较高，分别为 35.0%和 35.3%。说明被调查者在这两个方面形成了比较正面的共识。从负向角度看，在"市场主体反

馈响应机制完善”这个题项中，认为非常不符合的被调查者比例最高，为 6.1%；其次是政府效率高，认为非常不符合的被调查者比例达到 5.2%。从正向角度看，在“政府效率高”这个题项中，认为比较符合实际的被调查者比例为 35.6%，高于非常符合的比例(29.8%)，说明政府效率依然是营商环境方面群众尤为关切且仍有提升空间的内容。至于行政审批存在推诿现象，虽然是负面题项，且认为不太符合的被调查者比例达到 11.0%，但选择比较符合和非常符合的比例均较高，仍然存在提升空间(详见表 4)。

表 4　政务环境情况　（单位：%）

政务环境指标		非常不符	不太符合	不确定	比较符合	非常符合
POE01	政商环境清朗	4.2	7.1	22.3	31.4	35.0
POE02	政府效率高	5.2	6.1	23.3	35.6	29.8
POE03	行政审批存在相互推诿	4.9	11.0	20.7	35.0	28.5
POE04	市场主体反馈响应机制完善	6.1	5.8	18.8	33.3	35.9
POE05	网上办事便利	4.2	9.1	19.1	32.4	35.3

第三，政府透明度高，司法公正，劳动法规完善，但营商法律体系、企业发展配套政策与落实仍有提升空间。在“司法公正”这个题项中，认为非常不符合的被调查者比例最低，仅为 3.6%；认为非常符合的比例最高，达到 37.5%，说明绍兴的司法公正情况形成了比较大的正面共识。从负向角度看，在“营商法律体系完善”这个题项中，认为非常不符合的被调查者比例高达 7.8%。从正向角度看，在“重视企业发展配套政策与落实”这个题项中，被调查者的感受存在差异，认为比较符合的占比 34.3%，认为非常符合的占比 32.0%，说明营商法律体系和重视企业发展配套政策与落实方面与群众的期待还有一定差距(详见表 5)。

表 5　法律环境情况　（单位：%）

法律环境指标		非常不符	不太符合	不确定	比较符合	非常符合
LAE01	政府透明度高	5.50	8.40	22.30	28.80	35.00
LAE02	营商法律体系完善	7.80	5.50	17.50	34.30	35.00
LAE03	司法公正	3.60	8.40	19.40	31.10	37.50
LAE04	重视企业发展配套政策与落实	5.20	7.40	21.00	34.30	32.00
LAE05	劳动法规完善	5.50	6.80	23.60	29.40	34.60

第四，人文优势明显，对外开放包容，企业和居民具有归属感，但治安和社会秩序以及营造通过个人努力容易获得成功的氛围仍有提升空间。在“人文优势明显”这个题项中，认为非常不符合的被调查者比例最低，为4.9%；认为非常符合的比例最高，达到36.9%，呈现出对绍兴人文环境优势的普遍共识。从负向角度看，在“通过个人努力容易获得成功”这个题项中，认为非常不符合的被调查者比例最高，为6.8%；其次是治安和社会秩序，有6.5%的被调查者认为非常不符合。从正向角度看，在被调查者认为这两个题项非常符合的比例也相对最低，分别为29.1%和33.0%，并且低于认为比较符合的比例。这两块内容可能要引起城市管理者的关注，特别是治安和社会秩序方面。当然，被测试者对通过个人努力容易获得成功的看法相对更加主观，需要更加系统的环境变革(详见表6)。

表6 人文环境情况 （单位:%）

人文环境指标		非常不符	不太符合	不确定	比较符合	非常符合
HUE01	人文优势明显	4.90	7.80	19.70	30.70	36.90
HUE02	对外开放包容	5.20	6.80	21.00	32.40	34.60
HUE03	通过个人努力容易获得成功	6.80	7.80	19.70	36.60	29.10
HUE04	企业和居民具有归属感	5.50	7.40	21.40	31.40	34.30
HUE05	治安和社会秩序好	6.50	3.90	21.00	35.60	33.00

第五，开办企业便，企业税收服务便利，个人条件允许前提下愿意创业，但水电互联网服务和公共服务质量仍有提升空间。在创业环境方面，从负向角度看，在“水电互联网服务稳定”和“公共服务质量高”两个题项中，认为非常不符合的被调查者的比例相对较低，仅为3.2%和3.9%，认为比较符合的比例高于认为非常符合的比例，说明这两方面依然存在提升空间。从正向角度看，满意度最高的是“个人条件允许前提下愿意创业”和“认为企业税收服务便利”这两个题项，认为非常符合的比例分别为36.9%和35.0%。被调查者总体上对创业环境比较认可(详见表7)。

表7 创业环境情况 （单位:%）

创业环境指标		非常不符	不太符合	不确定	比较符合	非常符合
ENE01	开办企业便利	4.9	7.1	24.9	30.7	32.4
ENE02	企业税收服务便利	4.2	6.5	23.9	30.4	35
ENE03	公共服务质量高	3.9	8.7	19.4	37.9	30.1
ENE04	水、电、互联网服务稳定	3.2	9.1	21.7	35.3	30.7
ENE05	条件允许前提下愿意创业	5.5	6.8	21.4	29.4	36.9

第六，城市创新成效好，单位创新成效好，数字化建设和智慧应用环境良好，但人才服务体系、社会保障体系仍有提升空间。在创新环境方面，在“城市创新成效好”题项中，认为非常不符合的被调查者仅占 4.2%，认为非常符合的被调查者比例高达 34.3%，为创新环境五个题项中比例最高的。在“单位创新成效好”题项中，认为非常不符合的占比 5.5%，认为非常符合的比例也高于认为比较符合的。可见，被调查者对城市创新成效和所在单位的创新成效总体是比较认可的。在“社会保障体系完善”题项中，认为非常不符合的比例达到 5.8%，认为比较符合的比例为 38.8%，高于认为非常符合比例(30.4%)，被调查者对社保体系还有更高的期待(详见表 8)。

表 8　创新环境情况　（单位：%）

创新环境指标		非常不符	不太符合	不确定	比较符合	非常符合
INE01	城市创新成效好	4.20	7.40	21.00	33.00	34.30
INE02	单位创新成效好	5.50	5.20	25.60	30.10	33.30
INE03	人才服务体系完善	3.60	9.10	22.70	33.70	31.10
INE04	社会保障体系完善	5.80	6.10	18.80	38.80	30.40
INE05	数字化建设和智慧应用环境良好	5.20	7.80	19.10	34.00	34.00

第七，生态环境好，但是积极参与长三角一体化、吸引长三角人才来绍工作、内外交通出行以及与杭甬协同仍有提升空间。在区域环境方面，从负向角度看，在“积极参与长三角一体化”这一题项中，5.8%的被调查者认为非常不符合。在“生态环境好”这一题项中，认为非常不符合的比例相对最少，为 3.9%；认为非常符合的比例相对最高，为 33.7%。从正向角度看，在“长三角的人才愿意来绍兴工作”这一题项中，认为比较符合的比例为 36.2%，高于认为非常符合的比例 30.7%。可见在人才招引方面，绍兴的现状与公众的期待仍有差距。在“处于杭甬间，营商环境优化面临挑战”这一题项中，虽然认为比较符合和认为非常符合的被调查者均较多，但选择比较符合的比例稍高于非常符合，存在转圜空间(详见表 9)。

表 9　区域环境情况　（单位：%）

区域环境指标		非常不符	不太符合	不确定	比较符合	非常符合
REE01	积极参与长三角一体化	5.80	6.10	23.00	32.70	32.40
REE02	长三角的人才愿意来绍兴工作	4.50	6.80	21.70	36.20	30.70
REE03	处于杭甬间，营商环境优化面临挑战	4.50	8.40	21.00	34.60	31.40
REE04	生态环境好	3.90	8.40	21.70	32.40	33.70
REE05	内外交通出行便利	4.50	7.10	24.30	32.40	31.70

第八，营商环境有利于数字经济创新创业，但数字经济与长三角的区域联系、传统纺织业的数字化改造仍有提升空间。在产业环境方面，从负向角度看，在“纺织业与数字化结合较好”这一题项中，认为非常不符合的比例最高，达到6.0%。在“数字经济与长三角联系密切”和“纺织业与数字化结合较好”这两个题项中，认为比较符合的比例均高于非常符合（详见表10）。

表 10　数字经济环境情况　（单位：%）

数字经济环境指标		非常不符	不太符合	不确定	比较符合	非常符合
IND01	数字经济与长三角联系密切	4.30	8.60	19.90	35.40	31.80
IND02	营商环境有利于数字经济创新创业	5.60	8.30	19.90	29.10	37.10
IND03	纺织业与数字化结合较好	6.00	6.60	25.50	33.40	28.50

（二）分层分级分析

李克特量表涉及一个非常重要的“中庸倾向”或“社会期望偏误”的机制性问题，即问卷调查中往往存在如下现象：被调查者原本打算填写“不确定”甚至“不太符合”，但在“中庸倾向”和“社会期望偏误”机制的作用下，会倾向于填写“比较符合”，导致选择“比较符合”的比例偏高。本报告之所以未将原本打算填写“非常符合”的被调查者在上述机制作用下选择“比较符合”的情况考虑在内，是因为这种降维填写本质上依然反映了被调查者对题项内容有着更高的期待。在这个大的前提下，本报告将“非常符合”和“比较符合”视为正向评价，“非常不符”和“不太符合”视为负向评价，通过引入两者的均值作为阈值来对总体的现状和“认可度高、认可度较高、认可度一般高”三个维度进行分级。项目组基于一定的条件，提炼得出如下启发性分级结论，并绘制了“条件—结论”框架图（见图 1）。

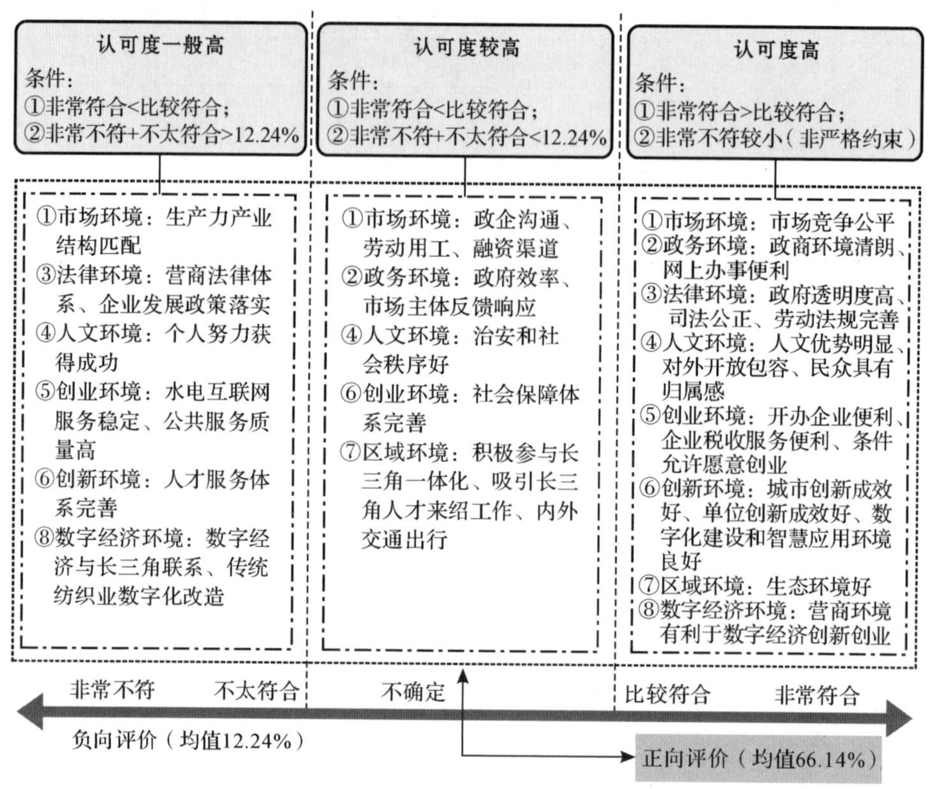

图 2　“条件—结论”框架

1. 现状总体优良

第一，条件。按照李克特量表的通行做法，本报告将现状调查评价分为“非常不符、不太符合、不确定、比较符合、非常符合”五个层次，并将“比较符合、非常符合”视为正向评价、“非常不符、不太符合”视为负向评价，依据正、负向比例情况做出总体经验判断。第二，结论。绍兴在市场、政务、法律、人文、创业、创新、区域、数字经济 8 个方面的指标获得了较高评价，现状总体优良。其中，正向评价（比较符合＋非常符合）的指标大多数超过了 65％，均值达到 66.1％；负向评价（非常不符＋不太符合）的比例相对较低，均值为 12.2％。

2. 共 8 个方面 17 项细分指标认可度高

第一，条件。本报告认为“认可度高”需要满足两个条件：“非常符合”比例大于“比较符合”比例，且“非常不符”的比例相对比较低。例如，在 市场环境中的

“MAE01 市场竞争公平”这一题项中，认为“非常符合”的比例为 38.2%，高出“比较符合”近 7 个百分点，且“非常不符”仅为 4.5%；人文环境中的“HUE01 人文优势明显”题项，“非常符合”的比例最高，达 36.9%，且“非常不符”仅为 4.9%，显示了绍兴被广泛认同的卓越的人文优势；区域环境中的“REE04 生态环境好”题项，“非常符合”比例相对最高且“非常不符”的比例仅为 3.9%，共识明显。第二，结论。根据上述条件设置，结合统计表(见表 3—表 10)，绍兴在如下 8 个方面 17 项细分指标上的认可度高。一是市场环境：市场竞争公平；二是政务环境：政商环境清朗、网上办事便利；三是法律环境：政府透明度高、司法公正、劳动法规完善；四是人文环境：人文优势明显、对外开放包容、企业和居民具有归属感；五是创业环境：开办企业便利、企业税收服务便利、条件允许前提下愿意创业；六是创新环境：城市创新成效好、单位创新成效好、数字化建设和智慧应用环境良好；七是区域环境：生态环境好；八是数字经济环境：营商环境有利于数字经济创新创业。这 17 项细分指标构成了绍兴营商环境优化和创新创业发展的“四梁八柱”，具有重要的基础性、支柱性、牵引性地位。

3. 共 5 个方面 10 项细分指标认可度较高，但仍有提升空间

第一，条件。问卷调查中往往存在如下现象，原本打算填写“不确定”甚至“不太符合”，但在“中庸倾向”和“社会期望偏误”机制的作用下，会填写“比较符合”，导致“比较符合”比例偏高现象。本报告拟兼顾这种现实情境，结合“非常符合、比较符合”进行相应条件设置，即：“比较符合”比例大于“非常符合”且“非常不符＋不太符合”小于 12.2%时，界定为“认可度较高，但有提升空间”。第二，结论。结合统计表(见表 3—表 10)，绍兴在如下 5 个方面 10 项细分指标上的认可度较高。一是市场环境：政企沟通顺畅、劳动用工便利、融资渠道多元便利；二是政务环境：政府效率高、市场主体反馈响应机制完善；三是人文环境：治安和社会秩序好；四是创新环境：社会保障体系完善；五是区域环境：积极参与长三角一体化、长三角的人才愿意来绍兴工作、内外交通出行便利。通过分级分类的条件设置，本部分界定得出的 10 项指标主要集中在宏观的市场、政务、人文、创新、区域等方面，有利于政策制定者从宏观视角进一步审视绍兴城市高质量发展。

4. 共 6 个方面 9 项细分指标认可度一般，有较大提升空间

第一，条件。当“比较符合”比例大于“非常符合”且“非常不符＋不太符合”大于 12.2%时，界定为“认可度一般，但有较大提升空间”。第二，结论。结合统计表(见表 3—表 10)，绍兴在如下 6 个方面 9 项细分指标上的认可度一般。一是市场环境：劳动生产力适应产业结构；二是法律环境：营商法律体系完善、重视企业发展政策落实；三是人文环境：通过个人努力容易获得成功；四是创业环境：

水、电、互联网服务稳定，公共服务质量高；五是创新环境：人才服务体系完善；六是数字经济环境：数字经济与长三角区域联系、纺织业与数字化结合较好。例如，公众认为“通过个人努力容易获得成功”非常不符的比例最高，为6.8%，认为其非常符合的比例也相对最低，仅为29.1%。因此，个人成功的可获得性方面需要引起城市管理者的关注并推进更加系统包容和鼓励奋斗的环境变革。

此外，本报告在38个题项指标中保留了2个非正面题项。对“行政审批存在相互推诿”，虽然认为比较符合、非常符合的比例都比较高，但选择“不太符合”的比例也很高，达到了11.0%，与“政府效率高”中认为“非常符合”的比例（仅29.8%）相互支撑，印证了群众更高的期待。中性题项“处于杭甬间，营商环境优化面临挑战”的认可度较高，展现了现实的区域竞合趋势。

四、完善理念与优化对策

在“营商环境”逐渐演变至“宜商环境”并成为全球共同的“命题作文”的当下，绍兴如何下好“宜商城市”的“先手棋”，作出具有自身特色的回答至关重要。绍兴市优化营商环境、打造“宜商之城”，不仅包括市场主体准入、生产、经营、退出等过程中涉及的政务环境、市场环境和法治环境，还包括城市系统的人文环境、金融环境、人才环境、生态环境、区域环境、治理环境等。建设“宜商城市”，以“宜商城市”为抓手，助推智造强市、共同富裕、内聚外联、全域美丽、整体智治，是打造具有绍兴辨识度的营商环境品牌的重要路径。现围绕完善理念和优化对策两个方面，从宏观城市治理视角，提出如下建议。

（一）完善理念

1.坚持“人民城市人民建，人民城市为人民”理念

坚持“人民城市人民建，人民城市为人民”理念，学懂弄通做实习近平关于城市工作的重要指示批示，以党的政治建设为统领，统筹抓好优化提升营商环境打造创新创业基地。把“以人民为中心”贯穿于城市建设全过程和各方面，让城市建设成果为人民所共享，更好顺应人民对美好生活的新期待，更好凝心聚力创造新时代新奇迹，更好紧紧依靠人民实现“一流城市一流治理”。

2.坚持“绿水青山就是金山银山”理念

坚持尊重自然、顺应自然、天人合一，依托现有山水脉络等独特风光，让城市融入大自然，让居民“望得见山，看得见水，记得住乡愁”。注重保留传承城乡原

始风貌，逐步实现人口规模、素质与生产力发展要求相适应，走上生态经济发达、生态环境优美、生态文化繁荣，人与自然和谐相处的可持续发展之路。

3. 坚持“转变城市发展方式”理念

坚持与中央城市工作会议提出的“转变城市发展方式”的要求一脉相承，以“三化五型”为目标，推动城市发展方式转变，推进城镇化从经济型城镇化转向生态型城镇化、从土地型城镇化转向人口型城镇化、从数量型城镇化转向质量型城镇化、从粗放型城镇化转向效益型城镇化、从外延扩张型城镇化转向内涵提升型城镇化，使新型城镇化真正成为经济社会发展的主要引擎。坚持新型工业化、信息化、城镇化、农业现代化四化同步发展。

4. 坚持“精明增长、紧凑城市”理念

树立精明增长、紧凑城市理念，避免“摊大饼”式城市蔓延发展。集约发展，把主体功能、混合用地作为重要原则，框定总量、限定容量、盘活存量、做优增量、提高质量，实现紧凑集约、高效绿色发展。坚持以城市群为主体形态，处理好内部“自转”和外部“公转”的关系，走出一条具有绍兴特色的多主体协同、多层次联动、多特色互补、多空间拓展的城市高质量发展道路。

5. 坚持“城市有机更新”理念

立足城市生命体、城市有机体和城市复杂开放巨系统，坚持城市有机更新，全方位全领域深化城市有机更新，扎实推进城市修补、生态修复，强化保护地域的理念，落实守护城市历史文化的使命，恢复城市文化的底蕴，坚定文化自信，增强家国情怀，形成城市建设定力的精神源泉。杜绝“大拆大建”，避免“拆老城、建新城”，坚持传承历史、面向未来，和谐发展、科学发展，推进城市有机更新，走可持续城市化道路。

6. 坚持“城市基础设施社区化”理念

坚持“城市基础设施社区化”理念，充分发挥经济类、社会类、生态类三大基础设施溢出效应，推进“未来社区”“特色小镇”“未来园区”“未来乡村”等基本单元建设。积极引导政府、居民、物业公司、运营公司等多元社会主体参与基础设施规划、建设、管理、经营、更新全过程，以全生命周期的资金平衡为目标，打造“5分钟生活圈＋5分钟通勤圈·就业圈·消费圈·社交圈·教育圈·医疗圈·运动圈·休闲圈·生态圈”的新型社区共同体。基于多规合一、产城融合、职住平衡、三生融合、线上线下相结合的理念，打造政府主导、市场调配、企业主体、商业化运作、规建管营一体化的城市基础设施建设和城市治理体系新模式。

（二）优化对策

1. 增强创新能力，构筑优化营商环境打造创新创业基地的动力基础

加快绍兴科创大走廊建设，加强与 G60、杭州城西、宁波甬江等科创走廊对接协作，实施“创新平台提升、创新要素集聚、新兴产业示范、创新服务优化”四大工程。加快“三位一体”高质量发展试验区建设，推进“315”科技创新体系建设工程，加快鉴水、金柯桥、镜湖、滨海、曹娥江五大科技城建设，协同推进诸暨 G60 创新港、嵊州剡溪创新带、新昌智造科创带，高标准建设绍芯实验室、鉴水实验室、曹娥江实验室、浣江实验室、艇湖实验室、天姥实验室等实验室，着力提升绍兴科创走廊能级，争创国家知识产权强市建设示范城市。对标一流建设镜湖科技城、滨海科技城、鉴水科技城等引领性平台。高标准推进迪荡湖科技 CBD 规划建设，奋力打造区域关键功能节点城市、科创大走廊创新策源枢纽，为加快实现“五个率先”提供强大科技支撑和持久创新动力。积极推动创新成果转化，培育富有活力市场主体，努力打造区域性创新策源地，人才荟萃强劲磁场。加快实施腾笼换鸟、机器换人、空间换地、电商换市和培育名企、名品、名家的“四换三名”工程，以科技创新引领培育信息、旅游、健康、环保、时尚、新金融、高端装备等支撑绍兴未来发展的大产业。推动产业数字变革，加快纺织业数字化转型，营造数字治理与创新创业良好氛围，抢抓数字中国和数字长三角机遇，主动承接数字经济功能分工，加强绍兴数字经济空间布局和资源配置整合。鼓励大数据、人工智能、区块链等新兴技术的运用，推进相应的制度规范建设。

2. 建设人才高地，构筑优化营商环境打造创新创业基地的人才基础

建设人才高地，夯实优化营商环境的人才基础。高度重视人才招引、培育、管理工作，出台新一轮人才新政，优化完善人才环境，以一流的环境吸引和留住一流的人才。贯彻落实中央和省市各级人才新政，落实各项人才政策，大胆创新人才成长、引进、使用和激励的政策环境，充分发挥物质和荣誉的双重激励作用，创建培养人才、吸引人才、用好人才、留住人才的良好环境。实施“人才高地”引才计划，大力引进集聚“鲲鹏行动”计划、国家和省级引才计划等高层次人才，打造人才“蓄水池”，完善人才服务体系。优化劳动生产力结构，积极打造“青年友好型城市”，吸引青年来到绍兴、爱上绍兴，与绍兴双向奔赴、共同成长。出台建设特色鲜明的高水平应用型高校工作方案，着力提升高校科技创新能力，加快完善高层次应用型人才培养体系。深化普职融通、产教融合、科教融汇，开展国家新一轮高职“双高计划”创建工作。推进战略人才“5232”计划，实施人才引领研发机构高质量发展专项行动，集聚海内外院士、省顶尖人才 5 名以上，引进省级

以上科技领军人才100名、博士1000名，培养卓越工程师及后备人才100名，新增高技能人才2万名、就业大学生14万名，本地高校当年毕业生留绍率提高到27%以上。落实《绍兴市人才发展促进条例》，开展提升人才吸引力“六大行动”，举办“绍兴人才周”活动，推进滨海新区等人才管理改革试验区建设，优化全生命周期“增值式”人才服务，营造年轻化、国际化、开放式城市人才生态。

3. 建设宜商城市，构筑优化营商环境打造创新创业基地的理念基础

营商环境是企业生存发展的“土壤”，是区域竞争的重要“软实力”，也是推动经济社会高质量发展的“硬支撑”。以世界银行“宜商环境B－READY”评价为蓝本，谋划“宜商绍兴”内涵外延与顶层设计。在总结国内外相关优化营商环境的城市模式基础上，探索提出服务优先的宜商城市模式，明确内涵外延，为下一步工作营造良好氛围。加强领导，市县两级协调指导。深化“放管服”改革和“双随机、一公开”工作，做实“店小二”“保姆式”的工作机制。推动出台优化营商环境相应条例文件。加快推进绍兴全域“文商旅”深度融合发展。加强横向部门协同，完善条块工作机制，打通数据壁垒。加强纵向市县两级协调指导，提高行政审批效率。挖掘典型，加强宣传，营造通过努力获得成功的良好舆论氛围。围绕“企业办事无忧、政府无事不扰”，推动涉企服务线上线下集成办理，实现惠企政策直达快享、免申即享，确保行政审批许可好办、易办、快办，努力打造最优政务环境。聚焦“招商、育商、便商、护商、安商”，构建全产业链服务体系，推动产业链、创新链、人才链、资本链、服务链“五链融合”，持续提升经济生态环境；加强涉企服务领域的地方立法，抓好信用示范城市建设，不断夯实法治、市场和人文环境。完善要素市场化配置体制机制，构建“亲”为先、“清”为界的亲清政商关系，畅通政企沟通渠道，拓宽政企服务载体，提升融资服务便利度，破除企业办事“玻璃门”“弹簧门”“旋转门”。抢抓机遇，推动亚运会、世界女科学家大会等高等级活动成果转化，提升城市知名度、美誉度。

4. 坚持生态环保，构筑优化营商环境打造创新创业基地的环境基础

按照生态文明和“绿水青山就是金山银山”的要求，加大生态建设和环境保护治理力度，擦亮稽山鉴水最美底色。建设生态城市，进一步加大生态建设和环境保护力度，以改善大气环境质量和水污染治理为重点，全面改善城乡环境质量。实施重点污染企业搬迁、改造工程，搞好烟尘控制区建设，控制城市扬尘污染，改善空气质量。加大水污染治理力度，建立完善区域水环境综合整治协调机制。依法保护饮用水源地。继续实施城市内河综合整治工程，加强河道综合整治和河流治理。推动排污权交易试点，建立排污权交易工作机制，按照自愿公平、经济合理、满足总量控制目标、保障环境质量等原则进行排污权交易。建立

生态环境保护补偿机制，调动各方加强生态建设和环境保护的积极性。利用自然山水、农田等要素推动构筑打造城乡生态带，制定生态带保护规划，形成保护城市生态环境的自然屏障。

5.完善服务体系，构筑优化营商环境打造创新创业基地的就业基础

加强城乡劳动力市场一体化建设，形成辐射乡镇、街道、社区的就业服务体系，加大就业增收保障力度。加强农村就业服务机构建设，完善劳动力市场信息网络，规范发展劳动力市场中介组织，优化就业服务，提高劳动力就业的组织化程度。建立城乡统一的失业、就业登记统计制度，在法定劳动年龄内、身体健康、没有就业岗位、失去土地又无其他劳动收入的有就业愿望的农村剩余劳动力统一纳入失业登记。建立城乡统一的就业制度，用人单位依法自主招用农村剩余劳动力、城镇劳动力，实行统一流程、统一方式、统一服务。完善市、县(区、市)和乡镇三级培训网络，建立覆盖城乡的职业培训体系，依托各类职业技术学校、农函校、培训中心和社会资源，广泛开展转岗就业培训和农村剩余劳动力技能培训，增强城乡劳动者的就业竞争力。

6.完善社会保障，构筑优化营商环境打造创新创业基地的社会基础

健全退役军人工作体系和保障制度，全面落实退役军人优抚安置政策。推动扩大社会保险的覆盖面，不断完善社会救助政策。健全劳动保障和地税部门实行登记参保与直接征收协同合作的征缴机制，落实社会保险参保、缴费的相关制度，扩大职工基本养老保险、失业保险和医疗保险、工伤生育保险的覆盖面。落实渐进式延迟法定退休年龄政策，构建多层次养老保险体系，探索基本养老保险、企业年金、个人商业养老保险“三支柱”模式。推进覆盖城乡的最低生活保障、失业职工基本养老保险和失业保险、失地农民基本生活保障、公共卫生建设和孤寡老人集中供养等“新五保”体系建设。加快构建以基本医疗保险为主体，医疗救助为托底，补充医疗保险、商业健康保险、慈善捐赠、医疗互助共同发展的医疗保障制度体系，完善新型农村合作医疗制度，加快建立以大病统筹为主、医疗救助为辅、其他医疗保险为补充的多形式、多层次的农村医疗保障体系。推进农村社会保障制度改革，逐步缩小城乡社会保障水平差距，为最终形成城乡一体化的社会保障体系创造条件。加快形成以社会保险卡为载体的“一卡通”服务管理模式，实现绍兴与长三角城市民生一卡多用、一卡联通、一卡结算、一卡优惠同享。

7.统筹社会事业，构筑优化营商环境打造创新创业基地的群众基础

立足“人民城市为人民”，统筹全市域文化、教育、卫生、体育等事业发展。推进人民满意教育，加快推进教育现代化进程，基本建成与经济社会发展水平相适

应、教育质量和办学效益上乘、各类教育协调发展的现代教育体系，教育综合实力跻身全省前列。推动文化大发展大繁荣，坚持社会主义先进文化前进方向，充分发挥文化“引导社会、教育人民、推动发展”的功能，以“全国文化先进市”为新的起点，进一步推进文化大市建设。大力推进卫生改革和发展，加强医疗卫生服务体系建设。坚持政府主导，体现医疗卫生机构的公益性质，健全公共卫生服务网络，加强公共卫生服务机构建设，调整充实服务项目和内容，规范服务行为，提高服务水平；推进基层医疗卫生机构标准化建设，改善农村卫生基础条件，完善三级医疗卫生服务网络。以增强人民体质为根本任务，以“全民健身服务体系建设”和创建体育强镇、小康体育村为抓手，引导快乐康体的阳光体育运动，广泛开展全民健身活动，创新活动载体和形式，全力推动群众体育工作，不断增强国民的体质和提高百姓生活质量。配合做好后亚运时代亚运遗产保护开发利用，打造文化体育合作新模式。

8. 打造开放格局，构筑优化营商环境打造创新创业基地的区域基础

立足长三角一体化，紧密融入杭州湾世界级大湾区建设潮流。坚持杭甬“金扁担”定位，加强与行政区域外的联系与合作，加快打造“融杭联甬接沪”枢纽城市。着眼于市域内部互动与发展，根据区域资源的互补性、产业的互动性、空间的关联性，突破行政区域壁垒，加强与行政区域外的联系合作，推进区域一体化、网络化发展，形成跨区域开放型发展格局，为绍兴立足长三角用好国际国内“两个市场”“两种资源”创造好的条件。按照生产空间集约高效、生活空间宜居适度、生态空间山清水秀的总体要求，因地制宜、扎实推进优化提升营商环境打造创新创业基地。坚持国际视野，强化绍兴综合保税区、绍兴国家跨境电商综合试验区、中国轻纺城市场采购贸易试点三大国家级开放平台牵引作用。坚持统筹规划，以杭绍临空经济一体化发展示范区绍兴片区、杭绍一体化萧诸绿色发展先导区、钱塘新区—滨海新区—前湾新区高端产业协作联动区、甬绍四明山生态文旅休闲体验区、义甬舟开放大通道甬绍合作先行区为抓手，深化推进杭绍、甬绍一体化合作先行区建设。加快深度融入国家级杭州都市圈，加快推进高铁绍兴西站枢纽规划建设。

9. 构筑协同空间，构筑优化营商环境打造创新创业基地的市域基础

强化全市域大统筹理念，推进空间格局由“大市区”向“全市域”转变。加强市域的整体规划，继续推动发展规划、城乡规划、土地利用规划、人口规划、生态规划、总体功能区规划等多规融合。秉持“一心三江四绿廊”区域生态格局，统筹规划“省域区域中心城市”“现代化的美丽县城”和“中心镇”三个层面的空间网络体系，按照统筹城乡和区域发展要求，对市域范围进行合理布局。主城优化城市

功能布局，调整内部产业结构，增强对市域及周边地区的辐射和带动功能。县(市)城加快建设步伐，扩大城市规模，接受中心城市的辐射，带动腹地的发展。择优培育发展一批经济基础较好、区位条件适宜、有发展前景的节点(含中心镇)，促进要素集聚，提高功能档次，助力以城带乡。加强主城区、县(市、区)、小城镇城市总体规划与土地利用、综合交通、产业布局、环境保护等规划衔接，强化城市规划委员会在城市空间协同规划中的协调和决策引领作用。分类打造以XOD模式为引领的、由城市基本单元组成的重要功能片区，切实增强城市张力和韧性。

10.推动现代治理，构筑优化营商环境打造创新创业基地的治理基础

打造“平安绍兴”“法治绍兴”2.0，做好顶层设计，持续营造安全和谐稳定的社会环境。着眼于抓基层、强基础、利长远、惠民生，努力推进“法治绍兴”体制机制的改革创新，建立市、县(市、区)、乡镇(街道)、村(社区)四级联动的法治工作体系。贯彻法治中国、法治浙江精神，坚持依法治市，于法有据、执法必严、违法必究，积极推进法治绍兴建设，不断筑牢优化营商环境的法治保障。强化社会治安整体防控，推进扫黑除恶常态化，依法严惩群众反映强烈的各类违法犯罪活动。发展壮大群防群治力量，营造见义勇为社会氛围，建设人人有责、人人尽责、人人享有的社会治理共同体。贯彻平安中国、平安浙江精神，积极推进平安绍兴建设，不断巩固治理体系与治理能力现代化的安全防护基础，打造精密安全防护网络。继续在社会基层坚持和发展新时代“枫桥经验”，完善网格化管理、精细化服务、信息化支撑的基层治理平台，健全城乡社区治理体系，及时把矛盾纠纷化解在基层、化解在萌芽状态。加快推进市域社会治理现代化，提高市域社会治理能力。创新多元协同治理模式，统筹政府、社会、市民等主体，推进民主促民生、问计于民，积极探索多元协同治理新模式，提高治理成效。出台有利于营商环境优化和创新创业的政策文件，完善行政条线四级联动的营商环境法治工作体系。缩小政策主体数量，推动政策口径和标准的统一。推动企业发展配套政策完善与监督落实，释放市场主体创业创新活力。提升水、电、互联网、社会保障等基础性公共服务的稳定性和便利性。

推动绍兴科创走廊打造区域创新策源地的机制与路径研究

宋航　邱浩钧　汪聪聪　戴辰*

一、引言

新一轮科技革命与产业变革方兴未艾，全球地缘政治、经济和创新版图也在经历剧烈变动，创新全球化和本地化趋势同时展开。国家间科技创新竞争日益凸显出城市的重要性，除了那些具有全球影响力的科技创新中心城市，一批中等城市正在全球创新格局中发挥着越来越重要的作用，这一现象在发达国家和地区尤为显著。在美国，除了纽约—波士顿—华盛顿、旧金山湾区等世界顶级创新城市群，以沃斯堡—达拉斯、奥斯汀、西雅图、纳什维尔等为代表的一批创新实力强劲的创新型中等城市业已形成。在欧洲，除巴黎、伦敦、柏林等老牌全球城市以外，阿姆斯特丹、慕尼黑等创新型城市的全球影响日益显著。此外，美国博尔德、德国图宾根、英国北安普顿等一些仅有十几万人口的小城市也正依靠科技创新力量在世界舞台上崭露头角。由中等城市构建的科创廊道和城市组团逐渐成为全球创新网络的重要节点。在中国，经济发展的空间结构也在发生深刻变化。中心城市和城市群在实现经济高质量发展中发挥着主导和先锋作用，中国已经形成了北京、上海、广州、深圳等堪与世界级大都市比肩的城市。创新型城市

---

* 作者宋航、邱浩钧、汪聪聪、戴辰系杭州国际城市学研究中心浙江省城市治理研究中心研究人员。本报告系浙江省城市治理研究中心绍兴分中心绍兴城市高质量发展重大研究项目成果。

(群)在建设创新型国家过程中发挥着日益重要的作用。

但是,我国在集文化吸引力、创新能力和经济活力于一体的中等城市群上与发达国家相比还有较大差距。近年来,中央高度重视新型城镇化和县域城镇化建设,强调城市群、大中小城市与小城镇协调配合发展,进一步发挥中心城市和城市群综合带动作用,发挥各区域的特色优势。在创新驱动发展战略和新型城镇化背景下,中国数量庞大的中等城市如何根据资源禀赋、产业特征、区位优势,依靠创新发展提升城市活力并扩大城市发展空间,已成为中国经济高质量发展和建设创新型国家的重要任务。

在此背景下,绍兴科创走廊走在前列、先行先试,对于我国中等城市通过自我赋能和外部联结推动科技创新和产业提升进行了深入探索。近年来,绍兴科创走廊按照"错位分工、配套互补、协同发展"的原则,聚焦科创走廊高新技术成果的高质量转化落地,打造了集成电路、生物医药、新材料、现代纺织等产业集群,提升智慧轻纺、绿色化工、金属加工三大优势特色产业,做优黄酒和珍珠两大历史经典产业,积极培育云计算、大数据、人工智能、物联网、生命科学等未来产业,已经形成"四位一体"的创新产业体系,其实践探索具有高度的代表性和示范性。

本报告的研究目标,一是梳理绍兴科创走廊的现状、优势和问题;二是研究国际创新城市和城市群动态和最新举措;三是提炼绍兴科创走廊打造区域创新策源地的路径机制,并提出针对性建议。从而助力绍兴科创走廊成为国内一流特色产业创新先行区、长三角重大科技成果转化承载区、杭绍甬一体化创新联动区,成为培育新动能、支撑引领绍兴高质量发展的持久动力。同时为我国中小型城市如何通过科创廊道和城市群联动实现跨越式创新发展提供思路借鉴。

二、绍兴科创走廊的发展现状分析

(一)地理位置和发展历程

1. 地理位置

绍兴科创走廊,位于中国浙江省绍兴市,是G92杭州湾环线高速和杭甬高铁两大交通主干线构成的科创资源廊道。其核心建设区面积约为220平方公里,串联了镜湖科技城、滨海科技城等6座科技城,将建设一批重大科创基地,形成"一带六城多点,联动三地全域创新"的科创空间格局。同时,其范围内有1家国家高新区和3家国家级开发区,1个省级新区以及集成电路、生物医药、新材料 3 个浙江省级“万亩千亿”新产业平台，具有多重政策叠加优势，可谓是绍兴市科创资源最密集、创新创业最活跃的区块。

在地理位置上，绍兴科创走廊位于杭州和宁波两大都市圈之间，具有得天独厚的区位优势。这使得它能够方便地接受杭州和宁波两地的科创资源辐射，同时也能够很好地与两地形成产业协同发展。在 G92 杭州湾环线高速和杭甬高铁的交通支持下，绍兴科创走廊与两地的经济联系将更加紧密。从周边环境来看，绍兴科创走廊主要依托于绍兴市，这是一个拥有丰富历史文化底蕴的城市，同时也是中国重要的制造业基地之一。绍兴市拥有诸暨袜子、嵊州领带、新昌轴承等一大批知名产业集群，以及诸暨应店、上虞化工园区等一批特色产业园区，这些产业基础和资源为科创大走廊提供了良好的发展支撑。同时，杭州都市圈和宁波都市圈的辐射效应也为绍兴科创走廊的发展提供了重要机遇。

2. 发展历程

自 G92 杭州湾环线高速和杭甬高铁建设以来，绍兴科创走廊就已经开始了它的快速发展。特别是近年来，绍兴市政府提出了“融入杭州、宁波一体化战略”的口号，积极推动与两地的产业协同发展，为科创大走廊的发展注入了新的活力。在此过程中，绍兴科创走廊经历了从基础建设到产业发展的不同阶段。在基础建设阶段，G92 杭州湾环线高速和杭甬高铁的建成通车为科创大走廊提供了便利的交通条件。同时，绍兴市政府还积极推动沿线区域的配套设施建设，包括建设了一批高质量的科研机构、孵化器和加速器等，为科创大走廊的进一步发展打下了坚实的基础。

随着基础建设的不断完善，绍兴科创走廊逐渐进入了产业发展阶段。在这个阶段，绍兴市政府将重点放在了提升产业品质、融入湾区战略、推动全市域协同发展等方面。通过引导和推动科技创新、促进产学研合作、优化政策环境等措施，进一步推动了科创大走廊的快速发展，形成了一套完整的科技创新体系，涵盖了科研、孵化、加速等多个环节。同时，它也成功吸引了一批优秀的科技创新企业和人才入驻，为区域经济的发展注入了新的动力。

（二）绍兴科创走廊创新创业生态的现状

1. 建立四大体系支撑创新创业生态系统

（1）推进市场化的政策支持体系

绍兴在人才管理先行先试改革、科研经费改革、行政体制改革方面均出台了一系列政策法规，突破原有制约创新的行政法规，积极引入市场机制。在全省率先设立市县两级党政“一把手”任组长的科技创新委员会，实行区、县（市）委书记抓人才科技述职评议制度，推动形成市县联动、部门协同的创新工作格局。制定《绍兴市全社会研发投入三年攻坚行动计划（2022—2024 年）》，进一步强化企业主体，补齐高校院所、建筑业和服务业研发投入短板。出台《加快科技创新若干政策》《关于进一步助企纾困推进科技政策扎实落地的实施意见》等政策组合拳，实现科技政策资金 100%线上直兑。出台《绍兴市科技体制改革攻坚实施方案》，谋划 9 项改革，构建 6 大体系，完善 5 项机制。支持新昌科技创新支撑共同富裕试点建设，“新昌打造科技人员创富新样板，探索共富扩中新路径”做法入选省共富第一批最佳实践案例。出台绍兴“科技新政 20 条”，更大力度支持高新技术企业培育、创新平台建设、企业加大研发投入。印发《关于加快落实赋予科研机构和人员更大自主权有关文件的通知》，深化“项目评审、人才评价、机构评估”改革。2020 年 10 月，绍兴在浙江率先启动建设滨海新区人才管理改革试验区，先后赋予 30 条“引育留用管”自主权，聚焦产业发展需要、优化人才发展环境、深化人才服务先行先试，推动人才工作向纵深挺进。

（2）强有力的市场化科技创新资本支撑体系

为解决人才创新创业路上的融资难问题，绍兴市通过构建“人才＋科技＋资本”多元化投融资体系，创新“人才银行”“人才投”“人才贷”“人才保”“人才险”“人才板”等，积极引导银行资本、创投资本、财政资金等各类资本向人才集聚。2022 年，绍兴 49 家人才企业及个人获得融资超 30 亿元、贷款超 3 亿元，26 家人才企业在新三板、国际人才板挂牌，其中 2 家主板上市、1 家科创板上市，帮助人才企业实现融资超 40 亿元，新入驻政府“政采云”平台的人才企业达 36 家。①绍兴科创走廊建设领导小组办公室与中国人民银行绍兴市中心支行签订科技金融合作协议，定期召开科技金融合作对接会，三年总授信额达 1000 亿元。科创大走廊还联合杭州银行科技支行等金融机构推出科保贷、银投联贷、创新债等科技金融产品 16 项，服务科技型企业 130 余家，投放金额近 7 亿元。②

为进一步吸引社会力量，近年来绍兴积极探索“基金＋园区”合作模式，以财政资金为引，多渠道吸引园区和民间资本成立母、子基金，共同建立“人才创业引导资金池”，以资本赋能人才发展。例如用财政资金“小投入”撬动社会资本“大

① 《绍兴新一轮人才服务“十件实事”发布》，2023 年 3 月 25 日，http://zj.people.com.cn/n2/2023/0325/c186327-40351266.html。

② 《绍兴：建设科创大走廊 推动高质量发展》，2022 年 3 月 8 日，https://mp.weixin.qq.com/s?biz=MjM5MTE3NDE4NQ==&mid=2651663440&idx=5&sn=b7e4616ccd19ff821dcd6c1c3ada5340&chksm=bd4017168a379e008c2e21c87f8e73178d51725167f8ed0c90d517a8cb916087afeef1a62131&scene=27。

投资”，有效提升政府资源配置效率。截至2023年5月，柯桥区已撬动172亿元民间资本参与人才科技产业投资，带动一批独角兽人才项目成长壮大。[①] 通过政府招引、园区自主引进和基金“以投带引”等方式，导入优质人才科技资源，共同组建“人才项目培育库”，聚力培育壮大不同发展阶段的人才企业队伍，累计引荐落地材华科技、驭光科技、橙氧科技等优质人才项目超80家。大力引导基金参与园区运营，发挥基金专业背景和资源优势，帮助布局产业链上下游环节，通过股权投资、园区运营、提供投融资平台服务等方式，构建“全周期全要素”的优质创业生态圈，已有5家民营人才创业园区引入基金运营，累计培育估值超10亿元的人才企业12家。

(3)具有体制机制优势的人才吸纳体系

绍兴坚持人才强市、创新强市首位战略，大力实施人才新政，深化绍兴海内外英才计划，打造“名士之乡”人才峰会、招才引智人才专列、“大院名校绍兴行”、“外国专家绍兴行”等系列引才品牌，成功创建“浙江院士之家”省级试点，建立院士(专家)工作站191家，签约院士120余名，建成一批民营人才创业园，引进人才项目242个，吸引民营资本近4亿元；率先实现印染、集成电路、袜业、珍珠、伞艺、厨具、轴承等七大特色产业工程师协同创新中心在县(市、区)全覆盖；引进天津大学等30家高校院所共建研究院，汇聚上海、杭州、宁波、嘉兴等地50多家研究院牵头启动环杭州湾创新联盟，截至2022年10月底，全市已引进国家重点引进人才239名，省重点引进人才186名，省领军型创新创业团队19个，海内外英才计划人才885名，省市海外工程师148名。[②]

在做强招引的同时，绍兴也对标人才“梦想之城”，积极做好“留育”文章。建设以海智汇为代表的人才服务综合体，实行人才服务“一卡通”和服务人才专项例会，营造拴心留人的人才创业创新环境。2022年，绍兴市依托“绍兴人才码”和“越快兑”平台共兑现人才政策资金超15亿元。加强高校毕业生引进工作，每年有超过10万名大学毕业生到绍兴就业创业，全市人才资源总量已突破135万人。通过完善人才政策、优化人才生态、搭建人才平台等“组合拳”，绍兴对人才的吸引力、凝聚力不断增强，已成为长三角区域最受青年人才青睐的城市之一。

(4)富有活力的区域创新创业体系

大力发展知识智力密集的高端科技服务业，通过科技服务业将创新创业要

---

① 金燕翔、张达：《柯桥：以人才科创为支点 打造现代化国际纺都》，《浙江日报》2023年5月4日。

② 《绍兴科创走廊发展规划》，2022年11月3日，https://www.sx.gov.cn/art/2022/11/3/art_1229311201_1874994.html。

素有机串联起来，真正发生聚变效应。一是加快科技企业孵化器、众创空间建设。完善科创园、孵化器、众创空间等多主体协同创新和全链条孵化体系，大力发展孵化器和众创空间，多层次布局各具特色的创新创业服务平台。2022 年，全市累计建设科技企业孵化器 37 家，其中国家级 5 家(全省第六位)，省级 9 家(全省第七位)，市级 37 家，孵化场地总面积 163 万平方米。建设众创空间 155 家，其中国家级 4 家，省级 89 家，市级 155 家。二是提升孵化器和众创空间服务水平。完善创新创业服务体系，加强对运营管理团队激励，开展年度绩效评价，充分发挥孵化器、众创空间在培育高新技术企业、科技型中小企业等方面的积极作用。2021 年，全市孵化器、众创空间在孵企业 2200 余家，其中当年度新注册成立企业 585 家，孵化毕业企业 108 家，其中高新技术企业 15 家，省科技型中小企业 45 家，共吸纳创业企业(团队)人员总数达 2.18 万人。①

2. 市场机制推进科技创新与成果产业化

绍兴大力实施“大院名校创新载体”共建计划，出台《绍兴市共建研究院强基提能造峰三年行动计划(2022—2024 年)》等政策文件，从地方产业发展现状出发，完善“企业出题、院校解题、政府助题”机制，以点带面，助力创新发展。坚持应用导向，发挥重点实验室、新型研发机构等作用，推进关键共性技术攻关和科技成果转化落地。如浙江省岩石力学与地质灾害实验室承担的“露天矿山岩体参数精细快速获取与边坡稳定性定量评价技术”项目获省科技进步奖一等奖；上海交通大学绍兴新能源与分子工程研究院孵化浙江钠创新能源有限公司(该公司已引进战略投资者完成亿元 Pre—A 融资)，成功令钠电正极材料从实验室走向产业化，助力打造全球领先的钠离子电池产业集群；浙江理工大学绍兴柯桥研究院的“一次成型双面数码印花”项目已实现年产 50 台套、年产值 1 亿元规模的设备装配生产能力，助推了产业转型升级。

2021 年，绍兴科创走廊被纳入浙江省经济社会发展“十四五”规划，标志着绍兴科创走廊正式纳入了省级重大创新平台战略布局。绍兴科创走廊从规划蓝图转化为项目建设，区域内集聚高新技术企业 711 家，省科技型中小企业 4276 家，分别占绍兴市的 32％和 54％。2022 年 1—9 月，绍兴市规上工业企业研发费用 201.23 亿元，全省第四位，同比增长 23.1％，高于全省平均增速 5.4 个百分点，占营业收入比重为 3.33％，在全省排名第三；高新技术产业投资同比增长

---

① 《绍兴:强化科创平台建设 集聚优质创新资源》，创新浙江，2022 年 5 月 13 日，https://mp.weixin.qq.com/s?biz=MjM5MTE3NDE4NQ==&mid=2651670103&idx=4&sn=b5b6f41e2e4e4ef33303b27b09052bc1&chksm=bd407d118a37f407b93595bcc5588a73185c50725013bed852294aee62cdb2e4bd2f38cf9bb0&scene=27。

45%，在全省排名第二，高于全省平均 27.2 个百分点；高新技术产业增加值同比增长 9.3%，在全省排名第四，高于全省平均 2.4 个百分点；新认定省科技型中小企业 1262 家，在全省排名第五；实现技术交易额 132.2 亿元。[①]

3. 产学研用合作实现创新资源迅速积累

(1)科技资源集中

绍兴科创走廊地处越城区、柯桥区、上虞区沿杭州湾核心区块，是绍兴市科创资源最密集、创新创业最活跃的区块，人才、资本、技术、项目等创新要素的集聚，不断为绍兴高质量发展注入强劲动能。2019 年来，绍兴科创走廊建设领导小组每年编制并滚动推进“百项千亿”重点项目、十大标志性工程建设，累计建设重点项目 311 项(含续建)，其中标志性工程 29 项，累计完成投资额 643 亿元。走廊范围内有 1 家国家高新区(绍兴高新技术产业开发区)和 3 家国家级开发区(袍江国家经济技术开发区、柯桥经济技术开发区、杭州湾上虞经济技术开发区)、1 个综合保税区、1 个省级新区(绍兴滨海新区)、3 个省级“万亩千亿”新产业平台(集成电路、生物医药、新材料)[②]，具有多重政策叠加优势，同时，培育了绍兴集成电路产业园、中关村·绍兴水木湾区科技园、上海大学绍兴研究院、复旦科技园绍兴创新中心、杭州湾协同创新服务中心、东盛慧谷产业创新园等一批重大创新平台，集聚了一大批创新项目和孵化项目，已成为引领绍兴高质量发展的重要引擎。

(2)新兴产业集群成熟度高

走廊依托省级“万亩千亿”新产业平台建设，初步形成以集成电路、高端生物医药、先进高分子材料等产业为主导的高新技术产业体系。2021 年，集成电路、生物医药、新材料产业总值分别达 400 亿元、356 亿元、749 亿元，拥有中芯国际、浙江医药、浙江龙盛等一批头部企业。现代纺织产业向产业链高端环节升级成效显著，成功入选国家先进制造业集群试点示范名单。围绕标志性产业链，推动高新园区聚焦主导产业布局，提升发展质量。2021 年，全市高新园区实现规上工业增加值、高新技术产业增加值、新产品产值分别为 1391 亿元、1002 亿元和 2706 亿元，同比增长 12.4%、11.8%和 21.2%；实现研发投入 185 亿元，同比增长 31%。高新园区用全市 16%的土地，贡献了全市 72%的规上工业增加值、90%的高新技术产业增加值和 78%的新产品产值。

---

① 《2022 年科技创新工作总结》，2023 年 6 月 25 日，https://www.sx.gov.cn/art/2023/6/25/art_1229327629_4066494.html。

② 《绍兴科创走廊发展规划》，2022 年 11 月 3 日，https://www.sx.gov.cn/art/2022/11/3/art_1229311201_1874994.html。

(3)科创合作实现突破

深入贯彻落实长三角一体化和“融杭联甬接沪”发展战略,绍兴科创走廊对外开展科技合作取得显著成果。2020 年 9 月,绍兴举行科创大走廊科技金融合作推进会,杭州湾科创大走廊科技金融联盟正式成立,标志着绍兴科创走廊与杭州城西科创大走廊、宁波甬江科创大走廊在资本融通、信息互通、技术互联上进一步紧密协作,为加快杭绍甬一体化示范区建设,推进长三角区域科技金融深度融合提供了经验样本。绍兴科创走廊建设不仅纳入 G60 科创走廊(浙江段)建设规划,还成功推动与 G60 科创走廊在集成电路、航空产业领域达成合作。同时,深化与杭州城西、宁波甬江科创大走廊的合作,积极谋划与杭州城西科创大走廊在生物医药领域的对接,深化与宁波甬江科创大走廊在新材料领域的合作。

(三)SWOT 分析

1. 优势(strengths)

第一,产业实力快速提升。绍兴不断壮大集成电路、生物医药、新材料三大高新技术产业集群。集成电路产业招引了中芯、长电为代表的链主型企业,在晶圆代工、封装测试等领域国内领先,入选首批“浙江制造”省级特色产业集群核心区创建名单,2022 年产业链产值突破 530 亿元。生物医药产业打造了创新医药等“四大产业谷”,引育了汉氏联合、德琪医药、歌礼药业、浙江医药等领军企业,2022 年,全市规上生物医药企业产值 395.8 亿元,规模位列全省第三。新材料产业迈入航空航天、环保、汽车及电子电气等高端应用领域,纺织业在特种纺织材料、高性能碳纤维上进入量产阶段,现代纺织成功入选省级技术创新中心。

第二,科教资源极为丰富。绍兴科创走廊拥有多所高等院校和科研机构,如浙江大学绍兴研究院、浙江工业大学之江学院、浙江树人大学等,为科创走廊输送了大量的科教人才。据统计,2021 年绍兴全日制普通高校共 12 所,数量居全省第三位,全日制在校学生达到 12.7 万人,为科创走廊的发展提供了优越的科教资源支持。①

第三,科创平台渐成体系。实质性启动绍芯集成电路、鉴湖现代纺织、曹娥江新材料和浣江航空航天四大实验室建设;拥有省级以上企业研究院、研发中心 391 个,与高校院所共建研究院 35 家,集聚人才总量达到 47.6 万人;累计创建省级众创空间、孵化器 104 家;拥有省级产业创新服务综合体 16 家,累计组织实

① 《市政协召集高校负责人共商共同富裕大计》,2022 年 5 月 17 日,https://www.shaoxing.com.cn/p/2936449.html。

施关键共性技术攻关 400 余项。

第四,人才政策走在前列。绍兴深入探索"名士之乡"英才计划、双聘制、经费包干制、放权职称评定、青年科学家免评审等创新政策。推动院士级领军人才团队"三个全覆盖"计划,深入实施院士、专家、博士立体引智体系,累计建设院士(专家)工作站 164 家,柔性引进海内外院士 150 多位。截至 2022 年,建站单位累计引培人才 678 名,促进技术转化及应用 499 项,累计创造利润 53.3 亿元。①

第五,产学研用深化融合。市内龙头企业如中芯集成、卧龙集团、宝业集团、三花集团等均与高等院校、科研机构开展深入战略合作,开展产业链关键核心技术攻关。全省范围内率先共建成市级创新联合体 11 家,联合相关企业及高校院所承担国家、省市级项目 40 余项,项目总投入近 7 亿元,构建了"研发—制造—系统集成—应用落地"一体化创新路径。同时,便捷的交通网络使得绍兴科创走廊在获取资源和对接外部市场方面具有很大的便利性,境内有沪杭甬、杭绍台等多条高速公路,还有萧山机场和宁波港等重要交通枢纽。

2. 劣势(weaknesses)

第一,产业链的竞争地位仍需提升。绍兴产业集群处于从传统制造业向新兴、智能制造业的过渡时期,2022 年,全市研究与试验发展经费(R&D 经费)为 221.01 亿元,位于全省第四位,但距离杭州、宁波还有一倍以上差距,全市向产业链薄弱环节和高利润环节延伸面临挑战。生物医药领域,原研创新药方面全市仅有两个 1.1 类创新药物,其余销售总额的 95%以上为仿制药,仿制药中一半以上是原料药而非制剂成品药,生命营养板块中以饲料添加剂销售为主,整体处在低利润环节。集成电路领域,绍兴在封装、晶圆上发展迅速,但是芯片设计环节发展困难,芯片设计处于产业链的最上游,是典型的人才密集型行业,存在严重的人才难招、技术薄弱问题。全市制造业整体上由于缺技术、缺品牌而存在低利润、压成本、拼规模的问题,还处在微笑曲线底部的爬升阶段。

第二,技术创新的激励制度仍需改革。技术成果的产权归属和收益分配直接决定人才的创新动力,绍兴在科技成果转化激励机制、科技成果产权制度、资产管理制度、合规交易保障机制、尽职免责制度五个方面距离国内领先城市还有提升空间。绍兴滨海新区对科技成果所有权认定进行了改革试点,但尚未形成"创新致富"的标杆性人物案例,人才的创业创新动能还能进一步释放。

第三,共建研究院的服务功能仍需加强。共建研究院是本地企业对接全国

① 《绍兴科协"一家三站"创新平台建设 助力地方产业发展》,2023 年 6 月 8 日,http://www.xinhuanet.com/info/20230608/e1c52050eb454a5c94e3084c03361222/c.html。

院校的桥梁，但存在类型繁多、能级不强、市场化不足等问题。一是现有考核评价体系更重视经济效益而对社会效益重视不足，除了研究之外在举办高端论坛、高端人才引荐、创新创业帮扶方面的功能发挥不到位。二是高级别人才扎根意愿不强、辐射效应发挥不充分，招才引智的机制、政策和平台对高端人才的吸引力依然不足。三是内部考核机制的导向不明确，许多科研人才的发展导向还是以所属院校的职称评定为目标，没有把服务绍兴放在工作首位。

第四，人才引育的针对性服务需要深化。一是技术人才的本地培育不充分，高职院校的产学研协同存在不足，造成企业培育产业工人周期长、成本高，且技术人才的晋升通道不畅通、职业发展待遇预期低，许多毕业生不愿意走产业工匠道路，直接造成集成电路等新兴行业技术工人缺口较大。二是对扎根奉献型人才的激励不足，人才政策重视招人轻视留人，对于扎根人才的情感关怀、待遇提升存在不足。三是产城格局影响了青年人才的归属感，绍兴作为二线城市，城市能级相较于一线城市来说较低。这使得科创走廊在吸引国内外优秀企业和人才方面存在一定的局限性，并且绍兴存在园区和城区二元化、分离化的问题，造成居住成本高、职住不平衡以及生活幸福感偏低。

3. 机会(opportunities)

第一，政策支持。绍兴市政府高度重视科创走廊的发展，出台了一系列政策措施来支持其建设。例如，政府提供资金支持、税收优惠等优惠政策来吸引优秀企业和人才入驻。第二，新兴产业发展。随着科技的不断发展，新兴产业和高科技产业逐渐成为经济发展的主导力量。绍兴科创走廊可以抓住这一机遇，大力发展新兴产业和高科技产业，提升自身的产业层次和技术水平。第三，“新基建”建设。随着国家“新基建”战略的实施，绍兴科创走廊可以借助这一机遇，加大在数字经济、人工智能、物联网等领域的投资力度，推动相关产业的发展。

4. 威胁(threats)

第一，竞争激烈。国内众多城市都在积极打造自己的科创走廊，如上海张江、北京中关村等。这些科创走廊在政策扶持、资金投入、人才集聚等方面都有很大的优势，对绍兴科创走廊构成了一定的竞争压力。第二，技术更迭。随着科技的不断进步，新技术和新业态层出不穷。这使得科创走廊在保持自身技术领先地位和适应新技术变革方面面临一定的挑战。第三，科创走廊内企业合作与协同发展的挑战。尽管绍兴市在推动企业合作与协同发展方面出台了多项政策，但实际上企业间的合作仍面临诸多挑战。如何通过有效的合作模式和创新服务平台，推动科创走廊内企业实现资源共享、优势互补和协同发展，是绍兴科创走廊面临的一项重要挑战。

综上所述，绍兴科创走廊在拥有丰富的科教资源和雄厚的产业基础的同时，也存在高端人才缺乏、产业结构单一等劣势。在未来的发展中，绍兴科创走廊可以抓住政策支持、新兴产业发展等机会，同时也要应对竞争激烈、技术更迭等威胁。为了更好地推动自身发展，绍兴科创走廊需要不断加强高端人才引进、优化产业结构、提升城市能级等方面的能力建设，以及加强知识产权保护和风险防控工作。

三、以绍兴科创走廊为载体打造区域创新策源地的机制

（一）创新网络的构建和发展

创新网络是指将各个创新主体（如企业、研究机构、高等教育机构、政府等）联结起来，通过互利合作、信息共享和资源优化配置，以促进创新活动的一种组织形式。绍兴科创走廊创新网络机制的有效运作包括以下几个方面。

第一，加强产学研合作。绍兴科创走廊内的企业和研究机构、高等教育机构之间深度合作，能够极大地促进技术创新和成果转化。通过建立产学研合作平台，可以鼓励企业与研究机构、高等教育机构开展联合研发，共享资源，实现互利共赢。例如，浙江大学的绍兴研究院与当地一家知名企业合作，共同研发了一种新型材料，这种材料在环保和性能上都有显著的优势。这种产学研合作模式不仅推动了技术进步，也带动了绍兴相关产业的发展。

第二，构建技术转移机制。通过建立完善的技术转移机制，可以促进科技成果的转化和应用。这包括建立技术转移机构，提供知识产权保护、技术评估、商业化推广等服务。政府还可以通过设立科技成果转化基金等措施，鼓励企业积极应用新技术。例如，绍兴市政府与浙江大学合作，共同设立了新材料领域的科技成果转化基金。该基金推动了浙江大学研发的新材料技术在绍兴当地企业的应用，取得了良好的经济社会效益。

第三，搭建公共服务平台。通过搭建公共服务平台，可以为企业提供创新创业支持、人才培训、市场开拓等服务，促进大走廊内的各类企业共同发展。公共服务平台可以提供政策咨询、融资支持、法律服务等一站式服务，帮助企业解决在发展过程中遇到的各种问题。同时，政府还可以加大对公共服务平台的建设和运营的支持力度，提高服务水平和效率，满足企业对多元化服务的需求。例如，绍兴市科技局与多所高校合作，建立了“绍兴创新创业云服务平台”。该平台为企业提供了政策咨询、融资服务、人才推荐等一站式服务。通过这个平台，许

多企业得到了及时有效的帮助和支持，实现了快速发展。

（二）创新环境的优化和提升

绍兴科创走廊充分利用了绍兴的地域优势和资源条件，将人才、技术、资本、信息等关键要素有机地融合在一起，形成了一个协同创新的生态系统。这个系统不仅为科创走廊内的企业提供了良好的发展环境，还为整个长三角地区的科技创新提供了强有力的支撑。

在这个创新生态环境中，人才是第一资源。绍兴科创走廊通过制定实施人才引进政策，积极吸引国内外优秀科技人才落户绍兴。这些政策不仅关注高层次人才的引进，也重视实用型技能人才的培养。与此同时，科创走廊还鼓励企业与高校、科研机构之间加强合作，共同培养符合市场需求的专业技术人才。人才的聚集为科创走廊的发展注入了源源不断的动力。技术是推动科创走廊发展的核心力量。绍兴科创走廊内的企业以技术创新为引领，不断推出具有市场竞争力的新产品、新技术和新服务。同时，高校和科研机构也积极参与企业的技术创新，共同研发新技术、新工艺和新产品，推动科技成果的转化和应用。这种政产学研的合作模式为科创走廊的创新发展提供了强大的技术支持。资本是推动科创走廊发展的关键因素。绍兴科创走廊通过建立科技创新基金，鼓励金融机构为科创走廊内的企业提供融资支持。这种支持不仅体现在为企业提供资金支持上，还体现在为企业提供金融咨询服务上，帮助企业更好地运用金融工具实现快速发展。信息是促进科创走廊发展的重要媒介。绍兴科创走廊注重信息的共享和交流，建立了信息服务平台和创新创业数据中心等机构，为科创走廊内的企业和创新主体提供数据支持、信息交流和创新创业服务。这些服务的提供不仅促进了信息的流动和共享，还为科创走廊的创新发展提供了强有力的信息支撑。

绍兴科创走廊在实际运作中，积极推动科技创新与产业创新发展、金融创新、文化创新等多方面的深度融合。通过构建“创新链—产业链—资金链”联动的发展模式，使得科创走廊成为一个充满活力、协同创新的区域性创新中心。在产业方面，绍兴科创走廊内的企业依托技术创新和产品创新，不断提升产业水平和产品质量。例如，浙江新和成股份有限公司是一家专注于生物医药领域的企业，通过与高校和科研机构合作，不断研发新产品和新技术，成功打入国际市场并在行业内取得了领先地位。这正是绍兴科创走廊实现产业创新发展的典型案例之一。在金融方面，绍兴科创走廊鼓励金融机构开发针对科技创新的金融产品和服务，为科创走廊内的企业提供更加多元化的融资渠道。例如，绍兴银行科技支行专门为科创走廊内的科技型企业提供融资服务，通过创新担保方式，为这些企业提供了更加便捷的融资渠道。在文化方面，绍兴科创走廊注重创新创业文化的培育和传播。通过举办创新创业大赛、创新创业论坛等活动，宣传创新创业的理念和精神，营造浓厚的创新创业氛围。这种文化氛围不仅激发了人们的创新创业热情，也为科创走廊的创新发展提供了强大的精神动力。

绍兴科创走廊在未来的发展中，将继续优化创新生态环境系统，加强各创新要素的集聚融合发展。通过建设更加完善的科技创新基础设施和科技创新公共服务平台，提升科创走廊整体的创新能力和竞争力。同时，将积极拓展国际合作和开放式创新路径，吸收国际先进技术和管理经验，促进科技资源的全球化共享和优化配置。此外，还将加大对高层次人才的培养和引进力度，打造一支既具备国际视野又有本土情怀的高素质人才队伍，为科创走廊的可持续发展提供强有力的人才保障。在推动长三角一体化发展方面，绍兴科创走廊将充分发挥地处长三角地区的区位优势和资源优势，加强与上海、南京、杭州等城市的科技创新合作，共同打造具有国际竞争力的科技创新集群。通过构建多元化的科技创新合作机制和利益共享机制，实现资源共享、优势互补、协同发展。同时，将积极发挥华侨华商资本和人脉等资源优势，拓展民间交流与合作渠道，引进更多的优质创新资源，推动绍兴科创走廊成为国内外科技创新的重要窗口和示范基地。

总之，“绍兴科创走廊”是一个富有生命力和活力的创新生态环境系统，通过优化人才、技术、资本、信息等创新要素的集聚条件和互动机制，推动了区域经济的持续发展和竞争力提升。未来，随着不断地完善和发展，“绍兴科创走廊”必将在推动长三角一体化发展和国内外科技创新合作中发挥更加重要的作用。

（三）创新资源的整合和利用

创新资源的整合和利用是指将各种支持创新活动开展的要素进行有机整合，使其发挥出最大的效用，推动科技创新和发展。这些要素包括人才、资金、设备、信息等，是创新的基石。为了促进区域内的科技创新和发展，需要从以下两个方面展开。

第一，完善的创新资源整合机制。在绍兴科创走廊，完善的创新资源整合机制是其发展的关键推动力之一。一是强化创新人才引进和培养。人才是推动科技创新的核心力量。绍兴科创走廊通过制定积极的人才引进政策，吸引高层次人才来此地从事创新活动。这些政策包括为高层次人才提供良好的工作环境和生活条件、提供具有竞争力的薪资待遇和福利待遇等。同时，绍兴科创走廊还重视人才培养，通过建立健全人才培养体系，提升区域整体的创新能力。二是优化资金配置。科技创新需要大量的资金投入。为了支持创新活动，绍兴科创走廊建立了多元化的投融资体系，鼓励各类资本参与创新活动。这一体系包括政府资金、企业资金、风险投资等不同形式的资金来源。同时，绍兴科创走廊还通过建立科技金融服务平台，为大走廊内的创新主体提供充足的资金支持。这些资金支持可以用于研发、产业化、市场推广等方面，从而推动科技创新的快速发展。三是加强信息共享和创新资源合作。信息共享和创新资源合作是提高整体创新效率的重要手段。绍兴科创走廊通过建立信息共享平台和创新资源合作机制，促进大走廊内的各类创新主体之间的信息交流和资源共享。这一平台可以提供技术转让、技术交易、技术合作等信息服务，方便创新主体之间的信息交流和业务合作。同时，绍兴科创走廊还通过组织召开技术交流会、产学研合作等活动，加强创新主体之间的合作。这些措施可以促进科技创新的快速发展，提高整体的创新效率。

第二，，创新资源的区域协同发展。通过加强与周边城市的合作和联动发展，推动创新资源的区域协同发展。这种协同发展的方式可以实现优势互补和协同创新，推动区域内的科技创新和发展。具体来说，绍兴科创走廊可以采取以下措施：一是加强与周边城市的合作。绍兴科创走廊可以与周边城市建立起紧密的合作关系，共同开展科技创新活动。这种合作可以促进技术转移和成果转化，实现互利共赢的目标。同时，这种合作还可以促进区域内的经济协同发展，提升整个区域的创新能力和竞争力。二是促进产业协同发展。绍兴科创走廊可以与周边城市共同制定产业发展规划，明确各自的产业发展重点和优势领域。通过加强产业协同发展，可以实现产业链的互补和完善，推动区域内的产业升级和发展。同时，这种产业协同发展还可以促进企业间的合作和联动发展，推动企业间的技术创新和产业升级。三是建设公共服务平台。为了推动创新资源的区域协同发展，绍兴科创走廊可以建设公共服务平台，为区域内各类企业提供技术支持、市场调研、人才培训等服务。这些服务平台可以促进企业间的合作和交流，提高整体的创新能力和竞争力。同时，这些服务平台还可以为政府制定科技创新政策提供依据和支持。

四、案例分析和研究

（一）国内外产业创新的新形势

1. 科技创新对于经济增长发挥引擎作用

随着新经济时代的到来，以及全球范围内科技创新和成果产业化的市场机制越来越成熟和完善，科技创新逐渐成为经济增长、质量提升以及进一步转型升级的原动力。主要表现为三个方面：首先，对经济增长总量贡献率不断提升。发达国家以技术创新为核心的技术进步对经济增长的贡献率已达70%以上。其次,对生产要素的使用效率增加,实现产业结构的升级。依循“率先创新—大量的模仿创新—创新的继起—产业结构的升级”这样一个过程,率先技术创新转化为现实生产力,并逐步发挥裂变作用,带动产业和经济的迅速扩张。最后,对组织的资源整合能力提出了新的要求。一个组织只要有很强的资源挖掘和资源整合能力,就可以通过开放式创新整合全球的创新资源,实现自身的研究目标,提升创新能力,保持自身的创新优势地位。

2. 技术市场加速成果市场化和信息流通

技术市场的发展,越来越影响技术成果的转化,技术市场发展程度越高、运行机制越完善,越有利于技术交易的有效进行、有利于技术成果的转化和应用,能促使技术更快更高效地由潜在生产力转变为现实生产力,促进社会的技术进步,加速经济发展。此外,技术要素的流动越来越依赖信息的传播,随着互联网和信息化的快速发展,通过建设国内外的技术市场信息网络体系,进一步扩大了技术市场的作用范围,提高了技术交易工作水平和效率,更强化了技术市场的咨询、中介、代理等功能,发展了科技咨询业的业务基础。例如,以色列特拉维夫市区内遍布各种孵化器、加速器和研发中心,有城市政府资助的(如Haratzif中心),有跨国公司成立的(如IBM设立的Alphazone),还有大学创业中心(如特拉维夫大学的Start Tau)及非营利组织(如The Hive);其扶持重点也各不相同,有针对科技金融的(如Tech Stars),有重点服务新兴产业领域的(如The Time),有鼓励年轻创业人员开展交流的(如The Library)等,通过打造服务型政府、建造创新空间和城市实验室等具体举措提供技术市场化和产业化的载体和平台。

3. 模式和技术的创新共同驱动产业创新

互联网技术的商业应用使得商业数字化、在线化和互联化,由此形成三种商业模式。一是平台模式。例如阿里巴巴打造了平台与产品加载的模式,将阿里巴巴平台上成千上万家中小企业和淘宝市场体系有效结合,最终形成一个有机的整体——从消费者到渠道商,再到制造商的电子商务市场体系。二是跨界模式。商业模式创新的趋势就是跨界与融合。产业融合可以包括技术融合、业务与管理融合、市场融合、产品融合、企业融合和制度融合。而跨界指业务跨界经营,商贸、物流、金融、生产、研发等之间的跨界。三是迭代模式。商业模式的迭代趋势即颠覆性创新,以特斯拉为例,它颠覆了汽车行业传统营销模式,绕过经销商,采取体验店和网络直销模式,并且开展云服务,通过控制屏进行自诊断。例如,作为智慧城市建设的先驱,芬兰赫尔辛基依靠城市实验室探索城市创新方案，为科创企业提供了新需求和新市场。在赫尔辛基，不仅有 Kalasatama 智慧住区，助推"'最后一公里'自动配送""城市物流共享仓库"等方案实施的移动实验室(Mobility Lab)以及针对城市轨道故障痛点的 i-Track 项目等典型案例，还有各种各样的城市创新方案试图通过小型、短期的敏捷试验模式探索自身的可行性和价值。这些智慧健康、能源节约、先进制造业和政务联通等多个领域的政府项目为当地智慧城市相关企业提供了资金和动力。

4."科创中城"要求科技和城市文化相融

创新文化是整个科技创新事业的根基，培育、巩固好这个根基，就能够进一步强化"科技第一生产力、人才第一资源、创新第一动力"，推动科技创新事业攀登新高点，不断提高核心竞争力。当前各地各部门非常重视创新文化的培育，普及科学知识、传播科学精神、开展群众喜闻乐见的科普活动、搭建科学家交流平台，将科学品格、科学文化导入全社会。

创新文化环境体现在深厚的文化产业基础、富有个性的城市文化、开放的创新理念等方面，往往采取打造艺术科技融合空间、组织文化科技融合活动、培育创新理念等具体举措。例如西雅图南湖联合区充分挖掘艺术与科学天然的共振关系，打造最具创新活力的"一平方公里"，将公共艺术设施、开放交流空间、休闲社区中心、创新创业机构等融为一体，形成具有全球影响力的创意、创新、创业街区。在南湖联合区不到 1 平方千米的范围内，文化艺术店铺多达 11 家，咖啡馆多达 30 家。再如瑞典斯德哥尔摩则通过创新创业教育培育创新文化，其创办的斯德哥尔摩创业学院(SSES)是创新创业教育领域的领先机构。斯德哥尔摩创业学院通过创业日活动、创业家及成功校友反哺活动与创业竞赛，营造了浓厚的创新创业文化氛围。此外，不少城市通过举办全球大型科创文创活动来提升创新实力，如布鲁塞尔的索尔维会议、奥斯汀的"西南偏南"音乐大会、拉斯维加斯的国际消费电子展 CES、赫尔辛基的欧洲科技创业投资大会 Slush、慕尼黑的德国工程机械展 BAUMA 和德国电子展 Electronica、巴塞罗那的世界移动通信大会和物联网解决方案世界大会、福冈的 ITS 亚太论坛和国际磁体技术会议等等。

(二)全球推动城市科技创新的案例借鉴

1. 日本神奈川县：借力东京推进高端制造业研发升级

神奈川县工业基础较好，二战后大力发展重工业。1978 年，《新神奈川计划》明确提出要从重工业转向研发，并且提出了"头脑中心构想"，将过去依靠天然资源的一资金密集型神奈川，转换为"人类的大脑聚集地"。在东京没有空间的情况下，神奈川县以富余发展空间、便捷交通、良好自然环境，由此进入了大力吸引研发机构入驻的时代。通过制造业逐步向内陆迁移，很多原本偏远的地方，成为知名企业和众多研究机构的热门选址地，聚集了大量世界500强企业，如富士施乐、日立、住友电工等，以及众多高质量的中小企业，其中不乏精密机械领域的世界级隐形冠军。

(1)向外整合全国性、区域性企业交流网络

神奈川县通过在1984年设立的神奈川县研究开发型企业联络会议(RADOC)，实现了面向全国召开企业交流会议的目的，并且向国家争取补贴资金，通过RADOC，诞生了神奈川科学园(KSP)，KSP直至今日也是神奈川县最核心的企业联合研发、科技攻关与创业的机构。

1998年成立的技术先进首都圈地域组织，简称TAMA(Technology Advanced Metropolitan Area)，覆盖东京都西部内陆多摩地域、神奈川县中央部和埼玉县西南部所构成的成片广大内陆工业地带，该地因承接石油危机后从京滨工业带内迁而来的制造业与众多高校成为新兴的产业带，2001年改制成为TAMA产业活化协会，共同为区域内制造业，尤其是为中小企业实现产学合作配置资源，助力产业升级。2007年进一步合作成立了首都圈西部地域产业活化协议会，以东京西部多摩地区，和神奈川县的厚木市、相模原市等为核心，促进汽车产业与精密机械产业的振兴与聚集。

(2)对内构建全县产业研发网络

2005年，神奈川县提出神奈川R&D网络构想，并且设立神奈川R&D推进协议会，由县政府与其他23家著名企业机构联合，共同推进全县产业研发的网络构建。神奈川县无论科研人数还是科研人员密度都居全国最顶尖行列，其中科研人员密度甚至高居全国第一，超过了东京。神奈川县不仅自己内部推进战略崛起，而且还积极申请国家级别的产业战略，利用自身优秀的产业基础优势，神奈川县在2011年申请成为“京滨沿海生命创新国际战略特区”，在生命科学领域得到政策支持；2013年，更是成为“国家战略特区”与“地域活化综合特区”的双重国家特区。其中，“国家战略特区”是作为东京都市圈的一部分成为日本面向国际的国际商业·创新特区，而“地域活化综合特区”则是具体指定打造成为“相模机器人产业特区”，充分借助了神奈川县中西部内陆地区多年来形成的精密机械产业、医疗产业与雄厚的研发实力，成为带动全县整体产业进一步高精尖化的催化剂。

神奈川县实现了制造业与研发全域铺开，并呈现出了南北向的四条产业带，由东到西分别是：京滨临海重化工业带，户塚·大船产业带，中部相模川沿线产业带，西部津久井·足柄上产业带。这四条主要产业带均是制造业与研发功能

并存，共同推进着制造业持续升级。

2. 瑞士 Atizo 公司：建立开放式创意聚集的创新网络

(1)链接多主体的社区化创新模式

瑞士 Atizo 公司通过建立“创新者社区网络”，有效地连接创意提供者和需求者，使企业、用户和消费者甚至行业外的研发人员，共同开展联合创新。该网络实际是一个开放的创意采集平台，成千上万的创新者在线交流知识和理念，分享设计、创意和产品研发。创新者包括大公司、中小企业、大学、研究机构相关科学家和专业人员，职业分布广泛，其中 1/3 的成员属于学术圈之外，而不同行业间的知识分享和流动，可能使得一个行业的技术诀窍转化为另一个行业的突破性创新。创意供需双方运用这一平台的基本流程是：注册企业先创建问题，提出具体需求，社区成员在线提交创意方案，平台采集所有创意，专家评估、筛选出少量可供选择的方案，最后由企业采纳并支付奖金。欧洲有不少中小企业或研发机构正在利用这个平台搜集创意。

(2)以市场需求为导向的资源对接平台

在开放式创新环境的社区网络中，生产者可以通过创意平台与全球的用户直接对话，收集整理各地消费者的需求信息，形成创意，再由网络内的跨国公司和出口商合作，交由相关企业开展后续创新。这改变了传统模式下，由欧美用户提出创意，生产者(如中国企业)生产，通过出口商向跨国公司供货，再到达用户手里的方式。

(3)“创新者社区网络”突破时空局限

在新模式下，分散在不同创新组织内的各种背景和经验的专业人才以“创新者社区网络”这一公共平台汇聚起来，充分利用并扩散各个领域既有的知识，解决创新中的信息不对称问题，使得需求者、创新者、供应商突破行业、领域、地域和时间局限。这是一种开放式创新环境下非正式的创新网络，跨领域、跨行业甚至跨国界的动态创新网络。

3. 合肥：国有资本引领战略性新兴产业发展

从 2010 年到 2022 年，合肥 GDP 规模从 2700 亿元劲增至 1.2 万亿元，增速在全国 24 个万亿城市中排第 6 位。国家高新技术企业由 615 户增长到 6412 户，增长了 9 倍。全市财政科技投入占一般公共预算支出比重由 4%增长到 17.8%；全社会研发投入占 GDP 比重由 2.78%增长到 3.46%。合肥从“科技资源大市”变身“科技创新强市”，成功的关键在于“龙头＋配套”“引进＋培育”“科创＋产业”“基地＋基金”。

(1)国有资本“以投带引”构建全链条参与机制

首先,合肥以建投集团、产投集团、兴泰控股三大平台公司为投资“操盘手”,抓住创新驱动发展战略要点,瞄准产业发展方向和国家政策导向,实现战新产业(战略性新兴产业)的蓬勃发展。其次,构建国有资本退出机制,形成“国资引领→项目落地→股权退出→循环发展”的投资模式。如合肥在京东方6代线、8.5代线项目完成投资退出时收益差不多200亿元,不仅实现了国有资本保值增值目标,还将收益用在“延链补链强链”上,围绕产业链条上下游打造产业集群。在新桥智能电动汽车产业园区,基于蔚来的供应链近地化项目,自2020—2023年,蔚来位于安徽省内的合作伙伴从约60家增加至约120家。在“延链补链强链”的实践下,合肥已形成良好的智能电动汽车产业发展生态。

(2)培育懂产业、懂技术、懂政策的科创管理队伍

在发展理念上,20年来,合肥始终坚持将“工业立市、产业强市”的蓝图绘到底,并且各级各部门在从投资决策到服务推进中互相配合、形成合力。在合作过程中,政府和国资的管理队伍具备股权结构、企业法人治理结构以及运营、管理、退出等专业知识,其中合肥市投促局编写了涵盖合肥市重点发展的16条战略性新兴产业链的《合肥2023重点产业招商指南》,要求干部必须研究产业,做到熟练掌握产业趋势、市场布局、产业政策,充分了解产业链全景图、目标企业和招商对接平台。通过持续开展项目实践和产业研究,干部素养提升效果良好。。

(3)构建覆盖科技型企业全生命周期的基金体系

合肥构建“政府引导母基金+天使/科创/种子基金+市场化基金”的国有基金链。一方面,以基金体系覆盖科技型企业全生命周期,合肥通过种子、天使基金有针对性地投资科技含量高、发展前景好的初创型小微科技企业,项目发展到一定程度,再由政府引导基金等“接力投”,基金链甚至能连续投资到上市。另一方面,创新天使基金的制度,针对早期项目的投资,政府支持探索突破资产评估作价、“招拍挂”退出政策限制的方式,使得国有基金能够按照市场化估值进入以及股权协议退出,保障科技创业团队通过回购获得激励,保障其对企业的控制权。

4.深圳:国家高新区深入实施创新驱动

深圳国家高新区设立于1996年12月,位于深圳湾畔,规划面积11.52平方公里,是科技部建设世界一流高科技园区十家试点园区之一。深圳高新区坚持“发展高科技、实现产业化”两大方向,深入实施创新驱动发展战略,已成为引领深圳科技创新的核心引擎、发展高新技术产业的示范基地,是全国创新资源最集聚、创新氛围最浓郁、创业环境最优越的区域之一。

(1)制定产业园区发展专项计划

为了支持深圳高新区进一步优化发展,加快建设具有卓越竞争力的世界领先高科技园区,规范高新区发展专项计划管理,深圳市科技创新委员会制定了《深圳市高新技术产业园区发展专项计划管理办法》。通过利用市级财政科研资金,引导和带动区级财政资金、企业资金和社会资本参与深圳高新区建设发展,优化创新创业环境,支撑培育"20+8"战略性新兴产业和未来产业的专项计划。同时,鼓励投资机构对深圳高新区内的种子期、初创期科技企业开展股权投资等业务,支持举办具有影响力的以深圳高新区为主题的创新创业大赛、主题论坛、专题会议、展会展览、招商推广等活动以及深圳高新区范围内的形象提升、标识建设等事项,给予资金支持。

(2)推进产业园区服务升级

深圳高新区的服务逐步向专业化和特色化升级,在产业园区规划、建设、招商、运营、服务等方面,涌现出一批具有知名度的产业园区和专业运营商,如深圳科技工业园、天安数码、星河国际、中国科技开发院等。产业园区会提供包括金融服务、政策支持、商务配套、生活等方面的服务,能够照顾到各种企业的日常需求,所以企业对这些产业园区的接受程度普遍较高,这也是深圳高新区能够快速壮大的原因之一。

(3)建立全过程创业服务生态

深圳高新区着力营造"大众创业,万众创新"良好氛围,构建园区"众创—孵化—加速"全链条孵化育成体系,加大对众创空间、孵化器、加速器等孵化载体支持力度,建设一批行业齐全、层次分明、服务专业的众创空间、孵化器,实现企业从创立到加速成长的全过程服务。截至 2023 年 4 月,深圳高新区已拥有市级以上孵化器 55 家、众创空间 155 家。

(4)以创新创业赛事促要素流动

支持举办具有影响力的以深圳高新区为主题的创新创业大赛,其中,"创业之星"大赛成为南山区发现创新、链接创新、引导创新、协同创新的有力抓手,在行业赛道上,紧紧围绕科技创新前沿及区"十四五"规划纲要,设置了电子信息、互联网和移动互联网、生物医药、先进制造、新材料、绿色低碳、未来产业七大行业赛。同时,大赛强调与本地产业的对接,鼓励参赛项目符合深圳和高新区的产业发展方向,有助于初创公司更好地融入当地经济,并为当地产业发展贡献力量。深圳高新区通过创业大赛的平台,对接资源、汇聚人才,为初创公司提供了丰富的资源,包括资金、办公空间、培训和媒体宣传等,参赛团队有机会与投资人、行业专家、政府官员和其他创业团队交流。

（三）案例的启示和借鉴作用

1.增设创新社区

借鉴欧洲图特林根和"创新者社区网络"的经验，绍兴科创走廊可以增设创新社区场景，建立中国式"创新者社区网络"，有效地连接创意提供者和需求者，使企业、用户和消费者甚至行业外的研发人员，共同开展联合创新，为绍兴产业提供源源不绝的创新活力。

2.产业借力升级

学习日本神奈川县利用其地理位置借势东京都市圈资源实现产业升级的做法，绍兴应把握紧邻上海、杭州等大都市土地资源稀缺和制造业转移的契机，在科创走廊内形成四大支柱产业的集中生产基地与高端研发中心并驾齐驱的格局，以此加速产业升级步伐。

3.政策创新与顶层设计

效法合肥，深化政策改革，强化顶层设计，绍兴科创走廊需以平台公司引领投资，聚焦产业、技术与政策的协同发展，平衡政府引导与市场效率，利用平台公司引领投资，同时提升城市管理团队的专业能力，聚焦科技前沿、遵循国家政策导向，精准投资于产业链关键环节，构建完善的产业集群，推动经济高质量前行。

4.创办创业赛事

借鉴深圳创办"创业之星"赛事活动的经验，绍兴可凭借其会展行业的强项，创办"绍兴之星"等赛事，为本土创业者搭建展示与推广的舞台。此类活动整合政府、资本、学术界及产业资源，为参赛者提供全方位支持，优选与本地产业战略契合的项目予以扶持，既促进新创企业与本土市场的融合，也为绍兴产业增添新动力。同时，积极拓宽国际视野，吸引全球创新资源与人才，通过国际合作为本土企业开辟海外市场，也为国际创新者提供在绍兴发展的平台，共创双赢局面。

五、绍兴科创走廊打造区域创新策源地的对策建议

（一）打造先进高端产业集群

1.推动集成电路产业升级

绍兴集成电路产业平台已逐步形成集设计、晶圆代工、封装测试于一体的产

业格局，吸引了一批具有核心竞争力的企业入驻。为了进一步激发该领域的增长潜力，绍兴需聚焦以下几个方面：一是增强产业链协同。通过鼓励芯片企业整合设计与生产工艺，探索基于新技术、新工艺的研发路径，以提高生产规模和市场竞争力。政府应促进技术创新与市场需求的紧密结合，推动芯片技术与应用场景的深度融合，为新技术和新产品提供更广阔的应用空间。二是完善服务体系与政策扶持。针对集成电路产业链的不同环节，构建针对性的政策扶持体系和全方位的服务网络。特别关注创新链、研发链与成果转化链的"最后一公里"问题，通过设立专门机构或政策引导，促进各主体间高效协作，增强产业链整体协同效应。三是培育创新体系与人才梯队。加强集成电路产业的宣传推广，利用展会、行业交流等形式加速产业集群发展，并推动高等教育体系改革，如将杭州电子科技大学绍兴分校的集成电路学科升格为一级学科，以产学研合作模式培养符合行业需求的专业人才。四是金融助力产业升级。鼓励商业银行对集成电路企业提供更多信贷支持，完善信贷评级体系。通过与国家知识产权局和中国半导体协会的合作，建立科学的知识产权评估体系，使企业能以知识产权作为有效抵押获取融资，解决资金瓶颈问题。

2. 引领生物医药转型创新

绍兴生物医药产业正面临从仿制药向创新药和新技术转型的关键时期，这不仅是对绍兴科技创新能力的考验，也是对全国医药行业创新升级的挑战。鉴于创新药研发的高成本、长周期特性，绍兴应结合实际，积极转向生物医药创新药和技术开发，利用数智化转型策略，包括场景应用智能化、研究院建设与区域交流平台搭建，加速行业升级步伐。一方面，推动数智化转型，领军企业如德琪、歌礼、浙江医药等应把握数字化、智能化转型的机遇，实施数智化工厂改造，覆盖生产、研发、物流等全链条，以提高效率和降低成本。另一方面，建立特色数智化研究院和长三角行业交流平台，通过技术分享和合作，加速整个行业的数智化进程，明确转型重点，为企业发展指明方向。

3. 实施新材料与先进制造绿色转型

绍兴要着力推进新材料及先进制造产业的绿色低碳战略，通过制定减碳规划、实施节能降碳行动、构建智能监测系统及创建示范项目，引领产业向环境友好型转变。一是强化规划与责任传导。依据浙江省"双控"要求，细化行业绿色低碳发展标准，将减碳降污指标融入发展规划，明确转型路径。二是实施节能降碳行动。全面推行制造业碳达峰方案，削减高耗能、高污染产能，加速节能技术应用，推动行业绿色转型。三是建立智能监测体系。开发智能监测与评估技术，构建数据管理系统，实时监控企业减碳成效，确保转型措施有效执行。四是打造示范标杆。通过创建绿色低碳示范企业和工厂，树立行业标杆，引领更多企业向绿色、智能、低碳的方向转型升级。

（二）提升科创载体创新能力

1. 建设集成电路产业科创载体

探索以集成电路产业为代表的紧密结合产业的科创载体建设。在新一轮的孵化载体建设中考虑以龙头企业为主，重点着眼现有产业基础，积极支持绍兴中芯、晶盛、卧龙等一批龙头企业牵头试点科创孵化载体建设，充分发挥龙头企业优势，有效推进产业孵化载体发展，不断集聚集成电路产业链上下游各类创新资源要素，进一步做大做强集成电路龙头企业，努力构建集创新链、产业链、人才链于一体的高端集成电路产业生态。

2. 提升科创载体的创新孵化效能

鼓励采用市场化机制加速科创载体的建设，发挥市场在资源配置中的关键作用。提倡优化科创载体的布局，并引导现有科创载体根据产业需求进行转型升级。支持科创孵化器和众创空间改进运营模式，探索多样化盈利模式，增强孵化服务能力，完善孵化效能的考评工作，并推动龙头企业、科研院所与高校在优势领域深度合作，共享关键资源，以提供更专业的技术服务，促进高端创新资源的集聚和产业对接。

3. 打造优良的创新孵化政策环境

有效发挥政府支持作用，突出政策扶持重点，引导社会力量积极参与孵化载体的建设与发展。加强金融支持，引导科创载体完善投融资服务体系，鼓励和支持引进有实力和信誉的创投公司进行合作，积极引进各类投资基金，有效拓宽科创载体的投融资服务渠道。积极加强科创载体人才招引，帮助创业孵化载体对接优质创新资源和高层次创业人才，协助科技成果转化落地，努力营造良好的创新孵化环境。

4. 推进科创载体的高水平开放合作

在未来 5 年内新建 3—4 个国际科技合作载体，深化国际科技合作。同时，积极融入区域性科创共同体的建设，加强与 G60、杭州城西、宁波甬江科创走廊合作，针对科技孵化器、众创空间加大科技专家信息共享、创新券通用通兑等工作，加快重大科研基础设施、大型科研仪器等科技资源开放共享。积极支持各类创新主体举办科技合作交流活动，有效推进创新资源共享。

（三）深化科技成果转化改革

1. 深化科技成果确权改革

借鉴上海、深圳“先赋权后转化”“全部赋权”试点等举措，依托滨海新区人才管理改革试验区的良好基础，探索职务科技成果全部或部分赋予成果完成人（份额不低于 70%）、赋予科研人员不低于 10 年的职务科技成果长期使用权等创新政策。积极争取浙江省“扩大赋予科研人员职务科技成果所有权或长期使用权试点”，率先将四大实验室等重点平台纳入试点，打造科技成果转化的示范案例。例如，深圳大学某团队研发的“易溶解型树脂低温纺丝技术”以 300 万元转让给企业，深圳大学遂采用“先确权，后转化”方式，赋予科研团队该科技成果 85%所有权，而后采用现金与股权“混合制”的方式获取转让收益，即学校方面获得一次性转让收入 45 万元，科研团队获得 255 万元收益，占有受让公司 3%的股权，对科研人才激励巨大。

2. 开展科技成果赋能改革

在集成电路设计、先进封装、化学药等核心发展领域试点科研人才携赋权科技成果作价入股、创办企业，参照深圳允许注册的企业可以设置“同股不同权”特殊股权结构的政策，探索设置拥有大于普通股份表决权数量的特别表决权股份，并扩大到对公司的技术业务有重大贡献的科研人员。所谓“同股不同权”，又称“双层股权结构”，是指资本结构中包含两类或多类不同投票权的普通股结构。主要指公司通过给予小部分股东“选举董事会”等排他性特权、对特殊事项的表决权等安排，使得公司主要经营决策的制定权始终掌握在小部分特定人员手中，防止随着公司发展壮大之后引进多次股权融资，技术创始股东的持股比例会不断稀释，从而面临失去公司控制权的风险。

3. 建立专业高效的科技成果运营机制

在绍兴创新综合体内建立专门的技术转移部门，加强经费保障。技术转移部门应建立专业高效、机制灵活、模式多样的科技成果运营服务体系，积极与第三方专业技术转移机构合作，建立利益分享机制，共同开展专利申请前成果披露、转化价值评估、转化路径设计、知识产权保护、技术投融资等服务，或委托其开展专利等科技成果的集中托管运营。同时应建立健全科技成果转化相关人员的岗位保障和职级晋升制度，以绍兴文理学院为试点，根据科技成果转化和专业服务人员的人才特点，分类建立岗位考核、职称晋升机制；本地高校加快开展技术转移方向学历教育，抢抓技术转移人才培育机遇。

（四）产教融合培育工匠人才

1. 提升专业与产业的契合度

根据《服务地方经济发展　培育新兴产业工人倍增行动方案（2022—2024年）》，紧密对接绍兴“双十双百”集群制造（培育）行动，强化面向绍兴新发展、面向产业新业态、面向未来新趋势的办学理念，发挥好绍兴市高职教育内涵建设专项资金撬动作用，支持加强市级高水平专业群建设，重点扶持一批秉承绍兴人文精髓的特色专业，着力培育一批与集成电路、高端装备、电子信息、现代医药、新材料等新兴产业紧密相关的高水平专业群。引导在绍高职院校进一步优化专业结构和布局，通过完善学科专业方向、调整招生规模、优化专业方向等方式，建立健全专业随产业发展动态调整机制。此外，每年动态调整中职专业结构，按照“从粗放型向集约化转变”原则统筹专业调整，将不符合行业发展需求的专业通过撤销、转型，实现各区、县（市）范围内职校无重复专业，职业学校形成布局合理、错位竞争、优势互补、有序发展的新格局，着力构建完整、有机、互联、贯通的职业教育生态链。

2. 促进校企开展实践培训

对全市职业院校的产教融合进行评价考量，督促校企双方深化合作育人实效，实施“一所高校对接一个产业（行业）、组建一个产业（行业）学院”计划，构建“专业工作室＋一院一品服务平台＋创新创意工场”的专业技术社会服务体系。依托绍兴滨海新区管理委员会、新昌高新技术产业园区，打造由多所高职、本科高校、中职、企业为成员的省级市域产教联合体。探索在绍高职院校与绍兴重点产业之间的“校产双群”对接模式，引导高职院校下沉至产业园区、产业集群区，充分发挥办学特色与人才集聚优势，助推人才培养和产业发展“双提升”，重点打造一批市域产教联合体、市级产教融合示范基地、现代产业学院等产教融合平台和载体。支持高职院校加强与本地企业合作，联合举办订单班、冠名班，持续提高人才培养供给侧与产业人才需求侧的匹配度。

3. 提升师资队伍新动力

实施“双师型职业院校教师培养工程”，完善非师范类新教师“师范教育＋企业实践”入职培训制度、职业院校教师进企业实践与企业人员进学校兼职“双向交流”管理办法和高职高专学校“访问工程师”培养制度，将国家教学标准、1＋X证书制度等内容纳入教师培训规划，组织职业院校教师研修班，推动职业院校教师全员培训，全面提升职业院校教师素质能力。健全职业院校教师管理制度，完善“人师、讲师、通师”的教师评价机制，向职业学校全面下放教师录用权、岗位设置权、干部任用权、职称评聘绩效考核权 5 项权力，进一步完善职业院校教师资格标准和职称考核评价指标体系。专业教师原则上从具有 3 年以上企业工作经历并具有高职以上学历的人员中公开招聘，符合条件的优秀高技能人才可适当放宽年龄、学历限制，采用直接考核的方式招聘。支持职业院校将专兼职教师总数的 30％左右用于聘用企业岗位技术能手来兼职技能教师。

4. 持续推进普职协调发展

推进绍兴普职教育横向融通，完善高中段招生录取办法，争取中考招生普职比大体相当，促进普职协调发展。修改完善全市高中段学校学生转学的管理办法，推动职业教育与各学段普通教育互融互通，试点普通教育学校与职业教育学校间学生互转、课程互通、学分互认等制度。加强职技融通，探索职业院校和技工院校开展“双证融通”改革，支持符合条件的中职学校开展职业技能鉴定工作。开展以劳动教育和职业体验为主的中小学职业启蒙教育，提高职业教育的吸引力和认可度。

（五）打造人才引育留用闭环

1. 深化人才招引策略

一是创新引才政策。深化滨海新区的人才管理改革试验区建设，推行包括青年科学家“免评审”在内的 30 条人才政策创新，构建国际人才池，并探索人才评价积分制，全面实施职称自主评定的省级试点。二是一体化推进招才引智。结合招商引资，通过引进领军人才和专家团队，精确匹配产才需求，特别是在集成电路等高新技术产业中，加强企业与人才的双向对接。三是实施绍兴“名士之乡”英才计划。引进省级以上高层次人才和创新团队，推动绍兴集成电路产业联合智力创新中心及其他人才引才平台的建设。四是培育博士后工作站。重点面向集聚产业龙头企业及国家级专精特新“小巨人”企业，鼓励校企直接对接合作，以培育国家级博士后工作站为目标导向，服务重点企业建立博士后科研工作站，定期摸排工作站人才和项目需求。

2. 推动人才培育合作

一是加强高等教育融杭联甬组织领导。在“双城记”工作专班的领导下，推动绍兴、杭州、宁波三市高等教育的协同发展，加强共建研究院的建设，增加跨城市的学术交流和资源共享。支持绍兴高校在大学生就业创业领域，加大与杭州、宁波高校合作力度，充分发挥三市地方特色产业优势和创业教育资源优势，合作建设一批区域一体化就业实训基地、创业创新平台。二是加快聚引杭甬优质高教资源。支持浙江金融职业学院绍兴校区、杭州电子科技大学绍兴校区、浙江经济职业技术学院嵊州校区等多所高校在绍兴的校区建设，推动高教资源在地方的深度融合与应用。三是完善现代产业学院协同育人机制。围绕绍兴的战略性新兴产业，推动高校与企业深度合作，实施多元化的人才培养模式，包括引企入教和项目式教学等。

3. 完善人才善用政策

一是建立科学的人才评价体系。建立以创新能力、实绩、贡献为核心的人才评价体系，分类建立人才评价标准，鼓励人才在多个领域内发挥潜力。二是优化博士后专项政策。如对建站单位给予 50 万—100 万元经费资助，每招收 1 名博士后给予 15 万—20 万元日常经费资助，大幅减少企业招收培养博士后的成本。三是提升技能型人才的待遇和社会地位。在劳动模范、五一劳动奖章评选中，提高高技能人才比例，党代表、人大代表、政协委员中应有一定数量的高技能人才；畅通技能人才晋升通道，建立职业技能等级（岗位）序列，对技艺高超、业绩突出的一线职工可按照规定直接认定相应职业技能等级。

4. 强化人才留用机制

一是建立校企联盟，推动实习与就业一体化，为企业与院校间的合作牵线搭桥，如设立大学生见习实习基地。二是探索城市合伙人制度，根据工作年限提供租房和生活补贴奖励，并完善新市民积分管理办法，为长期服务的人才提供更多优惠。三是深化灵活就业人员的公积金缴存政策改革，制定地方性缴存方案，降低缴存门槛，并通过公积金增值收益支持住房保障。四是打造科创元素与江南文化相结合的城市空间，通过创新空间的发展，促进科技与艺术、新兴制造与服务业的结合，并优化城市更新与土地利用，为人才提供创新和多功能的工作环境。

2023 绍兴高质量发展蓝皮书

城市治理篇

全面创新与城市发展

陈　劲*

党的十八大以来，党中央高度重视科技创新，围绕实施创新驱动发展战略、加快推进以科技创新为核心的全面创新，提出了一系列新思想新论断和新要求，深刻阐明了以科技创新为核心的全面创新在国家发展全局中的重大战略意义。习近平总书记关于创新发展的重要论述，是习近平新时代中国特色社会主义思想的重要组成部分，也是马克思主义基本原理与我国创新发展实践相结合的最新理论成果，具有鲜明的时代性和引领性。习近平同志提出的“八八战略”思想，首先强调制度创新，其核心内容是产业创新，即要重视高新技术产业发展、城乡区域协调发展和生态文明建设。其次强调文化创新，即要以文化创新赋能城市发展。因此，在城市建设过程中应进一步关注创新这一重要课题。

一、一流城市要孕育创新意识

2023 年 7 月，习近平总书记江苏之行的首站是参观苏州的科技园区，第二站是考察企业的科技创新成果，第三站是了解苏州历史文化建筑的保护情况。从调研的行程安排可以发现，党中央高度重视高新园区的发展、企业的创新发展

* 作者陈劲系清华大学经济管理学院教授、教育部人文社科重点基地清华大学技术创新研究中心主任。本报告据作者在 2023 年 9 月 6 日“‘八八战略’引领绍兴城市高质量发展研讨会”上的发言整理而成。

以及传统文化的保护问题。这也反映了党中央对城市建设的最新要求，即高度重视城市高新技术产业发展和企业创新工作。早在2015年，习近平总书记就在十二届全国人大三次会议上海代表团审议时强调："创新是引领发展的第一动力。抓创新就是抓发展，谋创新就是谋未来。"①因此，如何推动创新发展是当前城市建设的重要内容。

政府负债问题，实际上是产业竞争力问题。产业竞争力强、企业创新能力强，区域经济就会飞速增长，政府收入就会大幅提高，也就能缓解政府负债问题。因此城市的下一步发展战略，就是要按照《国家创新驱动发展战略纲要》及党的二十大对创新发展的新要求，进一步重视科创中心建设的问题，实现"到2030年跻身创新型国家前列""到2050年建成世界科技创新强国"的战略目标。

（一）城市化是创新的重要驱动力

城市化就是创新的重要驱动力。2007年，全球城市人口首次超过农村人口。未来30年，全球有60%的人口将居住在城市中。城市作为要素集聚的最佳载体，是资源利用效率最大的现代组织。同时，城市经济也是国家经济的重要组成部分。因此，抓好城市化就是抓好经济，而城市化又将带来巨大的创新。

当前中国城市化进程中主要存在以下几点问题：第一，以物理设计为主，缺乏人文关怀。第二，经济利益主导，缺乏可持续发展理念。第三，简单城市化，缺乏科技创新支撑。第四，反城市化、二次城市化的风险与成本巨大。第五，城市规模的不断膨胀、城市生产和消费的日益扩大带来了严重的资源、环境问题。由此可见，我国当前的城市规划还不能有效配合科技创新的发展。

（二）创新助力城市发展

城市是创新资源的最优聚合体，不应只从事商品交易、人际往来，还应在创新创造方面做出新的探索。埃里克·韦纳（Eric Weiner）的《天才地理学》揭示了一个现象——吸引天才、创造人才是城市发展的关键。② 从最早的雅典，到佛罗伦萨、威尼斯，再到中国杭州，这些城市发展起来的关键就是吸引了大量创新型人才，进而造就了城市建设的辉煌。

全球城市不仅在比拼城市规模，而且也在比拼城市创新力。以世界知名城市为例，纽约的创新力位居全球前列，东京、伦敦、洛杉矶以及新加坡等城市在创

---

① 中共中央文献研究室：《习近平关于科技创新论述摘编》，中央文献出版社2016年版，第7页。

② ［美］埃里克·韦纳：《天才地理学》，秦尊璐译，中信出版社2016年版。

新方面也具有较高的活力，中国目前也有乘势而上的趋势。根据《自然》杂志每年刊登的“自然指数—科研城市”排名显示，北京已连续6年排名世界第一，北京GDP的高增长与其科创能力的建设呈同步发展。可以发现，当前北京城市发展的关键就是科学城建设，怀柔科学城、国家重点实验室、未来科学城和中关村科学城等发展迅速，使得全国各行业的龙头民营企业纷纷向北迁移。

（三）创新中的城市现象

城市化是自主创新的重大选择，它为自主创新提供了各种各样的机遇。因此，要将城市化和创新两者的发展结合起来，以城市化驱动创新，又以创新赋能城市化建设。就像西雅图，它之所以闻名于世，很大程度上依赖于其拥有诸如星巴克、亚马逊、波音未来等世界一流企业。近年来，在我国发展速度较快的城市中，一些城市也表现出强劲的创新动力。

1. 创新中的合肥现象

在长三角城市中，合肥是一个未被同化的城市。第一，合肥拥有优秀的大学，如中国科技大学、中国科学院合肥物质科学研究院等。其中，中国科学院合肥物质科学研究院面向国家重大需求和世界科学前沿，发挥多学科交叉优势，开展依托大科学装置的定向性、建制化科学研究，构建“装置平台—基础研究—关键技术”相互支撑牵引、带动赋能的结构化、一体化科研布局。着力推进磁约束核聚变、大气环境遥感监测、强磁场、特殊环境服役材料等领域的基础研究与技术攻关，促进物质科学与信息、生物技术深度融合，成为卓越的、有重大影响力的国际一流综合性科研机构。第二，合肥布局了以科大讯飞为代表的人工智能产业。第三，合肥拥有量子产业，这是科学家潘建伟院士带头布局在合肥的一个关键的未来产业。2022年，合肥GDP达到1.2万亿元；2023年上半年，合肥GDP已超5800亿元。从2000年的325亿元，到2022年的1.2万亿元，22年间合肥的GDP增长了近36倍，从一个经济发展相对落后的城市，跻身为经济实力、科技能力均衡发展的新一线城市。其中，科技创新产业的超前布局发挥了重要作用。

2. 创新中的青岛现象

青岛的啤酒全国闻名，但青岛的家电发展也值得关注。青岛的海尔集团是全球最大的家用电器品牌，它不仅经营家电，还涉足物联网产业。紧紧抓住物联网这一产业发展下一个热点，青岛早就开展了物联网产业的布局。此外，青岛的轨道交通实力也位居全国前列。我国的高铁都是在青岛完成组装生产的，高铁产业每年给青岛GDP贡献了1000多亿元。

(四)未来产业

经济下滑的一大主要原因便是产业重合度过高。因此,在城市发展过程中应重视产业转型创新。只发展传统产业难以长久发展,应做好传统行业的未来产业化,进一步贯彻“八八战略”的重要精神,干在实处永无止境,走在前列永立潮头。山西很早就布局了未来产业,提出不能只走煤炭道路,而要扩展走金属产业即材料发展道路,将当地的支柱产业从煤炭转变为第三代的硅基半导体材料,进而再发展不锈钢产业。

2020 年 4 月 1 日,习近平总书记在浙江考察时指出:“抓紧布局数字经济、生命健康、新材料等战略性新兴产业、未来产业,大力推进科技创新,着力壮大新增长点、形成发展新动能。”①国家“十四五”规划明确指出要“前瞻谋划未来产业”,“组织实施未来产业孵化与加速计划,谋划布局一批未来产业”。基于此,关于绍兴未来产业提出以下三点建议:第一,发展新纺织产业。绍兴具有传统纺织业的优势积累,应基于现代材料科学发展新纺织产业,创造更透气、更环保的纺织产品。同时加强跨界创新,提高对纺织产品的功能性要求,以创新赋能纺织。第二,发展集成电路产业链,形成高水平的集成电路圈,扩大产业影响力。第三,发展文旅产业。挖掘绍兴黄酒文化,提升绍兴黄酒产业。

二、一流城市要有世界一流创新企业

城市发展要有企业创新。发展企业不能仅追求规模,不能以规模排名论英雄,还要关注企业创新力。波士顿咨询公司根据思维共享、行业同行评审、产业颠覆以及价值创造等四个方面对全球企业进行创新力排名,筛选出全球最具创新力的 50 家公司。其中,多数企业位于美国,他们促进了美国经济的强劲发展。根据波士顿咨询公司在 2005—2023 年发布了 17 份全球最具创新力企业报告,中国企业共有 13 家企业上榜。华为共计上榜 10 次,并在 2020—2023 年进入全球前十;中国联想上榜 9 次;腾讯公司上榜 7 次。2023 年中国共有 8 家企业进入榜单,上榜的中国企业不断增多。考虑到中国的经济增长趋势,未来中国企业在波士顿咨询公司的排名中将占据更多席位。

由此可见,城市建设发展的关键,就在于培养区域性的创新型企业。在城市

① 任仲文:《新时代党员干部如何发扬斗争精神》,人民日报出版社 2020 年版,第 131 页。

招商引资时，要对企业加强甄别，不仅关注企业规模，也要注重企业创新能力。深圳和北京是我国拥有创新型企业最多的城市，北京有中石油、中石化、联想、小米、字节跳动、京东，深圳有华为、比亚迪和腾讯。

如何加快培养世界一流创新型企业是各方关注的重点。2023年6月，北京市政协就“加快建设世界一流创新企业，着力推动首都高质量发展”开展调研。对标《世界一流创新企业评价标准》，类似量级的企业我国已经拥有，国内企业的创新要求已逐步拔高。因此，对绍兴而言，要强化“隐形冠军”企业和长寿企业的培养，进一步加强相应规划，帮助大、中、小企业做好做强，引导企业创新发展。

三、一流城市要有一流创新人才

创新企业要有人才，尤其要提高创新人才的引入要求。根据2021年中央人才工作会议的相关精神要求，深圳人才集团联合清华大学技术创新研究中心研究发布了《中国创新人才指数2022》报告，在《中国创新人才指数2021》的基础上，拓宽评估范围，结合中国人才发展实际优化评价指标改进评价方法，持续跟踪中国主要城市和高校的创新人才发展态势，并增加创新人才发展状况的城市群专题分析，为反映中国创新人才数量及质量的真实情况提供全面、可靠、及时的数据支持。

在此基础上，研究团队进一步围绕“人才规模”“人才结构”“人才效能”“人才环境”建立了《中国创新人才指数2022(城市)指标体系》；围绕“顶尖学术人才”“商业管理人才”“大国工匠人才”“商业创业人才”建立了《中国创新人才指数2022(高校)理论指标体系》。绍兴要抓住在商业管理人才、大国工匠人才和商业创业人才培养方面的优势，全面提高创新人才发展水平。

四、一流城市要有创新文化

文化是创新的重要支撑。“八八战略”提出，要进一步发挥浙江的人文优势，积极推进科教兴省、人才强省，加快建设文化大省。“文化大省”的“文化”指的不仅是传统文化，还包括科教文化。在传统文化方面，绍兴是一座文化古城，因此如何以文化的力量去托举创新发展是一个重要问题。

创新不仅是为了追求经济发展，也有利于提升城市文明，赋能文化高质量发展。汉语“文明”一词，最早出自《易经》，曰：“见龙在田，天下文明。”英文中的文明"civilization"一词源于拉丁文"cvis",意思是城市的居民,其本质含义为人民生活于城市和社会集体中的能力,引申后意为一种先进的社会和文化发展状态,以及到达这一状态的过程。

一直以来,新中国深深扎根于文明传统,把"厚德载物"与"自强不息"两种文明品性结合起来,继承发展"以民为本"等思想主张,充分调动最广大人民群众的力量。浙江精神的内涵更是从自强不息、坚韧不拔、勇于创新、讲究实效,到求真务实、诚信和谐、开放图强,最后落在干在实处、走在前列、勇立潮头。为了更好地传承城市精神、浙江精神,绍兴文化创新要走在前列,以文化创新带动城市创新发展。

五、促进创新的城市建设

城市规划框架包括物理空间、赛博空间、创新空间和社会心智空间等。目前,在城市建设过程中,城市规划偏向硬件规划,重点集中在物理空间和赛博空间上,一定程度上忽视了软件规划。而城市化发展的下一个阶段将会更加强调社会心智空间和创新空间的规划建设,因此如何发展平衡好四个规划的关系是当前城市研究亟待解决的问题。

以交互文化为例,中国文化是传统的家庭文化,具有关系较近、不敢冒险的特点。《天才地理学》的作者韦纳认为,"弱关系"才是成就硅谷创新人才的关键性因素。这并不意味着城市发展要抛弃家庭文化,而是在推动城市多样化和开放性发展过程中,适当弱化交互关系,否则创新难以实现。因此,应稳定好原住民和优秀引进人才间的关系,完善规划,以此实现强弱均衡。另外,增强互动性也是推动城市建设的重要措施之一。著名城市规划学家简·雅各布斯(Jane Jacobs)指出,纽约的艺术精神强调人和人之间的互动性。而当前中国城市规划中存在的较大缺点,就在于人际互动较为欠缺,创新也相应较少。所以应进一步保护和发展互动性,同时加强城市公共空间的建设,以此带动创新的发展。此外,要进一步重视科教文卫的基础设施建设。绍兴应抓紧机遇,加快大学、科研院所的建设。其中,文学是绍兴文化的特色之一,作为全国文学大师数量最多的地区,绍兴曾培养出蔡元培、朱可桢等教育家。绍兴文理学院要有志于建设一流大学,建成高水平的世界大学,并且坚持文理均衡的发展特色,培养创新人才,吸引一流的人才、一流的企业和一流的产业。

基层社会治理

戴大新*

2023年9月20日下午，习近平总书记来到“枫桥经验”发源地诸暨市枫桥镇，参观枫桥经验陈列馆，了解新时代“枫桥经验”的生动实践，指出要坚持好、发展好新时代“枫桥经验”，坚持党的群众路线，正确处理人民内部矛盾，紧紧依靠人民群众，把问题解决在基层、化解在萌芽状态。① 习近平总书记的重要指示，为我们坚持和发展新时代“枫桥经验”指明了前进方向，提供了根本遵循，确立了行动指南。基层是社会治理的主要阵地，基层社会治理现代化是国家治理体系和治理能力现代化的基础。推进基层社会治理现代化是绍兴市牢记习近平总书记殷殷嘱托，坚决扛起“枫桥经验”发源地的使命担当，持续推动新时代“枫桥经验”理论创新、实践创新、制度创新的应有之义和必然要求。

一、新时代“枫桥经验”是什么？

2023年是毛泽东同志批示学习推广“枫桥经验”60周年暨习近平总书记指示坚持发展“枫桥经验”20周年，科学总结凝练新时代“枫桥经验”的内涵及特征，是坚持、发展和推广新时代“枫桥经验”的前提和基础。

（一）新时代“枫桥经验”的概念

新时代“枫桥经验”是什么？20世纪60年代，浙江诸暨枫桥干部群众创造

---

* 作者戴大新系中共绍兴市委党校（绍兴市行政学院）副校长。

① 《始终干在实处走在前列勇立潮头　奋力谱写中国式现代化浙江新篇章》，《人民日报》，2023年9月26日。

了“发动和依靠群众，坚持矛盾不上交，就地解决，实现捕人少，治安好”的“枫桥经验”。[①] 此后，“枫桥经验”在实践中不断丰富发展，特别是党的十八大以来形成了特色鲜明的新时代“枫桥经验”。其科学内涵是，坚持和贯彻党的群众路线，在党的领导下，充分发动群众、组织群众、依靠群众解决自己的事情，做到“小事不出村、大事不出镇、矛盾不上交”。

由此可见，新时代“枫桥经验”就是指在党的领导下，由人民群众创造和发展起来的化解矛盾、维护和谐、引领风尚、保障发展、促进治理的一整套行之有效并且具有典型意义和示范作用的基层社会治理机制和方法。

新时代“枫桥经验”不仅是预防化解矛盾的经验，更是基层社会治理的新模式；既是基层社会治理的“金名片”，更是基层社会治理的代名词。

（二）新时代“枫桥经验”的特征

新时代“枫桥经验”的发展历程，是一个从实践到认识，再从认识到实践的反复实践、不断探索的过程，每一次发展创新，都紧扣时代主题，并体现出鲜明的时代特征。

1. 适用广泛性

新时代“枫桥经验”从乡村延伸到城镇、社区、商圈、海上、海外、网上，从社会治安领域扩展到经济、政治、文化、社会、生态等领域，拉开坚持和发展新时代“枫桥经验”的治理矩阵，实现从一地“盆景”向全域“风景”的华丽转变，其强化基层基础、就地解决问题的基本精神具有普遍指导意义。

2. 站位全局性

新时代“枫桥经验”连续被写入党的十九届四中全会《中共中央关于坚持和完善中国特色社会主义制度推进国家治理体系和治理能力现代化若干重大问题的决定》、五中全会《中共中央关于制定国民经济和社会发展第十四个五年规划和二〇三五年远景目标的建议》、六中全会《中共中央关于党的百年奋斗重大成就和历史经验的决议》和党的二十大报告。经过 20 年的坚持和发展，新时代“枫桥经验”从局部走向全国，从维护社会稳定的经验上升为推进社会治理现代化的经验，从地方治理经验上升为党治国理政经验。

3. 主体多元性

新时代“枫桥经验”因应基层社会形势复杂化、治理主体多元化的特点，积极完善基层群众自治机制，调动城乡群众、企事业单位、社会组织积极性，指引“枫

---

① 习近平：《习近平谈治国理政》(第三卷)，外文出版社 2020 年版，第 224 页。

桥经验”的治理主体从一元向多元协同转型，构建共建共治共享新格局，打造人人有责、人人尽责、人人享有的基层社会治理共同体。

4. 手段集成性

新时代“枫桥经验”倡导综合集成和融合共治，坚持党建引领，指引自治、法治、德治“三治融合”基层善治体系路径创新。以自治增活力、法治强保障、德治扬正气，依靠和发动群众预防化解矛盾，推动基层社会治理向更高水平发展，为平安建设奠定坚实的社会基础。

5. 支撑智能性

新时代“枫桥经验”充分利用数字化技术、思维和认知，优化基层治理数字化产品供给，打造标志性成果，推动实现从传统治理向智慧治理转变。创新发展网上“枫桥经验”，走好新时代网上群众路线，构建网络综合治理体系，提高网络舆情导控力和网络安全掌控力。

二、基层社会治理的现状、问题及趋势

党的十九大宣示，中国特色社会主义进入新时代，这是我国发展新的历史方位。经济发展进入新常态，对整个社会都带来深刻影响。在互联网时代，人们的生产、生活方式都发生了变化，人们的思想观念、思维方式和诉求方面都有新的情况，社会不同年龄人群的代际断层日趋明显，年轻人思想活跃，有着各自独有的生活方式，党和政府针对年轻人的影响和引领任务显得更为迫切。同时，在市场化、城镇化、民主化、信息化推进进程中，城市与乡村社会的政治生态、社会结构、治理体系、组织运行方式等也发生了巨大变化，乡村辖区内的经济规模不断扩张，与改革开放初期已经不可同日而语，旧有的基于“单位制”、大集体、区域封闭化的管理体制越来越不适应新形势、新要求，再用简单方式来思考问题、开展工作，已难以达到应有的效果。

（一）基层社会治理面临的挑战

1. 治理理念相对落后

治理现代化是社会科学的前沿内容，公众从理解、接受到主动参与还有较长的认识过程。有的人对基层社会治理工作的重要性认识不足，认为只要抓好经济工作、把群众收入搞上去就行，社会管理服务自然就会跟上去。有的人认为基层社会治理难度大、涉及面广，每个人的利益诉求不可能得到全部满足，对社会

矛盾处理不积极，听之任之。也有的人认可基层社会治理工作的重要性，但对其的理解还停留在传统治理观念中，简单地将治理等同于管理，过分强调绝对的控制和统一化管理，忽视基层群体的差异性和利益诉求的多样性，对基层社会治理从单一的行政管控转向民主式协同治理的认识不够清晰到位。同时，过分强调基层治理人治的传统思想，即过分依赖人们的个人能力和智谋，不重视将其转变成基层社会的普遍精神、方法、规则、程序、制度，使治理的多元主体作用得不到有效发挥，影响治理的有效性。

2. 多元治理主体职责不清

由多元主体形成的基层社会治理结构，需要一个逐步发展规范的过程。当前，各主体间职责界限不清、权责不一致等问题比较突出。乡镇（街道）政府虽是基层社会治理的主导，但其往往将更多的精力放在经济社会发展方面，甚至通过行政命令直接将上级的目标任务分解到村（社区）级组织，导致村（社区）级组织既要扮演完成国家和政府任务的代理人，又要扮演管理本村（社区）事务的当家人，政务繁多势必导致基层自治功能被抑制和削弱，名义上的自治组织和实际上的行政化，会使村（社区）级自治组织陷入得不到群众信任与支持的尴尬境地。“两新”组织、社会团体、民间协会等社会组织作为基层治理新兴主体，是实现公共服务社会化的有效补充，但因缺乏社会认同而缺少参与方式和渠道，协同作用不明显；普通群众组织化水平低，参与公共事务有限，导致主体责任意识淡化，参与治理效果不佳。

3. 基层组织治理能力偏弱

村（社区）级组织、“两新”组织都是基层治理的核心主体，其引领作用、服务作用的强弱直接影响治理的效果，更会影响党在基层的执政地位。而基层组织的能力决定了治理作用的大小。从目前情况看，基层组织在基层社会治理中的推动能力与现代化的要求尚有距离。以村（社区）干部为主体的基层治理队伍，整体素质尚不能适应基层治理现代化的要求。对一些新问题、新矛盾，存在老办法不管用、新办法不会用的情况，做群众工作能力较弱；少数干部宗旨观念不强，联系群众不紧密，服务群众不主动；有的法治观念淡薄，作风不民主，办事不公道，工作方式简单。以村（社区）党组织为核心的基层组织，由于社会结构发生巨大变化，组织结构基础和活动方式与已经转型的社会结构之间存在较大差异，社会的支持度大不如前，产生了党组织“边缘化”的倾向，在新形势下有效进行基层治理的凝聚力和向心力明显不足。

4. 资源配置影响治理基础

治理需要多方面的资源要素做保障，人力、财力、物力缺一不可。长期以来，受城乡二元格局的制约，基层社会特别是农村社会资源要素的配置一直比较落后，上层治理和基层治理的力量配比相对失衡。随着城市化的快速推进，人员流动不断加速，农村"空心化"现象愈加突出，农村精英不断流失，最直接表现在农村党员结构日益老化、村级换届优秀人才难觅、班子后备力量青黄不接等方面。城市社区也面临管理范围大、管理事务多但人手少的问题。同时，公共服务设施建设投入机制城乡差别大，城镇由公共财政解决，而农村一般靠村级集体自己解决，相对薄弱的村级集体经济无力承担，公共服务跟不上，极易产生社会问题，加大基层社会治理的难度。

5. 价值观多元化冲击治理秩序

科技日新月异，情况瞬息万变，随着改革开放进程的加快，各种各样的新思想、新观念激荡交汇，拜金主义、享乐主义、个人主义等消极思想逐步侵蚀着基层党员干部和群众的肌体，一些党员干部理想信念动摇，宗旨观念淡薄，一些陈旧落后的思想行为也开始抬头，封建迷信泛起，家族宗族势力强劲，加上稳定压力增大，特别对农村基层党组织构成威胁，给农村社会稳定带来较为严重的负面影响。在价值多元化的背景下，基层干部开展工作难度加大，领导管理艺术要求更高，需要充分考虑一家一户的想法和个人的切身利益问题，特别是组织活动过程中，需要有更健全有效的制度加以保障，而不能再凭借"行政命令""个人魅力"来开展工作。

6. 城乡一体化加速推进面临

城市化进程、城乡融合的加速推进带来不少问题。第一，社会人员呈单极流动，大量青壮劳力"洗脚上田"，进城务工经商，农村"386199(即指妇女、儿童、老人)"现象十分突出。第二，城乡一体化推动农业产业化发展，但给基层社会治理带来深刻的影响：一是优秀青年离乡不返乡，使村级治理严重缺乏人力资源，村级组织班子后继乏人问题突出。调查显示，有33%的人认为"党员干部队伍青黄不接"是当前基层治理面临的一大挑战。二是流动党员大量涌现。党员大量外出，一些党员长期与党组织失去联系。一方面，党组织活动难开展，对党员的教育管理跟不上；另一方面，这些流动党员中有的找不到党组织，有的不愿亮明党员身份，有的长期游离于党组织之外，难以正常履行党员职责，党员先锋模范作用的体现更是无从谈起。如何加强对城乡一体化进程中流动党员的动态掌握和教育管理，并发挥其作用，成为当前基层组织建设中面临的一个现实课题。三是基层党组织需要在产业发展中找到新位置。城乡、工农、体脑差别缩小，现代意义上的农村较传统意义上的农村已发生质的飞跃，基层组织的结构如何重新设置，功能如何重新定位，成为又一个新的课题。

(二)基层社会治理存在的问题

1.最大的根源是人出了问题

相当部分人的敬畏意识、羞耻感丧失,规则、规矩意识淡薄;人生观、世界观、价值观、道德观扭曲甚至颠覆,金钱多寡是衡量人生价值的重要标准(甚至是唯一标准)大行其道;道德失范、诚信缺失,呈现出集体浮躁、急功近利、自私冷漠、戾气漫溢之表象。

2.最大的压力是信访

信访问题基本左右当前基层稳定的趋势在短期内不可能改变。在"稳定压倒一切"的基层考核体系下,基层维稳工作成绩的好坏主要是通过信访工作成效来反映。劝返、接访、截访、陪访等工作耗费了基层干部大量的时间和精力,不可避免挤占了民生、服务、发展等的空间、资源和力量等。但现实情况是随着经济社会不断发展转型,利益主体越来越多元,不同利益群体交叉纠缠,不平衡不充分的发展跟不上人民群众对美好生活的追求,导致主要通过信访来凸显的人民内部矛盾多发、频发,信访总量始终保持高位,对基层来说,信访压力的"达摩克利斯之剑"始终高悬头顶。

3.最大的难点是对人的治理

社会是由个体人构成的,人既是社会治理的主体也是社会治理的客体。社会治理的出发点和落脚点都是对人的治理,培育、涵养遵法守法、自尊自信、理性平和、积极向上的公民才是社会治理的价值追求和最终归宿。但当前社会治理更多侧重对物、制度、环境等的治理,对具体个体的治理(诸如精细化服务、消弭怨气、尊重和保障人权)简单粗放,笼而统之。比如对留守儿童、流动人口等群体的服务管理,表现得有心无力,甚至束手无策。

4.最大的隐患是基层基础不扎实

基层是社会的细胞,是做好一切工作的基础。基础不牢,地动山摇。社会治理的根基在基层,社会治理的关键点和难点在于基层基础。近年来,在各级党委政府的重视和推动下,基层基础建设得到明显加强,但基层基础工作总体薄弱的状况还没有根本改变,社会治理中暴露出来的许多问题,都与基层基础工作跟不上、不扎实、不牢固有很大关系。故往往一面临重大活动、重大节日,基层就一片风声鹤唳,如履薄冰、如临深渊、如坐针毡,胸中无数、心里没底,只能祈祷上苍眷顾,千万不要出事。

5.最大的漏洞是社会末端治理

社会治理离精细化还有很大差距。受粗放式管理思维的影响,还习惯运用笼统的、模糊的处理方式进行社会治理，导致管理浮于表面，标准化程度较低，工作不到位等，“大概”“差不多”“原则上”“最后一公里”等问题长期得不到有效解决。

6. 最大的误区是重末端处置轻源头预防

信奉“摆平就是水平、无事就是本事、搞定就是稳定、妥协就是和谐”，宁愿花钱围追堵截、雇人就地稳控，平时不愿意积极协商解决问题，直到“小事拖大，大事拖炸”。“不闹没人管，一闹就软”无原则的息事宁人式基层治理思维和模式大行其道，很难在短期内改变。

7. 最大的不足是干部群众能力素质不适应

在从“社会管理”到“社会治理”，由“管”到“治”的过程中广大干部群众彼此都不适应，特别是“社会共治”（党委领导、政府主导、部门协调、社会各方面参与，政府治理和社会自我调节、居民自治良性互动）的氛围还远未形成。

8. 最大的痼疾是职能部门不职能

一些地方、部门职能缺位、失位、错位，该管的不管、不该管的乱管，社会管理、社会治理遗留诸多空档和缝隙，只有通过不断增设协调机构来推进职能部门本应承担的工作，如拆迁办、治水办、城管办、旧城改造办、乡村振兴办、古城更新办、新区开发办等机构的普遍设立以及名目繁多的“专班”，长此以往，基层治理力量将被抽空。

9. 最大的挑战是风险的不确定性和不可预测性

现代公共安全风险不同于传统风险的最大特征就是拥有更多的不确定性和难以预测性，其迅速而广泛的传播可能造成大范围社会恐慌。比如恐怖袭击、未知流行病毒、生态环境危机、股灾、债务危机等风险可能导致大规模社会恐慌等。当前人民群众对环保、生产安全、食品安全等公共安全风险的“燃点”和耐受度不断降低，一些以往的“普通事故”容易通过传播发酵引发公众负面情绪，甚至触发恐慌。

10. 最大的隐忧是潜意识的不安全感和全民焦虑症

我们的成长似乎一直伴随着某种程度的不安全感和焦虑心态，这种不安全感和焦虑心态在最近几年呈现出进一步增长和蔓延态势。食品安全、环境污染、交通事故、信任危机、道德滑坡等，诸如这些不安全的信息充斥着社会每个角落，无时无刻不警醒我们正处于一个安全感缺失的社会。人类最基本的安全需求得不到保障。随安全感缺失而来的是全民焦虑，浮躁、急躁、烦躁、焦躁、狂躁，人们的脾气越来越坏，戾气越来越多，社会矛盾触点越来越多，燃点、爆点越来越低，个人极端事件、群体性事件爆发概率越来愈大。

（三）基层社会治理的发展趋势

随着经济社会的发展，基层社会治理的生态已发生深刻变化，过去那种以基层党组织为主体的行政管理式基层社会运行模式已难以适应。创新基层社会治理，推进基层社会治理现代化是国家长治久安的必然要求，也必将对整个社会产生积极深远的影响。综合分析来看，基层社会治理将呈现四个方面的演变趋势。

1. 治理主体呈现多元化趋势，民主参与将更加广泛

随着全面深化改革的推进和工业化、城市化进程的加速，基层社会格局加快变迁，传统的基层社会管理格局将日趋分化，基层治理日益开放。“两新”组织、社会团体、民间协会等社会组织不断发展增多，这将推动基层社会治理格局由原先的“乡政村治”单一治理结构，逐步发展为乡镇（街道）政府、基层党组织、社会组织以及社会公众等多个主体共同参与的多元治理结构。尽管在这种多元治理结构中，“乡政村治”仍然处于主导地位，但通过信息公开、议事协商、扩大参与、群众监督等方式，积极拓宽民主参与范围和途径，最大限度地让各类社会组织、公众加入基层治理队伍中，使各种社会力量积极参与社会治理，从而增强基层社会治理的广泛性、协同性和一致性。

2. 治理行为呈现法治化趋势，制度规则将更加完善

治理体系的现代化，就是要打破传统习惯，打破人治思维，形成以制度化、体系化、系统化为其外在表现，以法治化为其核心内容，逐步破除运动式、活动式治理范式的治国理政总的制度体系。基层社会治理作为国家治理的基础，只有坚持依法治理，才能夯实国家法治化的基石。在推进基层社会治理中，法治化是目标，也是手段，只有以法治的思维来引领、以法治的方式来管理、以法治的体系来保障，民众权益才能保证，治理现代化才有保障。基层社会治理法治化，反过来也将推动国家法律体系不断完善健全。

3. 治理手段呈现多样化趋势，工作方式将更加灵活

随着经济社会的快速发展，基层社会利益主体呈现多样化格局，利益诉求呈现多元化趋势，因此，对城乡基层社会治理提出更高的要求，进而促进基层社会治理手段的改革创新，促使其由传统的粗放式治理逐步向精细化治理转变。以互联网和新媒体为代表的信息化技术不断推广，特别是微博、微信等自媒体平台的普及，对基层社会治理提出了许多新挑战，同时也给基层社会治理创新方式和手段带来新机遇。

4.治理方式呈现人本化趋势,服务功能将更加突出

人是社会治理的对象,也是社会治理的主体,国家治理现代化的最终目标是实现人与人、人与社会的和谐发展,这就要求治理方式人本化,即坚持以人为本,进行人本治理。在基层社会治理中践行人本观念,坚持一切从人出发,调动和激发人的积极性和创造性,共同参与到社会治理中来,相互服务、相互管理,促进社会和谐有序,这是效率最高、成本最低的治理方式。这种治理方式要求以引导人、服务人、发展人为目标任务,同时对组织服务功能提出更高的要求。强化村(社区)级组织服务功能,为村(社区)民众提供全天候、全方位服务,这是基层社会治理现代化的必然方向。

三、基层社会治理现代化之进路

推进基层社会治理现代化,要站在当前城乡融合、城乡一体化的背景下,始终恪守"枫桥经验"为民初心、秉持"枫桥经验"基本精神,坚持和发展新时代"枫桥经验",主动适应新形势、新变化,秉持协同、开放、多元、联动、强基、治源的治理理念,运用法治化、社会化、系统化、信息化的方式,着力破除体制机制障碍,切实解决基层社会治理中的突出问题,走出一条具有中国特色的、符合现代社会治理规律的基层社会治理现代化之路。具体来看,需厘清九大概念、解决九大问题。

第一,明确基层社会治理理念。理念决定行动方向。基层社会治理理念至少包含党建统领、城乡一体、统筹融合、协商民主、开放共治、数据智能、秩序活力、共建共享等八个方面,具体来讲,就是推动治理理念由管控型向服务型转型、治理主体由一元化向多元化转型、治理内容由单一化向多样化转型、治理机制由化解型向预防型转型、治理手段由简单式向综合式转型。

第二,明确基层社会治理模式。摈弃过去奉行的乡村治理、城市社区治理的两驾马车并行、分而治之的治理模式,构建城乡融合、城乡一体的基层社会治理新模式。基层既包括城镇也包括广大乡村地区,基层社会治理就是把城市与乡村视为一个完整系统,在社会治理中做到统筹兼顾、互融互促,通过制度建设,实现城乡要素更加顺畅地流动和公共资源更加合理地配置,实现城乡基层全域均衡、无缝隙治理。

第三,明确基层社会治理主体,即解决基层社会治理到底由"谁来治"的问题。基层社会治理的主体不仅仅是党委政府及其部门,还需要倚重基层组织、社会组织、企事业单位、公民个人等多元主体,要摈弃过去社会治理中党委政府单

打独斗、一家为大的模式，树立多元主体“共治”的意识。

第四，明确基层社会治理客体，即解决基层社会治理到底“治理谁”的问题。社会由具体个人构成，人既是基层社会治理的主体，也是基层社会治理的客体。故基层社会治理的出发点和落脚点主要应是对具体人的治理，培育涵养遵纪守法、自尊自信、理性平和、积极向上的社会主义公民才是其价值追求和终极目标。

第五，明确基层社会治理体系。重点要健全四大体系：一是市县乡村共建共治体系，即建立市级统筹谋划、区县组织落实、乡镇（街道）执行实施、村（社区）级做实基础的基层社会治理格局，健全党组织领导的自治、法治、德治相结合的城乡基层社会治理体系，推动治理和服务重心向基层下移。二是矛盾纠纷多元化解体系，即建成县乡两级社会矛盾纠纷调处化解中心，实现矛盾纠纷化解“最多跑一地”；加强行业性、专业性调解组织和人民调解员队伍建设，拓宽第三方参与矛盾化解的制度化渠道；推动社会心理服务站（室）村（社区）全覆盖，建立社会心理服务疏导和危机干预机制。三是社会治安和公共安全防控体系，即完善社会治安防控体系，构建问题联治、工作联动、平安联创工作机制，提高预测预警预防各类风险的能力；建立公共安全隐患排查和安全预防控制体系，强化安全风险监测预警和隐患排查整改。四是基层公共服务体系，即深入推进“最多跑一次”改革，做好“互联网＋公共服务”文章，在教育、医疗、健身、养老、文化及交通出行等领域抓重点、强短板、补弱项，提升群众获得感、满意度。

第六，明确基层社会治理路径，构建“党建引领（政治统领）＋自治基础＋法治保障＋德治教化＋科技支撑＋信用治理引导（信治引导）”治理路径。政治统领，即把党的建设贯穿于基层社会治理全过程和各方面，健全完善统领机制，把握正确政治方向。自治基础，即发挥村规民约、社区公约的自治、约束作用，加强基层群众性自治组织规范化建设，做到民事民议、民事民办、民事民管。法治保障，即建设基层法律规范体系，加强基层社会治理领域立法，依法解决基层社会治理领域重点难点问题。德治教化，即弘扬社会主义核心价值观和传统文化作用，发挥榜样示范作用，加强思想教育、道德教化。智治支撑，即深化“智慧城市”“数字政府”建设，加快数据资源整合共享，构建全市统一的基层社会治理大数据平台和机制，推进视频数据信息与人工智能技术深度融合。信治引导，即建立覆盖全社会的征信系统，健全跨部门、跨地区、跨行业的守信联合激励和失信联合惩戒联动机制。

第七，明确基层社会治理目标，即解决基层社会治理“需要达到什么目的”的问题。主要实现四大目标：一是直接目标，即化解基层社会矛盾、解决基层社会问题，确保人民安居乐业、社会安定有序，促进基层社会和谐稳定，为基层全面发展创造良好的社会环境和安全保障。二是近期目标，即基层社会治理体系基本健全，基层社会治理能力明显提升，基层社会风险有效化解，基层社会生态全面优化，基层社会治理科学化、系统化、精细化、智能化水平得到全面提升。三是总目标，实现基层治理体系和治理能力现代化。四是终极目标，即实现人的现代化，包括思想、观念和思想意识、素质能力的现代化等。

第八，明确基层社会治理能力。当前要提升三方面能力：一是决策统筹能力。秉持城乡一体、全市域融合理念，围绕基层社会治理现代化目标，加强顶层设计、谋划治理思路、设定治理任务、规划治理路径，统筹整合各方面资源力量，构建权责明晰、上下贯通、层层推进的治理架构，凝聚基层社会治理强大合力。二是依法治理能力。党员干部带头学法、模范守法，善于运用法治思维和法治方式推进基层社会治理；强化按程序办事理念，真正做到依法行政，不断提升依法办事能力。三是新时代群众工作能力。始终把群众利益作为工作第一追求，着力提高与群众沟通和协商对话的能力、维护群众合法权益的能力、化解矛盾确保和谐稳定的能力、开展互联网上群众工作的能力及以非权利因素（如言谈、能力、品格等魅力）影响群众的能力。

第九，明确基层社会治理保障。要加强六方面保障：一是组织保障。依托市、县两级党委平安建设领导小组及其办公室，建立常态化运作的基层社会治理推进领导体系，日常工作由党委政法委承担。二是经费保障。市、县两级财政在预算中专门留出空间，以保障基层社会治理工作的推进实施。三是队伍保障。建立以村（社区）干部、社会工作者、全科网格员为主体的专业化队伍，加大群团组织、自治组织、社会组织负责人和乡村精英、乡贤等的培养力度，充实基层社会治理队伍。四是理论保障。建立智库型基层社会治理研究中心，依托党委政策研究室，组织开展基层社会治理领域重大理论问题研究，为深化实践提供更强理论指导。五是督考保障。将基层社会治理工作成效纳入党委政府对各地各部门的年度考核指标体系，促进工作落地落实。六是法治保障。加强相关社会治理领域地方立法，以法律规范来推进基层社会治理，确保基层社会治理工作开展、评价体系等有法可依、有据可循。

基层社会治理现代化是一篇大文章、一个大工程、一场大战役，不可能“毕其功于一役”，这就需要我们始终恪守“枫桥经验”为民初心、秉持“枫桥经验”基本精神，坚持发展新时代“枫桥经验”，走出有中国特色的传统与现代兼顾、“自治、法治、德治”三治相融相生的基层社会治理现代化之路。

四、余论

当前，在基层社会治理领域，信息化、数字化、智能化等现代科技和手段的运用愈加广泛和深入，其作用和影响也越来越突出，如何更加有效地利用互联网技术来助推基层社会治理，值得我们深入研究和探讨。毋庸置疑，基层社会治理现代化的终极目标，是人的现代化。互联网作为一种技术，只能提供工具性功能，起到辅助性作用，而远非决定性因素。因此，规范社会秩序、重建社会道德、培育公民信仰、塑造社会主义新公民，才是基层社会治理现代化的重中之重和亟待努力的方向。

坚持好、发展好新时代“枫桥经验”的建议

戴大新　杜红心*

2023年9月20日，习近平总书记在绍兴诸暨考察时指出，要“坚持党的群众路线，正确处理人民内部矛盾，紧紧依靠人民群众，把问题解决在基层、化解在萌芽状态”①。浙江是“枫桥经验”诞生地，也是新时代“枫桥经验”率先践行地。坚持好、发展好新时代“枫桥经验”是浙江广大干部群众的神圣职责和光荣义务，也是牢记习近平总书记殷殷嘱托，坚决扛起“枫桥经验”发源地使命担当的应有之义和必然要求。

一、形成一种共识：新时代“枫桥经验”本质上是一种宗旨意识和责任担当

科学界定新时代“枫桥经验”概念、正确理解新时代“枫桥经验”内涵本质，是坚持好、发展好新时代“枫桥经验”的重要前提。“枫桥经验”的内涵是坚持和贯彻党的群众路线，在党的领导下，充分发动群众、组织群众、依靠群众解决群众自

* 作者戴大新系中共绍兴市委党校（绍兴市行政学院）副校长，杜红心系杭州国际城市学研究中心浙江省城市治理研究中心副主任。

① 《坚持好、发展好新时代“枫桥经验”》，《人民日报》2023年9月27日。

己的事情，做到“小事不出村、大事不出镇、矛盾不上交”①。但新时代“枫桥经验”的概念到底是什么，当前无论是理论界还是实务界都是众说纷纭、莫衷一是。这不利于广大干部群众学习、宣传和推广新时代“枫桥经验”，难以构建新时代“枫桥经验”话语体系，不利于进一步强化理论创新、制度创新和实践创新。同时，将导致新时代“枫桥经验”变成一个框，什么都可往里面装，带来误用、滥用、乱用等问题。因此，科学界定新时代“枫桥经验”概念就显得关键而重要。建议：一是从依靠群众、就地化解矛盾这个本质特征和“新时代”这个时间特点来界定新时代“枫桥经验”。在党的领导下，依靠群众、就地化解矛盾无疑是“枫桥经验”区别于其他经验的最鲜明特征和最闪亮标签；而基层治理现代化则是新时代“枫桥经验”新的时代使命。因此，界定新时代“枫桥经验”概念，依靠群众、就地化解矛盾、基层治理这三个核心要素不能丢。二是从哲学层面来审视，新时代“枫桥经验”既是工作（“经验”的背后是具象工作），又不仅仅是工作，更多的是一种理念、一种思维、一种认知、一种意识，是工具理性与价值理性的统一，是一种方法论。三是从党的宗旨和共产党人使命来探究，新时代“枫桥经验”不仅是就地化解矛盾纠纷、促进基层社会治理走群众路线的工作经验，而且在本质上更是党的全心全意为人民服务的宗旨意识、初心使命和责任担当。四是从变与不变的辩证关系来看，新时代“枫桥经验”既永远不变，又永远在变。不变的是内核内涵、精神本质和本源初心；变的是方式方法、手段载体和目标路径。基于此，结合习近平总书记关于坚持和发展新时代“枫桥经验”的重要论述，紧扣新时代历史发展主题及“枫桥经验”承担的历史使命，课题组认为，新时代“枫桥经验”是指在党的领导下，由人民群众创造和发展起来的化解矛盾、促进和谐、引领风尚、保障发展、促进治理的一整套行之有效并且具有典型意义和示范作用的基层社会治理机制和方法。因此，“枫桥经验”这一概念的应用领域应有所限制，不宜把运用国家强制力的执法活动等纳入其中，避免泛化使用。

二、树立一个理念：以法治思维和法治方式化解基层矛盾纠纷

运用法治思维和法治方式是新时代“枫桥经验”的重要特点。在纪念毛泽东同志批示“枫桥经验”50 周年大会召开前夕，习近平总书记于 2013 年 10 月 9 日作出重要指示，即要善于运用法治思维和法治方式解决涉及群众切身利益的矛

① 习近平：《习近平谈治国理政》（第三卷），外文出版社 2020 年版，第 224 页。

盾和问题。[①] 2020年3月30日，习近平总书记在湖州安吉考察时指出，要把群众矛盾纠纷调处化解工作规范起来，让老百姓遇到问题能有个地方"找个说法"。[②] 当前社会矛盾激化、个人极端事件多发，原因在于有的社会成员缺乏法治意识和法治思维，一些部门不依法办事，有的群众不依法表达诉求。化解新时代人民内部矛盾纠纷，必须强化群众和政府的法治意识、法治思维。建议：一是要始终贯彻法治精神和法治理念。各级党委政府要依法出台制度规则、依法参与民主管理、依法化解社会矛盾、依法打击违法犯罪、依法维护社会稳定，把"枫桥经验"纳入法治化轨道，形成办事依法、遇事找法、解决问题用法、化解矛盾靠法的氛围。二是把法治作为化解矛盾纠纷的首要手段。优化"一村一律师，一村一民警"制度，推广检察官、法官进村，引导群众依法表达诉求，依法解决群众的合理诉求。加强各级矛盾调解中心建设，整合综治、公安、司法、信访等力量，建立"四位一体"的大调解联动机制，加强诉源访源警源治理，重点解决疑难矛盾纠纷和信访问题。三是深入开展法治宣传教育。引导广大群众遵纪守法、依法维权，充分发挥法律法规、村规民约的约束作用。同时积极运用乡规民约、社区公约等道德规范、公序良俗调解利益关系，化解矛盾纠纷。

三、坚持一个原则：以新时代"枫桥经验"统领群众工作

新时代"枫桥经验"是党的群众路线的具体实践，也是做好群众工作的重要载体。习近平总书记在2013年10月9日作出重要指示：把"枫桥经验"坚持好、发展好，把党的群众路线坚持好、贯彻好。[③] 60年来，"枫桥经验"之所以在实践中发展、发展中创新，与时俱进、历久弥新，最重要的一条，就是始终坚持党的群众路线不动摇。当前，有的党员领导干部群众观念淡薄、群众路线淡忘、群众感情淡漠，导致联系群众、服务群众意识不强、办法不多、效果不好。坚持和发展新时代"枫桥经验"，必须始终秉持群众观点，继续坚持党的群众路线。建议：一是创新宣传方式方法。拓展宣传载体和平台，借助群众语言，站在群众视角，运用

---

① 《习近平：把"枫桥经验"坚持好、发展好 把党的群众路线坚持好、贯彻好》，《人民日报》2013年10月12日。

② 《习近平在浙江考察时强调：统筹推进疫情防控和经济社会发展工作 奋力实现今年经济社会发展目标任务》《人民日报》2020年04月02日。

③ 《习近平：把"枫桥经验"坚持好、发展好 把党的群众路线坚持好、贯彻好》，《人民日报》2013年10月12日。

鲜活事例，使群众成为积极主动实践新时代“枫桥经验”的主体。二是注重新技术新手段的运用。把传统的群众工作与运用网络新技术、新平台、大数据等手段紧密结合起来，更加善于运用科技新优势开展群众工作。三是用好市场思维、市场机制。通过购买服务、项目外包等方式化解矛盾、防控风险，进一步激发城乡基层社会自治、自主、能动力量，探索形成符合本地实际的多样化城乡治理模式。四是强化服务群众意识。力求做到“服务不缺位”，不断从服务民生中提升治理水平，让群众更有获得感、幸福感、安全感。

四、厚实一个基础：着力加强全科网格员队伍建设

基层基础是新时代“枫桥经验”的本源。全科网格员是城乡基层社会治理的重要力量，是政府基层工作力量的重要补充。特别是疫情防控期间，广大网格员承担着巡查走访、排查安全隐患、调解矛盾纠纷、服务网格群众等繁重的一线工作，为基层社会治理提供了重要保障。当前，全科网格员存在专职不专、老龄化、工资收入不高、工作能力参差不齐、队伍不稳定等问题，严重制约和影响其作用的进一步发挥。要加强网格化服务管理工作，规范网格员队伍建设。建议：一是提升全科网格员队伍的整体素质。优先招聘中共党员、退役军人、持有《社会工作者职业资格证书》人员、优秀大学毕业生进入网格员队伍，加强全科网格员常态化培训，打造专业化网格员队伍。二是合理确定全科网格员待遇水平。以略低于城市专职社工平均工资水平确定专职全科网格员的工资报酬。三是打通全科网格员职业发展瓶颈。加大从优秀专职全科网格员中发展党员、纳入村干部人选及优先招聘录用等力度，打通其职业上升通道。每年在已服务一定年限、工作表现优秀的全科网格员中选聘、招录机关公务员或事业单位人员。四是明确网格员职责边界。科学制定、严格执行全科网格准入事项清单，规范网格服务。不断提升专职全科网格员比重，确保“专职”专用。

五、健全一个机制：完善正确处理新形势下人民内部矛盾机制

新时代“枫桥经验”是正确处理新形势下人民内部矛盾的有效载体。新时代背景下，经济结构深度转型，社会结构加速变迁演化，基层社会矛盾、人民内部矛盾表现出经济利益矛盾突出、成因复杂、主体多元、群体性特征明显、对抗性强等新的特点。要深入分析、准确把握新时代人民内部矛盾的特点和规律，从健全完

善有效机制入手，提高从源头上、根本上预防化解人民内部矛盾的能力水平。建议：一是完善预警评估机制。建立社会矛盾排查预警指标体系，完善社会矛盾排查预警机制。从法律制度上将风险评估列为必经的前置程序和刚性门槛，增强重大决策社会稳定风险评估机制的刚性。二是增强矛盾纠纷多元化解合力。鼓励社会各层面共同参与矛盾纠纷化解，重点用好“一老一少”，把提前退二线领导干部和选调生搭配放到后进村和经济薄弱村，变群众“上访”为干部“下访”。激发现有农村调解室内生动力，打造特色调解品牌，探索开拓网络直播调解平台，抢占信访舆论主阵地。推进矛盾纠纷多元化解立法。三是优化信访工作机制。理顺信访与其他纠纷解决机制关系，严格落实信访事项三级终结制。建立无理信访容错机制，不简单将上访登记作为问责依据。加大缠访闹访打击力度，维护信访秩序，彰显公平正义。四是弘扬优秀传统文化。积极吸收中国传统文化中构建和谐关系的优秀内容，比如仁爱、集体、包容、修身、正己等规范，培育民众理性、温和、有序的利益表达方式和习惯。在此基础上，大力提倡社会主义核心价值观，使之成为群众的自觉追求和共同操守。

“支部建在网格上”——基于诸暨市新时代“枫桥经验”城市版的调研与思考

刘开君*

2004年8月24日，时任浙江省委书记习近平在绍兴调研时指出：“‘枫桥经验’虽然诞生在农村，但其强化基层基础、就地解决问题的基本精神具有普遍的指导意义，不仅适用于农村，而且适用于城市。”①2022年，中央组织部、中央政法委、民政部、住建部联合发文，要求各地合理划分网格，探索深化城市基层党建引领基层治理。当前，网格已经成为城市基层治理的基本单元。2020年以来，诸暨市自觉扛起“枫桥经验”发源地的使命担当，率先在全省探索创新“支部建在网格上”，尝试构建党建引领网格智治的城市基层治理格局，深化打造新时代“枫桥经验”城市版。2023年，时值毛泽东同志批示学习推广“枫桥经验”60周年暨习近平同志指示坚持发展“枫桥经验”20周年重要节点，诸暨市作为“枫桥经验”发源地，交出了新时代“枫桥经验”城市版实践探索的满意的答卷。

2023年5月，中央党校、浙江省委党校、绍兴市委党校、诸暨市委组织部组成联合调研组，赴诸暨市开展了为期1周的蹲点调研，重点走访了暨阳街道江新社区与祥安社区、浣东街道和济社区与东盛社区、陶朱街道友谊社区等5个城市社区，召开小型座谈会4场，访谈街道干部12人、社区干部29人、社区居民45人（含志愿者21人），较为翔实地掌握了诸暨市以“支部建在网格上”为抓手，构建党建引领网格共治城市基层治理格局，深化打造新时代“枫桥经验”城市版的

---

* 作者刘开君系中共绍兴市委党校枫桥经验研究中心常务副主任、副教授、博士。

① 习近平：《干在实处 走在前列——推进浙江新发展的思考与实践》，中共中央党校出版社2006年版，第506页。

实践做法，阐释了新时代“枫桥经验”的突出特点，并就深化推广新时代“枫桥经验”城市版提出了几点建议。现报告如下。

一、主要做法

联合课题组认为，新时代“枫桥经验”城市版的基本内涵可以界定为：以城市社区三级网格为基本治理单元，以“支部建在网格上”为主要抓手，发动群众、组织群众、依靠群众，着力构建以“党建引领、多方参与、条块协同、四治融合”为主要特征的党建引领网格共治的城市基层治理格局，做到“人到格中去、事在格中办、难在格中解、情在格中结”。

（一）健全党建引领网格共治的组织体系，着力解决“依靠什么引领”的问题

健全的基层组织体系是实现党建引领网格共治的组织基础。一是优化三级网格设置。按照村社人口、村社分布、复杂程度、社会形态等，统筹高质量发展与基层治理，科学划分三级网格，将诸暨原有的 1243 个全科网格优化调整为 1590 个村（社区）网格、10097 个微网格，在工业园区、商圈楼宇、融合型治理单元等特殊治理单元建立专属网格 144 个，构建“社区网格－小区网格－楼道微网格”三级网格体系，推动重心下移、力量下沉、资源下倾到网格。二是深化“支部建在网格上”。2020 年 8 月，诸暨市陶朱街道在全省率先试点“支部建在小区上”，逐步构建以小区党支部为核心，业委会、监委会、群团组织、物业服务企业等有效协同的小区组织新形态，并推动“支部建在小区上”向网格、商圈、楼宇延伸。2021 年以来按照“成熟一个、批准一批、建设一个”的原则，深化推广“支部建在网格上”，共计建立网格党支部 237 个，小区党组织覆盖率达 100%，打通了党建引领基层治理的“神经末梢”。三是构建网格党支部引领的共治体系。按照“1＋3＋X”①的模式，构建网格党支部引领业委会、物业公司、社区网格员、相关部门派驻力量的共治体系。目前，诸暨市 41 个城市社区已配备网格长 385 名、专职网格员 588 名、兼职网格员 1069 名，达到每万城镇常住人口专职社工数 18.3 人，已经超过全省标准②。

---

① “1”即网格党支部引领；“3”即业委会、物业公司、社区网格员；“X”即相关部门派驻力量。

② 浙江省要求每万城镇常住人口配备专职社工数 18 人。

(二)适应社区需求匹配多样化服务供给,着力解决“引领什么”的问题

相比于乡村地区的“枫桥经验”实践创新,新时代“枫桥经验”城市版更加需要依靠服务居民减少矛盾、依靠动员居民预防矛盾、依靠组织居民化解矛盾。一是引领打造“15 分钟社区服务圈”。发挥网格党支部的牵头功能,贯彻城市社区基本公共服务片区化供给理念,根据居民分布结构,以社区党群服务中心、便民服务中心等服务阵地为原点,实现教育、医疗、养老、托幼、文化、体育等居民基本公共服务 15 分钟便捷可获。由街道统筹调配社会资源,为每个小区配备法律、金融、健康、政务等 4 大顾问,主动走访社区为居民提供服务。二是引领办好小区民生微实事。由网格党支部牵头,按照“补短板、解难题、办实事”的原则,从“微设施”“微改造”“微服务”“微心愿”“微治理”入手,建立小区民生“微实事”共性清单、个性清单和重点项目清单,加快推进老旧小区改造、住宅楼电梯加装、管道维修等群众急难愁盼的“关键小事”,2022 年以来累计实施“微治理”项目 372 个。暨阳街道江新社区成立“邻里互助会”,通过举办小区楼道共享节日、施划非机动车互助车位、与行动不便老人互敬结对、与适龄儿童互帮学教等群众期盼的服务,促进小区邻里互助自治。三是引领社会组织“全城志愿”。在市民中心建设“全城志愿服务中心”,构建“党建引领,政府和市场双轮驱动,专业、志愿、群众三方合力”的社会组织发展模式,打造全城志愿政策、资源、项目“资源池”,重点支持公益事业、矛盾化解、综治维稳等类型社会组织,构建“定向孵化、购买服务、流程监管、绩效评估”的市场化运行闭环,累计培育社会组织 5300 余家,培育志愿者 30 万人,达诸暨常住人口的四分之一。

(三)打造社区(小区)网格公共空间和议事平台,着力解决“用什么平台引领”的问题

引导群众在制度化轨道上满足需求、表达诉求、维护权益、化解矛盾是党建引领网格共治的基本要求。一是建设网格公共空间。高效运行党建联建机制,建立由社区党委领衔、驻区单位联动、社会力量参与的居民服务资源共享平台。组织社区工作者、专职网格员等摸排梳理居民诉求、共建资源、小区事项“三张清单”,针对性建设居家养老服务中心、婴幼儿照护中心、爱心食堂、老年大学、邻里中心等公共空间,引导社区居民有序参与社区公共生活,推动“陌生人社会”向“半熟人社会”转变,逐步培养邻里感情。陶朱街道友谊社区、浣东街道东盛社区等配套建设了 1000 平方米以上的老年大学,年均吸纳老年学员 2000 人以上,在学习交流互动中不断增加社区居民间的团结。二是探索建设共享社区。采取多元化筹资措施,全面推进社区“爱心食堂”建设,打造居家养老社区共享模式,并

免费为行动不便的独居老人送餐。在此基础上，还衍生出了“爱心菜地”“爱心鱼塘”“爱心菜篮”“爱心帮厨”等造血功能模块，不仅高质量解决了老人们的就餐问题，还促进了社区公共精神的生长，增强了社区居民的获得感、归属感、认同感。三是建设社区（小区）网格议事平台。统筹社区（小区）公共空间，就近就便建设“九九议事会”“红色网格议事厅”“凉亭恳谈会”等基层协商议事平台，深化“民事民提、民事民议、民事民定、民事民办、民事民评”等“五民议事工作法”。社区（小区）居民在网格议事平台上，经由合理程序协商议定加装电梯、邻里纠纷、公共空间营造、“爱心基金”筹集和使用等事项。

（四）探索创新党建引领网格共治的制度机制，着力解决“如何引领共治”的问题

诸暨市探索从“网格吹哨”、社会参与、业委会管理等方面加强制度建设。一是建立“网格协同”机制。探索建立“网格预报、街社吹哨、部门报到”的协同治理机制，实现事项受理、分析、流转、督办、反馈、考核全流程闭环管理。持续推动“枫桥经验”与“浦江经验”贯通融合，建立和落实市领导“常态下沉、定期接访”制度，建立信访评议机制，依法终结社区居民“无理访”“非法访”，切实把矛盾纠纷化解在网格当中、遏制在萌芽状态。2022 年以来，居民投诉率下降 48.5%。二是建立“标准化＋个性化”社会组织建设机制。聚焦社区居民普遍性需求，引导社区标准化建设矛盾化解、志愿服务、文明实践、协商议事、平安建设等社会组织。关注社区老年人、婴幼儿、女性、残障人士等特殊群体的个性化需求，引导社区建设“小区车管家”“小燕子居家养老”“妈妈育婴”“小哥志愿送餐”“馨悦文艺队”“博爱红娘”“同心法律”等个性化社会组织，实现专业人做专业事、志愿者做自愿事，着力打造共建共治共享的网格家园共同体。目前，每个社区平均有 15 个社会组织常态运行，每万人拥有社会组织 40 余个。三是探索健全“红色业委会”“红色物业”共治制度。坚持“像管理村委会一样管理业委会”，将“党的领导”写入“小区业委会议事章程”，明确领导业委会开展工作、参与小区重大事项决策、主导小区业委会换届、推荐产生监委会等小区党支部职能，动员党员参与业委会选举筹备组，鼓励党支部书记和支委参选业委会，实行“交叉任职”“一肩挑”，推动小区党组织成为党建引领网格共治的“主心骨”。

（五）全方位强化党建引领网格共治保障体系，着力解决“如何有效引领”的问题

着力为实现党建引领网格共治提供多维度保障。一是强化阵地保障。以小区网格为重点，统筹整合小区物业用房、闲置单位用房、网格党支部活动室等存

量资源，按照有标识、有阵地、有队伍、有制度、有活动、有平台、有监督、有考核的“八有”标准，因地制宜打造 210 余个“网格 e 家”实体阵地，全方位提供党员活动、居民服务、问题收集、协商议事、矛盾调处等功能，2022 年以来累计服务居民 3.2 万人次，进一步打通党建引领网格共治的“最后一米”。二是强化力量下沉。以做实社区网格基本治理单元为目标，牢固树立“芯片思维”，推动民政、教育、医疗、公安、消防、行政执法、市场监管等 23 个相关部门 413 名工作人员下沉网格。深化在职党员进社区“亮旗”行动，实现在职党员“两地报到、双岗服务”，推动 1.2 万余名在职党员融入社区网格，参与基层治理。三是强化数字赋能。聚焦社区共同体目标，以数字化为鲜明特征，开发“城市枫桥”场景化应用，设置居民自治、网格支部、网格协同、党建联建、先锋有礼、社区活动、专项服务、共享服务、智能分析等 9 个应用模块，搭建综合性社区智治平台。按照人口、党员、住房等信息标签，归集 18.4 万条地址信息和 41 万份居民信息，做到决策有依据、治理有支撑、服务零距离，基本实现“小事不出网格、大事不出社区、矛盾不上交”。

二、几点思考

进入新时代以来，诸暨市以习近平新时代中国特色社会主义思想为指引，从适用范围、治理理念、治理目标、治理手段、制度机制等方面推动新时代“枫桥经验”创新发展，打造了新时代“枫桥经验”城市版等新亮点。诸暨实践表明，由于城市在人口数量、人口异质性结构、人口密度、经济发展状态等方面与乡村地区具有显著差异，新时代“枫桥经验”城市版与发源于乡村地区的“枫桥经验”也有着显著差别。

（一）更加需要强调党建引领

党的全面领导是中国特色社会主义制度优势的集中体现。党建引领是党的全面领导在基层治理领域的实践创新，是被实践证明为有效的治理方式。然而，相对于同质性的乡村地区，城市基层社会更具异质性特征，“条块分割”的管理体制在城市基层治理领域的表现也更为显著，城市社区一般也缺乏“造血功能”，只能向外汲取资源。办好中国的事情，关键在党，因此在城市基层治理领域，更加需要发挥基层党组织的统筹协调功能。为此，诸暨市通过“支部建在网格上”，依靠组织优势整合“碎片化”的职能、政策、资源、力量，推动构建党建引领网格共治格局。

（二）更加需要强调群众参与

动员群众、组织群众、依靠群众、为了群众，是60年来我们坚持和发展新时代"枫桥经验"的主题主线。诸暨市在乡村治理中"依靠富裕群众减少矛盾、依靠组织群众预防矛盾、依靠服务群众化解矛盾"，努力做到"小事不出村、大事不出镇、矛盾不上交"，进而实现了乡村地区的有效治理。而与乡村治理领域的"熟人社会"相比，城市社区是"陌生人社会"，社区居民可以就近获取的"熟人支持"更稀少。因此在城市基层治理领域，更加需要强调群众参与。诸暨市遵循"标准化＋个性化"双重原则，采取建立社会组织、推动"全城志愿"、搭建"红色议事厅"等多样化措施，引导社区居民积极参与社区公共事务。

（三）更加需要强调条块协同

长期以来，"上面千条线、下面一根针"是对基层治理现状的经典描述。相较于乡村治理，消防、公安、市政、行政执法、市场监管等政府部门在城市基层治理中的物理距离更近，甚至直接管理城市基层。因此，在城市基层治理领域，更加需要突出基层党组织的政治优势和组织优势，协同好"条块关系"，既要发挥好街道、社区的"属地治理"优势，也要发挥好职能部门的"专业治理"优势，重塑"条块协同"的制度优势。诸暨市打造新时代"枫桥经验"城市版的实践探索，注重做实网格治理单元，强化"芯片思维"，推动部门政策、资源、力量下沉网格，以网格为单元吸纳和集聚社会资源，实现党建引领网格共治的目标。

（四）更加需要强调"四治融合"

2018年以来，各地基层逐步认识到"四治融合"在基层治理中的重要价值，自治是主线、法治是底线、德治是高线，因此需要在基层群众自治中运用好法治工具和德治工具。对此，习近平总书记作过经典论述。[①] 近年来，浙江各地依靠数字化变革实现整体智治的实践还表明，实现党建引领网格共治离不开数字化工具支撑。因此，在人流、物流、信息流更大的城市基层场域，打造新时代"枫桥经验"城市版，更加需要强调"四治融合"。

---

① 习近平总书记指出："法律是成文的道德，道德是内心的法律，法律和道德都具有规范社会行为、维护社会秩序的作用。治理国家、治理社会必须一手抓法治、一手抓德治，既重视发挥法律的规范作用，又重视发挥道德的教化作用，实现法律和道德相辅相成、法治和德治相得益彰。"参见《习近平谈治国理政》第二卷，外文出版社2017年版，第133页。

三、几点建议

2022年底，我国城镇化率已达65.22%，这标志着城市地区已经超过农村地区，成为基层治理的重点场域，直接影响着现代化的实践成色。同期，浙江城市化率高达73.4%，高于全国8.18个百分点。这表明，深化推广"支部建在网格上"，构建党建引领网格共治的城市基层治理格局，全域打造新时代"枫桥经验"城市版具有重要的政治价值、实践价值和理论价值。

（一）全域推广"支部建在网格上"，构建党建引领网格共治的治理格局

建立健全"社区网格→小区网格→楼栋微网格"三级网格体系，为保持小区组织体系的完整性和组织动员的协调性，不再把较大的小区拆分为多个实体化网格。按照"成熟一个建设一个"和"一切工作到支部"的原则，全域建立社区大党委、小区党支部和楼道党小组，健全城市社区三级组织架构。以"支部建在网格上"为支点，推动实现党建网、治理网、服务网、应急网、监督网、数字网等多网合一，整合政府相关职能部门以及社会、市场资源力量，推动基层党组织的政治优势、组织优势、密切联系群众的优势转化为治理优势。

（二）全面落实"人民城市人民治"，引导激励社区居民有序参与基层治理

以打造社区治理共同体、生活共同体、幸福共同体为目标，全面贯彻落实"人民城市人民治"的理念，着力增强社区居民的主体意识、责任意识和归属意识。深化推广社区、社会组织、社区工作者、社区志愿者、社区慈善资源"五社联动"机制，及时梳理和动态调整社区居民需求，动态建立"标准化需求清单"和"小众化需求清单"。根据"标准化需求清单"，动员和组织居民广泛参与，建立标准化社区社会组织；根据"小众化需求清单"，有针对性地动员和组织居民参与并建立个性化社区社会组织。在具备条件的社区和小区，建设"红色议事厅""邻里交往中心""老年大学"等公共空间，完善基层协商民主议事机制，引导居民有序参与家园治理。

（三）着力做实"三级网格治理单元"，构建条块协同的城市基层治理模式

以社区网格为基本治理单元，进一步推动消防、公安、市政管理、行政执法、

市场监管等相关部门职能、资源和力量下沉社区，为党建引领网格共治提供坚实的制度支撑、资源支撑和力量支撑，深化完善“网格预报、街社吹哨、部门报到”的城市基层协同治理新模式。同时，以小区网格为基本服务单元、以楼栋微网格为最小服务单元，深化健全在职党员“两地报到、双岗服务”机制，引领凝聚社区志愿资源和力量共同参与三级网格体系，努力把爱心送餐、助老助残、邻里纠纷调处、平安共建等群众需要的服务延伸到群众家门口，着力解决好“群众家门口的关键小事”。

（四）优化提升“城市枫桥”数字平台，推动数字赋能重塑城市基层治理新优势

以县级行政区为责任主体，由组织部门牵头，以“城市枫桥”数字应用为基础，整合原有的社区治理相关数字化平台，以重塑党建引领网格共治的城市基层治理格局为目标，打造社区治理的综合智治平台。充分发挥组织部门的组织优势，整合分散在相关部门的职能、资源、力量，理顺“吹哨—上报—分流—处置—反馈—评价”等程序机制，持续优化提升和迭代升级“信息一档归集、处置一网协同、服务一屏掌控、预警一图呈现、评价一体联动”的线上线下同步治理新优势。

践行新时代“枫桥经验”，提升城市治理水平
——以市域社会智能化治理为视角

杜红心　陈秀　薛丽*

党的二十届三中全会对进一步全面深化改革、推进中国式现代化作出战略部署，锚定“继续完善和发展中国特色社会主义制度，推进国家治理体系和治理能力现代化”这个进一步全面深化改革的总目标，在全面建设社会主义现代化国家新征程上矗立起新的里程碑。① 党的十八大以来，我国从党和国家事业发展全局和战略的高度，将“市域社会治理现代化”纳入改革与法治“双轮驱动”战略部署中。2019年12月3日召开的全国市域社会治理现代化工作会议强调，推进市域社会治理现代化，既是推进社会治理现代化的战略抓手，又是推进国家治理体系和治理能力现代化的重要内容。实践出真知，社会治理的重点在基层，难点在基层，社会治理的重点必须落实到城乡社区。因为它是社会治理的基础，国家治理的基石。绍兴市委、市政府积极响应国家号召，创新枫桥经验在城市治理中的作用，以基层智治系统建设为契机，迭代升级“141”体系，加强基层智治大脑建设，深化“县乡一体、条抓块统”、“大综合一体化”行政执法、基层治理“一件事”等一批改革，与坚持和发展新时代“枫桥经验”一体融合，融入共同富裕大场景，全方位系统性重塑基层治理体制机制、组织架构、方式流程、手段工具，为市域社会治理现代化提供有力支撑。城市治理是指运用法治、德治、自治、智治等方式

---

* 作者杜红心系杭州国际城市学研究中心浙江省城市治理研究中心副主任，陈秀系浙江大学博士后、浙江警官职业学院副教授，薛丽系江苏海洋大学教授。本报告系浙江省城市治理研究中心绍兴分中心“绍兴城市高质量发展重大研究项目”成果。

① 张烁、王浩：《把进一步全面深化改革的战略部署转化为推进中国式现代化的强大力量——与会同志谈贯彻落实党的二十届三中全会精神》，《人民日报》2024年7月19日(002)。

开展的城市治安防控、公共安全保障、矛盾纠纷化解等活动。故智能化治理是城市治理的重要手段，尤其在人工智能时代和数字经济的背景下，智能化治理无疑在大数据资源和技术迅猛发展的今天对城市治理模式有深刻影响和强力支撑。

一、践行“枫桥经验”提升城市治理水平的探索与实践

各级行政机关以建构“服务型政府”为理念，充分重视城市治理工作，在坚持合法原则和合理原则的前提下积极运用行政权力为百姓化解社会纠纷，增强社会稳定性。同时，各级行政机关积极践行新时代“枫桥经验”协助司法调解，指导和帮助人民调解，建立健全了我国人民调解、行政调解、司法调解相互协作的“三位一体”的大调解制度。

（一）出台配套制度机制

“枫桥经验”是指 20 世纪 60 年代初，浙江省绍兴市诸暨县（现诸暨市）枫桥镇干部群众创造的“发动和依靠群众，坚持矛盾不上交，就地解决，实现捕人少，治安好”的经验，是基层社会治理中国方案的集中体现。1963 年毛泽东同志就曾亲笔批示“要各地仿效，经过试点，推广去做”。2003 年习近平总书记曾指出要坚持发展新时代的枫桥经验。2018 年，中央政法工作会议提出要以总结推广新时代“枫桥经验”为契机，提升我国城乡基层社会治理的现代化水平。党的十九大以后，国家层面对枫桥经验的重视和重申，为新时代“枫桥经验”赋予了新使命，指明了新方向。浙江是习近平新时代中国特色社会主义思想重要萌发地，是“枫桥经验”发源地，也是诉源治理发源地。“‘枫桥经验’是基层社会治理的实践，弘扬新时代‘枫桥经验’要求我们不断推进基层社会治理体系与治理能力现代化，着力源头治理，让矛盾纠纷止于萌芽之时。自 2018 年初，浙江就开始全面探索推进诉源治理，2019 年全省法院收案下降 4.6%，系全国唯一收案出现负增长省份，2020 年收案数同比下降 7.2%。在 2020 年国家司法文明协同创新中心发布的报告中，浙江位列‘中国司法文明指数’第一名。全省人民群众安全感满意率不断提升，2020 年高达 97.25%。”①2022 年 12 月发布的《绍兴市加快推进数字政府建设实施方案》指出，充分发挥数据关键价值，深入推动治理理念、机制、工具等全方位、系统性、重塑性变革。在人工智能时代和数字经济的背景下，

① 《中央深改委今年首次会议专题研究如何从源头化解矛盾纠纷诉源治理的浙江创新实践》，《法制日报》2021 年 2 月 22 日。

智能化治理无疑对城市治理模式产生深刻影响、提供强力支撑。绍兴市政府注意到并在一定程度上做到了社区治理“数据＋智慧”和乡村社会治理“网格化＋联防联治”，开始逐步利用浙里办、浙政钉等手段开展数字化管理和服务，但大数据与社会治理之间的逻辑关联、深层结构和互动作用原理尚未进行深入探讨，数字化治理水平还有待提高。

目前，除了绍兴以外，在全国范围内有许多城市开始践行枫桥经验，提升市域社会智能化治理的水平。例如，为了践行新时期枫桥经验，提升城市治理水平，河南省安阳市制定出台了《安阳市社会治理促进条例》《安阳市城乡社区社会治理网格化服务管理规范》《关于在全市推进城市社区治理精细精准工程的实施意见》《关于在全市推行乡村社会治理“网格化＋联防联治”工作的指导意见》《关于在全市开展“十百千万”平安创建活动的实施意见》等一系列政策性文件。“网格化＋联防联治”的做法，正是发挥群众社会治理优势的体现，也是枫桥经验在社会治理中的传承和发展。“它山之石，可以攻玉。”安阳市在市域社会治理方面的做法，可以为绍兴市提供有益借鉴。

（二）构建高效治理体系

1963 年，毛泽东同志对“枫桥经验”作出重要指示：“要各地效仿，通过试点，推广去做”，“坚持和发展新时代“枫桥经验”，把非诉讼纠纷解决机制挺在前面，推动更多法治力量向引导和疏导端用力，加强矛盾纠纷源头预防、前端化解、关口把控，完善预防性法律制度，从源头上减少诉讼增量” 。[①] 20 世纪 80 年代，美国大法官金斯博格到中国访问时曾经高度赞扬我国“枫桥经验”在社会治理中的作用。

孔子曰：“听讼，吾犹人也，必也使无讼乎。”这里表达的是儒家“无讼”的理想追求。五千多年的中华民族“和为贵”“息诉”的文化传统和社会心理适合我国国情、社情、民情，具有强大的生命力。调解作为推进基层社会治理法治化的重要力量，不仅坚持依法调解，而且在调解过程中宣传社会主义法治，弘扬社会主义核心价值观，引导广大群众尊法、学法、守法、用法，营造办事依法、遇事找法、解决问题用法、化解矛盾靠法的社会氛围。例如，绍兴市坚持和发展新时代“枫桥经验”全面推进村社减负增效改革、构建县域网络安全“三清三不”智治体系等获得省改革突破奖，位列全省第三。全面承接全省数字法治整体架构，培育全市“五个一批”重点应用 64 个。加强平安法治平台建设，做实做强平安综治、监管执法、应急管理、法治宣传四条子跑道，加快推进相关业务功能向平安法治平台

---

① 《关于加强社会主义法治文化建设的意见》，人民出版社 2021 年版，第 9 页。

集成，构建市、县、镇和村社网格一网通达、多部门协同联动的平安法治工作体系。加强城乡公共安全视频监控系统等体系建设，实现全市“雪亮工程”乡镇联网全覆盖。公安大脑、民情智访等工作得到时任副省长、省公安厅长王成国同志批示肯定；法院企业“破产一件事”应用入选浙江省数字化改革“最佳应用”，得到省高院院长李占国同志批示肯定；检察院在全国检察机关大数据法律监督模型竞赛中获奖数量全国第一；司法局以数字化改革推动“两法衔接”，建设信息分析研判平台，着力解决行政执法与刑事司法的边界问题。此外，嵊州“企情日记”获绍兴市委温书记批示肯定。“枫桥式”护企优商模式、纺织行业知识产权保护入选全省首批营商环境最佳实践案例（全省排名第二），柯桥区公平竞争环境评价全体系建设、上虞区节余排污权租赁管理改革、新昌县搭建创新服务云平台等3个项目入选营商环境“微改革”省级项目库。通过市域社会的智能化治理，可以对矛盾纠纷进行源头预防，积极发现问题的端倪，把问题解决在萌芽状态。营商环境的优化，可以减少企业发展中的矛盾，减少一些不必要的诉讼，对息诉罢访有重要作用。总之，无论是数字化改革还是营商环境优化，都需要发挥群众在市域社会智能化治理中的作用，不断创新和发展新时期枫桥经验。

（三）加强城市治理平台建设

加强市域社会治理现代化信息平台建设，将社会治安、安全生产、环境保护等多项城市治理问题纳入统一平台进行现代化管理，并充分运用大数据、地理信息共享平台和公共服务平台等现代科技手段，不断创新社会治理体系和机制，提升社会治理现代化水平。创新数字应用，提升智治能效。例如，绍兴市推进浙里民生“关键小事智能速办”，50项“关键小事”应用上线，实现100%贯通，绍兴市每万人办件量位居全省前列。“政务网络安全智治”的经验、制度成果在中央网信办《网络安全工作》中发表，获时任省委袁家军书记批示肯定。例如，绍兴以数字化改革为引领，不断强化数字赋能，推动治理提升。此外，绍兴市以基层智治系统建设为契机，迭代升级“141”体系，加强基层智治大脑建设，深化“县乡一体、条抓块统”、“大综合一体化”行政执法、基层治理“一件事”等一批改革，与坚持和发展新时代“枫桥经验”一体融合，融入共同富裕大场景，全方位系统性重塑基层治理体制机制、组织架构、方式流程、手段工具，为市域社会治理现代化提供有力支撑。

（四）高技术支撑精细精准

运用数字化手段，解决信息掌握难的问题，通过大数据手段发现城市治理问题，把纠纷化解在萌芽状态。例如，绍兴市推进与省矛调协同，应用系统业务协同和数据对接，强化矛盾纠纷大数据分析。进一步完善“数智”法治宣传教育基地线上线下平台运行机制，实现普法资源的融合、融通和融智。深化司法鉴定、公证、仲裁、法律援助、人民调解等信息化系统迭代升级，进一步优化线上线下服务、数字化综合管理、数据共享对接应用等功能，着力提升数字化、智能化服务质效。此外，城市社区的精细治理也已经初显成效：一是城市社区治理精细精准。实现社区治理“数据＋智慧”，以科技保障提升基层治理智能化水平。对城市社区社会治理要素实行精细精准管理，全面提高城市社区社会治理水平，营造安全有序的良好生产生活环境。二是城市治理“网格化＋联防联治”。以“网格化＋联防联治”为载体，着力实现城市社会治理在“网”上完善，公共服务在“格”中见效，安全稳定在“面”上体现，不断提升城市治理的信息化、智能化、精细化水平。例如杭州市建立社区网格员制度，在治安防范、巡逻防控、人员管控、车辆管控、服务群众等方面彰显了重要主导作用。

（五）坚持正确导向

人民利益是市域社会智能化治理的根本落脚点，人民群众是办案质效的首要评判者，故要坚持人民至上，关注人民群众诉求，用心用情为民办实事。坚持以大平安为导向，社会环境持续和谐稳定。一是完善工作体系，织密防控网络。例如，绍兴市围绕“社会大局总体稳定、平安建设整体晋位”工作目标，形成全领域闭环管控、全层级责任压实、全节点工作推进“三大体系”，固化提升研判预警、动态摸排、闭环处置、暗访检查、整治提升、等级响应、应急处突、基层基础、通报晾晒、评价奖惩“十项机制”，进一步压紧压实市级主导、县级主抓、镇级主战、村级主防、单位主体“五级责任”，有效闭环管控政治安全、社会治安、社会矛盾、公共安全、经济金融安全和网络安全“六大领域”风险，打造“全面安全、全域安全、全程安全、全量安全”的本质安全社会环境。创新打造“枫桥警务模式”，推进治安防控体系“一圈七网”建设，印发并实施《全面推进社会治安防控体系建设三年规划》《绍兴市社会治安防控体系建设“十四五”规划》，成功创建全国社会治安防控体系建设示范城市。二是推进“除险保安”，筑牢安全底线。例如，绍兴市以“除险保安”专项行动为抓手，全市命案、五类案件保持全破，命案积案攻坚、扫黑除恶、打击跨境网络赌博、打击治理电信网络犯罪等多项工作绩效全省领先，刑事发案、电诈发案、民转刑等案件同比下降，圆满打赢党的二十大维稳安保攻坚仗。维护政治安全，反恐工作位列全省前列，全市重点人员牢牢管控在当地。创建多个无邪村社、平安学校、无案（降发案）村社。健全疫情防控“应急”和“常态化＋”社区防控和社会稳定工作体系，定期开展“敲门行动”，动态掌握人员底数，在疫情防控期间发挥了重要作用。三是健全矛调机制，提升化解质效。浙江省率先推行三级矛盾纠纷调处化解体系和综合协调机制，全省试点开发社会矛盾风险防范化解应用（“数智枫桥”综合集成应用）获评全国政法智慧治理创新案例。推广应用浙江“解纷码”，深化拓展矛盾纠纷在线调解、远程调解，及时高效地把各类社会矛盾纠纷化解在基层，实现“线上”和“线下”调解互为补充、协调联动。落实《贯彻落实信访工作条例推进信访工作现代化的通知》精神，创设信访“十条责任清单”和“十条负面清单”，建立线索移送、横向协调等机制，形成信访工作“大监督”局面，涉稳风险化解率和矛盾纠纷化解率均逐步提高。

（六）以新治理格局提升城市治理效能

党的十九届四中全会强调，构建系统完备、科学规范、运行有效的制度体系，加强系统治理、依法治理、综合治理、源头治理。绍兴坚持以大联动为格局，治理效能得到全面提升。一是推动协同共治。协同治理理论，起源于 20 世纪 70 年代由德国理论物理学家赫尔曼·哈肯（Hermann Haken）提出的“协同学”，是一种综合治理概念。这一理论强调公共机构与非政府相关方的合作，旨在集体决策制定或执行公共政策、管理公共项目或资产。① 各地各部门要牢固树立系统集成融合的理念，推动经济、政治、文化、社会、生态文明“五位一体”的系统治理和政府、社会、市场三大主体的协同治理，激发治理的“联动效应”“共生效应”。全面实施“枫桥式”联创联建，以系列品牌建设推进“枫桥式”治理共同体建设，实现“枫桥经验”从“盆景”向“风景”转变，已获省部级“枫桥式”荣誉（认定）223 项，收获“枫桥经验”理论成果 150 余项、制度成果 40 余项、实践成果 90 余项。二是加强法治保障。颁布施行全国首部地方创制性立法《绍兴市“枫桥经验”传承发展条例》，形成党政社群、市县镇村共同坚持和发展新时代“枫桥经验”新局面。制发《绍兴市重大决策社会风险评估实施细则》，推动实现市县乡三级法律顾问全覆盖。推进公共法律服务智能终端设备在基层站点应用，实现乡镇（街道）普及率 100%，居全省第一。三是推进德治教化。围绕“浙江有礼·德润越地”市域品牌，开展“我为文明绍兴代言”系列活动。建立市县乡村四级好人选树机制，共推荐评选产生“中国好人”56 人、“浙江好人”239 人，“绍兴好人”470 人。村社均建立红白理事会，“百户百应百帮”等善行榜、义举榜平台，营造“学习好人、争做好人”的浓厚氛围。四是突出自治强基。积极探索新时代群众工作方法，激发群众参与社会治理的积极性和创造力。高质量完成村社换届，“三级过堂”定好“一肩挑”人选。深化全市清廉村居建设，我市被评为省级清廉单元建设基层成

① 何水：《协同治理及其在中国的实现——基于社会资本理论的分析》，《西南大学学报》（社会科学版），2008 年第 3 期。

绩突出单位。启用市级社会组织党群服务中心，落实社会组织备案管理制度，区(县、市)社会组织示范基地全覆盖。配齐配强社会工作专业人才，创新村(社)与社会组织等联动机制，形成了村嫂志愿服务队、“红枫义警”等一批社会组织参与基层社会治理品牌。

(七)利用智能方式化解社会矛盾

人民是否享有民主权利，要看人民是否在选举时有投票的权利，也要看人民在日常政治生活中是否有持续参与的权利；要看人民有没有进行民主选举的权利，也要看人民有没有进行民主决策、民主管理、民主监督的权利。社会主义民主不仅需要完整的制度程序，而且需要完整的参与实践。我们可以通过人民调解鼓励人民群众参与社会治理，促进全过程人民民主建设。在数字时代，可以利用智能化的方式进行数据整理，并利用智能化设备增加人民调解的成功率。

“不管城市化进程如何快速和深入，中国依然有相当多的人口生活在乡村社会。从发展眼光来看，目前有些村庄注定会从中国的地理版图上消失，有些村庄将发展成为新型城镇或既有城镇的组成部分，有的村庄将维持下来，转化为从事现代农业兼观光旅游的生态村庄等等。”①

“郡县治，天下安”，充分发挥人民群众的智慧，把矛盾化解在基层，有利于国家的长治久安。在市域社会治理智能化时代，我们可以利用多种智能方式来化解社会矛盾，比如绍兴市有关部门利用数字平台建立“解纷码”，助力当事人在网上顺利解决纠纷。此外，绍兴市政府大力推动共享法庭建设，推动矛盾解决的智能化和现代化。共享法庭的第一个功能优势是融合性。共享法庭的运行机制大致有三种，一种是依托乡镇矛盾调解中心，融合各部门共同参与，一种是植根村社，为村民带去便利的诉讼服务，还有一种是特设型，结合金融、保险、邮政、妇联、工会等，将共享法庭开到矛盾纠纷的第一现场。②

(八)加强诉源治理，建立多元纠纷化解微体系

2023 年，最高人民法院和司法部印发《关于充分发挥人民调解基础性作用推进诉源治理的意见》，要让矛盾纠纷解决在基层、化解在诉前，充分发挥人民调解在矛盾纠纷多元化解机制中基础性作用。实现矛盾纠纷前端化解、实质化解，

---

①　景跃进：《中国农村基层治理的逻辑转换——国家与乡村社会关系的再思考》，《治理研究》2018 年第 1 期。

②　参见韩振文、张思雨《共享法庭制度化发展的现实困境与优化路径——基于浙江省的实证考察》，《理论月刊》2023 年第 6 期。

坚持预防为主、协调联动,从加强矛盾纠纷排查预防、加强基层矛盾纠纷化解、加强重点领域矛盾纠纷化解、加强重大疑难复杂矛盾纠纷化解四个方面,对夯实人民调解"第一道防线"提出具体要求。村(社)作为国家治理体系和治理能力现代化水平提升的关键场域和"中国之治"的"微细胞",必须发挥"基层之治"的能动作用。基层是社会的末梢单元,正确处理基层人民内部矛盾,妥善化解纠纷,营造和谐稳定的环境,是多元化解矛盾纠纷机制主要实践路径。在市域社会治理智能化的研究中,我们应着重研究如何利用智能科技统筹各类调解服务资源,联动各类非诉讼纠纷化解方式,在村(社)级建立多元纠纷化解的"智能微体系"。

(九)树立依法治理的治理理念

调解制度有利于鼓励人民群众参与社会治理,促进全过程人民民主建设。人民调解是指人民调解委员会通过说服、疏导等方法,促使当事人在平等协商基础上自愿达成调解协议的民间活动。人民调解的原则有八:第一,在当事人自愿、平等的基础上进行调解;第二,不违背法律、法规和国家政策;第三,尊重当事人的权利,不得因调解而阻止当事人依法通过仲裁、行政、司法等途径维护自己的权利。2010 年颁布的《调解法》的优点有:第一,巩固了人民调解群众性、民间性、自治性的性质和特征;第二,不违法的原则确定;第三,进一步完善了人民调解的组织形式;第四,进一步明确了调解员的任职条件、选任方式、行为规范和保障措施;第五,进一步体现了人民调解的灵活性、便利性;第六,确认了人民调解与其他纠纷解决方式之间的衔接机制;第七,进一步明确了人民调解协议的效力和司法确认制度;第八,加强对人民调解的指导和保障。《调解法》的颁布,为践行枫桥经验提供了有力保障。在数字时代,调解的形式和方法更加多样,可以利用网上调解方式,让群众参与调解更便捷。政府可以通过对调解的数据分析,发现民生的热点问题,提高城市治理的智能化水平。

二、城市治理智能化建设中面临的主要问题

《全国市域社会治理现代化试点工作指引》强调,治理方式现代化,主要是充分发挥"五治"作用,以政治强引领、以法治强保障、以德治强教化、以自治强活力、以智治强支撑,增强市域社会治理系统性、整体性、协同性。"五治"中的"智治"在大数据资源和技术迅猛发展的今天对治理模式无疑有着深刻影响和强力支撑。尽管注意到并在一定程度上做到了社区治理"数据+智慧"和乡村社会治理"网格化+联防联治",但政府数据共享困难重重、公共数据开放进度更是缓

慢、尚未实现关注度从“民生数据”向“民情数据”的嬗变，以及智能化市域社会治理体系尚未完全构建；大数据与社会治理之间的逻辑关联、深层结构和互动作用原理尚未进行深入探讨；在项目协调方面，各级政府启动了许多与社会治理有关的风险预警、绩效评估和数据分析项目，然而其既未将社会治理视为有机整体，亦未将政府的回应策略纳入体系，造成信息碎片化与回应无序化。

（一）政府数据共享开放路漫漫

目前的政府数据品质还有待进一步提高，其原因主要是政府机关仍存在一定的各自为政的传统观念、接口等不匹配的技术问题或壁垒、数据安全数据隐私泄露的担心以及大数据局成立时间不长，人力财力不足等问题。在政务大数据共享开放的推进过程中，实际上面临着三大挑战：第一，存在部门保守主义，不愿意共享开放。政府部门各自为政，把数据占有当成自己的权力，数据的共享开放意味着权力的流失或者旁落，因此从自身权力和利益出发，不愿意主动提供数据。数据共享都做不到，或是做不完全，开放的效果自然无法保障。第二，法律法规制度不够完善，不清楚哪些数据可以跨部门共享和向公众开放。政府开放数据最担心的是会侵犯隐私数据。目前《中华人民共和国民法典》《中华人民共和国个人信息保护法》和《中华人民共和国数据安全法》以及各地的规章中都以“应当保护涉及个人隐私的数据”这一宣示性的语句彰显法律对隐私权的概括性保护，对于隐私数据的判断标准却未予明确。调研中也发现，数据管理部门对于隐私数据的判断也模棱两可，致使管理者在实际操作中时常依其“自由心证”。各地的规范性文件都要求对政府数据进行分级分类，对政府数据开放分为无条件开放、有条件开放（或受限开放）和不予开放（或禁止开放）三种类型。无条件开放的隐私数据可能较少，除非当事人明确表示同意或者是已脱敏、加密等处理的禁止开放类与受限开放类公共数据，符合无条件开放的，也可列为无条件开放类数据。由于隐私数据判断标准不明确，政府数据开放时就愈发谨慎，往往把隐私数据列入禁止开放类。这虽然是一种对隐私的强保护主义，但个人隐私内容庞杂，且动态变化，其中又可以根据数据与隐私关联程度的高低划分为高敏感、较敏感和低敏感数据，较敏感和低敏感数据经过脱敏、加密或匿名化处理后具有不可识别性，从而有可能无条件开放或者受限开放。第三，数据共享及大数据应用的技术标准和运用规范还不够完善。数据正成为市域社会发展的重要基础性战略资源，亦是市域经济转型升级与社会治理变革的新动力、新途径、新机遇。目前，政府数据在开放和共享方面还存在一些壁垒，通过大数据分析和挖掘社会治理难题的能力还有待提高。

(二)关注度未从"民生数据"向"民情数据"嬗变

"民生数据"作为传统数据,所关注的是民众出行、消费、储蓄等行为数据,政府在数据采集上尽管运用了大数据技术,但仍然是聚焦于经济维度的"民生数据";尽管"民生数据"能够体现和反映民众的生活状态和生活需求,但无法直接说明民众在特定生活状态下的心理状态、态度偏好和社会诉求。而这正是"民情数据"所关注的。"民情数据"是对民众诉求的直接反映,是对民众意见的动态感知。在网络化时代,民众的情感、态度和诉求经由新媒体、自媒体和社交媒体的催化和聚集而日益多元化、多样化和多歧化,而在此基础上形成的政治立场、价值观念和行动取向往往会处在"分裂增大→区隔固化→对抗激化"的发展过程之中。在这种情况下,对于民情数据的把握尤其重要和关键,否则就会使政府的决策和施策行为陷入困境。

"智能化市域社会治理"以人为核心,强调以民众的诉求为关切点,增强政府对民众的回应性。而对民众个体的情感、态度和诉求等"民情数据"的把握,就成为智能化社会治理的首要突破口和创新着力点,也是提高民众幸福感获得感和安全感("三感")的重要途径。在智能化市域社会治理建设中,对"民情数据"的把握需要对网络空间的民情民意数据展开进一步处理和分析,从中抽取出民意表达模式和特点,对能够体现治理过程、反映治理诉求和行动取向的相关数据进行收集、处理和展示,形成汇总水平的有价值信息。在这个意义上讲,较之于传统的数量型民生数据,民情数据的采集和分析模式对数据采集和分析方法都提出了更高的要求,其所包含的信息也更为丰富和多元,承载着更为丰富的有关治理主体、过程、诉求及行动的信息,服务于更为严谨的政策研究和决策制定。

(三)规范制度不完善,数据合规使用的保障机制有待健全

依法依规推进公共数据和社会数据汇聚共享、合理利用,能产生巨大的商业价值及社会价值,更好推动数字经济发展,加快数字红利释放。然而关于公共数据、社会数据的概念以及两类数据汇聚共享的促进机制和具体规则,国家层面没有明确立法和规定。

通过检索国家法律法规数据库,发现绍兴市缺乏市域社会智能化治理的法律法规。由于目前绍兴市数据汇聚共享的立法和保障机制不足、数据私有化思维阻碍以及担心数据安全风险等,导致两类数据汇聚共享的质和量都存在严重问题。目前,浙江省出台了《浙江省公共数据管理条例》,为市域社会智能化治理提供了法治基础,但是在很多细节方面还不够完善。绍兴市应在借鉴 GDPR、《欧盟数据法》和美国开放数据运动的立法和实践基础上,出台专门法规,为社会

数据汇聚共享提供规范指引。同时，绍兴市政府应该构建数据使用的通用标准和制定激励措施，为政府公众协同共治奠定基础。

（四）数字治理理论不成熟，大数据与社会治理的关系亟需厘清

2022 年 12 月发布的《绍兴市加快推进数字政府建设实施方案》指出，充分发挥数据关键价值，深入推动治理理念、机制、工具等全方位、系统性、重塑性变革，坚持创新驱动发展，重构全市资源，激发数字活力，加快构建政务管理协同高效、便民惠企智能创新、市域治理精准泛在，更具城市吸引力、创造力和竞争力的网络大城市。在人工智能时代和数字经济的背景下，智能化治理在大数据资源和技术迅猛发展的今天对城市治理模式无疑有着深刻影响和强力支撑。尽管绍兴市政府注意到并在一定程度上做到了社区治理“数据＋智慧”和乡村社会治理“网格化＋联防联治”，但大数据与社会治理之间的逻辑关联、深层结构和互动作用原理尚未进行深入探讨。例如目前绍兴市已经在很多地方设置了网格管理员，也开始逐步利用浙里办、浙政钉等手段开展数字化管理和服务，但是还缺乏对相关原理的深刻研究，数字化治理水平还有待提高。

（五）目前数据共享难度还很大，数据孤岛现象依然存在

在实地调研走访和网络检索中发现，目前绍兴市政府数据共享困难重重，数据开放更是缓慢，其原因是政府认为开放数据可能更多是承担责任和风险，积极性不太高。例如，浙政钉中的许多内容，只有有关工作人员才有权限，并且不同单位的数据也缺乏共享，很多不涉密的信息也被加密设置。其实目前不只是绍兴，这也是全国普遍存在的现象。数据孤岛的产生，一方面是技术壁垒的原因，另一方面就是政府担忧信息泄露和数据侵权，导致在市域智能治理环节，不能充分发挥群众的智慧。

三、践行“枫桥经验”加快市域社会智能化治理的对策与建议

（一）全面培育市域社会智能化治理理念

前文已述，目前政府数据共享困难重重，数据开放更是缓慢，其原因是政府认为开放数据可能更多是承担责任和风险，积极性不太高。实际上这是政府认为数据开放中隐私保护的风险和责任应由自己完全承担。这种单向治理社会、服务社会的意识已经不能适应社会的发展需求。政府应当践行新时代“枫桥经

验",树立"合作行政"和"包容创新、审慎平衡"的理念。

1.合作行政理论

党中央提出推进国家治理体系和治理能力现代化,根本目的是希望通过一种开放、包容、兼容的方式,在坚持党的领导下,让更多的非政府组织、志愿团体、个人等社会群体参与现代化国家的治理,改变过去仅仅由政府管理所带来的缺陷和不足,通过政府与各种社会群体之间的平等、协商与合作的模式来共同治理社会,共同解决社会治理过程中出现的矛盾、冲突与问题。譬如,政府把失踪儿童数据开放,有利于社会一起找回失踪儿童;经营个人、企业信用信息平台的企业,把获取的政府开放数据进行利用,不仅可以向社会提供个人信用调查、企业工商信息、失信信息等数据查询的有偿服务,而且可为信用社会建设提供支撑。此时,政府数据成为一种可以建立合作关系的资源,这正是合作行政理论的体现。合作行政中一个重要元素是契约。在合作行政过程中,政府依法履行职责,不越位、缺位、错位,依约履行义务。行政相对人自觉配合与遵守契约的约定,享有因守约而换取的权益。具体到政府数据开放,政府应主动邀约企业及行业协会、公民和其他数据利用主体参与数据开放的治理,约定好各自对隐私保护的责任和义务,在数据开放中发挥各自的作用。政府作为数据开放主体,亦是隐私数据保护的主体,应承担隐私数据的判断、不可识别化以及开放中的评估维护和泄漏时的救济等责任;企业作为数据利用主体,不仅要从数据的开放利用中获益,更要特别注重对隐私的保护,在发现政府对隐私数据的处理有瑕疵时,企业要做好后续维护隐私数据安全的工作,换言之,对隐私数据的保护义务成为其利用数据的对价。故政府可以和企业签订《公共数据开放利用协议》,按照开放利用协议约定的范围使用公共数据,并依照开放利用协议和安全承诺书采取安全保障措施,保护隐私数据;作为数据提供主体的公民要大力支持政府数据开放,愉快接受要约,提供个人数据,同时也换取了利用数据和监督数据安全使用的权利。数据提供主体和数据利用主体角色不是恒定的,根据场域不同,角色可能互易。故此,政府数据开放强调数据提供主体(主要是个人和企业)、数据开放主体(主要是政府)与数据利用主体(主要是企业)的积极互动,通过契约方式,确定权利义务,形成三方共赢的场景,而非一种单方的义务行为。通过合作行政,不仅提升了政府数据开放的数量和质量,也提高了三方主体对隐私数据保护的责任感,从而形成合力增进社会福祉的局面。

2."包容创新、审慎平衡"的理念

上文已谈到国家层面尚无隐私数据明确的判断标准,成为数据开放的一大阻碍,但数据开放是势在必行之举。故"包容创新"的意义在于容忍数据开放在发展初期轻微的“非法性”，强调对数据开放开展探索性创新工作时的“免责性”。只要政府机关及其工作人员在职责范围内对数据开放工作进行创新探索，即使未能实现预期目标，工作中出现失误（譬如隐私数据少许泄露），只要符合一些条件，就应当免除相关责任，行政机关就不应实施行政处罚。同时符合的条件包括：①符合国家和本省确定的改革方向；②未违反法律、法规禁止性、义务性规定；③符合程序规范要求；④勤勉尽责，未牟取私利；⑤主动挽回损失，有效消除不良影响，或者有效阻止危害结果发生或蔓延。实际上，加上第五个条件后对从业人员犯错的包容度更小一点，到底是否增加第五个条件，可以根据本省本地区的实际情况来定。

“审慎平衡”的意义在于数据开放和隐私保护的平衡度要把握好。数据开放更多的是为了公共利益，隐私保护是为了个人利益，应当坚持比例原则和合作治理原则，平衡好两者的关系。在实践中应采取试验性开放和数据开放监管评估强化机制，在试验中开放，在开放中评估保护，两手都要硬，不可偏废，通过数据保护更好地提高开放数据的质量。对高敏感数据要有底线思维，该禁止开放就不能受限开放；而对低敏感数据能够通过采取技术措施后不对个人产生影响，就无条件开放，从而保障公共利益和个人利益的平衡，最终实现数据有效开放。

3. 协同治理理论

市域社会治理是国家治理在市域范围的具体实施，是国家治理的重要基石。市域社会治理作为国家治理在市域层面的空间表达，既具有国家治理“规定动作”的普适性，又具有市域社会治理“自选动作”的独特性。市域社会治理既要贯彻落实好中央关于国家治理的大政方针、制度安排、决策部署和上级的任务要求，又要立足实际对本市域社会治理统筹谋划、周密部署、推动实践，在国家治理中具有承上启下的枢纽作用。目前，各级地方党委和政府对协同治理理论的理解有待深化，需要加强计算机安全、数据安全、网络安全等方面的专业人才培养。理论宣讲是理论工作的重要组成部分，而坚持创新则是理论宣讲能够持久保持活力的关键所在。要让市域社会智能化治理这个新理念成为新时代中国社会治理的新理论，就需要由中央政法委统筹安排理论宣讲，从根本上讲清楚什么是市域社会智能化治理，厘清其与基层社会治理现代化的区别，形成正确的理念和方法，统一思想行动、凝聚奋进力量。主要建议：一是主要领导带头讲。把市域社会智能化治理理论、党的二十大精神与实际工作紧密联系起来，增强针对性，提升实效性。二是组织技术培训。把各个单位从事本单位数据共享、数据开放和平台维护的工作人员组织起来，通过精心组织的高水平的培训，真正把工作人员专业化，在从事数据共享、数据开放和平台维护等工作时得心应手，而不是无法开展或开展不顺畅。三是充分利用新媒体和大众传播的理论，将理论宣讲的一次传播转变为借助现代媒体的多次传播，充分宣讲市域社会智能化治理的重要性，强调政府之间数据共享的必须性，强化公共数据开放的必要性和紧迫性，实现全域性的资源整合、跨领域的融合、跨部门的结合和跨区域的联合，形成多形式、分层次、融合式的宣讲载体，要通过各级党校开展市域社会治理理论研修班，通过政法系统设置专门的市域社会治理专题研讨班，通过高等院校主办市域社会智能化治理能力培训提升班，多种形式共同发力，协调奋进，搭建创新、传播市域社会治理的时代平台，形成市域社会智能化治理新格局。

4. 强调平台型企业、民间团体和社会组织的作用

在存在的问题部分已经谈到目前“对市域社会治理过程中政府与社会互动规律认识不清晰”。其实“强社会”并不必然是“弱国家”，“大政府”也不必然是“小社会”。赋予社会主体权利、扩充社会自治空间，进而从“压制型”社会形态过渡到“适度型”社会形态，本身就是国家公权和社会治权之间的互动共治和相互赋权。只有在市域社会的建设中，我们才更加强调社会自治权的明晰和主动。社会主体的存在形态决定了社会的存在形态。作为社会的动物，人天然地趋向于结群，而结群就意味着利益的集中和组织、团体的出现。例如，作为行使社会公权力的“非政府组织”“准政府组织”“非营利组织”“中介组织”“志愿组织”等，都可视为人民结群而成的团体。因此，在社会治理过程中，充分发挥平台型企业、市场团体、自治组织和行业协会的作用并调动其积极性，不仅构成了对国家公权力的监督和制约，实现人民的政治民主价值，而且也能让人民切切实实地受到“实惠”。在复杂的人民群体和众多利益诉求面前，政府因性质、资源、能力、信息的有限性，将会在众多的社会领域留下不能做或不便做的公益“空缺”。而社会组织则可以自动地运用其所掌握的社会资源，无微不至地关怀着那些被国家公权力所遗忘的角落①。如社会中介组织、基层群众自治组织、社区服务组织等就在协助政府承担部分社会公共事务，在数据安全、个人信息保护等宣介工作和照顾公民生老病死、下岗再就业、婚姻家庭纠纷等日常生活问题上，起到了不可替代的作用②。

在践行枫桥经验，充分发挥平台型企业、民间团体和社会组织等群众性组织参与市域社会智能化治理的过程中，需以政府为主导、技术型企业为主力、公众参与为纽带，一要思考如何形成覆盖有线与无线互联网、各种社交网络、各种使用终端在内的社会化统一数据平台，通过大数据挖掘和分析技术，有针对性地解

---

① 徐靖:《论法律视域下社会公权力的内涵、构成及价值》,《中国法学》2014 年第 1 期。

② 徐家良、廖鸿:《中国社会组织评估发展报告(2014)》,社会科学文献出版社 2014 年版,第 86-89 页。

决社会治理难题。二要思考如何针对不同社会细分人群，提供精细化的服务和管理。同时建立数据库资源的共享和开放利用机制，不仅打破政府部门间的“信息孤岛”现象，也加强政府与社会公众间的互动反馈，不断扩大在教育、医疗等领域的应用，使数据驱动的社会决策与科学治理常态化。三要思考如何通过制定及完善大数据技术标准和运营规范，构建大数据良性生态环境，调动市域社会治理主体积极、有序地运用大数据技术来创新市域社会智能化治理。

（二）统筹构设市域社会治理现代化体制机制

1. 以融合为目标，深化部门协作

建立部门协作配合制度。涉及多个部门联办的事件，牵头部门要及时牵头组织开会协商，明确工作落实方案和各部门职责，组织实施事件办理工作。其他部门接到牵头部门告知情况后，要及时明确分管领导和工作落实的责任处室，将有关情况告知牵头部门，并主动参与开会协商，按照职责分工全力配合牵头部门抓好工作落实。

2. 统筹推进数据信息共享制度，开发全国领先的市域社会治理大数据云平台

在保护国家秘密、商业秘密和个人隐私的前提下，充分合理地使用共享数据。以服务为枢纽，统筹力量资源，打牢市域社会治理指挥运行机制的实战基础，其中最主要的是要将公安、应急、人社、综合执法、卫健委等部门的信息一体化，统筹整合综合治理力量。

3. 以党建为统筹，充分发挥党的领导在市域社会智能化治理中的作用

法安天下，德润人心。德礼与法律起源于中华民族的文化土壤。从商周时期，周公就提出“敬天保民”和“明德慎罚”等思想，开启了中华民族民本思想的先河，几千年来礼法并用、德法共治一直是我国国家治理的重要内容与鲜明特色。例如，绍兴市坚持以大党建为引领，充分发挥政治优势提高治理实效。一是擦亮党建“金名片”，持续丰富内核。深化推进习近平总书记对绍兴基层党建“三张金名片”指示批示的创新拓展，不断提升治理实效。在“契约化”共建方面，越城区坚持“共同体”理念，创新搭建“越有约”系列“契约化”七大党建联建，荣膺“2020全国社会治理创新典范区”，获评“2021 全国基层社会治理创新区”。在驻村指导员方面，柯桥区发布全国首个《驻村指导员工作标准》，并固化成果申报为地方技术性规范，为全省、全国驻村指导员工作提供有益借鉴。在民情日记方面，嵊州市打造了数字化民情场景和实体化实践中心，开展常态化民情分析、网格化闭环管理和一体化综合评价。二是构筑党建新引擎，贯通治理末梢。各地各部门

始终坚持把党建引领作为提升基层社会治理能力的根本路径,深化"党建+社会治理"有效途径和载体,进一步提升社会治理体制和机制现代化。深入推进党建统领网格智治,全市划分网格 7013 个、微网格 42959 个、专属网格 782 个,并纵向贯通社区党组织、网格党支部、微网格党小组,横向融合小区党支部、业委会、物业企业,整合党建指导员与网格指导员,推动基层治理"末梢"体系化。三是打造党建新品牌,提高治理成效。创新开发"浙里兴村治社"(村社减负增效)数字化应用,建立村级组织工作准入清单和过筛机制,梳理涉村事项 185 项类,入选全国社会治理创新案例(2022 年),获评 2022 年浙江省最佳应用,连续两年获省改革突破奖。上虞区积极打造"凤凰领航 · 红漫娥江"党建品牌,重点培育兴村治社名师、示范村社党组织书记、优秀专职工作者的领头雁"十百千"培育工程,推动党的组织体系与治理体系有机衔接。诸暨市委出台《关于坚持发展新时代"枫桥经验"加快推进基层社会治理现代化的意见》,建立健全新时代"枫桥经验"制度体系。新昌县建成全市首家公办公营"一老一小"服务综合体,建立党建引领、多元主体参与的志愿者队伍,全面推进"一老一小"服务优质共享,以优质服务夯实治理根基。

(三)智能化市域社会治理体系的构建与实现路径

1. 开放数据是智能化社会治理的关键一环

党的十八届五中全会提出了创新、协调、绿色、开放、共享的新发展理念,全社会正在形成一种协同发展、共享成果的共享经济。"枫桥经验"是非正式法律制度中寻找化解社会矛盾问题的典范,成功奥秘在于能够立足中国国情,闯出一条切实有效、以非诉讼方式解决社会矛盾纠纷的治理道路。[①] 当下经济社会的发展越来越依赖于数据,因而亟须推动政府数据开放全面落地。但是当前我国的政府数据开放处于自发与自觉的耦合,其中自发的因素多过自觉。合作行政理论启示我们,应当转变政府职能,从数据开放的主导者变为数据开放的参与者,让民众也能够参与治理。故在制度构建方面,应从明标准、变模式、建体系、立法律这四个方面综合入手,补齐政府数据开放制度的结构性缺失,使政府数据开放更加规范合理,激发各方主体的能动性,积极参与数据开放的构建,早日实现发展成果的全民共享。

法治是社会治理的最优模式,积极运用法治思维和法治方式化解矛盾是法

---

① 参见赵海丽:《基层检察室运用枫桥经验的若干思考》,载《赤子(政法论坛)》2014 年第 10 期。

治社会建设的内在要求。2020 年 3 月颁布的《中共中央国务院关于构建更加完善的要素市场化配置体制机制的意见》明确提出："推动完善适用于大数据环境下的数据分类分级安全保护制度，加强对政务数据、企业商业秘密和个人数据的保护。"2022 年 6 月 22 日，中央全面深化改革委员会第二十六次会议指出，要建立数据产权制度，推进公共数据、企业数据、个人数据分类分级确权授权使用。意见和会议精神都表明，精细划分隐私数据已成为必然要求。对隐私数据分成三种类型已经达成共识，笔者不再讨论。对隐私数据如何分级，不同省市的公共数据分级分类指南有不同主张。《福建省公共数据资源开放分级分类指南（试行）》分成了非敏感数据和敏感数据两级；而《上海市公共数据开放分级分类指南（试行）》《重庆市公共数据分类分级指南（试行）》《武汉市公共数据资源开放分级分类指南（试行）》和浙江省《数字化改革 公共数据分类分级指南》等都是分成四级，但分级原则、分级理念和分级标准都有差别。笔者研究了多个公共数据分级分类指南，结合调研情况，设计了隐私数据分级判断标准及开放类型，详见表 1。

表 1　隐私数据分级判断标准及开放类型

数据级别	级别标识	判断标准	数据特征	数据示例	开放类型及条件
L4	高敏感	对个人财产造成重大损失，或对人身、名誉造成严重损害，损害结果不可逆	依据国家法律法规和强制性标准或法规规定的特别重要数据，主要用于特定职能部门、特殊岗位的重要业务，只针对特定人员公开，且仅为必须知悉的对象访问或使用的数据。一旦泄露会对国家、社会、个人造成严重损害	生物识别信息、特定身份、医疗健康、个人收入、金融账户、出院记录、门诊就诊记录、不满十四周岁未成年人的个人信息等	禁止开放
L3	较敏感	对个人财产造成较严重损失，或对人身、名誉造成中等程度的损害。损害结果不可逆，但可以采取一些措施降低损失	法律法规明确保护的个人隐私数据；泄露会给个人带来直接经济损失的信息。针对特定受限对象开放	联系方式、身份证号、婚姻状况、宗教信仰、犯罪前科、社会保障卡、户口本、居住证、不动产权证等	受限开放（审核开放）

续表

数据级别	级别标识	判断标准	数据特征	数据示例	开放类型及条件
L2	低敏感	对个人财产造成一定损失，或对人身、名誉造成轻微损害。损害结果可被补救	涉及公民的个人数据，用于一般业务使用，针对受限对象共享或开放	出生日期、民族、籍贯、城乡居民财政补助信息、老年人优待证信息、无偿献血证等	受限开放（实名认证）
L1	不敏感	对个人财产和人身无影响、无损害	已经被政府、个人明示公开或主动披露的数据；通过一般公开渠道可获取的公民信息数据	律师年度评价情况信息、公民法律援助申请信息、个人信用评价信息等	无条件开放

2. 实现智能化社会治理

可从社会治理民情（诉求）感知、社会治理风险评估和政府回应三个层面构建智能社会治理的体系与实现路径。大数据所呈现的社会治理诉求，在特定的数据处理技术辅助下，可有效转化为政府精准化治理、诊断式回应及动态式评估的能力。首先，在智能化社会治理体系中采集和挖掘社交媒体、问政平台和公众搜索行为等海量网络民情民意相关数据；其次，构建适合我国情景的社会治理风险监测和评估体系，以此评估各地社会风险的状况及演变，开展社会治理预测预警；最后，以丰富的国内外社会治理知识库为基础，基于自动匹配探求地方政府回应社会风险的模式，为优化社会治理提供决策依据。图 1 呈现了智能化市域社会治理的体系及构成要素。

（1）社会治理民情（诉求）汇聚

网民数量的急剧增长、各种社交平台及公众网络使用习惯的不断成熟，使得网络成为公众诉求表达和政治参与的重要工具，为民情数据的收集提供了绝佳的场域和机会。通过特定数据挖掘和信息处理技术，可检测和评估特定地区的公共议题关注热度、变化趋势以及讨论角度、态度情感等问题，帮助社会治理参与主体更好地把握公众诉求，提升公众知情度和政策支持度。特定主题事件信息来源（包括论坛、博客、新闻、微博、微信等）具有多样性和异构性。首先，针对民情主题事件，根据政府的政策知识库建立对应的事件分类体系，构建各个主题下的事件类别和子类别，明确各个类别的事件应该包含的实体、关键词和事件要素；其次，根据已构建的事件分类体系对事件进行抽取，包括事件的时间、地点、

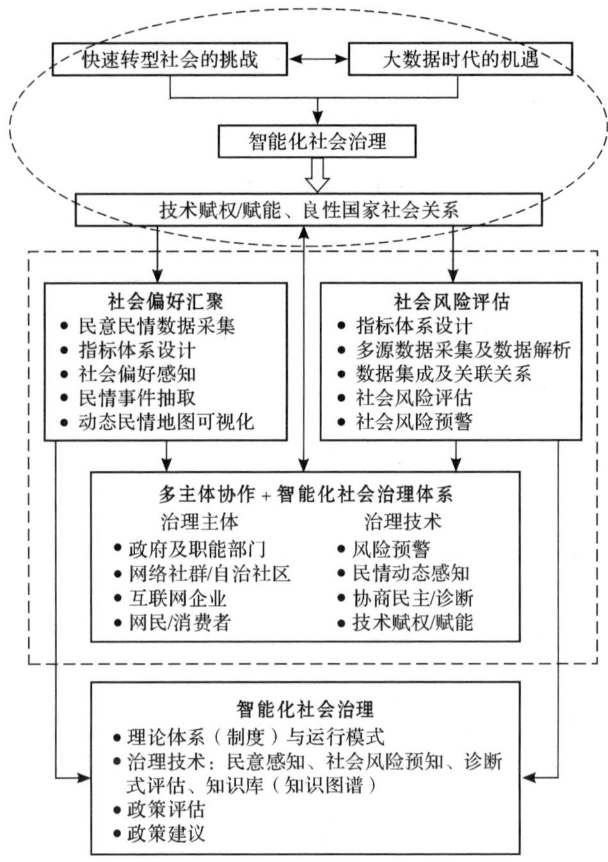

图 1　智能化市域社会治理的体系及构成要素

人物、主要内容等；再次，通过机器学习方法将事件抽取分为民情事件识别与抽取、事件要素识别与抽取两个部分依次进行处理；最后，将抽取结果进行融合，得到最终的结构化事件数据。

(2)社会治理风险动态评估与预测

当前，我国数字经济高速发展，城市治理正处在快速转型时期，社会安全与稳定呈现新特点，涉及人口、资源、环境、公共卫生、效率、公平等因素的社会矛盾制约日益严重。在此背景下，建立行之有效的社会治理风险动态评估系统显得尤为紧迫。通过大数据方法对数据进行数据解析、关联关系挖掘和可视化展示，可实时监测和评估社会风险状况，并通过不断检验、改进评估系统的准确性和稳定性，构建一个有效的社会治理感知辅助系统，实现政府、市场、社会多方协同的社会治理结构。社会治理风险评估体系是一个多指标综合监测体系，内容涉及经济、社会、民生等方面，需将社会风险客观现状的指标按内在联系有机地统一为整体。以社会风险硬性指标为主，以公众主观感知为辅，对社会风险程度做出综合监测与评定。因而，设计社会风险指数的分级指标体系要反映经济状况、社会稳定、民生保障等三个方面。譬如经济状况维度主要由恩格尔系数、工资待遇、居民收入增长率、通货膨胀率、失业率、社会收入分配的不公平程度等指标构成；社会稳定维度主要由刑事案件、治安案件、群体性事件、安全责任事故、网络舆情事件等指标构成；民生保障维度主要由社会保障、教育环境、医疗资源、住房、交通出行、食品药品安全等指标组成。除上述硬性指标外，社会治理风险的软性指标（主观感受）可通过对网络社交媒体、问政平台和公众搜索行为等海量网络数据挖掘来获得不同地域跨群体的丰富民情民意信息。

（3）基于知识库的诊断式政府回应模式

在大数据时代，回应型政府成为全球治理变革的重要方向。借助现代信息技术，社会治理以多元化治理和协商性决策为理念，以解决公共问题、社会问题为根本目的，对公众诉求进行实质性回应的一系列制度或实践正在形成。在智能化市域社会治理系统中，回应型政府这一政治学中的经典议题得以借助技术进步而更具实践意义。中国地方政府回应方式的多样性及其效果差异为探讨社会治理创新模式提供了可行性。借助构建以国内外不同地区各领域社会治理案例、资料和政策为基础的知识库，利用大数据的文本分析、回归分析和预测分析等方法，将政府政策或行为与民情民意数据库相关联，可以发现地方政府回应社会治理需求的多样化模式，再借助智能匹配方法为社会治理政策需求者提供可比性区域的社会治理知识集合，为政策学习和扩散创造条件。地方政府回应公共议题和社会治理风险还可以借助建设各类在线政府或数据治理来实现。基于已发现的公众热点诉求、政策关注度或社会风险等，借助大数据技术有效的分类分级分析、预测预警、智能应答或自助式服务，以提升政府回应的时效性、精准性和高质量。更进一步，基于对公众关注政策热点的系统分析可以为政府决策的议程设置、科学决策和吸纳公民参与提供丰富的机会，强化地方政府政策响应和应对社会风险的能力。基于海量的政府回应资料开展大数据分析，有助于智能化社会治理系统发现差异化的社会治理模式和开展动态化社会治理评估，优化社会治理系统。

例如，绍兴作为历史文化名城，发展旅游业非常有基础。旅游纠纷得不到迅速有效的解决，会对旅游业发展不利，甚至影响到整个城市的形象和声誉。目前，张家界创新涉旅纠纷化解模式，实行“互联网＋旅游”纠纷化解模式，开发运行“在途速裁”App 软件，建立旅游速裁微信公众平台，完善“效率快、程序简、收费免”机制。

(四)践行"枫桥经验",利用行政调解推动城市治理

在构建社会主义和谐社会和推进社会治理创新的今天,我们有必要深入研究行政调解制度,方便行政相对人和行政主体解决纠纷,以顺应中央的要求和时代潮流以及民主法治精神。

1. 行政调解制度的现状和存在的问题

行政调解是国家行政机关处理民事纠纷的一种方法。国家行政机关根据法律规定,对属于国家行政机关职权管辖范围内的行政纠纷,通过耐心的说服教育,使纠纷的双方当事人互相谅解,在平等协商的基础上达成一致协议,从而合理地、彻底地解决纠纷矛盾。[①]

行政调解以国家法律法规、政策和公序良俗为依据,由行政主体主持以自愿、平等为原则,通过说服教育等方法调停、斡旋,促使当事人友好协商,达成协议,消除纠纷。行政调解作为一种传统的纠纷解决方式,是非诉讼纠纷解决机制的重要组成部分。对于行政机关来讲,行政调解有助于转变政府管理方式,提升政府的威信;由于行政调解具有非强制性、无偿性等特点,对当事人而言,通过行政调解可以有效节省纠纷解决的成本,能够最大限度地保障其合法权益,达到当事人追求实体公正的目的。[②] 完善行政调解制度,科学界定调解范围,规范调解程序,国务院 2010 年前发布的《关于加强法治政府建设的意见》要求,要把行政调解作为地方各级人民政府和有关部门的重要职责,建立由地方各级人民政府负总责、政府法制机构牵头、各职能部门为主体的行政调解工作体制,充分发挥行政机关在化解行政争议和民事纠纷中的作用,对资源开发、环境污染、公共安全事故等方面的民事纠纷,以及涉及人数较多、影响较大、可能影响社会稳定的纠纷,要主动进行调解。

(1)我国行政调解的现状

我国已进入改革发展的关键时期,经济体制深刻变革,社会结构深刻变动,利益格局深刻调整,思想观念深刻变化。随着我国建设服务型政府的步伐不断加快,行政机关在处理各类纠纷中的作用越来越受到社会各界的重视。行政调解并不是单纯的法条上的逻辑推理和对个案的简单的对错判定,而是制定良好的法律被遵行,是法律的实际社会效果的良好。行政调解工作所追求的目标是法律的社会效果。[③] 行政调解将当事人自主意思表示建立在对政府正确领导而

---

① 叶必丰:《行政和解和调解:基于公众参与和诚实信用》,《政治与法律》2008 年第 5 期。

② 江必新:《行政诉讼与调解原则》,《人民司法》1988 年第 3 期。

③ 翁岳生:《行政法》,翰芦图书出版有限公司 1998 年版,第 1046 页。

树立起的政府权威的服从与高度的信任感的基础上，能使当事人自愿听从政府正确有益的劝导说服，化解矛盾、解决纠纷。行政调解不同于单纯按法律规定主动或被动的维持国家和社会秩序的行政行为，行政调解不仅在最低要求上完成了对纠纷的解决，使政府工作在更高层次上，采用积极主动的方式，创立一种既为法律所允许，又为纠纷当事人和服务政府所共同认可和赞同的更合理、更完善的社会关系，使行政机关在更加全面彻底的意义上履行自己的职责并行使自己相对的权力。目前，行政调解在消费者投诉、劳动争议、治安案件等领域成功化解了大量民事纠纷，在环境污染纠纷、物业纠纷、合同纠纷、土地所有权争议、拆迁补偿争议、拖欠建筑工人工资等方面发挥了积极作用，是我国多元纠纷解决机制的重要组成部分。

(2)我国行政调解的困境

我国行政调解制度面临着诸多亟待解决的问题，主要表现在以下几个方面：首先，行政调解的职能范围不确定。在整个调解过程中，行政主体有可能独立主持调解，起主导作用，也可能仅仅参与主持调解，起辅助或指导作用。其次，行政调解效力不明。行政调解不具有直接的司法执行效力使得调解效果受到极大的影响。行政调解所达成的调解协议仅相当于纠纷当事人之间就解决纠纷另行签订民事合同，在履行上主要依靠当事人的自觉。再次，行政调解程序缺乏制度上的保障。随着《中华人民共和国民事诉讼法》《人民调解委员会组织条例》《人民调解工作若干规定》等法律法规的颁布及相关司法解释的出台，有关司法调解和人民调解的程序制度正逐步完善。最后，行政调解机制中有关行政调解组织的独立性和专业性还有待提高。

因此，我们应该如何让行政调解具备应有的法律效果和法律地位，如何从立法，法律程序、司法和执法等方面保障行政调解的实现将是值得探讨的课题。

3.我国行政调解机制完善的对策及方向

各种法律规范对行政调解的规定都很分散，不统一、不具体，操作性不强，导致在实践中行政调解应有的功能没有发挥出来。为适应构建和谐社会的需要，必须积极完善行政调解制度。为此，笔者提出以下几点设想。

第一，借鉴法国行政专员制度，在政府机构内部设置调解委员会，独立行使调解职责。法国的行政专员制度取得了很好的成效，域外经验可以作为我们的借鉴。因为“即使在那些互相不同的法律文化背景中，经验也可能产生一种类似的解决问题的方法以适合解决某些基本前提相同的问题的需要”①。我国可以设置专门的行政调解机构，配备专门的行政调解人员，充分利用智能化的平台，发挥调解在市域智能化治理中的作用，明确工作职责。按照“属地管理、分级负责”的要求，建成完善的行政调解组织网络，实现行政调解机构健全，职责明晰，规范有效，渠道畅通。行政调解工作由各级政府负总责，统一落实工作目标，并将其纳入绩效考核。

第二，结合本土司法实践，严格规范行政调解运作程序。从法律和制度上逐步完善行政调解程序制度。行政调解的完善离不开对于其程序的法律规制，而我国现行的法律制度对于行政调解程序的规定不足。党的二十大报告中提出，要更加注重发挥法治在国家治理和社会管理中的重要作用。作为法治社会的基本要求，司法公开是衡量法治公平与否的重要标尺。程序，可以让公正以看得见的方式实现。从目前来看，制定专门的《行政调解法》时机尚不成熟，较为稳妥的解决方式是参照我国现行法律制度对交通事故损害赔偿的行政调解程序的规定方式，从法律、行政法规、部门规章的方式，渐进式对行政调解程序做出逐步细化的规定。同时，要保证程序的公开、公平和公正。

第三，利用新型科学技术和传媒手段，进一步创新社会管理体制机制，尝试开展网上调解模式。科学技术日新月异，新型科学技术和传媒手段，不仅丰富了人们的生活，也改变了人们的生活方式和观念。为扩大调解的范围和深度，实现纠纷解决载体的全面化、立体化，可以利用微博、QQ 等大众喜闻乐见的方式进行行政调解。比如，可以设立网络调解室，让当事人在家里或者其他方便的场合，轻松便捷地解决发生的纠纷。21 世纪，科学技术发展，生活水平提高，网络技术不断更新，网络社会问题已经引起各界的高度关注。以信息技术为核心的技术革命，正在加速重造社会的物质基础，改变传统意义上的“社会”内涵。

---

① [印]M. P. 塞夫：《德国行政法-普通法的分析》，周伟大译，山东人民出版社 2006 年版，第 1 页。

2023绍兴高质量发展蓝皮书

城市文化篇

江南文化中心城市的历史经验和当代参照

刘士林*

城市是文化的容器，文化是城市的灵魂。从自然地理的角度看，古代的江南地区与当今的长三角核心空间基本吻合。从人文传承的角度看，当代江南文化体系主要包括吴越文化、徽州文化、海派文化三大板块。2019 年《长江三角洲区域一体化发展规划纲要》提出要共同打造江南文化等区域特色文化品牌，这是我国首次就长三角区域文化作出的战略设计和规划安排，为长三角三省一市合力推进江南文化建设确立了发展目标和建设蓝图。从城市协同发展的角度看，理想的城市群在本质上就是一个在人口、经济、社会、文化和整体结构上具有合理层级体系，在空间边界、资源配置、产业分工、人文交流等方面具有功能互补和良好协调机制的城市共同体。①从区域文化建设的角度看，当前最重要的工作是在区域文化领域构建合理的层级体系和良好的协调机制，努力缩小城市之间的软实力差距，推动实现江南文化引领长三角高质量一体化发展，增强城市群发展的协调性和均衡性。就此而言，研究推动建设江南文化中心城市，探索构建以区域文化为纽带的文化型城市群，进一步优化江南文化空间布局和功能体系，需要尽快提到议事日程上来。

---

* 作者刘士林系上海交通大学城市科学研究院院长、教授，浙江省城市治理研究中心首席专家，中国城镇化促进会高级研究员。

① 刘士林、刘新静：《中国城市群发展指数报告(2013)》，社会科学文献出版社 2013 年版，第 4 页。

一、历史上的江南中心城市研究的回顾

由于经济发达、人口密集和文教繁盛,从隋唐时期开始,江南地区就成为古代中国城市化水平最高的区域,并逐渐形成了一批有重要辐射力和影响力的全球性、全国性和区域性中心城市。就江南中心城市研究而言,以 2010 年 12 月承担教育部哲学社会科学研究后期资助重大项目“江南城市群的历史源流与都市文化研究”为起点,我们团队的研究已走过了十多个年头。温故而知新,把我们在这个领域的研究加以简要回顾和总结,可以为今日方兴未艾的江南文化中心城市研究及规划建设提供有益参照。

关于历史上的江南中心城市的研究,我们主要经历了三个重要节点。第一个节点是 2011 年 12 月 24 日。那天,我在做客“浙江人文大讲堂”第 274 讲时做了题为“现代作家眼中的江南城市气运”的演讲,提出了“江南四大名旦”说:“江南名城众多,不能一一道来。但把南京、杭州、扬州和苏州称为江南城市中的‘四大名旦’,应该不会有太多的异议。”[①]2012 年 1 月 2 日,《钱江晚报》刊发了记者沈蒙和的整理稿,题作“现代作家眼中的江南四大名城”。这里所说的“江南四大名城”,是江南文化中心城市的古典形态,直到今天还被不时提起并引发各种讨论。第二个节点是 2012 年 6 月 4 日。当日,《光明日报》刊出我的讲演稿《现代作家解读江南城市》,在前四个城市的基础上,增加了曾有“远东第一大都市”之称的上海,[②]形成“江南五大名城”,不仅在时间上增补了近现代这个重要阶段,也进一步厘清了江南地区中心城市发展演化的历史逻辑。江南五大名城,可以看作江南文化中心城市的现代形态。第三个节点是 2022 年 4 月。我在《苏州大学学报(哲学社会科学版)》发表了《江南文化中心城市规划与长三角高质量发展》一文,重点研讨了在长三角一体化发展背景下设立区域文化中心城市的理论基础、历史逻辑和现实需要。在理论基础上,从城市规划要兼顾“集中”和“分散”两大原则出发,提出实现长三角高质量一体化发展,关键在于把上海的“首位度”控制在合理区间内,同时不断提升其他城市的“集聚度”。在历史逻辑上,深入探讨了苏州和杭州在古代江南地区的地位和关系,认为它们是最有资格布局建设江南文化中心的城市。在现实需要上,认为研究和推动苏、杭建设长三角江南文化中心城市,引领人才、资源向最合适的空间集聚,不仅能有效疏解上海的非核

---

① 沈蒙和:《现代作家眼中的江南四大名城》,《钱江晚报》2012 年 1 月 2 日。

② 刘士林:《现代作家解读江南城市》,《光明日报》2012 年 6 月 4 日。

心功能，对引领构建长三角更合理更均衡的空间层级和功能布局也具有重要意义。[①] 严格说来，直到此时，才算确立了从城市科学角度研究江南中心城市的逻辑和现实起点。

坦率而言，在诸多江南文化中心城市相关研究中，很少有人会提及绍兴，直到绍兴提出了建设江南文化中心城市的目标。但若对此作深入的思考和比较研究，则不难发现绍兴是有比较充足的理由并基于比较丰厚的实力之上的。首先，吴和越是江南文化最重要的两大骨干体系，吴国的都城是苏州，越国的都城是绍兴，作为春秋时期越国的政治、经济、文化中心，绍兴曾扮演过江南中心城市的角色。其次，陈桥驿先生在对元稹《再酬复言和夸州宅》一诗的解读中曾明确提出“越州城市，天下第一”的观点：“在‘会稽天下本无俦’之后，下一句是‘任取苏杭作辈流’。意思显然是：与会稽相比，苏州和杭州不过是作作配角而已。在越州作浙东观察使治所的时候，苏州和杭州，已经都是江南出名的大州，虽然‘天上天堂，地下苏杭’的话要到南宋范成大的《吴郡志》中才出现，但在唐代，这两个州也不是小州了。好在元稹是唐朝名人，又居官越州多年，以他的诗为证，不会受到挑剔，所以当年我在日本广岛大学担任客座教授，开设《比较城市地理》这门课程，元稹此诗曾为我多次引用。因为它不像《货殖列传》所叙八个‘一都会也’，也不同于《水经注》所举的‘五都’，抓不住比较的佐证。这句诗的意思是明明白白的‘天下第一’。”[②]再次，绍兴自古以来名人辈出、大师云集，积淀了深厚的人文底蕴，这是绍兴参与当代江南文化中心城市竞争的重要资本和底气。此外，从江南文化区域协调发展的角度看，提出和推动绍兴建设江南文化中心城市，有助于改变目前江南文化研究“吴强越弱”的总体格局，所以这一说法还是可以深入研究和探讨的。

综上可知，目前参与江南文化中心角逐的城市主要有六个，分别是苏州、杭州、南京、扬州、上海和绍兴。至于最后花落谁家，既要看历史上的辉煌，也要看当代的文化传承保护利用水平，不必急于下结论。

二、江南城市群与绍兴的历史地位

文化中心与经济中心、金融中心、科技中心等不同，不仅要有深厚的文化积

---

① 刘士林：《江南文化中心城市规划与长三角高质量发展》，《苏州大学学报（哲学社会科学版）》2022 年第 2 期。

② 《陈桥驿全集》（第十卷），人民出版社 2018 年版，第 361 页。

淀和厚重的历史传统,在古代城市发展史上也要有足够的地位和分量。在起源阶段,绍兴作为春秋时期的越国都城,主要是一个政治军事型城市,此时它的经济发展和人口增长主要服务于在江南乃至全国争当霸主的政治需要,而文化和生活的功能还没有发育出来或者说相当孱弱。从区域发展史的角度看,在古代的江南地区,至少先后出现过隋唐"太湖流域城市"、宋代"两浙经济文化区"、明清"八府一州"为代表的城市群,它们拥有便利的交通体系和发达的城镇体系,经济繁荣、文化发达,成为中华帝国的经济核心区和文化高地。在古代江南城市群中,绍兴的城市发展和文化繁荣,和它的邻居杭州一样,主要是隋唐以后发生的事情。对这个过程加以简单回顾和总结,有助于认清绍兴在江南城市群中的历史地位。

首先,在隋唐"太湖流域城市"中,绍兴(时称越州)是其重要成员。这个以太湖区域为核心的城市群,主要包括苏州、湖州、常州、润州、杭州、越州、婺州等。在文化领域,"以苏州的文化最为发达,润州、越州、杭州、常州、湖州次之"①。在综合发展水平上,越州此时的城市排名也比较靠前,"隋唐时期的越州,是江南经济、文化的重地。在手工业方面,丝织业名扬四海,仅贡品就有耀光绫、白编绫、交梭绫、轻调绫、宝花罗、花纹罗、十样绫、花纹绫、轻容纱、生縠纱、花纱等;产量也极巨,在唐朝末年,仅浙东观察使每旬所发'越绫万五千匹,他物称是'。瓷器业居全国之首,号称极盛。唐代诗人陆龟蒙《咏越窑青瓷》曰:'九秋风露越窑开,夺得千峰翠色来。'而时人陆羽更在《茶经》中评道:'碗,越州上,鼎州次,婺州次,岳州次,寿州、洪州次。或以邢州处越州上,殊为不然。若邢瓷类银,则越瓷类玉。邢不如越,一也。若邢瓷类雪,则越瓷类冰。邢不如越,二也……'其他如商业、交通运输业等也极其繁荣。长庆(公元 821～824)年间在越州任刺史的元稹曾用'会稽天下本无俦'的诗句来赞美这个城市的美好风光及繁荣景象。自然,越州的精神文化也是相得益彰。据统计,唐代越州有进士 20 人左右。其中两部《唐书》列传的人物有贺朝、万齐融、康子元、贺德仁、虞世南、贺知章、许伯会、徐浩、罗让、秦系、王叔文、孔述睿、孔敏行、吴融等。文学、艺术等,均称誉于世。诗有贺知章,书法有虞世南、徐浩,画有陈闳、孙位"②。

其次,在宋代的"两浙经济文化区"中,此时的绍兴已跻身于江南城市的前三甲之列。在宋代以前,绍兴曾长期和杭州平起平坐,只是到了北宋时期,绍兴才成为后者管辖的城市之一,地位大不如前。"浙江以钱塘江为界,分浙东和浙西,

---

① 李学勤、徐吉军:《长江文化史》,江西教育出版社 1995 年版,第 562 页。

② 虞云国:《宋代杭州是传统江南市民文化的鲜活样本》,2020 年 1 月 21 日,https://www.sohu.com/a/368295567_283550。

浙东始终以绍兴作为中心城市，浙西是杭州，但北宋时期由于杭州是两浙路行政所在地，绍兴也就被杭州所管，毫无疑问也比不上杭州。"[①]关于宋代绍兴的具体情况，嘉泰《会稽志》曾记载："建业初尝驻跸于越，山川之所形见，风化之所渐被，其儒风士业，流闻彰布，益以昌大，非余郡可比。"[②]这说明，南宋时期政治中心的南移，曾一度有力推动了绍兴的发展。事实也是如此。南宋建都临安，不仅使两浙地区成为全国经济最发达的地区，也创造了高度繁荣的区域文化。在宋代"两浙经济文化区"的内部，"杭州是两浙地区的文化中心"，"宋代苏州文化仅次于杭州"，"宋代越州文化，与苏州不相上下，同为两浙重要的文化区"。[③] 可以说，在宋代江南城市中，绍兴已名列三甲，成为仅次于苏、杭的文化中心。这与当时绍兴良好的文化环境密切相关。如当时江浙地区是国内民间藏书最发达的地区，绍兴、明州、湖州、温州、婺州、台州等享誉全国，在绍兴城出现了陆宰、陆游、诸葛行仁等大藏书家。据记载，绍兴十三年(1143)，陆宰一次就向秘阁捐献图书一万三千多卷。绍兴在南宋时期达到了辉煌的顶峰，但直到元代其繁荣依然可观。"按照城市市区的占地面积，元朝城市可以分为大、中、小三等。市区方圆 50 里以上的城市，无疑是大城市……方圆 10 里以上、50 里以下的城市，应算作中等城市。……而南方的绍兴城，'城之周徊四十五里'。"[④]当时的绍兴在规模上仅次于大都(今北京)、杭州、平江(今苏州)、成都、扬州、建康(今南京)、汴梁(今开封)、奉元(今西安)，说明绍兴在宋代之后仍然延续了城市的繁荣。

最后，在明清时期，"八府一州"成为江南的核心区，主要包括苏州、松江、常州、镇江、应天、杭州、嘉兴、湖州八府和太仓州，这是从唐宋到明清在江南区域范围上发生的一次重要变化，其直接后果是绍兴、宁波等江南城市被挤出了江南的核心区。这一划分和界定的主要依据是区域经济发展水平，"这一地区亦称长江三角洲或太湖流域，总面积大约 4.3 万平方公里，在地理、水文、自然生态以及经济联系等方面形成了一个整体，从而构成了一个比较完整的经济区。这八府一州东临大海，北濒长江，南面是杭州湾和钱塘江，西面则是皖浙山地的边缘。……江海山峦，构成了一条天然的界线，把这八府一州与其毗邻的江北(即苏北)、皖南、浙南、浙东各地分开，这条界线内外的自然条件有明显差异。其内土地平衍而多河湖；其外则非是，或仅具其一而两者不能得兼"[⑤]。所以关于"八府

---

① 虞云国：《宋代杭州是传统江南市民文化的鲜活样本》，东方网 2020-01-02。

② 《嘉泰会稽志》卷三，《宋元方志丛刊》第 7 册，中华书局 1990 年版，第 6770-6771 页。

③ 李学勤、徐吉军：《长江文化史》，江西教育出版社 1995 年版，第 746 页。

④ 史为民：《元代社会生活史》，中国社会科学出版社 1996 年版，第 194 页。

⑤ 李伯重：《多视角看江南经济史》，生活·读书·新知三联书店 2003 年版，第 449 页。

一州”的说法，也一直存在着不同的意见。如有专家提出“江南十府说”，就再次把宁波和绍兴重新划入江南的范围。① 这是有一定道理的，以科举考试为例，“在明清两代的中国，江南十府一直占据着显要的位置，其中明代科甲鼎盛的 13 府中，江南占 7 府，分别是绍兴、苏州、常州、宁波、嘉兴、杭州、松江等府，其中绍兴、苏州府中进士总数分别为 977、970 人，位列第二、三名；清代科甲鼎盛的 9 府中，江南占 6 府，分别是杭州、苏州、常州、绍兴、嘉兴、湖州等府，而杭州、苏州两府中进士数分别为 1004 和 785 人，排名第一、二位”②。在当代长三角城市群中，绍兴、宁波均为核心城市，因此我们认为，不仅要把绍兴、宁波视为江南城市，还应把不直接属于太湖经济区，但在自然环境、生产方式、生活方式与文化上联系十分密切的扬州和徽州等，也纳入江南核心城市的行列中③。这样做的好处是更容易与当今长三角城市群的核心区衔接起来。

就此看来，绍兴在江南地区的历史地位虽有变化，但始终是江南地区的主要城市之一，在一些阶段还有比较大的影响力。因此，绍兴提出建设江南文化中心城市，有一定的历史依据和社会条件。

三、一个参照与三点建议

从历史的角度看，绍兴在春秋时代作为越国都城，在江南地区的影响力达到鼎盛，在宋代作为仅次于苏、杭的文化中心，在软实力上达到顶峰。在其他时期尽管变化和起伏较多，但毫无疑问一直是江南地区的重要城市之一。

从国家战略的角度看，目前被明确赋予建设文化中心的城市，除了北京还有一个城市即景德镇。2019 年 7 月，国务院正式批复《景德镇国家陶瓷文化传承创新试验区实施方案》，在发展目标上明确提出，到 2035 年，试验区各项建设目标任务全面完成，成为全国具有重要示范意义的新型人文城市和具有重要影响力的世界陶瓷文化中心城市。在编制该实施方案时，我们之所以提出建设“世界陶瓷文化中心城市”，而不是“世界陶瓷中心城市”，主要有三点考虑：一是基于景德镇陶瓷产业和外贸的现状。目前，我国仍是世界上最大的陶瓷生产国和出口国，但景德镇在总量上仅占全球的 10%，落后于佛山、潮州等城市，昔日的霸主

① 马学强：《近代上海成长中的“江南因素”》，《史林》2003 年第 3 期。

② 刘士林、朱逸宁、张兴龙等：《江南城市群文化研究》，高等教育出版社 2015 年版，第 220 页。

③ 刘士林：《江南与江南文化的界定及当代形态》，《江苏社会科学》2009 年第 5 期。

地位已不复存在。二是基于景德镇的优势在于艺术瓷和高档日用瓷,再加上生态保护、绿色生产等原因,规划建设世界陶瓷文化中心城市,是最适合景德镇在当今世界格局中的开放发展目标的。三是这个目标与新型人文城市的目标一致,世界陶瓷文化中心城市是新型人文城市的一种类型,即以陶瓷文化交流、陶瓷产品贸易、陶瓷文化旅游为主要职能的世界文化中心城市。与以陶瓷产业为首位产业、以文化引领城市和区域发展新模式为示范、以打造对外文化交流新平台为使命的新型人文城市建设深相呼应。从对等和可比较的角度看,绍兴市应重点对标景德镇,认真研究其建设世界陶瓷文化中心城市的经验,为绍兴规划建设江南文化中心城市提供有益参照。

展望未来,作为古代越国都城和越文化中心的绍兴,尽管在城市起源、历史地位、文化资源、杰出人才等方面,具备一些参与江南文化中心城市竞争的条件。但在强手如林的当代长三角地区,要想真正跻身江南文化中心城市的行列,乃至承担长三角部分文化中心职能,并不是一件容易的事情。建议如下:

第一,做好顶层设计,进一步加强建设江南文化中心城市的基础理论研究和政策制度安排。

第二,坚持规划引领,进一步明确建设江南文化中心城市的定位、主题、主线和路径,在传统文化资源的挖掘阐释、转化利用、讲好故事等方面深入思考和积极谋划,加大探索与其他江南城市的差异化竞争和创新性发展的力度和深度。

第三,加强智力支持,建设江南文化中心城市是新战略,在原理和机制上要比发展经济城市、科技城市等更加复杂,需要结合自身的实际情况,开展高水平的前瞻性、针对性、储备性研究。

《南宋绍兴府城图》考释

许珊珊　屠剑虹*

绍兴以历史悠久、文化内涵丰富、人才辈出而名闻遐迩，从而成为一座中国乃至世界的文化名城。历史发展到南宋(1127—1279)，绍兴以地近京畿等有利时机，更是迎来了她在中国古代社会里的高光时刻。无论是城市建设、经济发展，还是文化繁荣等方面，一跃而成为仅次于都城临安的全国最繁华城市。从而对后世的绍兴乃至全国产生了巨大影响。

不久前发布的《南宋绍兴府城图》，内容为整个南宋一朝绍兴府城的地理文化信息。史料来源主要采自《嘉泰会稽志》《宝庆会稽续志》这两部南宋方志，并参以同时代的有关史乘，并适当对照明万历《绍兴府志》、清乾隆《绍兴府志》等不同历史时期的方志舆图和文字记载。

绘制南宋绍兴府城图，首先要确定南宋时候绍兴府城的范围和形态。但是，由于会稽两志缺载这些舆图，明清时期所绘制的基本上都是示意图，不仅对宋代城市信息的反映不全面，而且对地理方位的记载也有很大差别。为此选择了清代光绪十八年(1892)测绘的《绍兴府城衢路图》作为城市形态图。之所以选择这张图，一是该图为测绘图，符合编制地图的基础要求；二是清代与宋代绍兴府城的城市肌理差别不大，除了元至正十三年(1353)，将府城西郊的规一乡划入城内，使城市面积有所扩大外，其他地形地貌几乎没有什么变化。由此，按照元至

---

* 本报告作者许珊珊系浙江工业职业技术学院讲师，屠剑虹系绍兴文理学院高等人文研究院兼职教授、绍兴市文史研究馆馆员。本报告系绍兴文化研究工程 2022 年度重大项目“绍兴宋韵文化研究・宋代绍兴古城研究”(22WHZD01－13Z)的阶段性成果。

正前绍兴古城的范围，再在《绍兴府城衢路图》上对应植入宋代元素，能更真实、完整地还原南宋时期绍兴古城的布局和风貌。

整个绘制是一个艰难曲折的过程，每确定一个点位，都要反复查阅文献，三番五次去现场辨识，一次又一次经历考证、推翻、再考证的过程。如此反复循环，不断纠错，不断更新和完善，终于还原了南宋绍兴府城 5 厢 96 坊的具体位置，以及各类实体点位 436 处，基本上恢复了昔日绍兴府城的全貌，填补了对宋代绍兴府城地图研究的空白。通过此图，可以一览南宋绍兴在政治经济、文化教育、城市建设、厢坊桥梁，名人宅第等方面的基本概况。

一、从城垣建设看绍兴城市的起源和发展

绍兴建城已经有 2500 多年的历史，这座城市的发展脉络十分清晰。公元前 490 年，越国大夫范蠡构筑越国新都，以象天法地、天人合一的理念，“乃观天文，拟法于紫宫”[①]，选择在会稽山北面的平原上筑城立郭，分设里闾。先是在卧龙山东南麓建立小城，史称“勾践小城”，“周二里二百二十三步，陆门四，水门一”。[②] 小城是越国的政治中心和军事堡垒，越王宫台即位于小城中；在城之东建立“郭”，即大城，“周二十里七十二步，不筑北面，陆门三，水门三”。大城主要是民居、街衢、市邑、工场、河湖和耕地。越国在修筑城池时，以卧龙山作为屏障，在面向吴国的西北向不筑城墙，既达到了护城的要求，也可向吴国示“臣服”之意。

隋朝时，越国公杨素修建子城和罗城。子城是以原地形较高的勾践小城作扩建，突出防御性，是地方的政治和军事中心，亦称“衙城”；罗城是以原山阴大城作扩建，为工商市肆及居民区。罗城的扩建是顺势而为，使城的东西两面都贴近鉴湖，引入城内之水通过都赐、东郭、殖利、西偏门四座水城门与鉴湖埭堰相通，迎恩门通运河水，三江门排城内河网之水入海。罗城扩建后只筑城墙，不设壕堑（见图 1）。

唐代的越州州城，在城墙南面依然紧靠鉴湖，水中城，城中水，水城融为一体，别有一番风情。唐穆宗长庆三年（823）十月，著名诗人元稹（779—831）出任越州刺史，与适在杭州做刺史的白居易（乐天）隔江为邻。唐时越州州衙位于龙山东南麓，元稹登楼眺望，映入眼帘的是远处群山逶迤的会稽山脉和近处碧波万

---

① [汉]赵晔：《吴越春秋》卷八《勾践归国外传》，江苏古籍出版社 1992 年点校本，第 107 页。

② [汉]袁康、吴平：《越绝书》卷八《外传记地传》，上海古籍出版社 1985 年点校本，第 58 页。

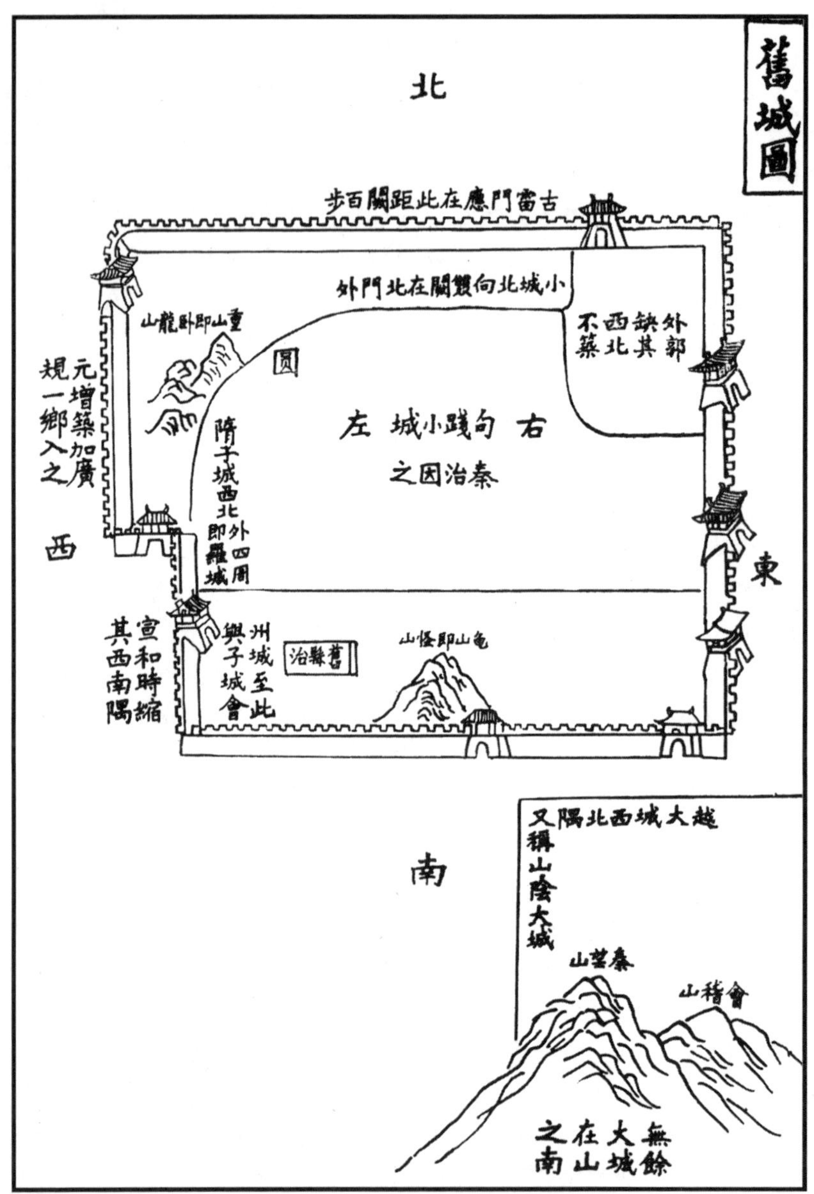

图 1　清嘉庆《山阴县志》“旧城图”

顷的鉴湖水。元稹对州城城墙的壮观和稽山镜水的秀美风光大为赞叹，忘记了自己被贬谪的苦恼，不无得意地赋诗二首，向好友白居易夸耀越城风景的优美，说自己似乎住在人间仙境。其中一首云：

州城迴绕拂云堆，镜水稽山满眼来。
四面常时对屏障，一家终日在楼台。
星河似向檐前落，鼓角惊从地底回。
我是玉皇香案吏，谪居犹得住蓬莱。①

在这首诗中，人们可以清晰知道唐时越州州城的形态。特别是“四面常时对屏障”一句，说明当时的越州州城，四面仍是高耸的城墙，从都赐门到稽山门的东城墙及稽山门到常禧门的南城墙都被鉴湖所围，鉴湖实际上起到了护城河的作用。

唐末、五代，兵戈相寻，战乱不息，但绍兴却少有波及。据宋真宗大中祥符年间(1008—1016)的《越州图经》记载，当时越州州城依然保持着唐代形态，“城南近湖，去湖百余步”②。之后，随着人口的增长，盗湖和鉴湖湖水淤积等问题日益严重。北宋皇祐四年(1052)八月，王逵出任越州知州时，临近州城城墙的部分鉴湖水域，已逐渐向远处退去，鉴湖作为护城河的功能受到了威胁，加上历史原因，城池北面虽有城墙却从未开凿过护城河，这显然不符合对城池的防御，王逵奉命对护城河作了开凿和整治，使其更加深广和完整。因此，人们从南宋诗人和政治家王十朋的《会稽三赋》所附《南宋绍兴府境域图》中可以看到，绍兴府城在绍兴年间(1131—1162)不仅已变得十分完整，而且城墙内又增添了一条护城河。内、外两条护城河环绕城墙，使绍兴的治安形势获得了进一步改善。

南宋宁宗嘉定十四年至十七年(1221—1224)，绍兴知府汪纲对罗城重加缮治并修诸门，史称“宋城”。城周长二十四里，设城门九。“城之东，曰五云门，即古雷门，晋王献之所居，有五色祥云见，故取以名门；有水门曰都泗，旧都赐；东南，曰稽山门；水门曰东郭；西曰迎恩门，唐昭宗命钱镠讨董昌，镠以兵三万屯迎恩门，则迎恩门之名其来久矣；西南曰常喜门，又谓之偏门；南曰植利门；北曰三江门”。在修缮城墙并诸门的同时，“以至堰埭，亦皆修筑”③。汪纲在重修罗城的同时，对子城也一并修之，对缺损破坏的谯楼及镇东军门、秦望门等建筑均作修缮装饰，遂为一郡壮观。城墙、城门和护城河的修建，既增强了城市的防御功能，又有利于水上运输和排水抗洪作用的发挥。此后，南宋时期的城垣经过多次重修后，一直保存到了民国时期才被彻底拆除。今天绍兴的一环路，即为昔日的

---

① [唐]元稹：《元氏长庆集》卷二二《以州宅夸于乐天》，影印文渊阁《四库全书》本，第1079册，第460页。

② 《祥符图经》，俗称《旧经》，已佚，其中部分内容为后来的《嘉泰会稽志》等史书所转载。

③ [宋]张淏：《宝庆会稽续志》卷一《城郭》，杭州出版社2009年《宋元浙江方志集成》本，第2153页。

古城墙墙址。

特别值得一提的是，杨素建罗城后，在九座城门内仍保留有大片农田。在农田中种植稻、麦、粟、稷、菽等作物，以及一些瓜类蔬菜。“凶年民饥”，“民赖以济”。[①] 直到新中国成立初期，原城门内仍有大片农田。在今天绍兴城内，还有北海畈、草貌畈、鞋子畈、白马畈、草子田头、都泗畈、罗门畈、望花畈、罗丝畈等地名留存，就是明证。

二、从官廨府邸看绍兴的城市地位

绍兴在春秋末期为越国都城，秦代称为“山阴”县，隶属会稽郡。东汉为会稽郡治、山阴县治所在地。隋朝始称越州。唐代，绍兴是浙江东道治所所在地，且山阴、会稽县治，越州州治，浙江东道节度使治，同位于州城内，形成道、州、县三个行政层级的四个行政机构同在一城的局面。越州的城市地位领先杭州，是浙东的行政中心，属“浙东首府”。吴越国时，越州为大都督府，是吴越国东府，与西府杭州并列。北宋前期，越州属吴越献土后设置的两浙路。熙宁七年(1074)，析两浙路为东、西两路，越州改属两浙东路，为路治所在。同年九月复合为两浙路。熙宁九年(1076)再分，次年又合。越州在级、格上仍为大督府，在军额上为镇海军，与杭州并为两浙路所属诸州中两个等级最高的州。越州经济、文化之繁华，实为浙东之冠。嘉祐五年(1060)，刁约知越州，他由衷地赞叹道：“越冠浙江东，号都督府。府据卧龙山，为形胜。”[②]直到北宋末年，越州人口也远远多于杭州。[③] 南宋建炎年间(1127—1230 年)，宋室南渡。宋高宗两次驻跸越州，都是以州治为行宫。其中第二次从建炎四年四月十一日至绍兴二年正月初十日，历时一年零八个月之久，越州成为他南渡以来驻跸时间最长的地方。建炎五年正月初一日，下诏改元“绍兴”，是为绍兴元年(1131 年)。十月，升越州为绍兴府，使绍兴的城市地位和政治影响力显著上升，在全国范围内，仅次于行在临安府。

绍兴自建城始，越王宫台及历代的郡衙、州衙、府衙都建在古城的卧龙山(今

---

① 《嘉泰会稽志》卷一七《草部》，载《宋元浙江方志集成》，杭州出版社 2009 年版，第 2041 页。

② 《嘉泰会稽志》卷九《山・府城》，载《宋元浙江方志集成》，杭州出版社 2009 年版，第 1813 页。

③ 据《宋史》载，北宋徽宗崇宁年间(1102—1106)，杭州：203574 户，296615 人；越州：279360 户，367390 人。参见《宋史》卷八八《地理(四)》中华书局 1977 年点校本，第 2174 页。

府山)东南麓。两个附郭县,即山阴县和会稽县,县治在府城中。城中府河是山阴、会稽两县的分界线。绍兴二年初,南宋朝廷迁都临安后,绍兴依然作为陪都存在,此处既是王室的陵寝所在,又有天庆宫、报恩观、天长观等皇室祭祀点,城内设有浙东安抚司、提点刑狱司、提举常平司等路级机构。还有府一级的各种管理机构:基本上都集中在卧龙山东南麓的子城内,大量的官署仓库亦位于此,由此留下了与官府仓库有关的仓桥、仓桥直街等地名。绍兴又是军事重镇,驻军比一般城市要多。在绍兴府城中,禁、厢各军成棋布之势,共有驻军 6173 人。绍兴古城内保存的水沟营、铁甲营、洗马池等都是宋代军营留下的地名。由于驻军人数陡增,原有的教场规模不适应军队操练,于是在府城内新建了大、小两处教场,大教场在稽山门内,小教场建于卧龙山南麓。

由于绍兴特殊的政治地位,加之与都城临安相近,且水陆交通便捷,因此府城内有皇亲国戚和许多士大夫府邸。作为赵氏宗室聚居地,南宋两任皇帝宋理宗和宋度宗出生于绍兴,更突显了绍兴的地位。今天迎恩门外的宫后弄,宋代属虹桥里,宋理宗母亲全氏家即位于此,其一旁的会龙桥是余天锡奉宰相史弥远之命秘密物色皇储人选时,与宋理宗兄弟邂逅之处;绍兴古城内的东大池公园,是南宋时的福王府,即宋理宗之弟、福王赵与芮的府邸,也是宋度宗赵禥的出生地。宋代名臣齐唐、陆佃、唐翊、陆游、史浩、李光、傅崧卿、贾似道、孟忠厚、韩肖胄、李显忠、王希吕,南宋状元王佐、詹骙、莫子纯等,都在绍兴府城内有宅第可考。绍兴作为区域性的政治中心,还汇聚了大批官僚贵族,宅第相望,舟车往来,城内繁华可见一斑。

绍兴人口经过南宋前期几十年的恢复,到嘉泰元年(1201)已与北宋后期的户口基本相当。根据各种数据综合分析,南宋绍兴府城内的人口规模在 30 万人以上,经济总量也在众多城市之上,故陆游以为"今天下巨镇,惟金陵与会稽耳,荆、扬、梁、益、潭、广皆莫敢望也"①。

三、从山水相映看生态优美的开府之地

宋代,绍兴古城内有卧龙山、飞来山、蕺山、火珠山、蛾眉山、鲍郎山、白马山、彭山、黄琢山九座小山,自然风光秀丽明媚。至今古城内有卧龙山、飞来山、蕺山,三山鼎峙,位置不变,成为古城内特殊的地理坐标。其他 6 座山,山体体量小。新中国成立后,在城市建设中已被夷为平地,但仍有遗迹可寻。

① (宋)陆游:《嘉泰会稽志・序》,载《宋元浙江方志集成》,杭州出版社 2009 年版,第 1 页。

九座山是古城中的一道美丽景观，为历代诗人所歌咏。特别是卧龙山上更是亭台楼阁，花团锦簇，松竹交翠，绿意盈眸。唐代诗人元稹的"海亭树木何茏葱，寒光透坼秋玲珑。湖山四面争气色，旷望不与人间同"[①]描绘了树木葱郁、亭阁峥嵘、山川相映、天上人间的秀美之城，而"仙都难画亦难书"，则把奇丽景色描绘到了极致。北宋吴芾在《卧龙山草木记》中发出由衷的赞叹："越城八面蜿蜒，奇秀者，卧龙山也。"又云：山上"种竹万竿，桃李千本。方将艺茶于秋，栽松于冬，植花卉于春。"[②]山上种植的树木既反映出植物自然群落的丰富多样性，又体现出大自然生态的季节性与稳定性。由此呈现出夏天苍翠欲滴，绿意浓浓；春天万紫千红，绚丽多姿的自然景观。而"卧龙春晓"这一奇秀景色，一直被列为越城胜景之首。值得一提的是，山上种植的卧龙瑞草，不仅为此山抹上了一片绿色，更使越中贡茶声名远扬。张伯玉云："卧龙山茶冠于吴越，岁以充贡，每贡则易称为瑞龙茶云。"[③]南宋建炎四年，宋高宗以卧龙山东南麓的绍兴府衙作为行宫时，亲手在行宫庭园种植柏树。至今这株柏树虽已枯萎，仍树干挺拨，虬枝怒张。

飞来山、蕺山也是风光秀丽，生态优美。古城内山川相映，景色如画，更使城市壮丽繁华，百姓安居乐业。南宋状元王十朋于绍兴二十七年（1157 年）在卧龙山顶俯瞰这座城市，写下的一段目击记述，足以反映这座山的气势和风光。其谓："周览城闉，鳞鳞万户，龙吐戒珠，龟伏东武。三峰升峙，列障屏布，草木笼葱，烟霏雾吐，栋宇峥嵘，舟车旁午，壮百雉之巍垣，镇六州而开府。"[④]

除"九山中藏"这样一种独特的生态环境外，古城内园林众多，且各具特色。越地素有水乡泽国之称，境内河网遍布，湖泊相连。丰富的水资源，便于人们引水筑池兴建园林。南宋绍兴园林之多，犹如繁星点点，散布全城。其中特别有名的有西园、曲水园、天然园、沈氏园、丁氏园、王氏园等。园内假山亭阁，名花异草，茂林修竹，荷池游鱼，各有特色。时至今天，位于府城卧龙山西侧的西园、禹迹寺南的沈园和王氏园，仍是市民最喜欢前去游玩的名园。

随着宋代经济的发展和人们对雅致生活情趣的追求，大家对养花、赏花、插花的兴趣日趋浓厚，对花卉的需求也大大增加，许多人便以种植花卉为业。在府城投醪河南侧，地名叫"望花畈"的地方，有大片花田。花农们为了四季都有花木供应市场，每到冬天，他们就在花地上用帷幕搭建暖棚，以抵御朔风寒潮。用暖

---

① 绍兴县史志办公室：《唐宋诗人咏龙山》，中华书局 2013 年版，第 30 页。

② 《嘉泰会稽志》卷九《山 · 府城》，载《宋元浙江方志集成》，杭州出版社 2009 年版，第 1813 页。

③ 《宝庆会稽续志》卷四《山》，载《宋元浙江方志集成》，杭州出版社 2009 年版，第 2211 页。

④ （宋）王十朋：《会稽三赋》卷四，中国档案出版社 2005 年版，第 13 页。

棚种植花木，虽然不知道当时是否为全国首创，但至少在近代的绍兴，却几乎未见。

花卉品种繁多，一年四季皆有鲜花盛开。特别是在春天，望花畈真是五彩缤纷，婀娜多姿，蜂蝶飞舞，花香四溢，宛似一片花海。望花畈之名，一直流传至今，真可谓名不虚传。府城街头卖花、买花之人不绝于市。这就为南宋的绍兴平添了一份风雅、祥和的气氛。

绍兴的花卉品种很多，被今人称为国花的牡丹，昔日越州就已非常有名。欧阳修在《洛阳牡丹记》中说："牡丹出丹州、延州，东出青州，南亦出越州。"不过，欧阳修从来没有去过绍兴，所以他对绍兴牡丹地位的认识，尚只是耳闻而已。北宋名僧仲殊在绍兴曾经住过一段时间，所以说得更为具体："越之所好尚惟牡丹，其绝丽者三十二种。始乎郡斋，豪家名族，梵宇道宫，池台水榭，植之无间。来赏花者，不问亲疏，谓之看花局。"①从中可知，早在北宋时，牡丹已在越中普遍种植，而且品种繁多，"绝丽者"竟多达32种，那么一般品种必然更多。今与之相比，可能尚有所不及。

除种植牡丹外，据方志记载，绍兴还种植杜鹃、栀子、水仙、荷花、梅花、山茶、菊花、凌霄、兰花等多种花卉，使绍兴府城有杏花春雨江南之胜。这样一种良好的生态环境，正是当今打造"生态宋韵"和美丽城市所值得借鉴的。

四、从书院府学看绍兴的学风之盛

作为文化之邦的绍兴，向来以教育发达、学风盛行著称于世。从唐代开始，越州已建有官学，并有书院兴起。北宋仁宗宝元二年（1039），范仲淹（989—1052）知越州时，在州治卧龙山西岗创建稽山书院。书院落成后，范仲淹延聘新昌义塾创始人、著名藏书家石待旦为稽山书院山长，一时书院内人才济济。越州受范仲淹兴学影响，各县多自置学，聘名儒主之。南宋孝宗淳熙八年（1181）八月，著名理学家朱熹出任浙东提举常平，驻于绍兴。其间，他曾应邀到稽山书院讲学。理学大师尹焞（1071—1142）、吕祖谦（1137—1181）等亦在绍兴府所属各县书院轮番讲学，阐发理学要义和个人学术观点。明代时，绍兴知府南大吉在宋代旧址上重建稽山书院，心学大师王阳明（147—1528）也应邀在这座书院讲过学。至今在卧龙山西岗仍有稽山书院遗迹可寻。

① （宋）欧阳修：《欧阳修集》卷七五《洛阳牡丹记》，中华书局2001年点校本，第1096页；（明）陈耀文：《天中记》卷五三《牡丹》，影印文渊阁《四库全书》本，第967册，第555页。

绍兴府学宫,始建于北宋,这是一所府学兼祭祀孔子的场所。地址便是今天的绍兴稽山中学。北宋初,经过五代战乱,越州官学也与其他地方的官学一样名存实亡。仁宗天圣六年(1028),知州成悦下令恢复州学,修缮学宫。嘉祐五年(1060),因原越州学宫处于闹市,且建筑狭小、光线昏暗,不利于学生读书,于是当地官员和乡绅商议择址重建。会稽学者吴孜针对当时释、道兴盛,官员、名流舍宅为寺或舍宅为观之风盛行,而学校未治的"世道衰微"现象,毅然献出自己的大片宅第,作为学宫。吴孜师从宋初三先生之一的胡瑗,热心教育事业,他的这一义举深受后人赞赏。时至一百余年后的孝宗乾道间(1165—1173),王十朋仍然对他赞叹道:"右军宅化空王寺,秘监家为羽士宫。惟有先生旧池馆,春风归在杏坛中。"①此后,府学宫一直受到历代地方长官的重视。孝宗隆兴二年(1164),知府吴芾修之;光宗绍熙二年(1191),知府王信增修之,陆游为之撰写《绍兴府修学记》,刻石立碑于府学宫。碑文谓:"王公信来为是邦,政成令行,民物和乐。台榭弗崇,陂池弗广,而惟学校是先。燕游弗亲,厨传弗饰,而惟养士是急。下车未久,奥殿崇阁,宇修廊,讲说之堂,弦诵之舍,以葺以增,不日讫事。"②宁宗嘉定十六年(1223),知府汪纲"又增葺之",使绍兴府学宫更具规模,遂称"浙中诸庠第一"。这里还需特别指出一点,吴孜舍宅为学的义举,也影响到了后代,此后绍兴私人办学蔚然成风。正如《嘉泰会稽志》所载:"至今天下县亦多有学,而会稽诸邑为盛。"③直到民国 21 年(1932)秋,在原府学宫址上,由邵力子、蔡元培、马寅初等先生发起,克绍前贤,建立了私立绍兴中学(次年改名为绍兴稽山中学),就是其中有名的一例。这也是绍兴地区文化教学事业之所以兴盛发达的原因之一。

会稽县学和山阴县学皆始建于北宋崇宁二年(1103)。前者位于今学坛地的礼禋坊,后者位于今柴场弄的柴场坊。

贡院是绍兴地区士子参加发解试(明、清称县试和府试)的场所,每举人数往往多达六千人左右。原来无定所,多借寺院为之,这给士子考试造成许多不便。乾道四年(1168),知绍兴府史浩商议建造贡院,并选址于城西锦鳞坊,卧龙之阴郡治之西北,历时五年,始由知绍兴府钱端礼"克成之",结束了昔日绍兴府内无固定试所的历史。嘉定十五年(1222),恰逢大比之年,绍兴知府汪纲对贡院又作

---

① (宋)王十朋:《王十朋全集》卷一三《吴先生祠》,上海古籍出版社 1998 年标点本,第 206 页。

② 《陆游集·渭南文集》卷一九《绍兴府修学记》,中华书局 1976 年版,第 2151 页。

③ 《嘉泰会稽志》卷一《学校》,载《宋元浙江方志集成》,杭州出版社 2009 年版,第 1632 页。

了开拓建造，增屋三十间，并命工匠凿石铺地，使地面坦然如砥。就连院前待试地，亦用石板填砌，整座贡院修葺一新，“为永久利”①。南宋大臣袁说友说：“国朝崇儒右文，眂古为重，而东南儒风宏林盛美，会稽为最焉。”②至今，原南宋贡院旁的鲤鱼桥、锦鳞桥两座石桥仍存。

五、从宫观寺院看绍兴的宗教文化

绍兴地区信仰的宗教主要是道教和佛教。道教始于古代神仙信仰与民间巫术。绍兴自古至汉，俗多淫祠，好卜筮，盛行鬼神祭祀，故道教流传甚早。东汉炼丹方士上虞籍魏伯阳，首次系统论述道教炼丹术。晋时，葛玄、葛洪先后居会稽炼丹修道。唐高宗乾封元年(666)，诏令各州置一观一寺，此后，建观布道盛行，越州建有多座著名的宫观。

绍兴宫观，有十几个之多，但规模一般不大，惟其中的天庆观、天长观、报恩光孝观因为都是宋皇室祭祀场所，所以规模较大，比较重要。

天庆观的历史非常悠久。据嘉泰《会稽志》卷七载：“在府东南五里一百二十步，隶会稽，唐之紫极宫也。”即位于今稽山中学东侧。后梁开平二年(908 年)改名真圣观。北宋大中祥符元年(1008)正月初三日，真宗炮制了一场“天书下降”的闹剧真圣观，又改名承天观。当年十一月，真宗下诏全国，以正月初三日这一天为“天庆节”，并要求全国各州郡都要建“天庆观”。于是，再以“天庆观”为额，改承天观为“天庆观”。此后凡有官员上任或罢任，都须步行到天庆观朝拜。遇天庆节那天，无论官员还是庶民，都得焚香殿中。建炎三年(1129)十一月，高宗逃至越州。“主管侍卫步军司公事闾勍奉迎祖宗神御(按：指已故太祖以下帝王画像)至越州，“诏奉安于天庆观”③。从此，天庆观也成了宋朝皇室的祭祀之地。

天长观原位于越州城外五云乡，隶会稽县。唐代贺知章辞官入道，舍宅置观，号千秋观。天宝七年(748)，改天长观。南宋乾道四年(1168)八月，知绍兴府史浩在府城内会稽县东南五里新建道观，上奏将原位于城外五云乡的天长观旧

---

① 《嘉泰会稽志》卷一《贡院》，载《宋元浙江方志集成》，杭州出版社 2009 年版，第 1636 页；《宝庆会稽续志》卷一《贡院》，载《宋元浙江方志集成》，杭州出版社 2009 年版，第 2154 页。

② (宋)袁说友：《东塘集》卷一八《绍兴府进士题名记》，影印文渊阁《四库全书》本，第 1154 册，第 364 页。

③ (宋)李心传：《建炎以来系年要录》卷二九，“建炎三年十一月癸亥”条，上海古籍出版社 2018 年点校本，第 594 页。

额移于此观中。每年都有掌管祭祀之官来主持祭祀典礼。嘉定十三年(1220),天长观赐名千秋鸿禧。增建了真武殿,先贤祠、列仙祠、贺秘监祠及爽气堂等建筑。

报恩光孝观"在府东三里九十四步,隶会稽",位于今东街东双桥北首。南朝陈永定二年(558),陈武帝舍宅建观,初名思真观。宋太宗太平兴国九年(984),改名乾明观。崇宁二年(1103),改崇宁万寿观。政和三年(1113),改天宁万寿观,置徽宗本命殿,号景命万年殿。绍兴七年(1137 年)正月,徽宗死于朔漠的消息传来,改名报恩广孝观。十二年 (1142),再改名报恩光孝观,专奉徽宗皇帝香火。①

佛教自东汉灵帝末年传入会稽,到东晋南北朝时有了很大发展。特别是由于晋室南迁和汉译佛经的广泛传播,会稽高僧云集,儒佛合流,学派林立,迅速发展成为我国南方的佛教中心之一。此后,这里高僧辈出,创宗立说者代不乏人。南朝时,越州地区的佛事活动场所多为达官贵人舍宅为寺。如王羲之舍宅建戒珠寺,许询舍宅建大能仁寺,沈勋舍宅建光相寺,郭伟舍宅建禹迹寺,江夷舍宅建龙华寺,皮道与舍宅建宝林寺等。大善寺则是梁天监三年(504)一位未婚钱氏女子,遗言以平素积蓄的奁中之资所建。上述寺院不仅在宋代依然存在,而且在今天尚能考证出它们的大致位置。保存至今的戒珠寺被列为浙江省文保单位。大善寺遗址虽已成为城市广场,但寺中的大善塔依然存在,为全国重点文物保护单位。

据《嘉泰会稽志》记载,南宋中期,绍兴府有各式寺院 342 所,其中位于绍兴府城内的有 28 所,但今天已大多不存。佛教的传播,对绍兴的政治、思想、经济、文学、音乐、美术、雕塑、习俗等方面都有重大影响。有关它们的位置,经过考证后也在《南宋绍兴府城图》中一一作了标识。

绍兴历史上留存的宗教建筑,除供奉神、佛、道教的建筑外,还有为纪念和祭祀祖先或先贤、忠臣、义士等所建的祠堂庙宇。《嘉泰会稽志》中记载的绍兴府城内的各类祠庙有 16 处。如位于府西北二里的越王庙,是为纪念越王勾践而建;位于府南四里三百二十六步的钱王祠,又称钱王庙,是为纪念吴越国王钱镠而建;位于卧龙山之西南的城隍显宁庙,奉祀唐代越州太守庞玉,祠以为城隍神;位于府南三里二百六十六步的旌忠庙,是为纪念抗金义士唐琦而建。凡此种种,都作了标识。

---

① 《嘉泰会稽志》卷七《宫观寺院》,载《宋元浙江方志集成》,杭州出版社 2009 年版,第 1765-1766 页。

六、从府城桥梁看水系形态和建筑价值

绍兴桥梁的发展既有地理环境和自然资源的因素，也有社会经济发展的因素。

其一，水网密布的地理环境是绍兴成为桥乡最基本的原因。公元前490年，范蠡选择“西则迫江，东则薄海，水属苍天，下不知所止”①之地为越都城址，为越都城提供了充沛的水资源。越人根据通航、蓄水排涝、生产生活等需要，在城内或利用天然水道或顺地形水势开凿人工河道，并与外河湖海相通。城内河网得以逐步完善，通向小城和大城水门的河道为历代所利用。隋朝建罗城，利用鉴湖和运河增加水城门，城内河道又有增加。唐代在城内开挖新河。北宋有了环绕城墙的护城河。南宋汪纲疏浚城内河道，打通断头河，城内河道通过6座水城门与城外水系相通，城内35条大小河流皆通舟楫，街河相依，桥连街路，奠定了后来水城的格局。宋代绍兴府城的水系网络是绍兴历史上最为完善的，这也是桥梁作为连接两岸交通纽带得以发展的主要原因。可惜在今天的绍兴城内，除环城河、稽山河、投醪河、咸欢河等16条河道还存在着，绝大多数都已被填平。2500多年前的投醪河，能奇迹般地被保留至今，或许得益于越国“投醪出征”的故事实在太有名的缘故。

其二，当地大量优质的石材资源为绍兴桥梁的发展提供了物质条件。宋代，石材已被广泛应用于建筑中。城墙城门的修建用到了石材，府城内的主要道路路面用石板铺筑，石材更是在桥梁中得到广泛应用，《嘉泰会稽志》卷十一中记载的桥梁基本上都是石桥。为了延长桥梁的使用寿命，宋人将一些木桥、砖桥也改建为石桥。如位于绍兴府衙东侧的府桥，是砖砌的拱桥，至嘉泰年间，府桥年久失修已是摇摇欲坠，知绍兴府汪纲将这座砖桥改建为石砌拱桥，将桥面加宽后在两侧增设石栏板，桥梁坚固，雕琢精美。

宋代石桥的形式千姿百态，且石桥的营造技艺高超，在中国古代桥梁发展史上具有重要的历史地位而享誉世界，作为全国重点文物保护单位的八字桥，是梁式石桥，它是我国现存最古老的城市桥梁，当建于南宋嘉泰(1201—1204)以前。《嘉泰会稽志》记有：“八字桥在府城东南，两桥相对而斜，状如八字，故得名。”桥架于三条河道的汇合处。整座桥布局合理，建造稳固。一桥解决了四条街区三

---

① (汉)袁康、吴平:《越绝书》卷四《越绝计倪内经第五》，上海古籍出版社1985年点校本，第29页。

河交叉复杂的交通问题，这种灵活巧妙的布置，充分显示了宋代工匠的聪明和智慧。八字桥具有很高的文化、艺术和科技价值，是宋代桥梁的杰作代表，也是自宋以来绍兴城区主要坐标之一。整片八字桥历史街区与城中运河，今天已被列为世界文化遗产。

广宁桥是一座七折边形石拱桥，横跨城内运河，桥始建年月不详，重建于北宋绍圣四年(1097)。明代再重修。广宁桥是绍兴现存最长的七折边形石拱桥。全桥石材粗壮厚实，桥两边设桥栏，间有望柱，雕有覆莲。桥拱下有纤道，是当时运河船只在通行时纤夫拉纤的通道，此桥被称为古代的"立交桥"，被列为全国重点文物保护单位。

嘉泰《会稽志》中记载绍兴府城中的桥梁有 99 座，《宝庆会稽续志》中又增添 2 座。据文献记载及实物考证，在南宋宝庆以后仍有新建桥梁，如大宝祐桥、小宝祐桥、龙华桥、目连桥等，它们都有桥上石刻桥碑作证。故在《南宋绍兴府城图》上标识的桥梁共计有 110 座。事实上，南宋时期绍兴府城的桥梁要多于这个数字。目前，在绍兴古城中宋代已经存在经历代修建后保存至今的桥梁尚有 38 座，包括八字桥、广宁桥、谢公桥、题扇桥、拜王桥、光相桥 6 座全国重点文物保护单位。这些桥梁由于从宋代至今位置不变，地名依旧，对《南宋绍兴府城图》确定有关桥梁和遗迹的位置，具有坐标的意义。

南宋时期存在的这一百多座桥梁，时至今天，大多数已坍圮不存。特别是新中国建立后，因为城市建设的需要，对古建筑的保护重视不够，有 28 条河道因此被填、大量桥梁被拆。今天要对如此众多的河道和桥梁位置一一正确地标识出来，其难度可想而知。为此，我们除了参考历代舆图、方志的记载，根据众多古方志中地名与地名、地名与桥梁、桥梁与桥梁、桥梁与河道相互间关系的推断，特别以今天仍然存在的或有迹可考的河道、桥梁、遗迹作为参照物外，还多次进行实地考察，反复推敲，加以确认。实际上，对越城中其他遗迹位置的确定，我们也常用此种方法。

七、从市场酒楼馆驿看绍兴商贸发展

宋代的绍兴，既有密集的水网和浙东运河流过，又地处肥沃的宁绍平原，水、陆两路畅通，交通十分方便，促使人口集聚，文化发达，经济繁荣。

从市场来看，当时绍兴府城内除了有照水坊市、清道桥市、大云桥东市、大云桥西市、龙兴寺前市、驿地市、江桥市、古废市、南市、北市十处市场外，还有一种特殊的市场形式，即每年正月元宵节在东街开元寺前举办的灯市，这是和地方风俗活动结合在一起的商品交易活动。其规模和影响比一般集市要大些。大善寺西面有瓦市，瓦市又称“瓦舍”“瓦子”，为市民的主要娱乐场所，里面歌舞、戏剧、说书、杂技等应有尽有。在望花畈，则不时举办“花市”。

绍兴酿酒历史悠久，早在2500多年前的春秋时期就已经有酿酒的文字记载。府西二百步有投醪河（一名箪醪河），原为春秋末年越王勾践投醪之所。相传勾践欲灭吴国，为与国人同甘共苦，师行之日，将有人所献之醪（美酒）倒入河中，“士卒承流而饮之，人百其勇，一战而有吴国也”①。在这个人人皆知的典故中，绍兴酒的悠久历史也足以得到证明。

到了南宋，酿酒业获得大发展，全城处处有酒肆，空气中不时弥漫着酒的香味。酒税成为地方财政的一大收入和考核地方官政绩的一个重要标准，甚至有“一郡之政观于酒”②之说。南宋绍兴名酒迭出，有竹叶青、瑞露酒、堂中春、蓬莱春等。绍兴府城内除都酒务、比较务、和旨库、激赏库等官营酒业机构外，还有沿街开设的众多酒肆。许多酒肆的前后，往往临近河道，满载坛酒的船只可直驰酒肆门前。陆游把酒家遍布的盛况，描述为“城中酒垆千百所”。

馆驿，相当于今天的各种招待所。府城中有通川亭、问津亭、蓬莱馆等馆驿，是来绍兴经商之人、各类官员及来绍游玩的一些文人墨客的寓居之地。而在城西迎恩门、城东五云门，皆有接官亭，是每年四时八节，接待由临安府来绍兴南宋皇陵祭祀官员的下榻之处③，故又被称为“御香亭”。

八、从厢坊建制看城市规模和格局

秦汉以来，城市普遍实行坊市分离制度，居民的住宅区和商业区分设。“坊”内住居民，四周筑有围墙，内部有一条或两条大路通往坊外，是“坊”的主干道。又有若干小路交叉，称为“曲”。作为商业区的“市”，则在“坊”外。市中设“肆”，居民的一切经济活动都必须到市进行。每到夜晚，市内停止一切商业活动，坊内居民也禁止走出坊外。

---

① 《嘉泰会稽志》卷一〇《水·府城》，载《宋元浙江方志集成》，杭州出版社2009年版，第1844页。

② （宋）张邦基：《墨庄漫录》，载《全宋笔记》第三编第九册，大象出版社2008年版，第63页。

③ 《嘉泰会稽志》卷四《馆驿》，载《宋元浙江方志集成》，杭州出版社2009年版，第1713页。

唐代末期，随着城市的发展和商品经济的局部繁荣，这种传统的坊市制度逐步发生了变化，坊内出现商店，市里有了居民，坊墙亦开始被拆毁。至北宋，随着商品经济的进一步发展，坊市制度被彻底打破，成为综合性的坊巷街区。到真宗大中祥符年间(1008—1016)，绍兴府城内共设三十二坊。进入南宋，宋金战争结束后，社会经济快速发展，人口大幅度增长。到绍兴后期，市内已显现出一派繁华景象。

随着人口增长和商业经济的繁荣，城市基础设施已不能满足城市发展的需要，城市功能布局也有待优化调整。宋嘉定年间(1208—1224)，知绍兴府汪纲对府城进行了科学规划和合理建设，府城内形成了“一河一街”“一河两街”和“有河无街”的水城格局，城市基础设施更加完善，功能布局更加合理。纵横交错的河道与街道，把府城分割成许多坊巷。于是汪纲把府城内的建制扩大到五厢九十六坊，“厢”由一定范围内的坊巷、街道、商店和市场所构成。九十六坊的规模为大中祥符时的三倍。

厢坊制的建立，彻底打破了官民分居、坊市分离的格局，官府衙门、贵戚府第与一般市民住宅互相杂处，商业和其他经济活动散布于城市各处。

绍兴五厢九十六坊的具体设置是：会稽县界设第一、二厢，共四十坊。山阴县界设第三、四、五厢，共五十六坊。

第一厢下，分外竹园、里竹园、晋昌、元真、外钟离、里钟离、静林、甘露、外梧柏、里梧柏、杏花、亲仁、目连、季童、义井、新路、小新、都亭、法济、孝义、礼禋等二十一坊。

第二厢下，分棚楼、花行、日池、月池、照水、小德政、宝幢、庆陵、石灰、朴木、乐义、永福、押队、诸善、上党、义井、祥符、詹状元、莫状元等十九坊。

第三厢下，分西河、小驿、南市、富民、华严、铁钉、蕙兰、德惠、大市门、治平、甲子、开元、南观仁、狮子、云西、菩堤、耀灵、植利、采家、柴场、京兆、天井、水沟、大新、河南、施水、船场、府桥、桐木、槿木、爱民等三十一坊。

第四厢下，分贤良、火珠、少微、板桥、北市、瓦市、双桥、水澄、新河、大路、石灰、锦鳞、武勋、昼锦、迎恩、草貌、笔飞、斜桥、戒珠、王状元等二十坊。

第五厢下，分教德、卧龙、车水、显应、秦望等五坊。①

据《宝庆会稽续志》记载：汪纲在九十六坊前皆树华表，并重题坊名。可想而知，当时的绍兴城已井然有序，既有规模，又有气势。

古代绍兴方志中的相关舆图都是示意图，如明万历十五年《绍兴府志》中的

---

① 《宝庆会稽续志》卷一《坊巷》，载《宋元浙江方志集成》，杭州出版社 2009 年版，第 2159 页。

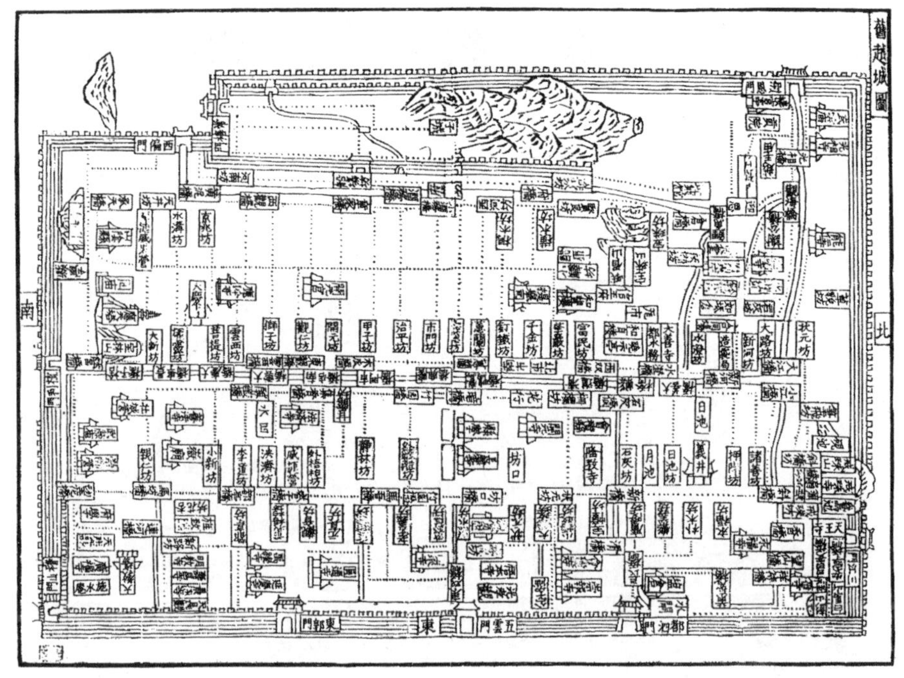

图 2 明万历十五年《绍兴府志》“旧越城图”

“旧越城图”(见图 2),虽标注了南宋绍兴府城各厢坊名称,但只有大致方位,与实际位置相差甚远。而近代有了精准的测绘地图,却又难以反映古代的真实情况。笔者为了在《南宋绍兴府城图》中完整准确地展示五厢九十六坊的厢坊建制,经过反复查阅史料、严密考证并结合实地调查,前后用了近三年时间,终于厘清了五厢之间的边界线,标注了九十六坊的具体位置。

在今天绍兴城内,还保存着许多宋代的坊名,如富民坊、武勋坊、月池坊等。城内还有一些巷弄的名称,如柴场弄、笔飞弄、斜桥弄、水沟营、孝义弄等,也都是沿袭了宋代坊名而来,与宋代有关的地名有百余处之多。虽然它们并不一定都处在南宋时候的位置,但多少为我们确定昔日坊巷的范围提供了重要参考。

综上所述,编制《南宋绍兴府城图》(见图 3),为挖掘和明确遗迹、遗存的地理位置,梳理宋韵文化,有脉络、有根据地保护和修复宋城形态提供了依据。有利于培养人们的文化自信和爱祖国、爱家乡的思想感情。同时,对进一步擦亮绍兴国家历史文化名城和东亚文化之都的文化品牌,培育绍兴文化新标识、打造绍兴文化新高度,都具有重要的历史意义和现实意义。

南宋绍兴府城图

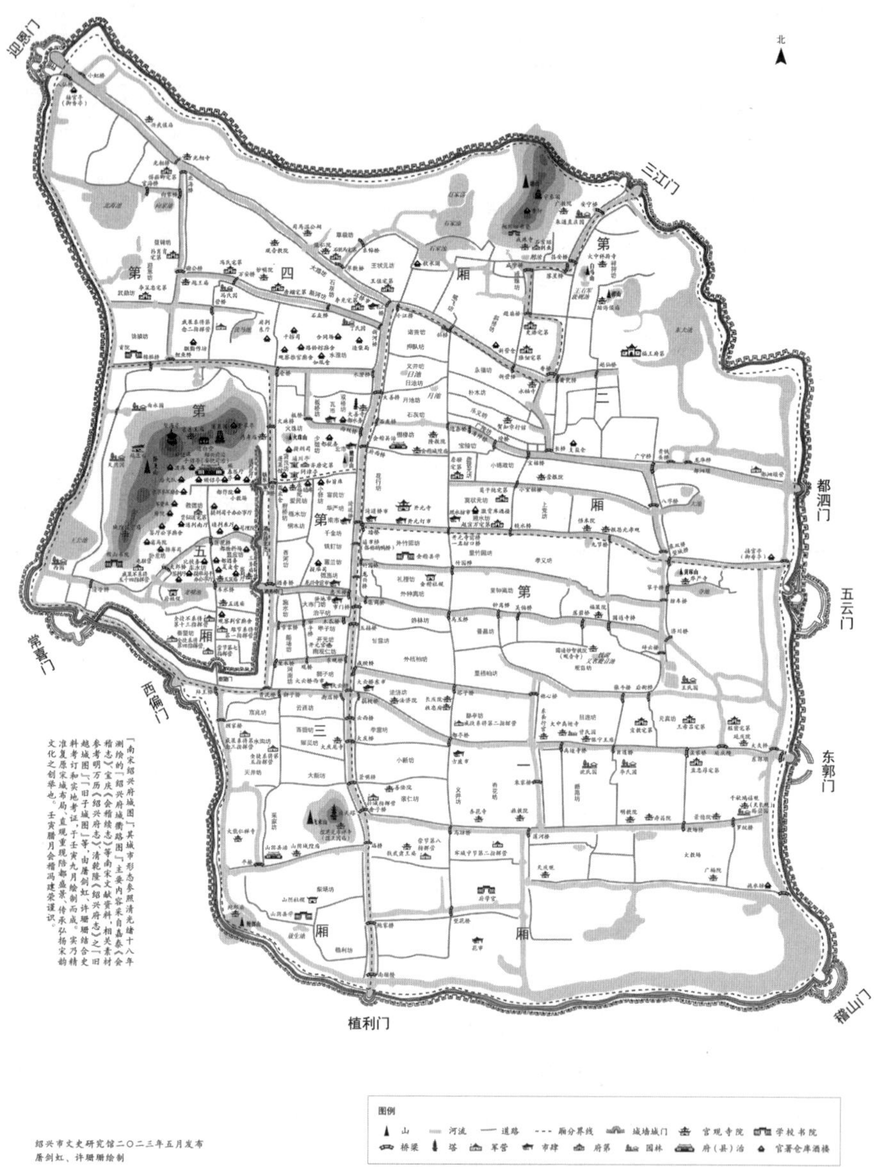

图 3　南宋绍兴府城图

借力杭州亚运会推进绍兴全域文商旅深度融合对策研究

毛燕武　韩巧燕　楼佳飞　王丽娜*

党的二十大报告指出要坚持以文塑旅、以旅彰文，推进文化和旅游深度融合发展。当前，文旅融合呈现出前所未有的活跃态势，已成为影响未来文旅产业和区域发展的重要因素。打造文旅深度融合发展格局，不仅是文化和旅游自身转型发展的客观需要，更是锚定旅游强省建设、推进中国式现代化落实落地的必然要求。早在2009年，原文化部会同国家旅游局出台的《关于促进文化与旅游结合发展的指导意见》就提出推进文化与旅游结合发展、协调发展，指出“文化是旅游的灵魂，旅游是文化的重要载体”。2020年《中共中央关于制定国民经济和社会发展第十四个五年规划和二〇三五年远景目标的建议》又明确提出“繁荣发展文化事业和文化产业，推动文化和旅游融合发展”，并由新组建成立的文旅管理部门主持编制了《“十四五”文化和旅游发展规划》，足见国家对推进文旅融合这项工作的重视。

“办好一次会，提升一座城。”在全球竞争时代，大事件是整合城市发展资源、重构城市文化肌理的一种机遇。一次世界级的体育赛事，将对一座城市的知名度、美誉度和竞争力产生巨大影响。“盛会落幕，城市起步”。大型体育赛事遗产的“活化”逐渐成为举办国家或城市必须考虑的一项重要议题。绍兴是国务院批复确定的文化和生态旅游城市、国家文化和旅游消费试点城市、中国研学旅游目

---

* 作者毛燕武系浙江省城市治理研究中心副主任，韩巧燕系浙江省城市治理研究中心研究人员，楼佳飞系杭州城市学研究会工程师，王丽娜系浙江越秀外国语学院副教授。本报告系浙江省城市治理研究中心绍兴分中心“绍兴城市高质量发展重大研究项目”成果。

的地和全国研学旅游示范基地。近年来,绍兴立足全域旅游发展新形势,努力将文化资源的厚度转化为文化产业的高度,提出“重塑城市文化体系”战略目标。

作为承办本届亚运会赛事最多的协办城市,绍兴应借力杭州亚运会新契机,依托“融杭联甬接沪”地理优势,用好“东亚文化之都”国际城市文化名片,一方面积极打造具有绍兴韵味、浙江特色、中国气派、国际视野的文化矩阵,全面推进绍兴全域文商旅深度融合发展;另一方面坚持城市侧和赛事侧一体推进,发挥“体育亚运”“城市亚运”“品牌亚运”效应,释放最持久的办会红利,推动城市综合承载力、资源配置力和国际竞争力不断迈上新台阶。

一、研究背景

(一)后疫情时代旅游高质量发展呈现新趋势

此前受新冠疫情影响,旅游行业遭受重创。2023 年以来,随着疫情防控政策不断优化调整,国内文旅市场活力率先复苏。经文旅部数据中心测算,2023 年“十一”假期,国内旅游出游 8.26 亿人次,实现国内旅游收入 7534.3 亿元,按可比口径较 2019 年分别增长 4.1%、1.5%。① 2024 年“五一”假期,全国国内旅游出游合计 2.95 亿人次,国内游客出游总花费 1668.9 亿元,按可比口径较 2019 年同期分别增长 28.2%、13.5%,入出境游客合计达 367.2 万人次。②

后疫情时代,中国旅游市场迎来强劲复苏的同时,旅游行业也呈现出新的特点与新的趋势。一是本地游、周边游等微度假市场兴起。后疫情时代,全民健康意识明显增强,经济发展尚属恢复阶段,本地休闲消费市场得以扩容,在不短的一段时间内,本地游、周边游等微度假成为出行首选,这也为乡村地区带来了旅游复苏机遇。二是文旅数字化趋势显现。线上预订、线上购票、客流监测等景区服务实现数字化转型,虚拟景区、在线旅游、智慧旅游等新兴数字文旅消费形态迅速崛起,数字技术赋能已经成为文旅产业发展新风口。数字博物馆、数字文创、数字化旅游虚拟人物、数字藏品、AR 数字化景区、数字艺术展览等数字技术赋能文旅新场景层出不穷。运用“游戏+虚拟游”“动漫+云展”“电影+沉浸式

① 《2023 年中秋节、国庆节假期国内旅游出游 8.26 亿人次 同比增长 71.3%》,2023 年 10 月 7 日,https://www.gov.cn/lianbo/bumen/202310/content_6907586.htm。

② 《2024 年“五一”假期国内旅游出游 2.95 亿人次》,2024 年 5 月 6 日,https://www.gov.cn/lianbo/bumen/202405/content_6949365.htm。

体验”等方式构建的数字“虚拟文化空间”持续强化文旅线上线下互动。三是个性化、分众化、专业化旅游需求日益凸显。随着“Z世代”“网生一代”等年轻群体成为文旅出行消费主力军，客群对文旅的需求逐渐由“有没有”转向“好不好”“精不精”，在各类创新要素的驱动下，催生了不少文旅新业态新模式新场景，体育休闲游、研学游、康养游、体验游成为热点，沉浸式、体验式、互动式以及个性化和高情绪价值的产品与业态更加出圈。四是以文商旅融合为主的多元化、跨界融合成为文旅行业发展未来趋势。随着消费的转型升级和新一代消费者的崛起，旅游消费也正在从景点观光向休闲度假、深度体验转变，精神文化享受得到了更多重视，商业和文旅发展面临更高要求。文商旅融合正是从满足居民及游客多元化休闲消费需求出发，通过“食住行游购娱”六大要素的业态创新组合，创造消费新场景，提升文旅新体验，实现文化、商贸与旅游的一体化综合发展。三者相互渗透、相互促进，将旅游消费带入“品质需求引导供给创新，创新供给创造需求升级”的良性循环，持续推动后疫情时代的旅游产业迈向高质量发展。

（二）绍兴迈入区域消费中心城市打造新阶段

2020年，绍兴市人民政府出台《关于全域推进放心消费建设的实施意见》，积极打造“放心消费在绍兴”品牌。2022年，绍兴市社会消费品零售总额增速列浙江省第四，线上批发、零售、住宿、餐饮等四项GDP核算指标全年稳居浙江省前三，网络零售增速高于浙江省平均，居民网络消费增速位列浙江省第一。2023年，绍兴市政府工作报告指出：坚持提升传统消费和培育新型消费并重，积极打造区域消费中心城市。绍兴由此开始迈入区域消费中心城市打造新阶段。

随着我国经济社会进入新时代，文化、商业、旅游三大领域都获得了长足的发展，文化消费、商业消费和旅游消费需求持续升级，成为促进消费的重中之重，文商旅三大产业的融合发展，具备资源整合、业态嵌合、市场复合、要素聚合及政策统合五大作用。三者融合发展既可持续丰富和优化文商旅产品及服务供给，创新打造消费新场景，扩大有效需求，同时又能够提高消费质量和效益，更好地激发消费新活力，从而全方位赋能绍兴建设引领长三角、辐射全国、面向全球的区域性消费中心。

（三）借力亚运赋能古城申遗迎来新契机

1. 文商旅融合为古城申遗提供全新着力点

2022年，越城区政府工作报告明确指出：对标《中国世界文化遗产预备名单》要求，编制行动纲领，细化实施方案，实质性启动古城申遗。近年来，绍兴市多措并举推动古城保护，出台《绍兴古城保护利用条例》、配套设立古城保护基金、制定年度工作清单、建设古城保护利用信息管理平台等，并以全城申遗为导向启动了新一轮城市文化体系重塑。古城申遗，重在文脉保护与传承活化。以“文商旅”深度融合高质量发展为抓手，可有的放矢助推古城空间、产业、环境实现更新优化，既守护好古城的根与魂，又能够唤醒古城的生机与活力，为实现千年古城申遗目标提供了新的着力点。

2. 亚运盛会为千年名城风采展现提供国际舞台

9.7 公里长的火炬传递路线尽展名城魅力，越剧、绍剧、黄酒等绍兴文化元素精彩亮相开幕式，丝绸、水乡、书法等文化符号注入亚运场馆。运动场内，各国健儿奋力拼搏；运动场外，千年古城吸引八方来客。绍兴古城借助亚运“东风”，迎来了新的发展机遇，亚运不仅让“东亚文化之都”在世界出圈，还揭开了“东方威尼斯”的新面纱，催热了“棒垒球之城”，向世界展现了这座历史名城彪炳古今的文化韵味与蓬勃活力，全面提升了古城文化的世界影响力，为古城申遗奠定坚实基础。

二、概念界定与学理研究

（一）关于全域旅游的研究

全域旅游作为新时代的旅游发展战略，自提出以来不仅在全国范围内迅速掀起了发展全域旅游和创建国家全域旅游示范区的高潮，学界对其的研究也日益高涨。但目前学界关于全域旅游的概念界定尚未统一，如厉新建强调全域旅游应是各行业积极融入，各部门齐抓共管，全城居民共同参与；[①]而张辉等则认为全域旅游核心不在“全”而在“域”，强调全域旅游在于空间域、产业域、要素域和管理域的完备。[②] 综合不同学者观点，并结合国务院办公厅《关于促进全域旅游发展的指导意见》（国办发〔2018〕15 号）中的相关表述，可将全域旅游界定为：是将一定区域作为旅游目的地，以旅游业为优势产业，通过深化改革创新发展、整合资源统筹推进、产业融合完善供给和社会参与共建共享，实现服务要素全域优化和发展质量全面提升，以旅游业带动经济社会发展的一种新的区域旅游发展理念和模式。

---

① 厉新建：《文化旅游、旅游凝视及其他》，《旅游学刊》2013 年第 11 期。

② 张辉、岳燕祥：《全域旅游的理性思考》，《旅游学刊》2016 年第 9 期。

当前，关于全域旅游的研究主要集中在全域旅游概念与理念创新、全域旅游理论内涵与分析框架、全域旅游供需系统与产品创新、全域旅游发展模式与路径、全域旅游的空间特征与格局优化、全域旅游竞争力与发展水平评价、以全域旅游为视域的乡村旅游及特色小镇发展探索等多方多面，形成了良好的理论研究和实践探索基础。

（二）关于文商旅融合的研究

"商旅文结合"的概念首次提出于 2000 年的《上海经济年鉴》，认为是一种城市产业发展理念，意在打破城市资源之间的界限，优化资源配置，从而构建商业、旅游、文化"共生、共荣"的经济生态体系。① 近年来，随着文商旅融合发展的趋势不断凸显，学界对文商旅融合的研究也逐渐增多，主要聚焦于三者内在联系、发展模式、融合策略与路径探索等。而对于文旅融合这一研究议题，则积累了更为丰富的研究成果，涵盖了文化遗产与旅游融合、文化产业与旅游产业融合、文旅融合的影响演进、文旅融合的产业化等多个方面。

关于文商旅三者内在关系的研究，吴建国认为三者之间有着天然的关联性，其中文化是基础和吸引客流的引力，旅游是组织客流的形式和客源到达的目的，商业是环境和组成都市旅游资源的要素。② 邱瑞琳则认为文化是灵魂，是旅游的核心价值；旅游是躯体，是文化的重要载体；商业是血液，是文化旅游的重要推动力。③ 而在文商旅融合发展策略与路径探究方面，胡恒烨等以常州为例，提出了重视文化保护发展、加大政府支持力度与创新发展融合模式等有助于常州特色文商旅融合发展的对策。④ 张颖等以天津为例，从综合利用资源打造文商旅高地、借力智能文旅满足文商旅消费新需求、运用自媒体提升文商旅影响力、开发文创产品刺激购买欲等提出了推进文商旅融合发展的路径。⑤

（三）研究小结

综上所述，关于全域旅游、文商旅融合对城市发展影响等领域均已积累了较

---

① 张媛、楼嘉军：《全域旅游视角下上海"商旅文"发展现状、特征与模式转型》，《现代城市研究》2018 年第 7 期。

② 吴建国：《推动商旅文结合共同发展的思考》，《上海商业》2007 年第 11 期。

③ 邱瑞琳：《基于文商旅融合视角的工业遗产更新——以温州为例》，《温州职业技术学院学报》2022 年第 1 期。

④ 胡恒烨、陈叶娣、管乐等：《文商旅融合发展现状分析及对策研究——以常州市为例》，《全国流通经济》2021 年第 9 期。

⑤ 张颖、王振坤：《天津文商旅融合发展研究》，《西部旅游》2022 年第 16 期。

为丰硕的成果。但如何在亚运会这一重大体育赛事的助力下，充分释放亚运红利，并顺应旅游发展新趋势，实现城市全域文商旅深度融合，仍需深入探索与思考。本报告以绍兴为例，在对绍兴市文商旅融合发展现状、存在不足以及发展机遇进行深入剖析的基础上，对照国内外文商旅融合发展成功案例，探索绍兴借力亚运，推进文商旅深度融合的基本策略与发展路径，加快实现绍兴全域文商旅深度融合发展，打造城市发展强劲新动能。

三、绍兴推进全域文商旅深度融合发展的基础分析

（一）绍兴推进全域文商旅融合发展的基础

1. 左右逢源的区位优势

作为长三角金南翼的重要节点，绍兴持续实施“融杭联甬接沪”主战略，打造“杭绍、甬绍 30 分钟交通圈”，“上午在西湖、下午在鉴湖、晚上在东钱湖”成为可能。绍兴 1 号线无缝衔接杭州 5 号线，两市地铁“一张网”运营，杭绍从“一体化”迈向“同城化”。

2. 无与伦比的文化底蕴

绍兴拥有 2500 多年建城史，是首批国家历史文化名城，孕育了古越文化、名人文化、黄酒文化、书法文化、阳明文化、诗路文化、运河文化、戏曲文化等一批在亚洲乃至全球范围内具有一定影响力的瑰宝。

3. 独特韵味的经典产业

珍珠、黄酒是绍兴两大历史经典产业。诸暨已成为全国最大的淡水珍珠养殖、研发、加工、交易中心，并拥有全国唯一的省级珍珠产业园区。黄酒更是绍兴城市“金名片”，有全国最大黄酒生产基地、销售基地和出口基地。此外，绍兴还拥有丝绸、青瓷、香榧、袜子等特色产业。

4. 千载难逢的亚运机遇

绍兴是杭州亚运会承办比赛项目最多的协办城市，承办篮球、排球、棒球、垒球、攀岩 5 个项目比赛，并提供足球项目训练基地。历史上规模最大、项目最多、覆盖面最广、观众最踊跃的亚运盛会为千年古城带来发展新机遇。

(二)绍兴文商旅融合发展的现状

1. 文化建设深入推进

近年来,绍兴市坚持人文为魂,将文化作为发展的最深层动力、城市的最鲜明特质、共富的最亮丽底色,重点做好公共文化服务、保护传承、创新发展、交流互鉴四篇文章,持续推动历史文化不断焕发出新的时代风采。

(1)公共文化服务显著提升

绍兴市不断创新公共文化服务供给方式,完善城乡一体化服务体系,加快打通公共文化服务"最后一米"。2300 余个公共文化设施进驻浙江智慧文化云绍兴站,上线"场馆预约""文化点单""信阅服务"等一批文化服务应用场景;完成图书借阅长三角一卡通互认互通互用,实现足不出户网上借阅服务;建成一批具有绍兴文化特色的新型公共文化服务空间,打造 700 个"15 分钟品质文化生活圈",新建 16 家城市书房与 9 家文化驿站;2022 年完成数字化提升乡村图书馆 30 家,完成送戏下乡 1800 余场、送书下乡 50 万册、送展览下乡 600 余场、文化走亲 100 场、各类群众文化活动近 3000 场,开展线上服务 4000 余场次,服务 5900 余万人次。

(2)文化保护传承成效显著

制定出台《绍兴古城保护利用条例》《绍兴大运河世界文化遗产保护条例》《绍兴黄酒保护和发展条例》;以世界文化遗产标准开展古城保护,建成名人馆、清廉馆、古城北大门、浙东运河文化园、阳明故居及纪念馆、蔡元培纪念馆等,形成"一城一桥三故里"古城格局;高水平举办兰亭书法节、公祭大禹陵、阳明心学大会、纪念鲁迅诞辰 140 周年、徐渭诞辰 500 周年、马寅初诞辰 140 周年、中国越剧艺术节等文化节会活动,启动编纂"绍兴大典",非遗保护工作连续 5 年位列全省前 3;宋六陵考古遗址入选国家考古遗址立项名单,浙江宋韵文化传世工程取得标志性成果。

(3)文化创新发展成果斐然

大力实施文创大走廊和浙东运河文化带、浙东唐诗之路文化带、古越文明文化带"一廊三带"建设,已建设项目 500 余个,完成投资超 600 亿元;开发"历史文化名城保护传承"应用,以数字化改革激发文商旅发展新活力,实现千年古城"在保护中发展、在传承中利用"。

(4)文明交流互鉴硕果累累

围绕"东亚文化之都"品牌建设,推出以"文脉千年 · 寻梦绍兴"为主题的绍兴活动年系列活动,打造中日韩文化交流重要枢纽;成立兰亭书法学院并拓展海外"兰亭书法学堂"至 9 个国家,擦亮中华文化国际传播新名片;自 2014 年起每年举办“大师对话”活动，用“鲁迅符号”链接世界，推动“文化出海”；先后与 27 个国家的 54 座城市缔结为友好城市或友好交流关系城市，与 34 个国外城市签订发展友好交流关系备忘录，形成覆盖全球的国际友城关系网络，推动绍兴城市国际化。

2. 旅游产业快速发展

近年来，绍兴市以“国家文化和旅游消费试点城市”为牵引，积极推动旅游富民，打造绍兴经济发展新的增长极。

(1)旅游综合实力显著提升

游客接待量由 2015 年的 7275.94 万人次增至 2019 年的 11488 万人次，年均增长 12.1%；旅游总收入由 2015 年的 762.37 亿元增至 2019 年的 1307 亿元，年均增长 15.8%；旅游产业增加值占 GDP 比重由 2015 年的 6.5%增至 2019 年的 7.2%，年均增长 2.6%。后疫情时代，绍兴文旅市场复苏势头强劲，2023 年“五一”假期，绍兴共接待游客 404.5 万人次，同比增长 155.37%；中秋国庆期间游客接待量约 367.81 万人次，按可比口径较 2019 年增长 11.87%。2024 年“五一”假期，全市共接待游客 313.4 万人次。

(2)旅游产品高质高效供给

近年来，绍兴全面提升全市文旅资源开发水平，持续推进文旅资源转化工程。2022 年年末，全市共有 A 级景区 83 个。其中，5A 级景区 1 个，4A 级景区 18 个，3A 级景区 38 个；拥有会稽山旅游度假区等在内的省级旅游度假区 6 家，鉴湖旅游度假区成为国家级旅游度假区，景区城创建率达 83%，3A 级及以上景区镇覆盖率超过 80%；全域旅游成为各地推动文旅发展主抓手，全市率先实现省级以上全域旅游示范县(市、区)全覆盖；旅游新业态、新场景、新产品层出不穷，沈园之夜、鲁迅故里、迎恩门水街、北纬 30°展示馆等夜游新体验拓展旅游新空间，黄酒艺术节、诗仙飞花令、蔡邕吹笛等活动为游客提供全新旅游体验；研学旅游创新发力，荣获中国研学旅游优秀目的地 · 标杆城市称号，成功构建“学游结合、寓教于乐、特色鲜明”的研学发展之路；“稽山鉴水——非遗主题之旅”“走唐诗之路——探寻越音芳华之旅”2 条游线入选省首批非遗主题旅游线路；旅游投资快速增长，引进、落地一批重大文旅融合类项目，旅游项目建设实现从数量到质量飞跃。2022 年，绍兴推进全市 50 个 10 亿元以上重大文旅项目建设，实际完成投资 402.51 亿元，完成率达 109.9%。2023 年，重点推进西施故里“一江两岸”文化旅游项目等 53 个 10 亿元以上重大文旅项目，本年度投资 280 亿元。

(3)旅游市场效应提升

旅游目的地形象逐渐彰显，成功举办公祭大禹陵典礼、中国黄酒节、中国越剧艺术节、徐渭诞辰 500 周年纪念等一系列重大文化活动及各类主题营销活动，广泛开展"研学绍兴·读懂中国""爱绍兴·游绍兴"等系列主题活动，擦亮"绍兴有戏"全民艺术普及品牌，更好满足人民对美好生活的向往；连续两年安排宣传推介经费共计3000余万元，助力特色文旅资源挖掘。创新打造"国内新媒体宣传＋海外推广＋地推"全媒体宣传矩阵，全力提升绍兴文旅影响力和知名度，文化旅游新闻宣传名列全省第一，获得中宣部海外媒体平台"发现美丽中国"等连续29次全球推介。

3. 文商旅融合初显雏形

近年来，绍兴市加快推进"文商旅"深度融合高质量发展，致力于以文塑旅、以商促旅、以旅彰文，守正创新、传承发展，进一步擦亮"历史文化名城""东亚文化之都"金名片，打造近悦远来的"品质之城"。当前，绍兴市正积极培育高品质消费供给，创新文旅消费场景，释放消费市场潜力，切实打造文商旅融合发展高地，让文商旅成为驱动绍兴市高质量发展的新引擎。

一是政策全面支持。2023年，绍兴市出台《关于推进绍兴古城"文商旅"深度融合高质量发展的实施意见》，锚定古城文商旅融合发展目标。二是积极创新活动形式。坚持通过"文化＋"创新旅游消费场景，在名人故居、文化场馆、博物馆群中开展丰富文旅活动，满足多层次市场消费需求。成功举办绍兴古城青春嘉年华系列活动，启动春夏秋冬四季文商旅主题活动、全省文化和旅游消费季等活动，全面营造消费氛围，通过"文化搭台，经济唱戏"，推动街区串联、文化激活、特色集聚、业态融合。三是加快打造消费新空间。积极打造迎恩门风情水街、迎恩天地综合体、古城北商业综合体、上大路特色文化街区等深度融合本地历史人文的一站式文商旅潮玩体验场景，打造酒吧一条街、茶饮一条街、直销一条街等特色商业街区，以文化风貌为基底，引入潮流美食、时尚文创、沉浸体验等新业态，实现文化、特色景观与现代商业的有机融合。此外，绍兴市还以旅游业"微改造、精提升"行动为契机，着眼"吃、住、行、游、购、娱"六要素，推进文旅融合、业态提升，助力文旅资源串珠成链、文旅产品提档升级、文旅业态丰富多元，构建文商旅融合新格局。

（三）绍兴文商旅融合发展存在的问题

1. 文化和旅游品牌辨识度不高

绍兴文化资源丰富、文化品牌优势独特，拥有古越文化、书法文化、唐诗文化、戏曲文化、黄酒文化、名士文化等众多文化名片。但核心文旅IP模糊，欠缺主品牌，文化辨识度仍待提升。旅游尚未形成持续响亮和有市场号召力的超级品牌，旅游城市定位不够突出，文旅品牌形象与资源品质尚不匹配。

2. 文商旅业态融合创新不足

当前，绍兴市文商旅业态体验仍较单一，存在较为明显的同质化现象。大量景区仍为观光型景区，且大多文化资源仅以静态的景点、博物馆、故居展示为主，趣味性、互动性较弱，游客消费体验度低，无法满足“Z 世代”等新兴主力消费群体的旅游需求。整体而言，文商旅运营模式创新程度仍有待提升，高质量的文商旅融合新场景尚显不足，体验式、沉浸式的新潮流、新玩法、新场景亟待探索。

3. 文商旅融合发展的广度不够

当前，绍兴市正积极推进文商旅融合发展，但是各个区、县(市)之间的发展合力尚弱，存在各自为政、步伐不一的现象。目前，绍兴古城正围绕“一城一桥三故里”空间格局实施文商旅精品项目，打造近悦远来“品质之城”。绍兴市区以越城、柯桥、上虞三大板块为重点，形成了城、园、镇、村、街、坊六大文创单元。相较而言，诸暨、嵊州、新昌三县市的交通体系、集散体系、自驾体系、智慧旅游体系、旅游商品体系尚不完善，文商旅融合的基础尚不坚实。

4. 文商旅融合发展的深度不够

文商旅融合发展的战略在绍兴实践已久，但绍兴市“文化、商贸、旅游”三者之间发展并不均衡，存在“文强、商弱、旅平”“文商旅三张皮”等痛点，具体表现为文商旅相关要素孤立发展，带动效应有限；文商旅融合顶层设计不完善、区域风貌混杂；缺乏国际一流商圈，消费场景模糊，难以形成消费“记忆点”；接待游客数量、旅游总收入稳中有降等问题。

5. 亚运契机下文商旅融合发展的热度不够

亚运盛会是推动绍兴市文商旅融合发展不可多得的重大机遇。后亚运时代，不少城市以亚运赛事为契机打造“网红打卡地”，积极将“赛事流量”转化为“经济增量”。但目前绍兴市旅游、研学、体育文创、沉浸式体验等环节尚未完全打通，“场馆＋”的综合效应亟待激发。如何利用亚运场馆、亚运设施轮番举办高级别赛事及全面健身运动，利用文商体旅融合发展释放更大的消费潜力，让“客流量”变成“留客量”，让亚运会变成亚运“惠”，实现体育与文旅的高质量双向赋能任重道远。

6. 夜间文商旅活力不强

2021 年，绍兴市正式启动夜间经济示范集聚区建设工作，加快打造魅力“越夜”，目前全市累计共有夜间经济示范集聚区 6 家、夜间经济特色门店 160 家，省级夜间文化和旅游消费集聚区 2 家，夜经济打造初显成效。但绍兴的夜间经济发展仍存在消费业态较为单一、业态相似度高、产品同质化现象较为严重的问题,夜间消费的产品与服务多以餐饮、购物、休闲娱乐为主,与文化、体育、康养等融合产品相对较少,沉浸式体验、年轻化消费新场景打造不足,夜间品牌打造进程相对滞后,缺乏名气响、深入人心的地标性夜间经济集聚区与常态化、亲民化、特色化的夜间经济品牌活动。此外,夜间消费氛围不足、夜间生活配套设施薄弱等问题也对夜经济活力产生了较大影响,城市治理的智慧也受到一定考验,无法全面满足出行主力军"网生一代"昼伏夜出的消费新需求。

四、亚运会为绍兴推进全域文商旅深度融合发展带来的机遇与思考

(一)亚运赛事效应赋能城市流量显著增加

亚运会期间,绍兴各场馆、景区周边客流量剧增,地铁日均客流量超 19 万人次,杭绍日均跨城客流量达 7 万人次。中秋国庆假期,绍兴接待游客约 367 万人次,创历史同期新高。其中,20 个 4A 级以上重点景区累计接待游客 140 万人次,实现旅游门票收入 6302 万元。绍兴应持续放大亚运赛事效应,推动赛事与文旅、会展等上下游行业深度融合,让"客流量"变成"留客量"。

(二)亚运经济效应赋能城市产业"借船出海"

透过"亚运之窗","绍兴造"的产品创新力与品牌附加值让世界看见。比如,华汇集团设计的柯桥羊山攀岩中心是国内最大单体异形镂空 UHPC 挂板建筑,获亚运"建筑特色奖";绍兴乾雍纺织应用纳米墨水技术,为赛事功能性面料打印出水墨晕染和 3D 效果;绍兴博亚服饰升级数字化定制系统,制作亚运礼仪服装等。绍兴应持续放大亚运经济效应,以数实融合理念发力生物医药、新材料等产业,变"三缸"为"三片"。

(三)亚运社会效应赋能城市能级不断跃升

亚运会筹办期间,绍兴先后出台了两轮《绍兴市亚运城市行动计划》,城市快速路里程突破 70 公里,新增绍兴地铁 1 号线、2 号线,城市治理更加精细,逐步实现了环境卫生"席地而坐"、道路通行"杯水不溢"、市容市貌"井然有序"、园林绿化"五彩斑斓"、城市夜景"如梦如幻"。绍兴应持续放大亚运社会效应,推动城市风貌持续出新出彩,释放"赛事很精彩、城市更精致"长尾效应,变"亚运之城"为"品质之城"。

(四)亚运文化效应赋能文商体旅融合发展

为抢抓亚运机遇,早在2018年绍兴就出台《绍兴市打造国际赛会目的地城市三年行动计划(2018—2020)》,探索文商体旅融合发展路径。绍兴棒(垒)球体育文化中心成为全亚洲乃至全球棒垒球赛事爱好者关注焦点,安昌古镇打造体旅文融合新场景赋能乡村旅游2.0,柯岩街道联合乔波冰雪世界等6家体育企业组成"酷玩联盟"等。绍兴应持续放大亚运文化效应,与亚运主办协办城市联动打造"名城、名湖、名江、名山、名村"世界级黄金旅游线,变"亚运会"为"亚运惠"。

(五)思考

一是从广度上看,如何共享"亚运红利",从绍兴古城扩展到市区,进而覆盖市域?当前,绍兴古城正围绕"一城一桥三故里"空间格局,打造近悦远来"品质之城"。市区以越城、柯桥、上虞三大板块为重点,形成了城、园、镇、村、街、坊六大文创单元。相比之下,需进一步完善诸暨、嵊州、新昌三县市的自驾体系、集散体系、智慧旅游体系、旅游商品体系,为绍兴推进全域文商旅深度融合发展奠定基础。

二是从深度上看,如何借势"亚运效应",破解"文强、商弱、旅平"的痛点?当前,绍兴仍存在文化资源丰富,但核心文化形象模糊,主品牌欠缺;文旅融合产品较少,文商旅相关要素孤立发展,带动效应有限;文商旅业态单一,国际一流商圈缺乏,消费场景模糊,难以形成消费"记忆点";2022年游客接待数量、旅游总收入稳中有降等问题。

三是从热度上看,如何锚定"亚运流量",将绍兴场馆设施转化为文商旅新晋打卡地?亚运会期间,绍兴既打造"最佳亚运赛区",又打造"最美亚运客厅"。绍兴在推进亚运场馆设施赛后综合利用时,需一揽子谋划高级别赛事、全民健身运动、运休主题公园等,持续发布"体育生活地图",打响"生活体育第一城"品牌。

五、国内外文商旅融合发展的经验与启示

(一)国内外文商旅融合发展的成功经验

1.北京冬奥会:以"冰雪运动"促进"人产城"融合

大型体育赛事遗产的"活化"逐渐成为举办国家或城市必须考虑的一项重要

议题。“带动三亿人参与冰雪运动”是中国向国际社会履行的庄重承诺，在北京冬奥会开幕前就已成功兑现。冬奥会、冬残奥会的筹办举办推动了我国冰雪运动的跨越式发展；“冰天雪地也是金山银山”，冰雪运动的发展也同步壮大了冰雪产业的规模，形成全链条生态，并成为许多地区经济发展的新引擎。总结借力北京冬奥会推进北京及周边城市在体文商旅融合方面的成功经验，有利于更好地回答如何借力杭州亚运会推进绍兴全域文商旅深度融合。

(1)场馆赛后优化利用

北京赛区主要有冰立方、冰之帆、冰丝带、首都体育馆、冰菱花、雪飞天六大竞赛场馆，赛后均实现了高效开发利用。其中，华熙 LIVE 冰上中心作为北京冬奥会冰球项目的训练馆，会后成为以冰场为核心的体育、商业相互融合的服务综合体，覆盖冰上运动、餐饮、文化、教育、娱乐等多业态。冰上中心采取一体两翼的模式，即一个冰球场＋两个主力店(Me－land 亲子乐园 & 开心麻花剧场)，再搭配上亲子早教、青少培训、运动科技、娱乐体验、家庭医疗、美容美体、运动零售、咖啡图书、餐饮等产业，补齐了五棵松地区整体以文化体育娱乐为主、缺少家庭业态的功能。

(2)大力发展冰雪产业

冬奥会后，张家口成为了全国青少年冰雪运动普及示范区，张家口青少年冬季奥林匹克运动学校国家青少年冰雪学训基地加快建设，将冰雪运动纳入了学校课程体系，让专业人才培养持续见效。强化国家冰雪运动装备生产基地建设，在冰雪产业上深化补链强链行动，并在政策、资金、人才等方面给予充分支持和保障。

(3)城市更新不断提速

在保护和延续城市文脉的基础上实施城市更新，让城市留下记忆、让人们感受文明，才能让美和活力在城市里充分涌流。后冬奥时代下首钢园区、崇礼“冰雪小镇”等将钢筋水泥的建筑与冰雪产业、主题或者 IP 结合在一起，工体的改造复建也将结合冬奥精神，从交通换乘、体育赛事、文化活动、商业空间等方面进行更新，成为北京体育消费的城市地标、文体名片和活力中心。

2. 日本熊本县：以“熊本熊 IP”带动文商旅融合发展

日本熊本县，一个以农业经济为主导且没有较丰富旅游资源、经济相对落后的小县城，凭借动漫超级 IP 熊本熊，仅用了短短两年时间就带动了当地经济收益的飞速增长，实现了从经济落后的农业县转变为知名的旅游目的地，且“全域熊本熊”也成为文旅界的经典案例。熊本熊 IP 的成功，除了巧妙的设计和完美的策划外，最重要的是抓住了二次元用户的心理，并迎合、满足他们的行为喜好和需求，而这些成长在二次元时代背景下的 90 后、00 后正成为消费主力军。

(1)建立体系化的营销矩阵

整合营销传播的一般特征是以顾客价值为导向、多元化的传播途径、统一的传播风格以及循环沟通等。在IP形象设计方面,熊本熊的设计采用“熊本城的黑色”加上“萌系角色的腮红”,非常简洁且高度符号化,地方辨识度高。在营销方式方面,熊本县采用了事件营销的方式,策划了“熊本熊大阪失踪案”“腮红失踪事件”“偷吃巧克力被降职”等事件,并通过“熊本熊”的官方博客和 Twitter 等多渠道同步上线,既节省了投放广告的高额成本,又取得了非常好的城市品牌传播效果。

(2)覆盖全产业链的商业模式

熊本熊IP创造商业价值的核心在于IP的高频、跨界和创新运用,不仅仅停留于市面常规的文创衍生品、主题乐园、景点、酒吧等下游产业,而是从文学作品、新闻事件等上游策划,延伸至电影、电视剧、演出、游戏、动漫等中游产业,并巧妙融合下游产业,形成由吸引用户到用户自流、轻度消费到重度消费的上中下游全产业链,实现真正意义上的文旅产业效益最大化。

(3)推进“全域熊本熊”文商旅融合

畅通交通枢纽是熊本县快速发展的起点,同时也是推进全域文商旅融合的着力点。2011年,熊本县抓住了九州新干线通车的契机,并依托发达的交通和完善的旅游配套,为游客提供一站式“吃、住、行、游、购、娱”服务。此外,又依托川内至八代之间的肥萨橙铁道线,打造了一条熊本熊主题专列,并在各个站点停留,成功带动了肥后高田、日奈久温泉、佐敷、水俣、米之津、出水、阿久根等一系列原本并不知名的熊本县乡镇的旅游收入。

3.西安:以唐文化为内核,打造沉浸式文商旅融合街区

西安作为国内文旅先进的典范城市,不仅推出了众多燃爆文旅圈的标杆之作如大唐不夜城、长安十二时辰等,还入选了“十大旅游向往之都”。西安文旅产品的频频出圈,一方面源于其坚持以唐文化为内核,另一方面则在于文旅产品的差异化规划。“如果说大唐不夜城是盛唐文化的现代表达,长安十二时辰就是唐风市井的经典重现;大唐不夜城凸显宏大的气势,长安十二时辰做好细节精致。”

(1)强调文化资源的活化

大唐不夜城以“一轴·两市·三核·四区·五内街”为总体布局,以盛唐文化为背景,不仅将文化贯穿景区“一草一木、一砖一瓦、一街一景”中,更是基于文旅资源的融合在商业业态、场景打造、演艺、IP人物上不断创新,形成了“盛唐文化+文旅经济”的大唐不夜城模式(见表1)。从最初打造的“不倒翁小姐姐”到“石头哥”,再到如今的“房谋杜断”,多个IP项目频频成功出圈,归根究底在于其真正做到了文化资源的活化,而不是浅显的表层文化复制。同时创新当下年轻

人喜爱的体验形式，融入对诗、脱口秀等，并通过技术赋能将唐代历史文化元素进行生动展示，使传统文化变得生动而鲜活。

表1 大唐不夜城"一轴·两市·三核·四区·五内街"

布局	内容
一轴	大唐不夜城文化商业轴
两市	贞观新风韵唐市、创领新时代都市
三核	大雁塔广场景观文化核心、贞观文化广场时尚艺术核心、创领新时代广场休闲时尚核心
四区	大雁塔盛唐景观人文风貌展示区、中华传统美食文化生活品鉴区、贞观国际艺术文化交流体验区、创领新时代都市休闲文化区
五内街	慈恩镇—陕西风情小吃文化街、新乐汇—中华传统美食文化街、欧凯罗—潮流音乐酒吧文化街、温德姆—品味生活咖啡文化街、阳光城—SKP时尚青年艺术文化街

(2)注重游客的沉浸式体验

随着人们消费需求日益多元化，大唐不夜城以"文化IP＋互动体验＋灯光秀"的形式极大地增强了游客的体验感；而长安十二时辰项目更是将游客体验感拉高了一个等级。其聚焦盛唐文化，创造性地营造出一个覆盖全时段、全生活、全业态、全场景、全体验的沉浸消费空间，是文商旅跨界融合的创新产品。作为文商旅融合的创新项目，长安十二时辰不仅激活了曼蒂广场，而且在全国范围内彰显了西安城市新形象，擦亮了陕西文化新品牌。

(二)经验总结及启示

上述国内外文商旅融合的成功项目对绍兴推进全域文商旅深度融合具有以下重要借鉴意义：

第一，绍兴和北京拥有相似的大型体育赛事契机，绍兴作为承办本届杭州亚运会赛事最多的协办城市，承办篮球、排球、棒球、垒球和攀岩五个项目。而攀岩作为当代年轻人喜爱的户外运动之一，后亚运时期，绍兴可结合当地特色，用好用活亚运遗产，发展具有高辨识度的体文商旅融合产品，以攀岩运动带动攀岩体育产业，促进城市更新。

第二，绍兴和日本熊本县拥有相似的发展路径，基于增量资源开发农业观光旅游、特色小镇等，塑造新的城市IP。绍兴拥有黄酒小镇、安昌古镇、柯桥古镇等丰富的古镇资源，却没有像"熊本熊"一样可以一炮打响的文旅IP；绍兴全域范围内的越城区、柯桥区、上虞区、诸暨市、嵊州市、新昌县等都拥有丰富的文旅资源，但却各自开花，未形成全域的系统规划。

第三,绍兴和西安一样拥有丰富的文化资源,西安打造盛唐文化,绍兴挖掘越文化,但绍兴的文化资源还未真正做到活化,文商旅的差异化规划、沉浸式体验也还远远不够,使得绍兴虽拥有便捷发达的交通区位优势,但却不能将“流量”转化为“留量”。

具体启示可总结如下:

第一,高水平、差异化规划是文商旅项目成功的核心关键。文商旅深度融合发展涉及文化、商业、旅游三大产业资源的整合创新,后奥运时代、后亚运时代等大型体育赛事带来的机遇又在文商旅融合的基础上融入了体育元素,因此,高水平、差异化规划是项目跨界融合创新的关键要素。正如西安大唐不夜城、长安十二时辰等项目成功出圈又持久火热,关键在于其既注重盛唐文化的内核挖掘与活化,深入探索“以文促旅、以旅彰文、文旅融合”;又注重差异化规划,将距离相近的“大唐不夜城”的宏大气势与“长安十二时辰”的精致细微有效串联,实现同频共振。

第二,体验式、沉浸式场景是文商旅项目集聚人群的重要引力点。随着居民消费需求的不断提高和数字技术手段的不断升级,文商旅项目也更加注重打造新型消费场景。一方面,通过脱口秀、大型演艺等游客喜爱的形式与其进行互动,改变了传统“台上演、台下看”的固定形式,让游客在沉浸式体验中感受当地文化的魅力;另一方面,以人工智能、AR、VR、数字孪生等技术赋能文商旅融合项目,营造虚实互通的文旅场景,增强游客的体验感。

第三,专业化、品牌化运营管理是文商旅项目高质量运行的重要保障。成功的文商旅融合项目离不开专业化的运营团队的管理,进而提升城市品牌形象。如“长安十二时辰”由陕西文化产业投资控股(集团)有限公司及旗下的陕西文化旅游股份有限公司联合餐饮专业运营团队永兴坊、影视 IP 方娱跃文化形成“项目+IP”模式整体运行;“熊本熊 IP”的创新与跨界,也离不开当地县政府及专业运营团队的规划。

(三)未来文商旅融合发展的趋势

文化、商业、旅游是区域发展的基础要素,文商旅三要素的跨界、融合与创新,既有利于满足人民群众对物质与精神生活的双重需求,更是未来城市实现高质量发展、可持续发展的新动能。

因此,结合上述的案例剖析与经验启示,可将未来的文商旅融合发展趋势总结为以下四点:一是从各自为政走向“全品牌”的顶层设计。文化、商业和旅游虽归属不同的管理部门,但要打造成功的文商旅融合项目,未来必将从各自为政走向联动发展,实现合作共赢。二是从单项体验走向“全沉浸”的体验设计。沉浸式体验满足了游客的多元需求，也是文商旅产品提质增效的未来趋势，只有增强文化黏性才能最终成为集聚Z世代的重要引力点。三是从日间经济走向夜以继日的“全天候”消费。打造不夜城、发展夜游等可以实现游客从“流客”变为“留客”，既能满足游客日益多元的消费需求、丰富消费体验，又可以促进消费力释放，拉动城市经济发展，现已逐渐成为各城市经济发展的新抓手。四是从实体场景走向虚实结合的“全矩阵”空间。元宇宙等技术的高速发展使虚实集成的大规模文旅场景植入成为可能，由实体场景走向虚实融合通道，既拓展了消费空间，也增强了多元体验感。

六、借力亚运会推进绍兴全域文商旅深度融合的基本策略

统筹绍兴文旅资源与亚运遗产资源，基于“全域旅游”的全资源整合、全产业融合、全方位服务、全社会参与、全流程保障等五大要素，系统谋划后亚运时代绍兴“五化策略”（特色化规划、品牌化引领、体系化整合、市场化推进、国际化拓展），持续发挥亚运赛事作用提升城市能级，全面推进绍兴文商旅深度融合发展。

（一）坚持特色化规划，推进古城活化与消费空间打造相统一，形成文化圈、生活圈、商业圈“三圈”有机融合

坚持以文塑旅，以旅彰文，切实把“沉睡”的文化资源挖掘好、利用好、发展好，让文化遗产真正活起来、火起来。一是贯彻落实习近平总书记关于“让文物活起来”的重要论述和指示批示精神，紧扣国家文物局、文化和旅游部、国家发展改革委联合发布《关于开展中国文物主题游径建设工作的通知》的最新指示，对标世界文化遗产标准，借鉴杭州三大世界遗产保护利用举措、成效，在顶层设计上将绍兴古城定位为打造具有绍兴特色的“以全城申遗为导向的历史文化传承地，以文创文旅为业态的年轻时尚集聚地，以传统风貌为依托的宜居环境生活地”。二是进一步发挥绍兴古城的综合带动效应，推进文商旅深度融合发展。一方面持续完善全域全要素保护、传承、利用体系，突出“留、改、建”，深挖绍兴古城街巷肌理和历史文脉，更新文旅项目，以个性化、差异化、品质化为主要方向，高品质呈现华兴街、东门市井、黄伞巷等蜀风雅韵特色文旅街区，并以数字化技术赋能古城，增强智慧化、沉浸式的体验感；另一方面，推进未来社区建设，着力打造“15分钟品质文化生活圈”，实施文商旅精品项目，优化商圈布局，提升产品调性，吸引更多的年轻人、高净值人群，让古城真正活起来、热起来、火起来。

(二)坚持品牌化引领,探索塑造新的城市文化 IP,形成品牌、品质、品位"三品"同频共振

绍兴拥有丰富的文化资源,古越文化、唐诗文化、书法文化、名士文化、戏曲文化、黄酒文化等文化品牌优势独特,但由于文化品牌较多,碎片化较为严重,导致主品牌欠缺,文化辨识度有待进一步提升。绍兴要打响城市品牌,一要坚持品牌化引领,整合绍兴多元文化资源,重新探索塑造城市文化 IP,并从顶层设计出发,通过 IP 的创新和跨界,打造覆盖 IP 产业的全产业链,以 IP 带动绍兴城市品牌的知名度提升。二要坚持以文化为内核,借鉴西安大唐不夜城、长安十二时辰等文旅项目在唐文化内核挖掘与活化方面的经验,以绍兴古城为中心,对古城周边的文商旅项目进行差异化规划,以数字赋能打造新型消费场景,设计"全沉浸"体验,增强文化黏性,实现品牌、品质、品位同频共振。

(三)坚持体系化整合,从各自为政走向顶层设计,逐步形成顶层设计、上下联动、考核倒逼的闭环机制

全域文商旅深度融合实现的前提是绍兴全域的统筹规划,文化、商业和旅游等相关职能部门需要从各自为政走向联动合作,从而实现"全域旅游"的全资源整合、全产业融合、全方位服务、全社会参与和全流程保障。一要贯彻"全域一体"理念,市委市政府主要领导要亲自谋篇布局、督促协调,推动市区两级的文旅局、商务局、贸促会组成"文商旅大部制",实行"任务项目化、项目清单化、清单责任化"管理。在与省、市"十四五"旅游规划和全域生态旅游实施方案对接的同时,需要充分考虑与绍兴市城市总体规划、土地利用总体规划、生态环境保护规划、交通建设规划等相衔接,从顶层设计层面做好各类旅游规划设计工作,并出台文商旅融合实施体系、考核办法与奖惩机制。二要坚持"便利化、智慧化、人性化、特色化、规范化"的原则。鼓励土地用途与建筑功能复合利用,适度放宽商业用地的容积率、建筑密度等强制性指标的限制,为商业与自然景观资源、历史文化资源、交通枢纽、医疗健康设施等"跨界融合"提供政策支撑。逐步将旅游基础设施和公共服务设施从景区景点拓展到全域,提升全域服务保障。逐步将参与群体从政府单一层面扩展到政府、行业、媒体、公众等多元联动,建立专家顾问咨询机制,搭建涵盖专业机构、企事业单位、行业代表的专家技术咨询委员会,为文商旅融合规划及实施提供长期性技术指导。

（四）坚持市场化推进，开发跨界客群、场景为基、盈利为王的新型消费产品，打造文商旅综合体新地标

文商旅融合时代，传统商场简单乏味的消费内容已无法满足人们多元化的消费需求，而以文化为主题，将商业、旅游、休闲等融为一体的复合型商业综合体应运而生。绍兴以古城为中心，将着力打造集夜间消费集结地、网红旅游打卡地、古城文化特色地于一体的"绍兴文旅消费新地标"——古城北商业综合体，联动书圣故里和阳明故里，形成古韵和新业态的融合，带动周边夜间经济发展。当下，商业综合体在满足基本的吃、住、购等生活化功能的同时，日趋向文旅休闲化发展；而未来要在日益同质化的商业综合体中脱颖而出：一要契合当下商场游逛已成为人们"微度假、微旅游"的心理行为，将复合型商业综合体打造成"不是景区，胜似景区""不止消费，还有生活"的新型旅游打卡地。同时促进历史文化资源、休闲游憩资源、体育健康资源、城市 IP 资源等与消费功能结合，推动街区串联、文化激活、特色集聚、业态融合，打造趣味度高、沉浸感强、吸引力大的新型消费场景。二要遵循"见人见物见生活、留形留魂留乡愁"理念，强调情感场景的营造，从传统商场比拼价廉物美的商品转向比拼多元化、沉浸式的情感体验，以丰富消费者的体验感和参与感为爆点，吸引流量。探索古城景区街区社区一体化运营新模式，引入龙头企业和品牌运营机构，统一部署、统一品牌、统一推介，提升文商旅项目运作效益与可持续经营能力。

（五）坚持国际化拓展，凝练绍兴"世界元素"，讲好绍兴故事，成为中国的罗马、世界的绍兴

文化是绍兴最宝贵的财富和最大的发展优势，也是绍兴城市的灵魂与支撑。绍兴作为中国历史文化名城和东亚文化之都，讲好"绍兴故事"正成为向世界讲好"中国故事"的宏大叙事。一要做强国际文旅功能，加快构建城市观光、文化探索、旅游打卡、沉浸体验、美食品鉴等都市旅游新格局，努力向世界展示江南烟火味、绍兴好生活。凝练并做深绍兴名人、绍兴越剧、绍兴书法、绍兴黄酒等在国际上具有一定影响力的文旅标识元素，通过数字化技术赋能、融入国际元素和世界语境，创新文化展示及传播形式，开展与法国、意大利、英国、俄罗斯、印度、日本等国开展"大师对话"活动，用文化瑰宝淬炼古城芳华，讲好"中国故事"，通过民族故事、文化叙事与世界对话。二要借力亚运会等大型体育赛事、中法建交 60 周年等大事件契机，依托杭州都市圈旅游专委会、世界旅游联盟总部等平台，通过多元化、多层次的营销方式，刷新外国友人对鲁迅和绍兴的印象，并结合境外文化和旅游宣传促销活动，发挥作为长三角旅游目的地与区域消费中心城市的

国际影响力。

七、借力亚运会推进绍兴全域文商旅深度融合的发展路径

抢抓亚运机遇，放大亚运效应，管理亚运遗产，释放亚运红利，向世界充分展示绍兴“东亚文化之都”的底蕴与魅力，立体传播人文绍兴、活力绍兴的亚运城市景观，打造“名城绍兴·越来越好”城市形象，营造“多元、包容、烟火气、国际范”城市特质，实现亚运盛会与协办城市在更高层次上良性互动、双赢发展。

（一）创新体制机制，做好全域顶层设计

1.坚持党政统筹引领，强化财政支持，保障旅游用地，实施人才强市战略

立足绍兴“十四五”规划，做好全域顶层设计。一是坚持党政统筹引领。结合《浙江省文旅深度融合工程实施方案（2023－2027年）》，系统梳理《关于推进绍兴古城“文商旅”深度融合高质量发展的实施意见》，结合绍兴市国土空间规划，科学编制《绍兴市夜间经济示范集聚区建设实施方案》《绍兴市乡村旅游发展专项规划》《绍兴市工业旅游发展专项规划》《绍兴市旅游人才发展专项规划》等，坚持“多规合一”理念，系统完善规划体系，并加强部门力量整合，形成工作合力。二是强化财政支持，拓展投资渠道。首先在财政资金保障、政府行政审批等方面为文商旅融合项目提供启动资金、引导资金，简化行政审批流程；其次积极对接政策性金融机构、商业金融机构等，通过财政贴息的方式撬动社会资本，支持、扶持中小型旅游企业和大众发展旅游产业、参与旅游建设。三是实施人才强市战略。坚持系统谋划、分类施策、整体推进，通过加强联系服务、实施项目资助、搭建交流平台、强化教育培训、鼓励创新实践等方式持续推动绍兴乡村文化和旅游带头人队伍培育建设；探索建立“项目＋人才”培养模式，引进专业运营管理团队，一方面推进品牌项目开发运营，另一方面助力专业人才队伍培养。

2.立足绍兴古城，联动区县市，协同杭甬沪，实现从“旅游城市”到“城市旅游”的跨越

立足社会经济转型和城市发展带来的“高铁时代”“旅游综合体时代”“智慧经济时代”“国家旅游战略布局”的机遇和挑战，紧扣绍兴历史文化名城优势，不断在“城市旅游”举措上求创新、谋发展。一是坚定“融杭联甬接沪”战略定力，落实《长三角文化和旅游一体化高质量发展2023浦江宣言》，丰富“江南城市联盟”文旅产品体系，推进历史文化街区有机更新，实施“背街小巷改善”“庭院改善”等

民生工程，打造具有绍兴高辨识度的传统街区，擦亮绍兴“东亚文化之都”金名片，让绍兴的古巷老宅成为旅游的好去处，打造长三角文商旅融合示范城市。二是做靓绍兴“一座没有围墙的博物馆”的城市品牌，以绍兴古城为中心，一方面提升绍兴市域范围内的博物馆品质，增强游客的体验感；另一方面联动各区县，以浙东唐诗之路文化带、浙东运河文化带、古越文明文化带等地域特色为依托，统筹建设绍兴全域多彩文态城市，充分挖掘民俗、手工艺等各类资源，进行差异化布局，并增加亲子游、研学游等内容，高质量推进乡村博物馆建设。三是培育美食、演艺、工艺美术、康养等城市特色潜在行业，拉长城市旅游产业链，丰富绍兴城市旅游的内涵，有效抓住“高铁时代”的时代红利，延长游客在绍兴“吃住行游购娱”的停留时间，将“流客”转变为“留客”，从而推进城市旅游发展的后劲和文商旅融合的持续发展。

3. 紧扣文商旅产业“颠覆性创意、沉浸式体验、年轻化消费、移动端推广、全方位服务、产业化发展”的思路，构建产业型、流量型、服务型综合消费体系

立足后疫情时代“微度假”“微旅游”“家庭游”等潮流，紧扣文旅消费需求从单一的物质消费向服务、精神、体验等多元消费转变的特征。一要构建产业型综合消费体系，围绕城市文化 IP，通过 IP 的创新和跨界，打造覆盖 IP 产业的全产业链；如亚运期间绍兴“东亚文化之都”“东方威尼斯”“棒垒球之城”等频频出圈，不仅收获了世界级“新粉丝”，也给世界留下了“新印象”。绍兴应借力亚运之势，从上中下游全面布局，延伸鲁迅文化、绍兴黄酒等具有世界影响力 IP 的产业链，从而提升城市品牌的知名度与美誉度。二要构建流量型综合消费体系。具有颠覆性创意、沉浸式体验等特征且能满足年轻化消费需求，是吸引游客二次乃至多次消费的重要因素。设计充满文艺气息的社交空间群落，创造“慢下来”的时间体验，给予消费者故事感、代入感、互动感与差异感，打造江南原生水乡慢生活体验区。基于“名城绍兴 · 越来越好”城市形象，定期组织杭绍亚运之城的 Citywalk、Cityride、Cityeat，打造绍兴“融”得自然、“合”得协调的“诗与远方”新篇章。三要构建服务型综合消费体系。“颠覆性创意、沉浸式体验、年轻化消费、移动端推广”四句话是古都洛阳自 2022 年开始提出并践行的旅游发展理念，淄博烧烤的红火顺应其发展逻辑，但其走红的关键则在于“全方位服务”。当地政府将烧烤作为颠覆性创意的起点，持续跟进，设计烧烤地图、开通公交专线、凭高铁票打折入住酒店、温度执法、文旅局长上高铁做烧烤推荐官等，一系列全方位服务使沉浸式体验得到最充分的体现。

（二）塑造特色品牌，联动全域文旅资源

1.以绍兴古城为核心，重塑特色城市文化 IP

依托“越宋古都、江南水乡、名士之乡”品牌优势，聚力打造“世界级古城”这一目标，重塑以绍兴古城为核心的城市文化 IP，做深文商旅融合这篇文章。一是对标世界文化遗产标准，重塑城市文化体系，以绍兴古城为核心，系统推进书圣故里、阳明故里、鲁迅故里等历史文化街区的有机更新，重点培育“越宋古都”“大先生鲁迅”“阳明故里·心学圣地”等文旅 IP，打造最具江南水乡韵味的、本地人常到外地人必到的国际旅游综合体，让小孩子在这里找到童趣，让青少年在这里体验时尚，让老年人在这里追忆历史，让外国人在这里感受中国，让中国人在这里品味世界。并以推进全域未来社区创建为契机，全面布局文化圈、生活圈、商业圈、产业圈等，实现产、城、人有机融合。二是依托全域旅游有布局、四季旅游有产品、全民旅游有玩点、乡村旅游有特色，有序推进城市品牌建设。整合各镇街相应活动，以古城为核心，辐射全区，统一部署、统一品牌、统一推介，推动街区串联、文化激活、特色集聚、业态融合。三是坚持以文化为内核，挖掘名人资源、活化故居遗址，积极推进“非遗＋旅游”“非遗＋研学”“非遗＋城市”，打造绍兴优质非遗文旅 IP，助力非遗项目活态传承；充分挖掘民俗、手工艺等各类资源，引进专业运营管理团队，系统开发“非遗研学游”“绍兴非遗客厅”“非遗兴乡大巡游”“南宋文化节”等品牌活动，融合当地传统习俗、节会等，对古城周边的文商旅项目进行差异化规划，不断推动绍兴非遗活化、诗化，创造性转化、创新性发展，让非遗成为绍兴文商旅发展的新引擎。

2.联动全域文旅，完善“一县一特”“一县一品”

加强全域统筹，市县互联互动，全力构建“一廊三带”文态格局，做靓县域文商旅特色品牌。一是立足“十四五”规划，以推进旅游目的地建设为目标，深入挖掘当地丰富的生态和文化资源，完善“一县一特”“一县一品”，全力推进越城区打造“文化休闲旅游目的地”、柯桥区打造“商贸山水休闲旅游目的地”、上虞区打造“最有故事的休闲旅游目的地”、诸暨市建成“生态健康休闲文化旅游目的地”、嵊州市建成“越剧文化深度体验旅游目的地”、新昌县建成“浙东唐诗之路精华地”。二是深入贯彻《关于开展中国文物主题游径建设工作的通知》精神，系统梳理绍兴市县域范围内的文物和文化遗产资源，挖掘凝练游径主题，并依托文物游径，丰富游径利用方式，创新发展乡村遗产酒店、特色民宿、夜间经济、老字号传统技艺体验等新型业态，推进文商旅融合发展。三是推进乡村博物馆建设，实现文化场馆建设从城市到乡村的延伸。目前，绍兴已建成红色印记、非遗保护、乡土记

忆、民俗风情等各种主题的乡村博物馆200多个，但在陈列展览方式上，大部分乡村博物馆仍处于传统模式，打造数字化互动场景、增强沉浸式体验等将成为绍兴推进数字化博物馆建设新的方向。

3. 深化“公路＋”，转化“景观路”为“观景路”

积极探索“公路＋”多元融合模式，以路为媒、以路为介，将“景观路”转化为“观景路”，是推进路文旅融合、助力乡村振兴的新方向。一是紧扣后疫情时期自驾游时代特征，并基于绍兴客群分析，将道路单一的通达功能转变为承担观景等复合功能的观念，积极践行“两山”理论，围绕“一条大道，两路风景，三季有花，四季常绿”生态美公路建设目标，大力推进“一路一特色”景观路、生态路建设，强化游客旅游途中的景观观赏功能。二是充分挖掘本地资源禀赋，借鉴德国主题风景路体系建设经验，聚焦主题打造“公路＋文旅”主题化观景路，如德国玩具之路以玩具为主题，串联各种玩具生产车间、陈列室、小熊作坊、洋娃娃制造商、丰富多彩的博物馆和顶级的主题公园，形成一条长约300千米的主题观景路，深受孩子们喜爱，是三口之家出行的不二之选；绍兴也可以找准某一文化元素，如黄酒文化，串联工厂、博物馆、特色小镇、体验作坊等要素，打造黄酒主题观景路，推动公路与文商旅的深度融合。

（三）升级产品业态，优化全域服务体验

1. 以服务驱动为前提，优化公共服务基础建设

立足承办亚运会的契机，加快推进公共服务基础设施建设，完善城市功能、提升城市综合承载力。一是优化交通体系，实现出行畅达便捷。近年来，绍兴持续实施“融杭联甬接沪”主战略，构建“市域30分钟、杭甬30分钟、上海60分钟”交通圈，实现“县县通高铁、三区智慧路、镇镇联高速”，自驾出行便捷性大幅提升；但在高铁站、地铁站与景区之间的无缝对接上还有待进一步完善，以鲁迅故里为中心辐射周边的停车场智能化覆盖有待进一步扩大。二是全域布局旅游标识，深化厕所革命，食宿服务提质增效。逐步完善全域旅游交通示意图、旅游指引标识图、景区导览等系统及实物解说、智能解说等系统，提取绍兴文化元素作为标识系统设计的核心，并在景区设置中英日韩文介绍牌，提高绍兴的国际化水平；整合全市美食资源，持续提升绍兴“百县千碗・绍兴佳肴”服务质量，打造绍兴特色餐饮品牌；逐步完善兼具布局合理、数量充足、品质优良的“星级酒店＋度假酒店＋特色民宿”的特色住宿体系，提升绍兴城市的承载力；以亚运会推动城市基础设施建设为契机，以重要商圈、广场公园、交通枢纽、迎宾道路、旅游景区为重点，分批次创建“席地而坐”城市客厅示范区域或体育会客厅，涵盖产业生

态、文化内涵、旅游资源、生活方式等,以体育为媒,打造城市运动文化生活的"第三空间"。三是推进智慧体系建设,打造集吃住行游购娱于一体的智能产品,全方位提供满足复合需求的"一站式"消费产品和服务,提升旅游舒适度。近年来,绍兴古城基于"浙里办"大数据平台,打造了集"漫游古城""生活服务""古城发布""古城体验"于一体的综合性服务平台,并在"游浙里"小程序上线"游浙里·研学绍兴"品牌,但在各涉旅主体单位数字化产品供给及数据互联互通互享方面还有待进一步提升。建议借鉴"峨眉山智慧文旅大数据中心"构建模式,真正为游客提供游前、游中、游后"全景式、全链条、全程化"的智慧服务。

2. 以消费需求为核心,打造文商旅融合综合体

立足文旅融合、技术融合的大环境,新技术、新消费、新体验驱动沉浸式文商旅综合体"破圈""上新"。一是以绍兴古城为中心,着力打造"绍兴文旅消费新地标"——古城北商业综合体,在空间打造、业态引入、场景营造等环节创新的基础上,巧妙运用商业空间的虚拟化营造、消费体验的交互化参与、艺术呈现的多元化焕活等方法,实现"文态、业态、形态、生态、社态"的五态合一,让游客在游玩中自然而然地主动消费,摆脱对门票经济的依赖。二是设立市、区、街(乡镇)、片区四级"月光"经济"掌灯人",做实夜购、夜食、夜宿、夜游、夜娱、夜读、夜健、夜品八大载体,形成户外生活、游戏互动、复古文化、艺术文创、国风非遗、国潮文创、美食等七大板块,全年安排 100 场以上夜间经济主题活动,打造 50 个夜生活 IP、100 个夜生活网红打卡地,打响"夜绍兴·幸福城"夜经济品牌。三是立足个性化、差异化发展定位,以绍兴古城为中心,依托名士 IP 打造青藤书屋、徐渭艺术馆等人文新地标,并布局"小吃一条街、茶饮一条街、酒吧一条街"等特色街区,融合古城青春季、古城创意季、古城国潮季、古城新春季等四季文商旅主题活动,应用 XR 技术将虚拟景观、越剧表演、实景剧本等玩法加入游玩互动,将老字号与新品牌、老绍兴与新潮流、老传统与新技术相互融合,互嵌发展资源、互植服务内容、互导客群流量,进而更加精准地将文商旅产品触达目标受众,让游客真正留下来。

3. 以场馆利用为导向,布局赛后多元功能开发

借助亚运长尾效应,完善"一馆一策""一馆一特""一馆一品",做好绍兴亚运场馆赛后综合利用,打造绍兴文商旅新热点、新燃点、新爆点。一是统筹赛事场馆与文旅资源,以亚运场馆为依托,以体育服务、娱乐休闲、商业服务等为配套,引入"赛、会、演、典、展、学、游、健"业态,构建"商业—场馆—片区"的联动商业模式。如绍兴奥体中心与周边镜湖国家湿地公园、鲁迅故里等景点联动,开发"看亚运,游绍兴"吃住游一体化旅游产品。二是提前研究制定场馆的赛后管理运营

机制，统筹做好亚运场馆赛后可持续综合利用，切实做到亚运场馆赛后体育功能、赛事功能应保尽保、应留尽留。如羊山攀岩中心场馆将变身为一个融合顶级赛事、培训体验、科普研学、休闲旅游于一体的国际化攀岩运动主题公园。三是充分发挥场馆的专业设施配备和区位优势，结合场馆开展体育训练、承接重大赛事、实施对外开放等功能，利用场馆资源，全力打造国家训练基地，共享国家体育优质资源。如高起点启动建设"中国棒垒球之城"，高水平组织中国垒球联赛，推动棒垒球进校园进企业进社区。借力央视、抖音等媒体平台开展网红体育赛事直播，聘请体育明星为绍兴赛事打CALL，积极打造体育消费"绍兴品牌"。四是借亚运之东风，盘活"金角银边"打造嵌入式体育场地设施，建设共同富裕健身示范场馆，发挥亚运场馆为国家服务、为社会服务、为公众服务的核心价值，推进城市"10分钟健身圈"建设，激活城市运动基因，让运动真正成为一种生活方式。

（四）深化产旅融合，推进全域产业联动

《浙江省文旅深度融合工程实施方案(2023－2027年)》提出，培育文旅产业新业态。发展"文旅＋体育"，推进"环浙步道"建设，加快建设冰雪旅游运动基地；发展"文旅＋工业"，推动绍兴黄酒、龙泉宝剑等特色小镇高质量发展；发展"文旅＋农业"，推进农文旅融合，实施乡村文旅运营升级计划；发展"文旅＋教育"，打造"跟着课本游浙江"品牌。以《方案》精神为依托，全面推进绍兴全域产业联动。

1.做优"文旅＋体育"，激发体旅消费新活力

北京冬奥会、杭州亚运会等大型体育赛事的举办，为绍兴体旅融合发展注入新动力。一是响应"带动三亿人参与冰雪运动"的号召，发展冰雪运动。绍兴乔波冰雪世界作为浙江省唯一一家入选全国首批"冰雪运动推广示范单位"的冰雪场，精心开发"夏日冰雪节"活动品牌，打造"乔波冰雪文化展厅"，并推出冰雪夏令营、冰雪研学游、"冰雪进校园"等项目，辐射绍兴及周边的杭州、宁波等地，以冰雪运动带动体旅消费。二是借力杭州亚运会，以赛促旅，带动多元业态发展。一方面，赛事吸引大量客流来绍，带动绍兴城市餐饮、旅游、住宿等业态发展，释放更大的消费潜力。另一方面，加强赛后场馆利用，以中国棒垒球之城建设为目标，打造以棒垒球运动为主题的"未来社区"，融入生活、休闲、教育等配套，为赛后两岸赛事和活动交流提供空间基础；充分发挥水上运动项目、优质水域资源等优势，发展赛艇、龙舟等水上运动，着力打造省级乃至国家级水上国民休闲运动中心；立足羊山攀岩中心，深入实施"体育＋文旅＋县域发展"模式，赛后在承接攀岩国家级赛事之余，同时结合当下年轻人的运动需求，积极推进极限运动馆、山地野攀场等室外运动场所的建设，高品质拓展微型攀岩、迷你马拉松、非遗手

作体验等即时类体验产品，扎实推进文旅产业转型升级。此外，杭州亚运会也带动了绍兴部分制造企业的发展。

2. 做靓“文旅＋工业”，打造城市复兴新地标

绍兴作为工业大市、纺织之都，近年来，立足产业结构转型升级，结合旅游市场发展及消费者需求，创新工业旅游形式，涌现了达利丝绸、绍兴黄酒、袜艺小镇等工业旅游特色产业。一是找准定位，擦亮工业旅游金名片。工业旅游对于推动城市经济发展转型升级以及城市更新具有重要意义。当前，工业旅游有科技型工业旅游、工厂观光休闲旅游、工业遗产旅游、工业消费体验旅游等形式，并形成了工业博物馆、公共游憩空间、综合体开发、创意产业园、区域度假地、工业特色小镇等模式，达利丝绸、绍兴黄酒、袜艺小镇等应根据产业特色，找准发展模式，融合多元文旅形式，打造绍兴城市文旅新地标。二是激发商业价值，全力打造青年消费中心。创新“综合体＋街区式商业”模式，打造一个针对年轻人群体的时尚消费中心，如宁波网红打卡点云裳谷 11 号大街，位于时尚科技园内，既是集年轻活力、时尚创新的买手集合街，又是深受年轻人喜爱的超级出片的网红打卡街区，通过底层街区式商业与顶部集中式办公相结合的方式，积极探索融入高科技元素，培育“工业＋生态＋文化”旅游新模式。

3. 做精“文旅＋农业”，树立乡村文旅新标杆

“农文旅”跨界融合有利于推进乡村振兴，是帮助农民实现脱贫致富、带动农村高质量可持续发展的有效路径。一是兼顾硬件与软件建设，着力打造农产品精品品牌。要致富，先修路，目前，绍兴村村通公路的愿景已基本实现，但因公共厕所、停车场、餐饮住宿等硬件与大型旅游综合体相比，还存在较大差距，无法满足大规模的游客接待，且乡村旅游中的管理人员缺少系统的培训，整体服务水平较低，对于产品营销缺乏整体策划意识，尚无做精做强的计划。二是坚持差异化发展思路，深入挖掘绍兴乡村当地的名人文化、红色文化、戏曲文化等，加强古村落、古建筑、古遗址等保护利用，并整合传统庙会、民俗风情等，加强乡村旅游与传统文化的紧密结合，避免农家乐、家庭农场等同质化发展。

4. 做深“文旅＋教育”，打响研学旅游新品牌

绍兴以“文旅＋教育”模式领跑，以浙江省内和周边的大中小学生、亲子家庭及企事业单位为重点，实现精准化营销，并充分运用数字化技术，整合市场资源，打造“研学绍兴数字平台”，2016 年成功入选为“中国研学旅游目的地”。但与此同时，绍兴研学游仍存在“游”大于“学”，产业带动作用不强等局限。为进一步打响“跟着课本游绍兴”研学品牌，将绍兴打造成为“中国研学旅行之城”，一是从宏观层面出发，绍兴要以古城为核心，加快推进整体保护利用和开发建设，积极推

进文商旅融合发展,将文化资源的厚度转化为产业发展的高度,着力打造成为长三角最具标识度的城市,真正成为世界级研学旅游目的地。二是从中观层面出发,要解放研学旅游只归属于教育部门和文旅部门的思想,联动教育、文旅、商务、发改、交通等多部门形成合力,建立健全研学游长效机制和监督评价机制,推进研学游健康有序发展。三是制定绍兴标准,设计绍兴路线,加快推进绍兴研学游营地建设,形成深度、完整的研学游体系,并融入春假、秋假等时间段,使学生有充分的时间沉浸式体验研学游,真正实现在“游”中“学”、在“学”中“游”。

(五)强化多元参与,做好绍兴城市营销

1. 全民参与,亚运全程讲好绍兴故事

一是整合资源,建立由政府、行业、媒体和公众多方参与的整体营销机制。一方面要借力小红书、抖音、快手等全民喜好的新媒体平台,调动全民参与亚运、传播亚运、讲好绍兴故事的积极性,助推绍兴“破圈”;另一方面绍兴政府层面要牵头不断加强全媒体传播体系建设,变“流量”为“质量”,助推绍兴“出圈”,以赛前、赛中、赛后不同阶段为区分,运用不同的营销方式宣传绍兴城市、文化、赛事等,并整合线上、线下资源,借助新技术、新手段、多平台,形成立体化的全域文旅营销大格局。二是构建国际化传播表达体系,提升绍兴城市国际辨识度。一方面通过 Facebook、Instagram 和 YouTube 三大海外社交媒体平台积极探索“文旅+体育”营销模式,策划发布亚运主题活动、视频、线路产品以及新闻内容,带领海外粉丝“云”游绍兴;另一方面加强与海外网络达人的合作,让外籍人士通过国际视角去深度介绍亚运会先进设备、智能亚运场馆、运动旅游资源等,扩大城市在国际媒体上的曝光度,进而提升国际影响力。

2. 行业参与,立足平台、联动城市,加强资源共享

一是放大绍兴承办杭州亚运会的大型体育赛事影响力,加强与亚洲国家(地区)文化旅游交流合作,依托赛事协会开展赛事旅游推介,借助杭州都市圈旅游专委会、世界旅游联盟总部等平台开展主题旅游推介。二是用好绍兴“融杭联甬接沪”区位优势,借力“东亚文化之都”金名片,一方面主动依托上海,借船出海、借梯登高,不断提高绍兴的国际知名度;另一方面充分发挥地铁、高铁枢纽优势,推出“家庭亲子游”“商务考察游”等专项旅游项目,与杭州旅游路线形成差异化联动,开发类似“游西湖、喝龙井、看小百花”等主题旅游线路,实现资源共享。

3. 借船出海,擦亮“东亚文化之都”金名片

一是立足全域旅游发展新形势,借力亚运会,擦亮“东亚文化之都”金名片,向东亚国家乃至全世界推出大禹、阳明、鲁迅、书法、黄酒五张金名片,向世界展

示具有绍兴韵味、浙江特色、中国气派的文化，建立城市间文化交流与旅游互通常态机制。二是发挥亚运会加乘效应，提升亚运场馆的硬件优势、“一廊三带”产业集聚优势，深入挖掘“赛事＋旅游＋产业”融合业态，做强与“一带一路”共建国家的合作与交流，推进国际文化名城建设。三是夯实研学旅游开发基础，探索与孔子学院的合作机制，通过孔子课堂传播绍兴文化，提升国际知名度和影响力。